THE COLLECTED WORKS
OF PENGJIANGANG

彭建刚文集

第二卷

普惠金融研究

中国金融出版社

责任编辑：王效端　张菊香
责任校对：张志文
责任印制：裴　刚

图书在版编目（CIP）数据

彭建刚文集．二，普惠金融研究（Puhui Jinrong Yanjiu）/彭建刚著．—
北京：中国金融出版社，2018.2
ISBN 978 - 7 - 5049 - 8669 - 6

Ⅰ.①彭…　Ⅱ.①彭…　Ⅲ.①地方金融事业—中国—文集　Ⅳ.①F832 - 53

中国版本图书馆 CIP 数据核字（2016）第 201173 号

出版
发行　中国金融出版社

社址　北京市丰台区益泽路 2 号
市场开发部　（010）63266347，63805472，63439533（传真）
网上书店　http://www.chinafph.com
　　　　　　（010）63286832，63365686（传真）
读者服务部　（010）66070833，62568380
邮编　100071
经销　新华书店
印刷　北京市松源印刷有限公司
尺寸　169 毫米 ×239 毫米
印张　23.5
字数　410 千
版次　2018 年 2 月第 1 版
印次　2018 年 2 月第 1 次印刷
定价　70.50 元
ISBN 978 - 7 - 5049 - 8669 - 6
如出现印装错误本社负责调换　联系电话（010）63263947
编辑部邮箱：jiaocaiyibu@126.com

彭建刚，1955 年生，湖南长沙人。武汉大学经济学院博士研究生毕业。中国金融学会理事，中国金融工程学年会常务理事，湖南省金融学会副会长，21 世纪高等学校金融学系列教材编审委员会委员。湖南大学岳麓学者，校学术委员会委员兼经济学部学术委员会副主任（轮值主任），金融与统计学院二级教授，博士生导师，金融管理研究中心主任，"985 工程"首席科学家。湖南省院士专家咨询委员会首届委员。2003 年作为学术带头人牵头成功申报湖南大学金融学博士学位授权点。2000 年被国务院批准享受政府特殊津贴，2003 年被中共湖南省委、省人民政府批准为湖南省优秀社会科学专家。

谨以此文集献给敬爱的母亲吴菊兴女士

本文集出版得到湖南大学"双一流"建设重大成果培育基金和国家自然科学基金（71373071）资助

自　序

　　2015 年，我年满 60 岁，生逢盛世，六十甲子，有必要对自己的学术研究作一个回顾。我的学术生涯起步于 1977 年 12 月参加高考。有幸进入高等学校学习，既满足了我对知识的渴望，又为以后的发展指明了方向，提供了发展平台。记得 1977 年 1 月，母亲冒着大雪从长沙到我下放的汉寿县清水坝农场来看我。那是一个冬日的上午，作为粉厂的负责人，我带领知青伙伴们敲开工作间大水缸的冰块，双手伸进冰水里按工序搓散已冷冻的粉丝，拿到室外去风干。母亲在旁边看着心痛，但什么也没说。该年 9 月恢复高考，母亲很快把这个振奋人心的消息告诉我，鼓励我报考，并寄来了复习资料。务农 5 年的我，利用业余时间复习两个来月，考上了全国重点大学——今天的中南大学。38 年后的 2015 年 7 月，母亲以 83 岁高龄谢世。清理遗物时，看到与我有关的生活资料，包括访问比利时和美国的多封往来信件都整齐地收藏在母亲卧室柜子里，我心酸无比。母亲的恩情似海深。2015 年秋天，我开始收集整理从事高等教育 30 多年各个阶段的论文，在改革开放 40 周年及本人参加高考 40 周年之际，结集由中国金融出版社出版。在此，我谨以这套文集献给敬爱的母亲吴菊兴女士。

　　我的学术研究是踏着中国经济发展的节拍进行的。改革开放过程中面临的各种问题，以及社会对经济研究成果的呼唤，为我的学术探讨提供了丰富的资源和不竭的动力。这套文集共五卷。第一卷：经济金融改革研究，收入 51 篇文章；第二卷：普惠金融研究，收入 39 篇文章；第三卷：银行业微观审慎管理研究，收入 36 篇文章；第四卷：银行业宏观审慎管理研究，收入 40 篇文章；第五卷：金融研究国际交流与教学科研方法探索，收入 29 篇文章。

文集按照历史与逻辑相统一的原则编纂。所收集的论文中相当部分是本人先后主持的 5 项国家社会科学基金项目和国家自然科学基金项目的成果，也包括本人主持的教育部出国留学人员回国资助项目、教育部博士点基金项目、教育部人文社会科学基金项目和湖南省社会科学基金项目的成果，这些成果表现出团队协同探索的特点。因此，文集收入的论文一部分是独立撰写的，一部分是与学生和同事合作的成果，文后有合作者标注。

第一卷《经济金融改革研究》收入的论文时间跨度较大，综合性较强，从市场机制、价格改革到金融深化、金融监管等方面都有涉猎。代表性观点有：

1. 社会主义市场机制必然包含企业产权结构模式和价格机制，价格改革和企业体制改革不存在孰先孰后的问题。只有把以国有制为代表的传统公有制转变为股份制（国家在现有的国营企业中占主要股份）为代表的公有制，实现政企分开和税利分流，才能保证企业之间在公平合法的基础上进行竞争，才能保证全社会朝着生产最优和交换最优的方向迈进。如果在现有的国民经济管理体制下，先行改革物价制度，放开物价，由于在国家直接管理和经营下的企业没有产供销的自主权，价格改革很难起到调节供求、刺激生产的作用。

2. 生产越是分散落后，经济越要搞活，越要运用经济调节手段。除少数几种国家直接控制的物资外，应采取步骤大胆放开价格，由价值规律去调节，放手让商品价格在市场上自由波动。

3. 完善中国的市场机制，包括两方面的工作，一是建立公平竞争的市场经济秩序，二是强化国家宏观经济管理职能。市场经济秩序指市场条件下的政府、企业、劳动者之间的关系规范。市场经济秩序不但对企业、个人有约束力，对政府同样应具有约束力。国家的宏观经济管理职能主要表现在两个方面，即宏观经济调控和立法司法。中国的立法司法是维护社会主义商品经济秩序的关键要素，也是市场经济秩序的约束机制。

4. 只要金融市场信息不对称问题依然突出，证券市场交易成本依然存在，商业银行的贷款功能就不会消失。因为商业银行等中介机构也不能完全消除金融交易双方的信息不对称，这些金融中介将不断推出具有特定融资功能的创新产品以适应市场的需要。

5. 运用金融实名制反腐败。在全国人口编号赋码工作的基础上，采用统一的内地公民身份证号码制度，将这种公民身份证定为内地公民唯一的存款实名证件。这种号码同时亦可称为公民的社会信用号码，公民与社会的各种经济往来包括各种金融交易都统一采用这种号码，记载着这种号码的金融机构账户可作为公民最为重要的身份证明之一。

6. 入世后一段时期中国金融业仍不宜实行混业经营。暂不实行混业经营是为了在今后更好地进行混业经营。中国的金融体制改革正在使混业经营的条件走向完备，我们应为这种改革再多争取一些时间，使条件更成熟一些，从而推动混业经营在中国的利弊对比发生逆转。

第二卷《普惠金融研究》主要收入国家社会科学基金重点项目"我国地方中小金融机构发展研究"的相关成果。这些成果在国内较早从发展角度渗透了普惠金融的理念，体现了开发性普惠金融的思想。

1. 实施发展极与非均衡协同发展战略。为了改变现有的二元经济结构，中国需实施非均衡协同发展战略。建立经济发展极是典型的非均衡手段。发展极既是空间概念，也是产业概念，这两层内涵是相关联的，后者即指主导产业在空间的集中布局。作为一个发展中大国，改变现有二元经济结构是中国面临的重要任务。在此过程中，需要在幅员辽阔的国土上建立不同层次的发展极。发展极可以是大中城市，也可以是星星点点散布于全国各地的小城市和县域内的新兴产业中心。通过发展极的聚集效应，能够使发展极成为当地发展的"火车头"。当发展极壮大后，又能够通过扩散效应带动周边地区，进而达到促进整个国家的经济协调发展的目的。

2. 中小金融机构是地方发展极的金融支撑。发展极的极化和扩散效应的强弱，在于其核心竞争力的强弱。这一核心竞争力实质上是把当地和周边地区各类资源组织起来，达到特定经济目标的整合能力。金融是形成这一整合能力的激活剂和黏合剂。地方中小金融机构能为当地发展极提供具有可持续性的金融支撑，应专心致志地在当地经营。

特别是对欠发达地区发展极而言，大型金融机构难以光顾这些区域，全力提供金融支撑的机遇和责任就落在了地方中小金融机构的肩上。

3. 地方中小金融机构的服务重点是发展极的主导产业。在社会资金既定的条件下，对所有产业部门平均投放资金以期实现均衡增长是不经济的。选择区域内优先发展的主导产业及相关产业链作为重点支持对象，可以更好地发挥地方中小金融机构在改变二元经济结构中的功能。在发展极形成和壮大过程中，与主导产业相联系，将形成一定的产业链，进而形成产业集群。地方中小金融机构重点支持主导产业及其紧密相关的产业链和产业集群，对发展极的形成和壮大是最有效率的。

第三卷《银行业微观审慎管理研究》主要收入国家社会科学基金项目"我国商业银行资产负债比例管理研究"和国家自然科学基金项目"我国商业银行违约模型与经济资本配置研究"的相关成果。

第三卷前一部分论文的主要成果是：将商业银行经营的本质、实际背景、发展过程与经济学原理结合起来进行考察，论证了商业银行资产负债管理战略产生的必要性和必然性，并按其内在逻辑关系将自律与监管统一在资产负债管理理论的框架内。这一理论框架为：（1）通过会计模型分析与经济模型分析阐释商业银行资产负债管理战略的核心内容。（2）指出并论述若干经济学原理在商业银行运用的局限性。（3）提出并分析商业银行经营的基本目标与最终目标之间的关系。（4）提出"W空间"和商业银行"熵增加效应"的概念，从而解释了商业银行资产负债管理的实质。（5）通过考察现代商业银行的发展过程，阐发自律与监管的辩证统一关系。（6）揭示资产负债管理理论与信贷配给论、金融深化论之间的内在关系，对发展中国家的相关金融问题进行比较研究，从而为发展中国家的金融发展和这些国家商业银行的资产负债管理提供理论上的启示。

这一理论框架的贡献在于回答了如下问题：为什么商业银行越来越注重资产负债比例管理？为什么商业银行的主要管理方法与其他类型企业的管理方法有重大区别？作为经营货币的商业银行，其业务经营有特殊性，有着与工业企业不同的经营规律：（1）边际分析方法用于商业银行管理具有局限性。金融产品投入产出过程中存在的空间差、时间差和资金变量的非连续变化，在相当大的程度上限制了边际分析方法在商业银行经营管理中的实际应用。（2）投入要素最优组合原理用于商业银行管理具有局限性。商业银行作为金融企业，一般不存在生产的三个阶段，会表现出更为复杂的投入产出特性，边际产量一般不呈现先上升后下降的趋势。商业银行投入资金的单位成本各不相同。一些金融产品特别是一些金融衍生产品的投机性和保值性色彩浓厚。商业银行的规模经济性是就其整体而言的，对其分支行及其营业网点不能用规模经济原理进行管理。（3）比例管理易于满足商业银行资产与负债的对称性要求。资产与负债的对称性实质上由资金"三性"平衡的基本目标所决定，对称性是必要和充分条件。商业银行资金来源与运用存在着空间差和时间差，不可能通过各种变量之间的线性关系式求解最佳业务量以保证对称性。从数学分析上讲，商业银行两两相关变量的值构成的比例反映了特定对称性。

第三卷后一部分论文主要成果涉及现代商业银行风险管理与绩效管理有机结合的前沿性研究。在巴塞尔 II 框架下，经济资本管理体现了非预期损失需要资本覆盖的基本原理。商业银行经济资本管理的关键是对经济资本的配置，没有对风险的精确测量，就不可能科学地配置经济资本，也就不可能有效地控制和管理风险，风险测量方法的精确性在很大程度上决定了经济资本管理的有效性。这一部分论文成果的创新主要体现在以下几个方面：（1）提出了测算中国商业银行公司贷款违约概率的贷款违约表法。（2）提出了测算中国商业银行零售贷款违约概率的非线性时变比例违约模型。（3）提出了测算中国商业银行公司贷款初始违约概率的有序多分类 logistic 模型。（4）在违约概率不变条件下，针对国外 CreditRisk＋模型在中国信用风险测量中无法直接使用的缺陷，提出了计量贷款组合非预期损失的有效方法，解决了国外 CreditRisk＋模型在中国信用风险测量中无法直接使用的难题。（5）在违约概率可变条件下，针对 CreditRisk＋模型假定行业风险因子之间相互独立这一缺陷，提出了基于行业特性的多元系统风险因子 CreditRisk＋模型。（6）提出了基于经济资本管理系统的商业银行贷款决策方法，实现了经济资本动态优化配置。这些成果在方法论上填补了国内在该领域研究的一些空白，可为中国商业银行信用风险的精细测算和经济资本配置提供理论基础、实用模型和运用方法，为中国商业银行实施银监会2012年颁布的《商业银行资本管理办法（试行）》和贷款决策提供参考。

第四卷《银行业宏观审慎管理研究》主要收入国家自然科学基金项目"基于宏观审慎监管的我国银行业压力测试研究"和国家自然科学基金项目"我国银行业宏观审慎管理与微观审慎管理协调创新研究"的相关成果。

前一课题的论文成果包括宏观审慎管理框架下压力测试新理念、信用风险宏观压力测试方法、流动性风险宏观压力测试方法、系统重要性银行评估方法和宏观压力测试系统运行机理等现代金融管理前沿研究内容。这些论文在理论和方法上的主要创新点在于：（1）阐发了基于宏观审慎监管的中国银行业压力测试的基本原理。（2）提出了中国银行业系统性风险源识别方法和宏观冲击因子模型。（3）基于宏观经济冲击下的行业相关性和经济资本顺周期效应，对多元系统风险因子 CreditRisk+ 模型进行了拓展。（4）提出了基于银行间风险传染效应、银行体系与宏观经济间的反馈效应的中国流动性风险宏观压力测试方法。（5）提出了基于系统性风险传染测度的系统重要性银行评估方法。（6）提出了将经济资本原理用于宏观压力测试的方法。（7）较早提出了设立国家防范与控制系统性风险委员会的建议，并将其作为宏观审慎监管制度运行机制的核心内容之一。

根据巴塞尔委员会和 G20 峰会确定的金融监管改革目标，银行业监管应逐步形成宏观审慎与微观审慎相结合的理念，需要在巴塞尔Ⅲ的框架内，正确地认识银行业宏观审慎管理与微观审慎管理的差异性、层次性、互补性、灵活性和多样性，在本质上把握两者的目标一致性，从而以创新的方式实现两种审慎管理之间的协调。巴塞尔Ⅱ强调商业银行风险的科学计量和精细化资本管理，可通过实施内部评级法达到资本的节约，风险计量的参数对市场是高度敏感的，顺周期性强；巴塞尔Ⅲ强调逆周期超额资本和系统重要性银行附加资本，强调资本的质量和数量，推出具有弹性的资本管理方法。从商业银行资本管理层面上讲，宏观审慎管理与微观审慎管理需要协调和对接。如何做到既符合巴塞尔Ⅲ的要求，又符合巴塞尔Ⅱ的要求，需要运用创新的理论和方法将宏观审慎管理与微观审慎管理协调为有机的整体。基于这一战略思考，后一课题的论文成果提出并阐发了新资本监管框架下商业银行资本协调管理的关键问题。商业银行资本本质上对应于非预期损失，使得资本具有两面性，股东价值最大化决定了资本的逐利性，覆盖非预期损失的要求决定了资本的道德性。在宏观审慎监管的视角下，有必要对商业银行非预期损失的内涵进行拓展。从金融风险计量的技术层面上讲，可将银行对金融市场的风险贡献或者将银行损失分布图中的极端损失的期望值作为非预期损失拓展部分的参考值。这样的处理体现了将具有传染性的、突发性的和外部性的系统性风险的计量与资本覆盖损失的基本内涵保持一致，并且这一非预期损失的拓展部分可与巴塞尔Ⅲ的新增资本要求保持一致。尤其对系统重要性银行来说，其留存超额资本、逆周期超额资本和系统重要性银行附加资本要求与其非预期损失的拓展部分正好对应。非预期损失的拓展体现了宏观审慎监管与微观审慎监管相协调的思路，体现了监管创新。监管资本不仅需要覆盖银行狭义的非预期损失，还要覆盖广义的非预期损失。在宏观审慎监管的框架下，银行对于系统性风险的贡献是系统重要性银行计提附加资本要求的基础。把握系统重要性银行的留存超额资本、逆周期超额资本和系统重要性银行附加资本与广义非预期损失相对应这一原则，有利于认识巴塞尔Ⅲ资本监管新规的道德属性，有利于从银行内部抑制系统重要性银行的道德风险，从而有效防范系统性风险。已有的商业银行资产负债比例指标体系对宏观审慎和微观审慎均考虑不足，缺乏动态化的考虑，没有考虑经济资本的作用和逆周期管理的要求。相关论文通过引入经济资本约束和宏观审慎理念，对商业银行资产负债比例线性规划模型进行了改进。经过改进的模型对风险的可控性更强，适应了资本管理的动态化要求，使资产负债比例管理既满足宏观审慎监管也满足微观审慎监管的要求，在宏观审慎框架下实现了商业银行资产负债比例管理与经济资本管理的有机结合。

第五卷《金融研究国际交流与教学科研方法探索》的内容包括两部分，前一部分收入7篇英文论文，是与国外学者合作的成果，涉及金融深化、金融风险管理和普惠金融等方面的内容。后一部分是关于学科建设和教学科研方法论的若干探索，也包括开展经济金融研究的一些心得体会。

为了体现研究和思考的历史，各卷对收入的文章基本上没有作修改，但对文章的个别语病和编排结构作了一定的调整。

岁月流金，回首过往，感到自己的生活是充实的、丰满的。知识青年上山下乡的经历，让我体会了劳作的辛苦，锻炼了体魄；参加高考后的学士、硕士和博士求学经历，使我找到了前进的方向，悟出了人生的真谛；对经济科学特别是金融学的研究及人才培养，使我找到了实现自我价值的乐趣。可以说，基本上做到了自己所期盼的"不因虚度年华而悔恨"。

党的十九大召开后，中国特色社会主义已进入新的时代，社会主要矛盾已经转化为人民日益增长的美好生活需要与不平衡不充分的发展之间的矛盾。我将继续踏着中国经济发展的节拍开展我的学术研究。2017年12月5日，我在湖南大学召开的新时代金融与统计前沿问题研讨会上，作了题为"关于开发性普惠金融的战略思考"的主题演讲，提出开发性普惠金融是一种"造血式"融资方式及相关金融服务，促使弱势群体加入价值链、产业链和供应链的创新驱动合作，是普及性普惠金融的深化与发展，能够为中国跨越中等收入陷阱、迈入发达经济体目标提供必要的金融支撑。今后一段时间，我和我的团队将在这一研究领域继续探索。

彭建刚

2018 年 2 月 1 日

目　录

我国城市商业银行区域发展的战略思考

20 世纪末，中国各地涌现了大量由地方政府出资实办，由企业个人入股的，在地方经营的城市商业银行。城市商业银行自成立以来积极支持市政建设，扶持中小企业，为活跃地方经济作出了有目共睹的贡献，而城市商业银行如何在以后更好地推动地方经济的发展，并以此提高其经济盈利，这是值得关注的重要问题。本文就此提出了城市商业银行的区域发展战略，以助其找准发展坐标，明确发展思路，制定发展策略，充分发挥其独特的作用。

一、城市商业银行区域发展战略制定的背景

城市商业银行区域发展战略制定的理论依据主要来自发展经济学中的"发展极"概念。发展极是由主导部门和有创新能力的企业在某些地区或大城市聚集发展而形成的经济活动中心，恰似一个"磁场极"能够产生吸引和辐射作用，促进自身并推动其他部门和地区的经济增长。从目前国内经济发展格局看，北有以武汉为中心的华中经济区，东有以上海为中心的华东经济区，南有以广州—深圳—香港为中心的华南经济区，西有新的直辖市重庆，同时湖南的长、株、潭一体化也在筹建中。城市商业银行应配合经济发展极的需要，促使发展极地区"磁场极"效应的发挥，并以此推动周边地区乃至全国经济的增长。

二、城市商业银行区域发展战略的目标

城市商业银行与四大国有银行相比，虽然资本金额度小、规模小，但它却更灵活和高效率。城市商业银行应着力把握好这一点，在支持经济发展极中念好"三字经"，即服务于中小企业，服务于市民，活跃地方经济。

1. 促进发展极技术的创新与扩散。城市商业银行应在自身不断创新的基础上，积极推动发展极地区技术、体制、机制、管理的创新，不仅使发展极作为技术创新中心的地位得到巩固，而且以其为中心不断向四周扩散。

2. 提高发展极资本的集中与输出的能力。城市商业银行应在其经营过程

中充分发挥金融推动力的作用，使它可以从所在地区或其他地区和部门吸引、集中大量的资本，进行大规模投资；同时，也可以向其他地区和部门输出大量的资本，通过支持这些地区和部门的发展，来满足自己发展的需要。

3. 提升发展极的规模经济效应。城市商业银行在其发展战略中一方面应促进发展极企业的规模效益；另一方面通过资助发展极公路、铁路等基础设施的建设，贸易、金融、信息和服务部门的建立与完善，使各个部门、地区共同受益，从而降低社会生产成本，产生外在经济效益。

4. 加强发展极的"凝聚经济效果"。城市商业银行通过支持发展极经济发展，从而巩固其作为"中心城市"的作用，促使其经济、技术"网络"的建立及完善，加强其凝聚经济效果，更好地发挥其作为发展极吸引或扩散的作用。

三、城市商业银行推进区域发展的战略选择

1. 市场定位推进战略。据对××城市商业银行 18 家支行的调查，1998年该行年末贷款余额中 15.4 亿元投向了中小企业，占贷款总额的 70.9%；1999 年中小企业贷款占比为 64.7%，2000 年中小企业贷款占比为 60%，可见该行对中小企业的贷款占比基本维持在 60%～70% 之间。由此看来在中小企业的融资渠道中，城市商业银行扮演着重要角色。在科技创新已成为主流的经济社会，城市商业银行应在传统业务的基础上，适当考虑建立和扩大科技担保基金规模，积极调整其贷款投向、投量，使其偏向于支持中小企业改进工程设备、改善经营管理、引进新的工艺流程为主，使其不断推出新产品、新技术和新生产方法，提高产品质量。另外，城市商业银行还可以大产业、大项目、大企业为依托，加强它们的业务渗透，在网点分布、贷款投向上加大对它们的支持力度，以其相对小额的资金来为发展极技术进步与创新尽一份力。

2. 创新推进战略。金融是经济发展的第一推动力，而金融的发展又离不开金融创新这一持续推动力。因此，城市商业银行作为地方性金融机构，应积极加入到金融创新的行列中来，更好地发挥金融对经济的促进作用。（1）经营机制的创新。经营机制的创新主要是构架以绩效为中心的激励机制。一是实行等级行管理制度，对各支行按存款、利润、不良资产清收、安全保卫等考核标准进行评定，对不同等级的支行给予不同授权，打破行与行之间的大锅饭。二是实行"干部能上能下，员工能进能出"。这主要以工作的绩效和员工的能力、素质、敬业精神来判断，同时在一定程度上实现绩效指标的

量化。（2）金融业务创新。城市商业银行一是要转变经营理念。其应将金融业务品种的创新提高到一个理论认识高度，将其视为利润来源的主要渠道之一。二是逐步扩大经营范围。从美国的《格拉斯—斯蒂格尔法》的废除，到招商银行、中国工商银行分别与保险公司、证券公司签署合作协议，混业经营将成为不可逆转的趋势。城市商业银行应加强与证券、保险业的合作，以服务市民为目的，推出具有竞争力的金融产品，改变资产、负债单一的局面，扩大经营范围，在加入世界贸易组织前，迅速抢占客户市场。三是稳定中小客户群，积极拓展个人金融业务。城市商业银行应不断开发如代理汇账、信息咨询、财务顾问等业务品种，为中小企业提供全方位服务。在个人金融业务方面，则突出以家庭为细分目标市场的开拓，以"银行卡"为统一品牌和标识，以卡为载体，全面提供储蓄存款、支付结算、银证转账、代理收付、个人理财、外汇买卖等，使"银行卡"成为最具竞争力的业务品牌之一。同时以汽车、住房、教育为重点，全面开展个人消费信贷业务。（3）金融服务手段创新。城市商业银行应将市场需求与信息技术结合起来，为其客户提供更方便、快捷的服务，形成"3A"级服务，即银行在任何时间（Anytime）、任何地方（Anywhere）以任何方式（Anyhow）提供服务。①依托先进的电子化服务网络，拓展新型服务方式：如根据发展极通信市场现状，大力推广和完善电话银行服务，24小时全天候提供语音及传真的查询及转账服务；根据银行实力和市场需求，大量开办不依赖于银行柜员的自助银行，使银行时间延长至极限；利用客户终端与银行计算中心链接形成的局域网络，开办家庭银行和企业银行，使客户足不出户便可办理大多数银行业务；建立相对集中的客户服务中心，全面受理客户咨询、查询、投诉、建议，全面提升服务水平；利用电子化网络，推动结算手段的创新，冲破体制约束，实行异地结算，建立真正意义上的全国结算网络。②顺应网络技术发展趋势，加快发展网上银行业务。近两年，网上银行在我国已有重大发展，如招商银行、中国银行、建设银行、工商银行陆续推出了网上银行，开通了网上支付、网上自动转账和网上交费等业务，初步实现了真正的在线金融服务。城市商业银行作为后起之秀，在战略上应具有超前意识，应充分利用因特网技术，利用网上银行快捷简便、24小时服务以及运营成本低的优点，积极发展网上银行业务，针对市民开展一些零售银行业务（如网上开户、查询、转账、买卖外汇等），针对中小企业则优先开展网上代收代付、远程支付、网上转账服务，由此建立城市商业银行网上银行自己的服务特色，创建自己网上银行品牌，使其成为拓宽服务领域、争取业务增长、调整经营策略的主要手段。

3. 资本推进战略。城市商业银行属于地方性股份制银行，其资本金主要来源于地方财政、企业、个人的入股，因此规模较小、业务范围较窄、结算能力较差等因素成为其战略目标实现的"瓶颈"。可见，城市商业银行应跳出过去经营方式的旧框框，配合发展极资本集中与输出的需要，极力拓展资本集中、输出的新路子。(1) 城市商业银行可以申请挂牌上市。戴相龙行长于2000 年 7 月份在新闻发布会上明确表示，支持商业银行上市，应当把央行推荐制改为商行向证监会申报制，这无疑表明商业银行上市已得到官方的认可，再加上我国证券市场容量不断增大，新股发行市场化，这都可视为商业银行上市的契机。2000 年 11 月 27 日，中国民生银行 3.5 亿元 A 股在上海市证券交易所上网发行，这是自中国证监会《金融企业上市信息披露编报规则》出台以来，首家公开上网发行的金融类上市公司，中国银行、招商银行、华夏银行等也均在积极筹备上市。城市商业银行应跟上步伐，因为：①通过上市发行股票可迅速扩张资本，并利用上市公司的优势，通过换股等方式实施兼并、收购，迅速扩充其规模。②上市意味着有了更多的融资渠道，融资选择增加，可降低融资成本。③上市是商业银行迎接混业经营时代的有力举措。前不久光大集团总公司先行一步，与多家金融机构在保险代理、证券投资等方面密切合作，通过资本运作控股了申银万国证券公司，已初步具有大型金融控股公司的架构。城市商业银行可根据发展极经济发展需要，尝试性地组建金融控股公司，加强资本运营能力。(2) 城市商业银行也可考虑走战略联合的道路。城市商业银行应以发挥发展极吸引和发散作用的战略高度为出发点，与周围城市商业银行进行横向协作与联合，在资金、业务、人事等多方面展开合作，打破各地区城市商业银行各自为政、相互封闭的局面。加快自己的异地结算网络建设，使货币资金在以发展极为中心的经济区域流动和优化配置，从而可提高发展极吸引和输出资本的能力，促使各地区的经济发展互补并趋向经济联系，提高以发展极为中心的经济区域运行的整体效益。通过以上两条战略的选择，城市商业银行的资本筹集范围就会逐步从所在地区扩散到发展极周边地区乃至全国，这将大大加强发展极吸引与集中资本进行大规模投资的能力，通过支持这些地区经济的发展，来满足发展极原材料、半成品等多方面的需要。可见，城市商业银行可以促使发展极成为一个大型资本集散地，随着城市商业银行逐步走出发展极范围，资本的集散地范围将扩充到周边地区，再由这些地区向四周更大范围扩展。

4. 城市化推进战略。城市商业银行应发挥其特有的作用，巩固发展极中心城市的地位，加快其城市化的进程，促进发展极辐射与吸引功能进一步加强。（1）城市商业银行应积极参与发展极地区城市总体规划的建设，逐渐形成新的经济亮点和生态型网状城市，加快城市化进程，提高城市化水平。（2）城市商业银行应加强城市设施建设，完善现代城市基础设施。协助发展极实行交通、电力、金融、信息、环保一体化五个网络规划建设，壮大城市环保、信息、旅游等一批新兴支柱行业，完善道路、交通、电力等基础设施建设，促进多种生产要素迅速向中心城市流动、汇合、集中，产生强大的"凝聚经济效果"。（3）大力发展文化产业。努力发掘传统的优秀文化，着力开创全新的现代文化，实施扶持文化、娱乐、影视、文化用品、新闻出版等现代发展政策，形成以电子实业为龙头的影视产业，以报业集团为龙头的报刊社，以电子城、电话为龙头的出版社，以展览中心、会展中心为龙头的会展产业等文化产业群体，使文化产业达到或接近全国一流水平。（4）促进学校的现代化建设，培育教育产业。协助发展极加强基础教育和素质教育，大力发展民办教育，逐步实现教育的产业化和市场化，重点扶持一批新世纪达到国际水平的现代化学校。使重点高级中学以及一些民办学校，从软件建设到教学内容和方法一次性与国际接轨，达到国际先进水平。

四、城市商业银行自身提高与发展的战略选择

城市商业银行除了应具有主动积极配合的主观性因素外，还应具备较强经济实力的客观性因素，通过以下的战略选择来完善自身：

1. 借助政府战略。城市商业银行依靠政府的目的就是增强社会信誉，同时在吸收资金、呆账贷款核销、业务创新以及落实银行债权等方面获得中央、地方政府的支持。同时要正确处理好地方政府短期内扮演帮手这一特殊角色，城市商业银行最终还得借助市场的力量，实行市场化运作，通过上市利用市场进行地方性的收购兼并，保证其产权的可流动和自变量，同时尽量减少"人情贷款""指令贷款"，逐步走出政纪不分、行政干涉的不良机制，使其更有效率。

2. 企业文化战略。城市商业银行应通过各种途径来塑造其银行形象，实行企业文化战略。首先就是建立自己的银行企业文化，将政治性、实践性、时代性、纪律性结合起来。城市商业银行应让每个员工参与了解银行的各项工作，立足本职岗位，从一点一滴做起，在长期中磨炼出企业精神，如"精益求精、团结互助、勤俭节约、勇于创新"等。时刻激励和约束银行全体员工，为银行创造经济效益发挥巨大的作用。其次导入 CI 设计，塑造个性鲜明的城市商业银行形象，从而使其良好的内部形象激发全体员工对本银行的自

豪感、责任感和崇高理想，而良好的外部形象则更深刻地反映了银行企业文化的特点和内涵，使银行在竞争中独树一帜，从而确保其稳固占领市场。

3. 提高人员素质，培养人才战略。城市商业银行应采取"以人为本"的策略，建立一支高素质的员工队伍，实行"能进能出"的员工管理体制，根据本行情况和当地政府的有关规定，为员工办理社会养老统筹保险、失业保障、大病医疗保险，完成员工的"三险"工作，为实现用工的社会化和为员工"能进能出"创造条件，从而有利于建立一种激励机制，充分调动员工积极性，鼓励先进，淘汰后进。对于干部也应采取"能上能下"的干部调整制度，实行"公开竞聘"的干部选拔机制，为优秀人才脱颖而出创造条件。

4. 加强内部管理，防范金融风险战略。朱总理①在年初举行的中央金融、证券、保险工作座谈会上强调：切实加强和改进金融监管，是今年工作的重点，也是解决当前我国金融领域存在的问题，切实加强内部保证金融平稳运行的关键。一些地区的城市商业银行的逾期、呆滞、呆账贷款以及单户贷款等比例指标不容乐观，应认识到当前工作的当务之急就是以加强内部控制为突破口，化解存量风险，业务开拓与加强管理并重，向管理要效益，走集约经营的发展道路。努力建立符合现代金融企业要求的内部控制机制，促进过渡到良性发展的轨道上来。

5. 不良资产转换战略。城市商业银行是由过去的城市信用社组建而成的，城市信用社大量的不良资产都成为城市商业银行发展中的沉重包袱，要面对竞争，轻装上阵，就得解决不良资产的转换问题。城市商业银行可考虑将不良资产剥离出来委托给现有四家国有商业银行的不良资产管理公司运作，通过出售、转让、置换、债转股等方式进行处置，条件成熟时，也可与地方政府、企业联合组建不良资产管理公司，负责盘活、清收不良资产。在资产管理公司未获准设立前，城市商业银行可积极与金融性资产管理公司、信托投资公司、工商性资产管理公司联系，在互惠互利的原则下，把不良资产委托这些机构处置或托管，同时运用置换、兼并、重组或探索运用资产证券化予以处置。

本文刊登于《财经窗》2001 年第 11 期。合作者为彭洁。

---

① 时任国务院总理朱镕基。——编辑注

城市商业银行对城市经济
支持程度的实证分析

一、"发展极"的金融支撑——城市商业银行在区域经济发展中的地位

区域经济发展不平衡是发展中国家在经济发展过程中存在的客观事实。由于静态的资源禀赋和区位差异以及经济发展的历史演变等因素，使得各区域在经济规模、经济结构、资源配置效率等方面具有差异性。在一经济区域内，增长不是在每个地区以同样的速度增加的。增长的势头往往集中在某些有创新能力的行业，而这些行业一般又聚集在中心城市。这些城市就成为发展极。区域经济发展的演化过程就是通过极化和扩散机制交替作用，从"点"到"轴"，再由"轴"到"面"逐步展开，最后达到区域经济相对均衡发展。

区域经济的差异性必然会导致区域金融的多样性。因为，区域经济与区域金融之间总是相互作用、相互制约的。一方面，区域经济的总规模决定区域金融的总规模，区域内现存的经济结构和资源配置效率也影响着区域金融资源配置的流向、流量及效率，即区域经济对区域金融具有"锁定效应"；另一方面，在现代经济中，资金流可以引导实物资源的流动。因此，金融资源的流向、流量也会影响区域经济结构调整的方向、速度及效率，即区域金融对区域经济具有"反锁定效应"。

金融是现代经济的核心，货币成为了经济发展的"第一推动力"。在区域经济与区域金融的相互作用之中，区域金融对区域经济的"反锁定效应"发挥着越来越重要的作用。我国目前仍以间接融资为主，区域金融的主体是商业银行。城市商业银行是以某一城市为服务区域的商业银行，具有地域性特征。所以，在城市发展中，城市商业银行作为区域金融体系的重要组成部分，与国有商业银行相比，有其独特性。主要表现在以下几个方面：（1）立足地方。城市商业银行由于业务的地域性，在本地吸收的存款资金一般只运用于本地，减少了本区域内资金的流出，有利于本区域内经济的成长。（2）服务

地方。城市商业银行与地方政府关系密切，对城市基础建设的支持力度相当大。（3）为众多的中小企业和个人提供特色金融服务。城市商业银行规模相对较小，管理层次少，与客户联系密切，决策迅速，具有零售业务的比较优势。

城市商业银行的独特性必然会导致其在区域经济发展中地位的特殊性。这一独特性决定于其经营理念的差异性。经营理念的差异性一方面源自于发展空间的差异性。国有商业银行以及一些新兴股份制商业银行，不受地域限制，在全国范围内开展业务。城市商业银行的发展空间则一般定位于某个城市，在特定区域内集中开展业务。经营理念的差异性另一方面源自于对某一特定区域经济发展关注程度的差异性。城市商业银行把自身的发展与当地经济的发展紧密地联系在一起，比其他商业银行更为关注所在城市的发展。因为，只有所在城市发展了，才能为其提供更为广阔的发展空间，才有其自身的发展。从这一点来说，支持所在城市的长远发展更为符合城市商业银行的利益。正是由于城市商业银行的经营理念与地方经济发展目标的一致性，使得城市商业银行与所在城市唇齿相依，在支持地方经济发展中更积极、更主动，眼光也更为长远，发挥着不可替代的特殊作用。也正是由于城市商业银行这种地位的特殊性，决定了其成为区域经济"发展极"的强有力金融支撑。

二、长沙市商业银行对长沙市经济支持程度的实证分析

一个城市要构成发展极，需要具备下列条件：（1）良好的城市环境和基础设施，能吸引资本和人力。（2）众多具有创新能力的企业。（3）强有力的金融支撑。长沙市要形成"发展极"，需要具备上述三个条件。这些条件也就是作为"发展极"的城市所必须具备的硬件和软件。硬件方面主要包括交通、市场、企业等；软件方面主要是指金融、人力、文化等。长沙市商业银行自1995年5月成立以来，对长沙市这一经济"发展极"的快速发展起了重要的金融支撑作用。本文以长沙市商业银行为例作一实证分析。

（一）积极投身市政建设

在现代经济中，城市作为区域经济发展极的核心，具有极化效应和扩散效应。而其所进行的经济活动，主要表现之一为物资流的循环周转。物资的流动需要城市具有良好的交通基础设施。为了使城市成为资本和人力的吸引中心，使居民安居乐业，各种现代化的生活、文化娱乐设施是必不可少的。良好的交通设施和居民生活保障系统是对城市成为地方经济发展极的必然要求。长沙市商业银行对长沙市的市政建设提供了强有力的金融支持。

1. 在长沙市商业银行的大力支持下，长沙市城市基础设施得到了较大改善。

为了缓解交通、防洪等基础设施对长沙市经济发展的瓶颈制约，长沙市商业银行积极参与市属重点工程和公益事业投资项目，有力地支持了以"一城五路两广场"为龙头的市属 32 项重点工程（见表 1）。随着这些工程项目的陆续完成，长沙市面貌为之一新。主要表现有以下几个方面。

表 1　　　　长沙市商业银行市政贷款典型项目一览表　　　　单位：万元

贷款项目	贷款余额	贷款项目	贷款余额
环线建设	3 600	"长善垸"防洪工程	18 000
"五一路"扩建	20 000	市政府大楼	15 000
"田汉"大剧院	7 470	芙蓉北路	2 000
湘江风光带	9 000	火星南路	6 000

（1）城市道路交通面貌得到了根本改观。长沙市商业银行贷款 2 亿元用于"五一路"扩建工程，贷款 3 600 万元用于支持长沙市环线建设。另外，对芙蓉北路、白沙路项目、解放西路项目、桐梓坡项目以及蔡锷南路项目各贷款 2 000 万元，对湘江风光带项目贷款 9 000 万元。在长沙市商业银行贷款的大力支持下，长沙市的城市道路交通状况得到了较大的改善，城市面貌为之一新。

（2）大力支持防洪设施建设，消除了长沙市水灾隐患。长沙市商业银行从 1998 年至 2001 年分四批给长沙市水利水电建设总公司发放贷款 18 000 万元，用于长善垸防洪工程项目。经过四年的建设，该项目已基本建成，并能发挥作用。另外贷款 300 万元用于东岸堤的修筑。

（3）城市生活设施得到了完善。为方便市民的生产生活，长沙市商业银行积极配合政府的"菜篮子"工程，为曙光路菜市场、红旗区菜市场、长治路菜市场等项目分别贷款了 700 万元、708 万元和 2 700 万元，这些菜市场的建成和投入使用，方便了广大市民的生活。

（4）文化娱乐设施得到了改善。长沙市商业银行为丰富市民业余文化生活，积极支持文化设施建设。先后分四批共贷款 7 470 万元用于"田汉大剧院"项目的建设，分三批贷款 2 500 万元用于高桥大市场展览馆项目。这些设施的建成并投入使用，使城市的娱乐功能得到了显著提高。

2. 从长沙市商业银行每年市政贷款的对比情况来分析，长沙市商业银行已成为支持长沙市市政建设的主力军。

表2　　　　　　　　　　　长沙市商业银行市政贷款情况一览表

指标\年份	贷款总额（万元）	市政贷款户数（户）	市政贷款余额（万元）	市政贷款占比（%）
1998	217 449.8	11	19 918	9.16
1999	296 273.0	20	45 758	15.68
2000	386 457.0	26	89 568.5	23.18
2001	550 303.6	32	148 919	27.06

资料来源：长沙市商业银行《政府贷款情况一览表》，2001年8月。

从表2可以看出，长沙市商业银行自成立以来，市政贷款由1998年的11项增加到2001年的32项，占贷款总额的百分比由1998年的9.16%增加到2001年的27.06%，增幅达17.9个百分点。市政贷款规模更是成倍扩张，由1998年的19 918万元增加到2001年的148 919万元，增长了6.48倍。2001年，长沙市商业银行为全部市属重点工程均提供了贷款。长沙市全部32项重点工程已累计完成投资26.1亿元，其中，长沙市商业银行市政贷款占比为57%。表明长沙市商业银行已成为支持长沙市市政建设的主力军。

（二）支持中小企业成效显著

美国中小企业的成长经验显示，中小企业是最具活力的创新源泉，是新技术、新发明重要的推动者。美国近十年来的新经济，主要得益于一批有活力的中小企业的发展壮大。微软、戴尔等现在的大公司在数十年前都是中小企业。我国中小企业的经济总量已占国民经济总量的70%以上。中小企业在活跃城乡经济、满足社会多方面需求、吸收劳动力就业、开发新产品以及促进国民经济发展等方面起到越来越重要的作用。在这种背景下，长沙市商业银行抓住长沙市产业结构调整的契机，目标定位于以支持中小企业、民营企业为主，培养了一批发展前景广阔、产品销路好、信誉高的基本客户群，有力地支持了长沙市中小企业的发展壮大。

1. 在长沙市商业银行的贷款支持下，中小企业快速发展壮大。

长沙市商业银行贷款支持的中小企业有几千家，其中，基本客户群有1 000多家。根据对长沙市商业银行贷款支持的中小企业进行的抽样调查分析，我们可以详细了解长沙市中小企业近三年的发展状况。

此次抽样调查获得的有效样本容量为39家。其中，国有企业2家，集体企业3家，股份制企业11家，私（民）营企业21家，三资企业2家。获得的有效数据汇总如表3所示。

表3　　长沙市商业银行贷款支持的中小企业抽样（39家）调查汇总表

单位：万元，%

指标 \ 年份	1998	1999	2000	1999年增长率	2000年增长率
贷款余额	15 373	17 666	25 571	14.9	44.7
资产	29 258	35 448	51 788	21.2	46.1
销售收入	28 908	40 012	61 129	38.4	52.8
利润总额	1 336	2 213	3 822	65.6	72.7
所有者权益	14 520	18 213	24 499	25.4	34.5
职工人数	1 597	2 712	3 272	69.8	20.6
银行存款	841	1 173	3 084	39.5	162.9

从表3所列的数据可知，1998年长沙市商业银行对39家中小企业共贷款15 373万元，1999年上升到17 666万元，增长14.9%，2000年增加到25 571万元，增幅为44.7%。我们可以看出，在长沙市商业银行贷款的大力支持下，这些中小企业快速发展壮大。

（1）中小企业资产规模呈快速、稳健的发展态势。39家企业1998年资产总额为29 258万元，2000年增长到51 788万元，增幅达77%。1999年和2000年资产规模的增长速度分别为21.2%和46.1%。表明这些中小企业在长沙市商业银行贷款的大力支持下，已经步入快速稳健的发展轨道。

（2）中小企业的产品竞争能力增强，经济效益明显提高。39家中小企业1998年销售收入为28 908万元，1999年增长了38.4%，2000年增长了52.8%，远远高于同期长沙市GDP年增长10%～13%的水平。从利润角度来看，1998年每家企业平均实现利润35万元，1999年增长了65.6%，2000年又增长了72.7%，中小企业的盈利能力高于其资产增长率与销售收入增长率，表明其规模扩大不是以削弱盈利能力为代价，是一种良好的发展态势。

（3）中小企业的资本积累逐年增加，发展后劲增强。随着中小企业盈利能力的增强，其所有者权益也在不断增加，39家中小企业所有者权益2000年已达2.5亿元，1999年和2000年分别增长了25.4%、34.5%。

（4）中小企业安置就业人数不断扩大。1998年39家中小企业共有职工1 597人，2000年增加到3 272人，两年内增长了1.05倍。在当前严峻的就业形势下，中小企业的成长在解决就业问题、维护社会稳定等方面显示出重要的作用。

2. 从对中小企业贷款余额占比角度分析，长沙市商业银行对中小企业的贷款支持力度远远高于长沙市银行同业。

表4　　　　　　　长沙市商业银行及银行同业对中小企业贷款对比表

指标 年份	长沙市银行同业			长沙市商业银行		
	贷款余额 （亿元）	对中小企业贷款 （亿元）	占比 （%）	贷款余额 （亿元）	对中小企业贷款 （亿元）	占比 （%）
1998	468.9	180.9	38.6	21.7	15.4	70.9
1999	588.9	194.4	33.0	29.7	19.2	64.7
2000	631.6	183.6	29.1	38.5	23.0	60.0

资料来源：中国人民银行长沙市中心支行，《湖南省经济金融形势分析报告》，2001年第3号；长沙市商业银行《业务状况汇总报表1998—2000》。

（1）长沙市银行同业近三年来对中小企业贷款支持的力度在逐渐下降。

由表4可以看出，长沙市银行同业1998年贷款余额468.9亿元，其中对中小企业贷款180.9亿元，占比38.6%，1999年对中小企业贷款余额占比下降到33%。2000年进一步下降到29.1%，连续下降达9.5个百分点，表明整个长沙市银行业对中小企业贷款支持力度在逐渐减弱。

造成这种现象，原因是多方面的。其中一个重要原因是各大商业银行实行授权制。各大商业银行在全国范围内配置其信贷资金，常常集中信贷资金投放于少数优势企业和经济发达地区，贷款审批权控制得比较紧，而地方中小企业一般贷款额度小、频率高、需求急，企业经营状况不易跟踪掌握，难以进行贷款决策，故不在各大商业银行的业务重点之列。

（2）作为地方性商业银行，长沙市商业银行的贷款主要是支持地方中小企业。

长沙市商业银行自成立以来，市场定位以支持地方中小企业发展为业务重点。长沙市商业银行在对中小企业的贷款支持中，注重调研，灵活操作，积极推行信贷营销，不断进行信贷业务的创新。如对风景缘服饰有限公司的贷款操作中，该公司的不动产抵押不足，但由于其是长沙市经营状况较好的民营企业，长沙市商业银行积极进行抵押方式的创新，采用动产抵押的贷款方式，贷款200万元支持该企业的发展，企业因此新增产值1 679万元，新增利润108万元。这充分体现了国家对中小企业发展采取的"区别对待，扶优限劣"的战略意图。长沙市商业银行紧紧抓住为中小企业服务这个目标，有效发挥信贷杠杆的作用，在扶持中小企业发展的同时，调整了信贷结构，提高了信贷质量，形成了融洽的银企关系，实现了长沙市商业银行和中小企业的同步发展壮大。

由表4分析长沙市银行业对中小企业的贷款占比可知，1998年长沙市银行同业对中小企业贷款占整个贷款余额的38.6%，长沙市商业银行中小企业贷款占比为70.9%，高出银行同业31.3个百分点；1999年长沙市银行同业对中小企业贷款占比为33.0%，长沙市商业银行为64.7%，高出31.7个百分点；2000年长沙市商业银行对中小企业贷款占比为60.0%，高出平均水平30.9个百分点。从近三年综合水平对比分析，长沙市商业银行中小企业贷款占比高于长沙市银行同业1倍左右。表明其对中小企业的支持力度大大高于同业水平，突出了其地方性银行的功能定位。

尽管长沙市商业银行中小企业贷款占比也轻微下降，从1998年的70.9%下降到1999年的64.7%，再到2000年的60.0%，但综合考虑长沙市商业银行的资产业务，也是可以理解的。近几年是长沙市市政建设的高峰期，其投放的市政贷款占比在逐渐增加，从1998年占贷款余额的9.16%上升到2000年的23.18%，这是导致其中小企业贷款占比下降的一个直接原因。

（三）充分发挥地方银行金融服务职能

长沙市商业银行成立四年来，在实现城市信用社向商业银行平稳过渡的同时，全行稳健经营，各项业务快速发展，资金实力不断壮大，资产和贷款规模一路攀升，充分发挥了地方银行金融服务职能，有力地支持了长沙市的经济发展。

1. 贷款增速快，对经济支持力度加大。

从我国目前的实际情况看，银行贷款仍是企业投资的一个重要资金来源，特别是对于地方中小企业。同样，贷款是长沙市经济发展最主要的资金来源。

表5 长沙市商业银行贷款增速及与同业比较

年份 \ 指标	长沙市各金融机构		四大国有商业银行		长沙市商业银行	
	贷款余额（亿元）	增长率（%）	贷款余额（亿元）	增长率（%）	贷款余额（亿元）	增长率（%）
1997	379.2	—	268.6	—	18.4	—
1998	468.9	23.6	311.3	15.9	21.7	18.4
1999	588.9	25.6	440.2	41.4	29.6	36.2
2000	631.6	7.3	451.1	2.5	38.6	30.4
环比增长率%	—	16.4	—	11.8	—	27.3

资料来源：长沙市商业银行《资产负债表（年报）1997—2000》；中国人民银行长沙市中心支行，《金融统计报表1997—2000》。

从表 5 可以看出，长沙市商业银行贷款余额从 1997 年成立时的 18.4 亿元增加到 2000 年 12 月末的 38.6 亿元，三年内增幅达 109.8%，贷款环比增长率达 27.3%，是长沙市银行同业贷款增长率的 1.7 倍，是四大国有商业银行贷款增长率的 2.3 倍。表明长沙市商业银行贷款业务快速发展，对长沙市经济的支持力度也越来越大。

2. 在贷款快速增长的同时，仍能保持较高的盈利能力，确保了自身金融安全。

商业银行的经营效率不仅包括经济效益，还包括社会效益，但经济效益仍是衡量商业银行经济效率的最重要指标。近几年正处于经济体制改革的关键时期，加上通货紧缩等不利因素影响，整个金融业亏损现象严重，在这一形势下，长沙市商业银行能够盈利无疑是难能可贵的。这对于提升长沙市整个金融业的盈利能力和经营水平，维护金融业的稳定，至少有良好的示范作用。

表 6 长沙市商业银行利润额及与同业比较

年份 \ 指标	长沙市银行同业		长沙市商业银行	
	利润总额（万元）	增长率（%）	利润总额（万元）	增长率（%）
1997	− 1 220	—	1 102.6	—
1998	− 1 705	− 0.398	2 245.5	1.04
1999	− 50 002	− 28.33	3 184.1	0.418
2000	− 29 300	0.414	2 656.4	− 0.166

资料来源：长沙市商业银行《损益表（年报）1997—2000》；中国人民银行长沙中心支行《金融统计报表 1997—2000》。

从表 6 可以看出，由于各种原因，长沙市银行同业近年处于连续亏损状态。1997 年亏损 1 220 万元，1999 年亏损额急剧增加，竟达 50 002 万元，是 1998 年亏损额的 29.3 倍，直到 2000 年亏损势头始得减缓，但仍亏损 29 300 万元。长沙市商业银行 1997 年 5 月成立时账面上亏损 2 427.8 万元，但到 1997 年 12 月末就扭亏为盈，盈利 1 102.6 万元，并且实现了 1997—2000 年连续四年盈利。长沙市商业银行稳健成长，无疑是长沙市银行同业的一道独特风景。值得说明的是，长沙市商业银行 2000 年度盈利比 1999 年下降 16.6 个百分点，是其在 2000 年度抵补成立时原城市信用社 2 000 多万元亏损所致。我们可看到，长沙市商业银行自成立以来的经营是富有成果的。

3. 定位于"市民银行"，提供特色金融服务。

长沙市商业银行市场定位于"市民银行",把服务市民作为其经营的出发点,通过各种金融创新,提升自身服务档次和服务质量,促进了长沙市的金融运作效率。

(1)定位于长沙市市民自己的银行。长沙市商业银行贴近地方,深入市民生活,围绕市民需要提供各种金融服务。先后开办了长沙市财政工资统发、移动话费的代缴、医疗保险的发放等中间业务。全行18家支行共为378家单位代发工资。其中,北城支行率先在全省开展了代理国库业务,日均余额达300万元。随着这些业务的开展,长沙市商业银行成为了广大市民的理财好帮手。

表7　　　　　　　长沙市商业银行个人汽车、住房消费信贷余额对比表　　单位:万元

类别 \ 年份	1999	2000	2001	2000年增长倍数	2001年增长倍数
汽车信贷	53	1 053	5 582.1	19.86	5.30
住房信贷	4 352	9 256	26 521.02	2.13	2.87
占贷款余额百分比(%)	1.48	2.67	5.83	—	—

(2)提供富有地方特色的金融服务。长沙市商业银行开展了一系列富有特色的个人消费信贷业务,有住房、汽车、教育信贷等。其中,汽车消费贷款占长沙市该项业务总量的60%。1999年全行共发放个人住房、汽车信贷4 405万元,2000年上升到10 309万元,增长134%。2001年,个人住房、汽车信贷余额达32 013.12万元,比年初增长了211.4%。这些业务的开展,大大刺激了广大市民的消费,拉动了长沙市经济的回升。

参考文献

[1] 夏振坤. 发展经济学新探 [M]. 武汉:武汉出版社,1997.

[2] 谭崇台. 发展经济学 [M]. 上海:上海人民出版社,1996.

[3] 彭建刚. 现代商业银行资产负债管理研究 [M]. 北京:中国金融出版社,2001.

[4] 韩文亮. 中国地方性银行效率分析 [M]. 北京:中国金融出版社,2000.

[5] Fred eric S. Mish kin, Financial markets and institutions, Wesley Long man, Inc. 2000.

[6] George H. Hempel, Bank management , John wiley & sons , Inc. 1999.

本文刊登于《财经理论与实践》2002年第5期。人大复印报刊资料《金融与保险》2003年第2期全文转载。合作者为韩忠伟。

发展极的金融支撑：我国城市商业银行可持续发展的战略选择

一、问题的提出

从 1995 年初第一家城市商业银行——深圳城市商业银行建立以来，作为我国商业银行新生力量的城市商业银行得到了快速的发展。全国（不包括台湾）除西藏拉萨市外，其余各省会、直辖市均先后组建了单一法人的城市商业银行。至 2000 年底，全国城市商业银行数量整整 100 家，分支机构（网点）4 217 个，除省会、直辖市均普遍拥有一家城市商业银行以外，其余绝大部分均分布在经济相对比较发达的中部和东部中心城市，比重占 90% 以上。几年来，各城市商业银行针对自身规模小、实力较弱的实际情况，积极采取各种有效途径，大力筹措资金，不断壮大自身资金实力，积极参加公开市场运作，加强横向联合，强化系统调控能力，确保现金支付，部分城市商业银行已走上良性发展轨道。但城市商业银行总体呈发展极不平衡的状态，截至 2000 年末，100 家城市商业银行资产总额达 7 096 亿元人民币，其中上海、北京、天津、南京、杭州 5 地城市商业银行资产相加就近 2 700 亿元，占 40% 的比重。而盈利能力则相差更加显著：2000 年 100 家城市商业银行全部利润为 12.78 亿元，其中上海、北京两地城市商业银行盈利竟有 18 亿元之多，这说明 100 家城市商业银行的大部分很可能处于亏损状态。城市商业银行发展不平衡的问题，不仅会影响部分业绩差、风险大的城市商业银行的生存问题，也会对整个城市商业银行系统的生存空间和发展产生较大的负面影响。我国已加入 WTO，随着外资银行的进入，银行业的竞争将十分激烈。在此背景下，城市商业银行是否有存在和发展的空间？即城市商业银行（特别是一部分经营欠佳的城市商业银行）能否继续生存和发展？

二、区域经济发展极中的城市商业银行

区域经济发展水平不平衡是每个国家在经济发展过程中存在的客观事实。

根据区域经济不均衡发展理论，区域经济发展的地域演化过程是通过极化和扩散机制交替作用，从"点"到"轴"，再由"轴"到"面"逐步展开，最后达到区域经济相对均衡发展。此中的"点"即发展极，从其极化的范围来看，可以是全国性的，也可以是区域性的。发展极具有层次性，不同层次的发展极在建立和发展的过程中，对金融服务的需求是不同的。因此，全国性、区域性、地方性等不同层次商业银行的存在是可能的，也是必要的，如在美国也有近9 000家商业银行，其中绝大部分是地方性的中小银行。即使在同一发展极，对金融服务的需求也是多层次的，需要具有不同经营特点的金融机构提供服务。这为地方性中小银行提供了生存的空间，如处于全国性发展极的北京市商业银行和上海银行在众多的外资银行、全国性银行的激烈竞争中，不仅能生存，而且能不断发展、壮大。所以，城市商业银行的产生和发展是区域经济发展的客观要求，其在发展过程中也为不同层次发展极的发展提供了必要的金融支撑。

1. 区域经济的极化首先表现为资金和技术的极化，从而形成不同层次的发展极。高层次发展极在经济发展水平、资源配置效率等方面都比低层次的发展极要优。在开放经济条件下，资金具有同质性和趋利性，低层次发展极资金会向高层次发展极聚集，即金融资源从低层次极点向高层次极点流动。在我国，金融资源的流动主要由国有商业银行和跨区域商业银行内部资金的统一调度来完成。国有商业银行遵循的是资金在全国范围内优化配置的原则，其发展战略是资金重点流向经济发达地区和国家支柱产业。城市商业银行由于业务的地域性，其在本地吸收存款的可贷资金基本上投向本区域，用于支持本区域经济的发展，能减少本区域资金的流出，有利于本区域内发展极的成长。

2. 发展极应能吸引大量的资金、技术、人才等用于经济发展。因此发展极应有一个良好的投资和生产环境，而良好的投资和生产环境的首要条件是城市应有功能较为完善的基础设施。城市商业银行由于立足地方，服务于地方，同地方政府的关系相当密切。其对城市基础设施建设的支持力度相当大。如长沙市商业银行自1997年成立以来，积极投身市政工程建设，到2000年底，累计参与市属重点建设工程和公益事业投资项目28项，投入信贷资金15.34亿元。

3. 区域经济发展的极化必然伴随着城市化，城市化不仅是人才的集聚，也是劳动力的集聚。随着劳动力在城市的不断集聚，劳动者的就业、生活等问题日益突出。而城市中小企业能吸收大量的劳动力就业，个人金融如消费贷款是解决城市居民生活方面问题的有效途径。全国性商业银行的规模优势、业务范围优势，特别是信息优势一般不体现在分散的、小额的信贷配置层面，其业务优势不是零售业务，而在批发业务，对中小企业贷款不是主营业务。城市商业银行规模相对较小，委托管理层次也少，与客户地域联系密切，决策迅速，容易监督，更能有效避免"信息不对称"所带来的中小企业和个人的逆向选择和道德风险，因此其比较优势在零售业务。例如，长沙市商业银行对中小企业贷款占其贷款总额的60%以上。截至2001年8月，个人信贷余额达30 151.14万元，与年初相比增幅为88.23%。

4. 发展极应是在优势产业的基础上建立并发展。我国长期以来追求区域工业自成体系，使得各区域产业结构雷同的现象突出。现代区域发展极的建立必然伴随着地方经济结构的调整。因金融资源在逐利的引导下，相当一部分可能会流向经济发达地区。这样，城市商业银行作为地方金融在金融资源对经济结构的锁定过程中将起着重要的作用。

三、城市商业银行对城市经济发展支持的分析

（一）服从和服务于地方经济的发展

1. 从城市商业银行贷款结构来看，市政贷款占了很大比重，该类贷款大部分用于当地的基础设施如交通、能源、环境改造等公益事业项目。上海银行先后发放几十亿元贷款支持市、区两级市政建设；北京市商业银行几年来累计向北京市各项基础设施、房改拆迁、道路修建等发放贷款500多亿元。这种市政贷款不仅本息由财政保证，风险小，而且会取得良好的社会效益，有助于银行获得当地的社会认同感，扩大银行在该地区乃至周边地区的社会影响，树立"城市商业银行"的品牌形象，而且能促进城市投资环境的改善。

2. 因地制宜，发展有特色的金融服务。城市商业银行立足于地方经济，能充分利用与地方政府关系密切所具有的信息优势，与地方经济发展密切保持战略上的一致，敏锐捕捉城市经济发展的脉搏，寻找城市经济新的增长点，不断扩大自身的发展空间。北京市商业银行是一个典型的例子。该行地处首都，高科技是首都经济的核心内涵，1999年高新技术产业对北京市经济增长的贡献率为70%，而中关村科技园区是高科技产业最集中的地区，有高科技企业8 000多家，高等学府和科研院所数百家，拥有辐射全国的高水平科研成果数千项，已成为北京市最重要的经济增长点。北京市商业银行将服务中关村科技园区建设、支持高科技发展作为服务首都经济的一项重要内容，成立

普惠金融研究

了中关村科技园区管理部，增设了中关村科技园区支行，园内网点规模达 28 家，先后与多家科技园区开发和建设单位签订银企合作协议，提供授信额度均在 10 亿元以上，累计发放贷款 100 多亿元，并参与电子商务试点，与清华大学枫桥网共同开发了网上购物京卡支付业务，有力地促进了科技园区的发展。

3. 积极推进城市各项建设事业的发展。城市商业银行作为地方性银行，所在城市是其发展的根基，城市发展了，城市商业银行的发展才有了一个良好的环境，二者是休戚相关的。从发展较好的一些城市商业银行的情况来看，它们意识到了这一点，已积极融入当地社会生活中。深圳市商业银行提出"深圳人自己的银行"的宣传口号，长沙市商业银行开展了"千心工程"，北京市商业银行与市教委合作开展了面向市属高校的国家助学贷款业务，与市劳动局和社会保障局合作试点推出"北京市市民卡"业务，南宁市商业银行则独家承办了 2000 年南宁国际民歌节。

表1　　　　　　　　1997—2000 年中国银行业市场份额状况表　　　　单位：亿元，%

		1997 年		1998 年		1999 年		2000 年	
		存款	贷款	存款	贷款	存款	贷款	存款	贷款
金融机构	金额	82 392.79	74 914.1	95 697.94	86 524.1	108 778.94	93 734.3	123 804.4	99 371.1
	增长	—	—	16.15	15.50	13.70	8.33	13.81	6.01
	占比	100.00	100.00	100.00	100.00	100.00	100.00	100.00	100.00
国有独资银行	金额	51 220.53	45 651.77	60 378.85	54 374.25	67 807.71	57 479.72	76 945.24	58 250.68
	增长	—	—	17.88	19.11	12.30	5.71	13.48	1.34
	占比	62.17	60.94	63.09	62.84	62.34	61.32	62.15	58.62
城市商业银行	金额	2 796.73	1 662.38	3 822.97	2 308.26	4 438.77	2 700.00	5 278.63	3 469.94
	增长	—	—	36.69	38.85	16.11	16.97	18.92	28.52
	占比	3.39	2.22	3.99	2.67	4.08	2.88	4.26	3.49
股份制银行	金额	6 257.53	4 176.42	7 432.18	5 141.50	9 247.55	6 466.36	11 932.11	8 362.92
	增长	—	—	18.77	23.11	24.43	25.77	29.03	29.33
	占比	7.59	5.57	7.77	5.94	8.50	6.90	9.64	8.42

注：股份制银行是指交通银行、中信实业银行、光大银行、华夏银行、民生银行、广东发展银行、深圳发展银行、浦东发展银行、福建兴业银行、招商银行等十家商业银行。

资料来源：根据《金融年鉴》（1997—2000 年）整理。

从表 1 可以看出，随着城市经济的发展，城市商业银行的业务规模出现了快速增长，且增长速度明显高于以国有独资商业银行为主的金融系统，城市商业银行的存款、贷款同业占比分别由 1997 年的 3.39%、2.22% 上升到 2000 年的 4.26%、3.49%，增幅分别为 25.66%、57.21%，同期国有独资商业银行变化幅度不大。城市商业银行呈现出贷款增长率大于存款增长率的特征，表明参与地方经济建设的资金投入增多。

（二）重点支持中小企业的发展

我国 90% 以上的企业是中小企业，中小企业是地方经济发展的支撑点。长期以来，融资渠道不畅阻碍了中小企业的发展。不同金融机构给不同规模企业提供的金融服务及其成本、效率是不一样的。实践证明，根植于地方的城市商业银行与地方中小企业有着天然的联系，为中小企业的发展作出了贡献。

1. 资金支持。据统计，城市商业银行 80% 以上的贷款投向了中小企业。上海银行、北京市商业银行中小企业开户数分别占该地区中小企业总量的 38%、50%，对中小企业的贷款余额分别占该行贷款总额的 70%、65%。

2. 金融服务逐步完善。在结算业务方面，由于中小企业结算成本一般是大企业的 3~5 倍，大型银行出于规模效益的考虑，不愿办理。城市商业银行始终坚持服务中小企业的办行特色，在先天不足的情况下，积极努力不断完善支付结算功能。继同城通存通兑后，在异地结算上争取人民银行的支持，出台了《银行汇票业务准入、退出管理规定》《支付结算业务代理办法》两项法规，城市商业银行获准可以签发自己的银行汇票，实现了银行之间有偿代理支付结算，城市商业银行的结算功能进一步得到完善。

3. 构建中小企业的社会化服务体系。从横向来看，2000 年城市商业银行的贷款仅占金融机构贷款的 3.49%，不可能完全满足中小企业的融资需求，但想方设法带动社会力量为中小企业服务成为城市商业银行生存和发展的重要战略手段。上海银行、北京市商业银行先后成立了中小企业服务中心，为中小企业提供全方位、专业化、一站式的服务；上海银行与国家开发银行合作，开发了中小企业再贷款项目，北京市商业银行与 10 多家贷款风险担保基金进行合作，很大程度上满足了市场前景看好的中小企业的融资需求；一些城市商业银行先后与有关部门、团体合作，共同建立了新技术产业风险担保基金、私营企业融资担保基金、青年创业担保基金等，积极引导社会资本支持中小企业的发展，发挥了金融杠杆的作用，扩大了城市商业银行的社会影响力。

（三）不断创新，为社会提供全方位的金融服务

城市商业银行根据金融业竞争的新形势和新特点，突出"市民银行"的

特色，以个人金融业务为突破口，不断加快业务创新的步伐和力度，努力满足社会的金融服务需求。

1. 逐步形成了个人金融服务体系。（1）积极开展消费信贷。成立了消费贷款专门管理与经营承包机构。如北京、上海、深圳等地城市商业银行先后成立了个人金融部，负责对本行的消费信贷发展作出规划并进行管理。消费贷款品种日益丰富，基本形成系列。以北京市商业银行为例，在一年多的时间里，陆续开办了耐用消费品贷款、汽车消费贷款、装饰装修贷款、旅游贷款、婚庆贷款等一系列个人消费信贷业务，而且突出了自身特色。如该行开办的汽车消费贷款，主要采取经销商承担保证责任与购买履约责任保险相结合的做法，很好地控制了风险。（2）个人理财业务成为新的增长点。如北京市商业银行与高等院校合作开发了个人理财系统，主要包括投资品种介绍、投资方案设计、投资收益计算三大方面内容，为储户提供高水平、全方位的理财咨询和规划等金融服务，全面提升城市商业银行个人金融业务的层次与质量。（3）增加方便居民日常生活的代理服务品种。如深圳市商业银行2001年相继推出了储蓄存款存取免填单、免开口服务，增添了银行卡泊车、酒店预订等服务功能，面向房屋租赁市场，与房地产公司联合推出了"房屋银行"业务，业主所得租金由深圳市商业银行定期从"房屋银行"专用账户划到业主在商业银行的储蓄账户。

2. 重视行业协作，共享资源。如一些城市商业银行与当地保险公司签订合作协议，提供代收保险费、代理保险业务、资金网络清算、电子商务、保单质押贷款等一揽子金融服务；深圳市商业银行与中国进出口银行合作，代理发放政策性贷款，北京市商业银行与农业银行、交通银行等单位共同组建了北京地区最大也是唯一的联合代理收费业务网。在自身资源有限的条件下，整合社会资源，有助于城市商业银行拓展业务发展空间和优质客户群，增加收益。

3. 业务科技含量逐渐提高。一些有条件的城市商业银行相继推出了网上银行，如深圳市商业银行的"18银网"，注册用户可直接在网上进行业务查询、转账、密码挂失等特殊业务的操作。依托先进的计算机网络，陆续开发了一些技术含量高的中间业务项目，如实时缴纳移动电话费业务、医院电话挂号等，而且在交费方式上实现了多样化，如在以现金方式办理中间业务的基础上，推出了支票、电话银行、网上支付等交费方式。

四、城市商业银行区域性发展战略

（一）城市商业银行的区域发展战略目标：区域经济发展极的金融支柱

经过 20 多年的发展，我国东中部地区不同层次发展极的极化也已达到相当的程度，其辐射的地域也将扩大，如以武汉市为发展极的华中地区，以长沙市为发展极的湘江经济圈。由前面的分析可知，我国城市商业银行主要集中在东部地区和中部地区，而且自成立以来，积极支持市政建设，扶植本地区的中小企业，提供有特色的金融服务，等等，为城市经济发展极的建立和发展发挥了不可替代的作用。但主动地、有战略眼光地为区域经济发展极的建立和发展提供金融支撑的意识不强。加入 WTO 五年过渡期后，随着外资银行的进入，各区域内银行业竞争势必日趋激烈，这要求城市商业银行一方面应更充分发挥贴近地方的优势；另一方面应制定一个走出去的发展战略。国内区域经济一体化为城市商业银行在一个更大的地域空间范围内发挥地方银行的特殊功能提供了条件。因此，在新形势下，城市商业银行生存和发展的理论基点应是：有意识地、主动地和有战略眼光地发挥经济发展极的极化和扩散作用。因此其区域发展战略目标也应定位于：区域经济发展极的金融支柱。

（二）城市商业银行的区域性发展方向：区域性股份制商业银行

区域经济与区域金融的互动性，决定着区域经济一体化中的区域金融必然走向一体化。与国有商业银行、其他股份制商业银行相比，全国现有的 100 余家城市商业银行存在着先天的致命缺陷：经营范围局限在中心城市，即区域经济的发展极内。以城市边界为外延的城市商业银行，其对区域经济"极化"与发展极"扩散"的功能都受到制约。在如火如荼的区域经济一体化的浪潮中，不能越出中心城市的城市商业银行只能坐看良机遁去。而同时区域经济一体化也失去了城市商业银行的有力支持，其步伐将不得不放慢。可见，城市商业银行走出"发展极"，结盟或者合并组建区域性股份制商业银行，实现区域内城市商业银行的一体化，这既是自身发展的迫切需要，也有利于推动区域经济的发展。

自 1995 年深圳市商业银行作为全国第一家城市商业银行诞生之日起，我国城市商业银行业就因先天不足（前身为城市信用社）、规模偏小（平均每家资产 70 亿元）、资产质量偏低（账面不良资产 30% 以上）等原因，受到中央银行等管理层的关注。如果说组建城市商业银行是决策层对城市中小金融机构的第一次重组，那么城市商业银行之间的联合重组则是决策层痛下决心推行的第二次重组。中央银行从 2000 年开始提出城市商业银行要走联合重组之路。中国人民银行总行副行长史纪良在 2000 年 4 月 7 日指出:"城市商业银行合并重组是个趋势,中国人民银行支持城市商业银行的重组。"从某种意义上说,城市商业银行之间特别是相邻的几家走合并重组之路,现在已不存在政策障碍。城市商业银行合并重组的进程主要取决于省、市政府的决心与态度。

合并重组应主要在经济区域内进行,按市场化原则,通过市场手段实施。既可采取吸收合并方式,也可采取新设合并方式。合并重组应稳妥推进,"水到渠成"。合并重组仅是城市商业银行朝区域性股份制商业银行迈出的第一步,紧接其次的第二步、第三步是机构的拓展与机制的转变。要成为区域性银行,分支机构除中心城市外,还应下设到县城及县下的中心城镇。为防止一窝蜂地盲目抢滩设点,机构的扩张要经过科学考察,严格论证,谨慎行事。机制转变要从完善法人治理结构着手,健全"三会"制度,优化决策程序;推行科学管理,实现商业经营原则;以市场为导向,搞活业务层。第四步也是最困难的一步是城市商业银行产权的调整。当前,全国城市商业银行中普遍存在着政府凭借其产权地位通过行政手段左右或干预经营人员与经营行为的情形,使城市商业银行丧失独立经营的权利,容易引发高层管理人员的道德风险。因此,要彻底实现股份制企业的经营模式,就必须调整产权结构,减少政府干预。这要求,一是选择合适的股权代理人,如选择以国有资产保值增值为目标的国有资产管理局或国有资产管理公司持股,可改变当前政府直接或委托财政部门出面形成的政府干预;二是引进非政府控股股东,将经营规模大、资金实力雄厚、入主金融业意识浓厚的企业引入,能减少银行的行政化,增加银行的商业性,从而使城市商业银行真正按股份制、商业性原则运作。

参考文献

[1] 彭建刚,陈华龙.论城市商业银行对地方经济发展的支持[J].南方金融,2002(2).

[2] 彭建刚、朱玉国、周鸿卫等.开放经济下我国城市商业银行区域性发展战略研究[R].湖南大学、长沙市商业银行联合课题组,2002.

[3] 谭崇台.发展经济学[M].上海:上海人民出版社,1996.

[4] Peter S. Rosc. Commercial Bank Management [M]. The McGraw – Hill Companies,2002.

[5] Frederic S. Mishkin and Stanley G. Eakins. Financial Markets and Institutions [M]. Addison – Wesley Longman Inc. , 2000.

本文刊登于《财经理论与实践》2003 年第 2 期。合作者为周鸿卫。

发展极的金融支撑:我国城市商业银行可持续发展的战略选择

中小企业的金融需求与
中小金融机构的业务定位

近年来，中小企业在我国得到了迅速的发展，为经济增长作出了相当大的贡献。据 2003 年的统计，我国工商注册登记的中小企业占全部注册企业总数的 99%，在工业生产总值中约占 59%，在投资中占 58%，在创造利润中占 47%，中小企业还提供了大约 75% 的城镇就业机会。所谓"一方水土养一方人"，中小企业已经成为我国经济发展的重要推动器。要消除我国的二元经济结构，实现经济平衡增长，中小企业作为推动经济发展的活力源泉之一将起到重大的作用。区域经济和区域金融是相互制约、相互作用的。中小企业的发展又需要有一系列的配套措施，其中中小金融机构的扶持是不可或缺的。中小企业与中小金融机构之间存在着天然的密切联系，这种联系使得中小企业成为中小金融机构业务开拓与发展的重点对象。

一、中小企业的金融需求

目前，理论界对于中小企业融资需求的问题研究比较多，早在 1931 年英国麦克米伦金融和工业委员会就在一份报告中首次提出了中小企业存在融资缺口（麦克米伦缺口），指出相对于需求而言，中小企业的资本供给是不足的。我国的中小企业同样面临着这样一个问题。所谓中小企业的金融需求是指中小企业为了筹集资本金或是保证自身经营发展而对金融资金（金融工具）和金融服务的一种需求。

（一）中小企业的内源融资比例偏高

在现代社会，内源融资是现代企业融资的重要方式。所谓内源融资，是指企业不断将自己的留存盈利和折旧转化为投资的过程。在发展中国家，中小企业普遍存在着内源融资比例偏高的现象。世界银行曾引用赫努汉和阿提叶斯的统计，说明 14 个发展中国家各部门自筹资金和平均盈余情况，指出在 14 个发展中国家，企业的投资中 55% 是由自己的储蓄提供的资金。世界银行的另一项统计表明，截至 2000 年，中小企业的资金来源中自我融资比重高达

90.5%。在我国，民营企业的内源性融资在资本结构中所占比重也相当大。根据 1999 年国际金融公司在北京、成都、顺德、温州地区对 600 多家民营企业的调查可以发现，它们的融资渠道主要靠自筹资金（见表 1）。

表 1　　　　　　北京、成都、顺德、温州地区民营企业融资结构　　　　单位：%

开业年限	融资方式			
	自筹资金	银行贷款	非金融机构融资	其他
<3 年	92.4	2.7	2.2	2.7
3~5 年	92.1	3.5	0.0	4.4
6~10 年	89.0	6.3	1.5	3.2
>10 年	83.1	5.7	9.9	1.3

资料来源：尼尔·格累戈尔等著《中国民营企业的融资问题》，转引自符戈著《中国企业民营融资问题研究》，经济科学出版社，2003 年出版。

　　从企业资金的来源看，由于企业内源融资的成本低于外源融资，所以合理的企业资本结构应该以自有资金为主，借入资金为辅。内源融资能使储蓄者和投资者二位一体，使得融资双方在行为目的、行为过程等方面具有同一性；在外源融资过程中，储蓄者和投资者则是两个不同的主体，他们的行为和目的都不尽相同。因此，内源融资对企业的资本形成具有原始性、自主性、低成本性和抗风险性的特点。首先，企业在经营中面临各种风险，企业必须有承担风险的能力，企业有必要在生产经营过程中积累一定的资金以承担各种风险；其次，企业自身的权益资本数量是企业在向债权人进行外部融资时，债权人考虑最重要的因素之一，企业自身积累的资本数量增加，是吸引外部资金的可靠后盾；再次，企业在经营中既会遇到各种风险，也会遇到各种机遇，积累内部资金，可以使企业适时把握机遇，自主运用资金投资，减少借入资金的各种约束。

　　但是，企业资本形成过重地依赖于内源融资是不利于企业自身发展的。从表 1 我们可以看出，在我国 600 多家民营企业中开业在 5 年之内的企业自筹资金的比重高达 92% 以上，这说明中小企业的融资方式过重地依赖于内源融资。由于受到内源融资的束缚，中小企业在进行一项投资之前就必须进行大规模的资本积累，这将在一定程度上阻止中小企业进行体现最优生产技术或生产目标的连续投资，影响资本的投资利用率和资本收益率，阻碍中小企业自身的发展。首先，从企业的资产负债率来看，不同的行业有不同的特征，资产负债率不是越低越好，也不是越高越好，而是要根据企业的外部环境和内部经营状况来判定。资产负债率偏低虽然能表明公司的财务风险较小、偿债能力强，但同时也显示出较高的资本成本。其次，从中小企业的平均生命周期来看，有关部门调查显示，目前我国68%的中小企业的生命周期都不超过5年。因此，中小企业在生产经营的时候，应当注意适当负债带来的杠杆作用，不要刻意不借债或少借债，因为这样会延误企业的发展机会。

（二）中小企业的资金需求缺口大

中小企业贷款通常以流动资金为主，融资需求具有单笔融资金额小、笔数多、融资频率高、期限短的特点，使得一般的商业性金融机构对中小企业采取十分谨慎的态度。资金问题是中小企业经营面临的首要问题，也是许多小企业倒闭的重要原因。中小企业总是缺乏渡过难关的资金，在试图扩大业务时也常受到资金方面的限制。

中小企业资金需求缺口不仅体现在直接融资方面，也体现在间接融资方面。在我国，金融机构和金融市场组织不完善，货币资金经常在政府干涉的条件下流通，货币政策对经济活动所起的作用较小。中小企业由于自身条件的限制以及我国资本市场的不完善，直接融资渠道几乎被堵截。再加上近年来许多国有大型商业银行为了适应国际金融趋势纷纷调整经营方针，实行大银行、大城市发展战略，没有顾及到大部分地区的金融需求。国家调节货币供给量能力也较小。商业银行有限的可贷资金往往以偿还能力较强的大型现代化企业为投放对象，中小企业往往只能从正式金融体系之外借到为数有限而利率高的款项。我国金融体系也表现出二元结构。一方面，存在着范围不大、为少数大型现代化企业服务的有组织的货币金融市场；另一方面，存在着范围较大、以低收入阶层和中小型企业为贷款对象的无组织的货币金融市场。这种筹资的硬环境，使得中小企业融资显得尤为困难，根据《中国私营经济年鉴》提供的数据，我国的中小企业向国有商业银行借款时，感到困难和很困难的占63.3%，感到容易的仅有14.6%，仅有42.8%的中小企业可以按国家规定的利率从银行获得贷款。

中小企业之所以出现这种融资缺口，一个重要原因就是中小企业在信贷市场上面临着"信贷配给"问题，即在所有贷款申请人中，只有一部分人能得到贷款，另一部分人则被拒绝；或一个给定申请人的贷款只能部分地被满足。国有商业银行之所以对中小企业实行信贷配给，原因在于由信息不对称引致的信贷市场上中小企业的逆向选择行为，以及由此而引起的中小企业间接融资风险。为了规避这种间接融资风险，商业银行必须根据利益最大化原则对中小企业进行信贷配给，这实际上是国有商业银行作出的一种理性行为。另一个重要的原因就是长期以来，我国政府和主要金融机构忽视中小企业的发展，使它们在融资和政策等方面遭受不公正的待遇，把投资重点放在了能带来稳定利润且信用风险较低的大型企业。

（三）金融机构贷款是中小企业外源融资的主要途径

金融机构与金融市场是金融体系资金配置的两个途径。在我国，金融体系效率不高，相对于金融机构的发展来说，金融市场发展极不完善。我国的证券市场存在较高的市场准入壁垒，进入证券市场融资的多为著名的大企业，而中小企业通常由于自身条件的限制无法进入证券市场进行融资，因此，中小企业就只能转而依靠金融机构贷款获得融资。尽管我国正在致力于建立和完善多层次的资本市场，降低市场准入门槛，但对于满足大部分中小企业的融资需求来说，效果甚微。根据我国科技部科技型中小企业技术创新基金管理中心提供的数据，我们可以发现，中小企业板自 2004 年 5 月份正式建立以来，在中小企业板挂牌的前 30 家上市公司中，高新技术企业有 22 家，其中承担国家火炬项目的就有 17 家。在首批上市的 20 家企业中，18 家属科技型中小企业，其中 11 家曾获得创新基金支持。显然，风险投资及创业板市场的建设，只是针对少量科技创新型中小企业的直接融资手段，对绝大多数传统产业的劳动密集型中小企业而言，往往是依靠银行等金融机构的贷款取得间接融资。

2003 年中国人民银行对除西藏以外的全国 30 个省、自治区、直辖市的 1 358 家金融机构和 2 438 家中小工业企业的调查显示（见图 1），企业认为目前的融资渠道依次是：金融机构贷款（35.2%）、企业职工自筹资金（21.5%）、占用客户资金（19.3%）、包括信用证、保理保函在内的票据融资（13.4%）、民间借贷（6.4%）、外商投资（3.1%）、证券市场（1.1%）。可见，金融机构贷款是我国中小企业的主要融资渠道。

此外，有关研究表明，即使在金融体系高度完善、金融市场化的发达国家，银行贷款也是中小企业获得外源融资的主要途径。在发达国家，中小企业有着多种融资渠道，但是在众多的融资渠道中，银行给予中小企业的融资便利仍然是中小企业筹资的主要方式。可见，金融机构仍然是现代社会最重要的融资渠道。因此，在我国要满足中小企业的融资需求、扶持中小企业的发展，就必须提供相应的金融供给，银行等金融机构就更加应该对中小企业提供融资服务。

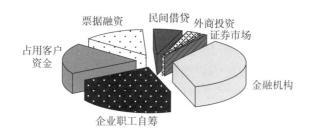

占用客户
资金

票据融资

民间借贷

外商投资
证券市场

金融机构

企业职工自筹

图1 中国中小工业企业融资渠道分布

二、中小企业与中小金融机构的内在关联性

根据金融中介机构的理论，金融机构的存在是为了降低交易成本、缓和投资者与企业之间的信息不对称状况。但是，在实际操作中，金融机构在发挥金融中介职能的同时，与企业之间依然会存在着某种程度的信息不对称，企业融资时仍然要承担一定的信息成本和交易费用。这种信息成本和交易费用与金融机构的组织结构以及企业的规模是相关的。

一般来说，企业规模越大，关于企业的信息就越容易获得；企业规模越小，关于企业的信息就越难获得。而企业的规模往往又决定了企业外部融资的方式。对于那些规模较小和信息状况不够明朗的中小企业来说，通常由于缺乏足够的抵押品和信用记录而难以取得大型金融机构的贷款，往往只能依靠中小金融机构获得外部资金；而对于那些规模很大和信息容易获得的大企业来说，它们实力比较雄厚，已经树立了良好的企业形象，有充足的抵押品和良好的信用记录，通常都是银行"争贷"的对象，且这些企业通常也能够通过发行股票或债券的直接融资方式来筹集外部资本。

同时，企业的融资规模与融资时的交易费用又存在着负相关关系。即融资规模越大，交易费用就越小。这是因为无论企业融资规模大小，贷前的调查、贷中的审核和放贷后的监督都是金融机构审批发放贷款必不可少的程序。一般而言，这些程序所发生的交易费用与融资规模的大小并没有太大关联。所以，融资规模越大，单位资金所分摊的交易费用就会越小。因此，大型金融机构通常不愿意对融资规模较小的中小企业进行放款，而青睐于融资规模较大的大型企业。国外的实证研究也表明了银行规模与银行对中小企业贷款比率之间存在着负相关关系（见表2）。

表2	美国银行的规模对中小企业贷款的影响	单位：%
不同资产规模的银行	对中小企业贷款 占企业贷款的比重	对大企业贷款 占企业贷款的比重
1亿美元以下	96.7	3.3
1亿～3亿美元	85.7	14.3
3亿～10亿美元	63.2	36.8
10亿～50亿美元	37.8	62.2
50亿美元以上	16.9	83.1

从表2我们可以看到，资产规模越大的银行对中小企业的贷款比重就越小，对大企业的贷款比重则大得多。相反，银行资产规模越小，对中小企业的贷款比重就越大。

概括地说，大型金融机构更加愿意且有能力为大型企业提供全方位的金融服务。首先，通过上述分析我们知道金融机构提供融资的交易费用会随着融资规模的上升而下降，为大企业提供融资有规模经济效益，为中小企业提供融资服务的信息成本和交易费用相对较高；其次，大型金融机构有着众多的分支机构，服务网络遍布全国乃至全球，因而能为同样是全国性或全球性的大型企业提供全国乃至全球性的跟踪服务。

与大型金融机构相反，中小金融机构比较愿意为中小企业提供金融服务。首先，从中小金融机构自身的信息成本和交易费用来说，中小金融机构在为中小企业提供金融服务时的信息成本和交易费用更低，具有信息优势。一般而言，中小金融机构多为地方性金融机构或是社区性金融机构，对中小企业的经营情况和财务情况较为熟悉；相反，大型金融机构的分支机构网络主要集中于大中城市，他们对主要位于社区的中小企业的情况了解不多，因此在大型金融机构与中小企业之间存在更严重的信息不对称问题，由中小金融机构对中小企业提供融资的信息成本更低。关于信息优势，Banerjee 等人在1994 年提出了两种假说：一是"长期互动"假说（Long Term Interaction Hypothesis），该假说认为，中小金融机构一般是地方性金融机构，专业化地为地方中小企业服务。通过长期的合作关系，中小金融机构对地方中小企业经营状况的了解程度逐渐增加。这就有助于解决存在于中小金融机构与中小企业之间的信息不对称问题。二是"共同监督"假说（Peer Monitoring Hypothesis），适合于合作性中小金融机构。该假说认为即使中小金融机构对中小企业的经营状况不能真正了解，对中小企业不能实施有效的监督，但为了大家共同的利益，合作组织中的中小企业之间会实施自我监督。一般来说，这种自我监督要比金融机构的监督更加有效。其次，从中小企业自身为取得融资所发生的交易费用来说，中小金融机构管理链条短、中间环节少，因而贷款审批程序没有大型金融机构手续繁杂，效率比较高，服务比较好，由它们向中小企业提供小规模的融资时的交易费用较低，通常受到中小企业及个体资金需求者的青睐。相反，大型金融机构管理链条长、中间环节多，由它们向中小企业提供小规模的融资时的交易费用很高。再次，从资本实力来看，中小金融机构资本实力远远小于大型金融机构，通常无力满足大型企业的融资需求，所以其放款对象通常也只能是资金需求量相对较小的中小企业以及个体资金需求者。

通过上述分析我们可以看到：中小金融机构是中小企业外部融资的主要依赖对象，而中小企业又是中小金融机构的主要放款对象，它们之间存在着天然的联系。如何利用这种天然的联系，促进双方的共同发展，为地方经济作贡献，则是我们应着重讨论的问题。

三、中小金融机构的业务定位是服务于中小企业

中小金融机构不是一个十分明确的概念，本文的中小金融机构主要是指不跨省区经营的金融机构，包括银行类金融机构和非银行类金融机构，非银行类金融机构则主要包括证券公司、保险公司、金融租赁公司、财务公司等。虽然中小金融机构在资本实力上不如那些大型金融机构，但若其把业务对象定位于中小企业，它们就会有着大型金融机构所不具有的独特优势，迅速进入市场最低层，不仅可以促进中小金融机构自身的发展，可以为中小企业提供一条有效的融资途径，还可以为繁荣地方经济、缩小区域之间的经济发展不平衡作出贡献。

中小金融机构要转变思想观念，充分发挥其具有的独特优势，在化解风险机制的同时，积极进行产品创新，把业务定位于地方中小企业。目前，有些中小银行出于信贷风险等多方面的考虑，只愿意放款给大型企业，其实这是一种思想误区。对于中小银行来说，信贷风险管理是银行选择企业的方法和手段。但是从发展客户群、扩大业务范围和防范风险的角度讲，仅有信贷风险管理是不够的。因为，今天的小企业可能就是明天的企业"航母"的雏形，事实上也有许多的大企业是从小企业发展而来的。曾经风光一时的大企业也可能逐渐没落，曾经衰败的企业也有可能通过技术创新或企业重组等其他途径而重新焕发活力。中小银行的银行家们应当把目光放长远，筛选成长

型的有潜在价值的中小企业作为业务服务对象，把这类中小企业作为主要支持对象，增加对中小企业的有效投入，并且与之建立紧密、长期的合作关系。除了为其提供贷款外，它们还可以在市场信息、企业管理等多方面为中小企业提供服务，努力为其发展提供全方位、高质量的金融服务，伴随着企业的成长来促进银行自身的发展。

中小金融机构应从自身特点出发，积极调整经营战略和经营目标。目前，中小金融机构存在的另一思想误区是：盲目做大做强，认为跨地域经营、把业务发展到发达城市才是金融机构发展壮大的经营目标。当然，我们不否认确实有些中小金融机构已经具有向外扩张的能力，可以朝着全国性的或跨区域性的金融机构的经营目标发展。但是，由于资源的有限性和市场的竞争性，大部分的中小金融机构应当扎根于地方，把业务定位于中小企业。根据区域经济不均衡发展理论，区域经济发展的地域演化过程是通过极化和扩散机制交替作用，从"点"到"轴"，再由"轴"到"面"逐步展开，最后达到区域经济相对均衡发展。此中的"点"即发展极，从极化的范围来看，可以是全国性的，也可以是区域性的。区域经济和区域金融是相互作用、相互制约的。在现代金融经济社会中，货币作为"第一推动力"可以通过资金流引导实物流来完成资源配置，因此金融资源的流向和流量会影响区域经济结构的调整方向和速度。一般而言，在较高层次发展极之间的金融资源调度是由全国性或跨区域性的金融机构来完成的，中低层次发展极之间的金融资源调度是由一些地方性金融机构来承担的。从区域经济不均衡发展的阶段来看，经济发展水平低的地区正处于极化阶段，本来资源就相对稀缺，如果大量的金融资源流向发达地区，将使地区差距更大，到一定程度将不利于社会的稳定和国民经济持续稳定的增长。中小金融机构由于业务的地域性，其在本地吸收存款，把可贷资金投向本区域的中小企业，通过对企业的融资取得利息收入，企业通过向中小金融机构筹资进行经营，取得利润，可以达成中小金融机构与中小企业的双赢。这样，也减少了本区域资金的流出，支持了本区域经济的发展，有利于本区域内发展极的成长。因此，中小金融机构应当积极调整经营战略和经营目标，把业务定位于地方中小企业，为地方经济服务，在促进中小企业发展和繁荣地方经济的同时，精心确定其与自身经营发展的最佳结合点，这才是其经营发展的正确道路。

中小金融机构应从现实经济发展水平和经济结构状况出发，考察当地对金融服务需求的结构与数量特征，分析其对货币资金的现实需求与潜在需求，据此设计和提供相应的金融产品和金融服务。如中小企业信用担保机构在对中小企业进行担保的过程中，在考虑规避和分散自身风险的同时，应当发挥金融中介的职能，除了对中小企业进行担保和监控贷款项目运行外，还应当为中小企业提供专门的咨询服务，帮助他们及时发现并解决问题。及时的金融产品供给和优质的金融服务，可以为中小金融机构吸引大批的优质客户，其中就不乏大量的有成长潜力的中小企业，这样，中小金融机构就可以伴随着这些优质客户的成长而不断发展壮大。

通过上述分析，我们认为中小企业与中小金融机构存在着天然的密切联系，中小金融机构是为中小企业提供融资服务的主渠道。鉴于中小企业在促进经济发展中扮演着重要角色，中小金融机构应当把业务定位于中小企业，满足中小企业的融资需求，积极进行产品创新，为中小企业的发展提供全方位、高质量的金融服务。因此，为中小企业提供融资便利、形成一个区域性的融资渠道将是中小金融机构战略上的必然选择，这种战略定位的最终结果必然是中小金融机构自身和地方中小企业的双赢，同时也将为我国最终实现经济平衡增长作出贡献。

参考文献

［1］符戈. 中国民营企业的融资问题研究［M］. 北京：经济科学出版社，2003.

［2］谭崇台. 发展经济学概论［M］. 武汉：武汉大学出版社，2003.

［3］刘曼红. 中国中小企业融资问题研究［M］. 北京：中国人民大学出版社，2003.

［4］秦国楼. 现代金融中介论［M］. 北京：中国金融出版社，2002.

［5］Jayaratne J., Wolken J. How Important Are Small Banks to Small Business Lending?［J］. Journal of Banking and Finance, 1999 (23), 427 –458.

［6］彭建刚，朱玉国，周鸿卫等. 开放经济下我国城市商业银行区域性发展战略研究［R］. 湖南大学、长沙市商业银行联合课题组，2002.

本文刊登于《广州大学学报（社科版）》2005 年第 1 期。合作者为李巾杰、周鸿卫。

菲律宾中小金融机构发展：
现状、政策与问题

一、引言

菲律宾自 1946 年独立后，经历了进口替代、出口导向和经济自由化三次战略调整。进口替代战略（1947—1969）重视资本密集型工业和马尼拉及附近区域的发展，在发达地区经济空前繁荣的同时，也导致马尼拉与其他区域、各区际间以及区域内城乡间经济发展不平衡极为显著。为缩小收入差距，菲律宾从 20 世纪 70 年代开始采用出口导向型工业化战略，重视原材料加工和初级产品出口产业的发展，同时政府设立各种农业信贷补贴项目以促进农业生产发展。然而，由于低利率补贴不足以补偿工农业产品之间的价格剪刀差，而当时的固定利率也未考虑农业贷款的风险和交易成本，大银行不愿发放农业生产性贷款，导致农业贷款所占比例不断下降，这反而损害了农村经济和金融市场的发展（Llanto，2004）。

按照生产要素禀赋论，菲律宾劳动力资源丰富而廉价，应扶持劳动密集型的中小企业发展。然而在长达 21 年的马科斯政权（1965—1986）时期，政府主导型经济政策主要扶持国有大企业发展，对劳动密集型出口和中小规模企业不重视，致使金融资源低效配置。1986 年阿基诺政府（1986—1992）上台后，致力于经济金融自由化改革，积极引进外资，对许多国有企业进行整顿和民营化，同时改革国有金融机构。随后的阿莫斯（1992—1998）、埃斯特拉达（1998—2001）以及现任的阿罗约政府基本上沿袭了阿基诺政权的经济战略，致力于解决马科斯政权遗留的问题，如农业改革、地方经济的开发、贫困问题的改善，尤其重视扶持中小企业的发展。据菲律宾统计局统计，2000 年制造业和服务业的注册企业共 823 888 个，其中，大型企业 2 928 个，占企业总数的 0.35%，中小企业 820 960 个，占 99.65%；资产低于 150 万比索、雇员人数不超过 9 人的微型企业占全部中小企业数量的 90.77%。

中小企业能扩大就业，增加居民收入，尤其在转移农村剩余劳动力、缩小贫富差距方面，发挥着大企业难以替代的重要作用，但中小企业的发展需要金融支持。目前理论界（Berger & Udell，1995 等）普遍认为中小金融机构为中小企业和农户融资具有比较优势，主要表现为可降低融资双方的交易成本、缓解大银行与小客户的严重信息不对称以及提高贷款的偿还率等。下面探讨菲律宾中小金融机构发展现状与特点，政府采取的激励措施，菲律宾中小金融机构为中小企业和农户服务存在的障碍和问题及对我国的启示。

二、现状与特点

（一）菲律宾金融体系概述与中小金融机构体系的构成

菲律宾金融体系有着明显的双重特征，即正规金融与非正规金融两大体系共存。正规金融包括银行和非银行两类机构，其依法登记成立，接受金融监管机构（中央银行等）监督和约束。银行有商业银行、储蓄银行、农村银行、农村合作银行和政府专业银行；非银行有准银行和非准银行。菲律宾长期以来银行业高度集中且银企集团利益相互锁定，大的私营企业是正规银行体系的优先借款人，银企之间的利益锁定决定着资金的分配去向（Lamberte，1987）。商业银行主要分布在城市（如马尼拉），市场份额大。[①] 储蓄银行、农村银行和农村合作银行主要分布在农村，规模较小，市场份额少。2003 年底，整个金融体系资产总额 45 246.17 亿比索，其中，商业银行 32 971.71 亿比索，占资产总额的 72.87%；储蓄银行资产 2 741.71 亿比索，占 6.06%；农村银行 840.11 亿比索，占 1.86%；农村合作银行 56.61 亿比索，占 0.13%。非银行金融机构总资产 8 636.03 亿比索，占 19.08%，其中，准银行资产占比 0.64%，非准银行占比 18.45%（见表 1）。非正规金融不必登记注册，且不受金融主管机关直接管制，如非政府组织、货币借贷者及贸易借贷商等。小公司和家庭企业因很少或不能得到正规银行体系的借款，因此通常以较高的代价向非正规的资金提供者寻求融资。

[①] 2000 年 5 家最大商业银行总资产 16 600 亿比索，占全国商业银行体系的 48.55%；总贷款额 7 267.5 亿比索，占全国总贷款 13 400 亿比索的 54.24%；总存款额 12 100 亿比索，占全国 22 100 亿比索的 55%；总资本 1 953.2 亿比索，占全国商业银行总资本 3 673.5 亿比索的 53.17%。

表1　　　菲律宾中小金融机构的构成、规模及市场份额（2003年底）

金融机构类型	合计	总部	分支机构	资产总额（10亿比索）	资产份额（%）
Ⅰ. 银行	7 494	899	6 595	3 661.014	80.91
A. 综合和普通商业银行	4 296	42	4 254	3 297.171	72.87
B. 储蓄银行	1 277	92	1 185	274.171	6.06
C. 农村银行	1 818	721	1 097	84.011	1.86
D. 农村合作银行	103	44	59	5.661	0.13
Ⅱ. 非银行金融机构	11 000	5 647	5 353	863.603	19.09
A. 准银行	30	11	19	28.733	0.64
B. 非准银行	10 970	5 636	5 334	834.87	18.45
合计	18 494	6 546	11 948	4 524.617	100.00

注：准银行包括住房投资和金融公司。非准银行包括投资住宅公司、金融公司、投资公司、证券交易商和经纪人、借贷投资者、政府非银行金融机构、风险资本公司、股票储蓄贷款协会、当铺和贷款信用卡公司10种。

资料来源：Philippines Supervisory Reports and Studies Office，Supervision and Examination Sector。

1980年菲律宾开始金融自由化改革，主要措施包括打破不同金融机构之间的业务分割、利率逐渐自由化、资金供给向市场机制转化、取消低效的贷款补贴政策等。为了解菲律宾金融自由化改革前后中小金融机构发展情况，下面以储蓄银行、农村银行和非银行金融机构为例来进行阐述。

1. 储蓄银行

储蓄银行由私有发展银行、储蓄抵押银行和股票贷款协会组成。1980年金融改革前功能各异，私有发展银行主要为中小企业发放中长期贷款，而储蓄抵押银行集中从事房地产与消费贷款。股票贷款协会半数以上发放中长期贷款，同时在房地产市场也扮演重要角色。金融改革后，这三类银行的业务功能得以拓展且更规范，但专业化程度降低。与商业银行相比，储蓄银行拥有一个特权，即储蓄存款与定期存款的法定准备金低于商业银行的2%。

储蓄银行经中央银行允许还可经营可开支票的活期存款、NOW账户、国内信用证及信托业务等，简单地说是一种不能经营国际业务的"国内商业银行"。在满足中央银行最低资本金前提下，可演变成综合性或普通商业银行。储蓄银行以零售业务为主，开展小额存贷款业务，贷款额一般介于1万~2万比索。储蓄银行支行有贷款审批权，如支行总经理可审批100万比索以内的个人贷款，100万~200万比索的企业贷款，超过此范围须经贷款委员会同意。

储蓄银行是一种区域性银行，支行常设在总部附近（尽管可在全国各地设立）。从地区分布看，马尼拉集中度最高，因为 92 家储蓄银行中有 22 家总部设在马尼拉，且马尼拉的储蓄银行大多数设有支行，而马尼拉以外的几乎没有任何分支机构。

2. 农村与农村合作银行

农村银行体系包括农村银行和农村合作银行。农村银行是 20 世纪 50 年代为支持政府发放农业补贴而建立的私有制银行，实行单一银行制，不能经营国内信用证业务。1980 年金融改革后其业务范围扩大且功能更完善，目前与储蓄银行相似，不能经营外汇业务但可设立分支行。农村合作银行由农户或农村合作协会建立，既是合作社又是银行，须遵守"合作法"和"银行法"的有关规定。[①]

农村银行和农村合作银行最初的贷款对象是小农户，金融改革后农村贷款呈分散化趋势，贷款逐渐向非农产业转移。如 1984 年农业贷款占贷款总额的 75%，而 2003 年下降至 42.6%。[②] 农业贷款主要用于满足短期生产性或流动性资金需求，贷款额度随各银行股本大小而异，单个借款者一般介于 1 万 ~5 万比索。由于绝大多数农村银行是单一银行，贷款审批权由持有大额股份的经理控制。农村合作银行则不同，经理审批 1 万 ~5 万比索的贷款，信贷委员会则审批 7.5 万 ~10 万比索的贷款，超过 10 万比索由董事会决定。

农村银行遍布于全国各地大大小小的城市和乡镇。菲律宾政府最初的规定是一镇一行制，业务活动限于一个城镇内。[③] 80 年代金融改革后，竞争加剧，大量银行破产倒闭，农村银行在一些城镇消失。为帮助农村银行与农村合作银行恢复经营，政府通过参股等方式提供资金援助。目前菲律宾土地银行（LBP）和农业部还拥有农村合作银行的普通股票。

3. 非银行金融机构

非银行金融机构一般为业绩优良的企业扩大经营规模与现代化提供长期融资，有时也为发放短期贷款的金融机构提供融资便利，分准银行和非准银行两类。准银行由住房投资和金融公司组成；非准银行主要为小企业，尤其是银行不愿贷款的群体提供金融服务，包括金融公司、当铺、借贷投资者等 10 种。

---

① 包括新 7353 号《农村银行法》、2000 年实施的 8791 号《总银行法》、6938 号《合作规定》和 6939 号《合作发展法》。

② 菲律宾中央银行网站，http：//www.bsp.gov.ph。

③ 农村合作银行业务活动范围为一个省或直辖市内。

下面以金融公司为例，说明非银行金融机构的作用。金融公司是一种重要的非银行金融机构，是银行体系的延伸和补充。金融公司按修正后的"金融公司法"经营，受菲律宾中央银行和证券交易委员会共同监督管理，主要从事票据融资与金融租赁业务，如为消费者提供耐用消费品融资，为商业和生产企业提供融资租赁以及开展后来新兴的证券交易与住房抵押业务等。"金融公司法"规定金融公司能从 20 个以下（不含 20 个）的放贷者手中融资从事再贷款和票据购买业务，贷款利率可任意确定。短期借款是金融公司的主要资金来源，约占资金来源总额的 40%，自有资本与保留利润约占 23%，剩下的为其他负债。由于受法律 20 个以下借款者的制约，资本金不足是金融公司壮大规模的最大障碍。

（二）金融自由化改革后中小金融机构的基本特点

1. 金融机构数目不断增加

菲律宾金融自由化改革和信贷政策转换后中小金融机构数目不断增加，马尼拉以外地区银行设施和服务亦广泛设立，银行密度不断提高（Llanto, 2004）。例如，储蓄银行数目从 1987 年的 658 个增加至 2002 年 9 月的 1 340 个，农村银行从 1 058 个增加至 1 921 个，非银行金融机构从 2 955 个增加至 10 322 个（见表 2）。

表 2 1987—2002 年金融机构数目

年份	1987	1990	1995	1996	1997	1998	1999	2000	2001	2002[②]
总数	6 508	7 486	12 455	15 493	17 297	18 516	19 297	16 676	17 432	17 782
商业银行	1 761	1 863	3 221	3 647	4 078	4 230	4 326	4 250	4 320	4 199
储蓄银行	658	653	925	1 171	1 389	1 474	1 478	1 391	1 351	1 340
政府专业银行[①]	76	76	77	—	—	—	—	—	—	—
农村银行	1 058	1 045	1 346	1 514	1 715	1 942	1 885	1 912	1 914	1 921
非银行金融机构	2 955	3 849	6 886	9 161	10 115	10 870	11 608	9 123	9 847	10 322

注：①目前政府专业银行仅有 1997 年建立的菲律宾阿马拉穆斯林投资银行，以前的政府专业银行（菲律宾发展银行和菲律宾土地银行）已并入商业银行。

②数据截至 2002 年 9 月。

资料来源：菲律宾中央银行（BSP）。

2. 银行密度分布不均，农村金融抑制依然存在

银行密度表明一个地区银行设施和服务的分布情况。在 1997—2001 年，马尼拉一直是全国银行密度最高的地区，中部吕宋岛位居第二，阿马拉（ARMM）地区最低。从各类银行看，商业银行密度在城市很高，如马尼拉是中部吕宋岛的 40 多倍，是阿马拉地区的 300 倍；储蓄银行在马尼拉密度也最

高，是中部吕宋岛的 20 倍，其他边远地区的 300 倍；农村银行主要分布在农村，银行密度在全国各地较均衡。① 从发展趋势看，1997 年亚洲金融危机后，商业银行在城市和发达地区的密度略有上升，储蓄银行在马尼拉之外区域呈负增长趋势，而农村银行不管在城市还是农村都略有上升。综上所述，菲律宾银行密度分布不均，城市银行密度高而农村极低，说明农村金融抑制依然存在。

3. 欠发达地区储蓄动员能力低

银行密度直接影响着一个地区的储蓄动员能力。从 1997—2001 年银行存款的地区分布看，马尼拉银行密度最高，储蓄存款约占总存款的 72%；中部吕宋岛和南部泰格朗戈地区银行密度次之，存款分别占 4% 和 6%；阿马拉银行密度最低，占总存款的比例也最低，约为 0.3%② 。此外，中部（Visayas）和南部（Mindanao）两个地区存款异常增长，主要源于中部的色布（Cebu）和南部的戴维澳（Davao）两个新兴城市的快速发展。

4. 农业生产性贷款比例下降，非农产业贷款不断增加

717 号"农业耕种法"要求商业银行把 25% 的增量贷款发放给农业部门，1987—2002 年间商业银行发放给农林渔业的贷款总额虽略有增加但比例却不断下降，从 1987 年的 12% 下降到 2002 年的 5%。相反，商业银行对工业和服务业的贷款自 1987 年后，贷款总额分别增加了 10 倍和 23 倍，贷款比例在 2002 年分别占 35% 和 60%（Llanto，2004）。实际上，所有对农业贷款中只有一小部分为农业生产性贷款，其余贷给了非农生产活动。2002 年农业生产性贷款 1 498.6 亿比索，约占农业贷款总额的 31%，占所有贷款的 2%。私有银行是农业生产性贷款的主要提供者，2002 年发放贷款 1 413.1 亿比索，约占 94%，其中，私有商业银行占比最高，约为 59%，农村银行和储蓄银行分别为 18% 和 17%。③ 从农业生产性贷款增长趋势看，政策性贷款在上世纪 90 年代后几乎没有增加；私有商业银行对农贷款在东南亚金融危机时期异常增长，随后下降；储蓄银行和农村银行自 1990 年以来发放的农业生产性贷款不断上升。

三、政策环境

20 世纪 80 年代金融自由化改革后市场机制成为金融市场的主导力量，为

① 菲律宾中央银行网站，http：//www. bsp. gov. bp。
② 菲律宾中央银行（BSP）1997—2001 Fact Bank。
③ 菲律宾中央银行（BSP）：《统计公告》（Statistical Bullitin），《农村银行年度报告》。

获取规模经济与范围经济的好处，建立大银行成为一个基本倾向，而大银行与小客户交易的高成本和不对称信息，使大银行不愿经营小额存贷款业务，这种由大银行组成的融资格局迫使小客户进入非正规金融市场融资。为克服上述市场失灵，菲律宾政府一方面构建满足小额存贷款的中小金融体系——储蓄银行与农村银行，另一方面利用经济和法律手段对中小企业和小农户融资实施激励。

（一）调整银行的地区分布结构

由于菲律宾大多数小客户分布于马尼拉之外，菲律宾中央银行以低法定资本金这一激励措施鼓励储蓄银行和农村银行到农村地区经营。如 2000 年颁布的"257 号法"规定最低资本金与当地经济发达程度挂钩，经济越发达地区，资本金要求越高，越偏僻落后地区，资本金要求越低。如对位于马尼拉的储蓄银行的资本金要比其他地区的高出 5 倍；农村银行按城市所处的地理位置分为五个区域，从高到低，法定资本金成倍数下降。[①] 为求提高储蓄银行与农村银行资产的流动性和竞争力，政府颁布了两项激励措施：一是规定这些银行的法定存款准备金率低于商业银行 2 个百分点；二是除公司所得税、地方税费外，免交其他税收 5 年。这些激励措施使储蓄银行与农村银行能以较高的利率吸收存款和以较低的利率发放贷款，从而增加资本金，促进这些中小金融机构的发展。

（二）对小额信贷业务实施灵活的监管

东南亚金融危机后，菲律宾出台了许多新监管规则，如适用所有类型的银行，小额借款者就会被排除在银行融资体系之外，因此 2000 年颁布的银行"总法"在实施监管与保护中小企业和穷人的融资方面进行了权衡。该法有三项条款涉及小额信贷业务，主要体现在抵押贷款的发行、无保证的贷款、小额贷款利率和分期还款等方面。（1）新法律要求银行审查借款申请者的资产负债表、损益表及其他信息。显然，小额借款者不能满足这一要求，因此 2000 年"总法"规定小额借款者可免于这一条款的制约。（2）菲律宾中央银行发布新指南，允许小额借款者依据现金流的情况取得贷款。银行通常以一个月、一个季度或一年为基础发放贷款，但小额贷款可按日、周、双月或月为基础分期偿还，这样，可促进银行为中小企业和贫困居民提供更多的金融服务。（3）在东南亚金融危机中，许多金融机构破产倒闭，菲律宾中央银行鼓励银行兼并与联合以克服财务困难，且对设立新银行机构限制很多。然而，

---

① 菲律宾中央银行 257 号法令，2000 年 8 月 15 日。

为鼓励小额信贷的发展，菲律宾中央银行最近对从事小额信贷业务的储蓄银行与农村银行放松了新机构设置的管制。

（三）制定有利于中小企业和贫困居民融资的贷款规则

菲律宾中央银行要求银行按一定比例给各经济部门发放贷款，目前主要有三项规则。一是存款留成计划，即位于马尼拉以外的银行必须把总存款的75%投资于发展当地经济。这一政策的目的是避免全国性的银行把农村集中的存款投资于城市尤其是马尼拉，以保证小企业和贫困家庭的贷款。为实施此规则，全国被分为13个区域。后因商业银行找不到合适的农村借款者而农村客户也须为高贷低存利率付出高昂成本，在1990年被迫放松管制，由13个区域改为3个。二是"717号法"要求所有金融机构把25%的增量贷款发放给农业部门，其中10%贷给土地经营者，15%为一般农业贷款。三是"6977号中小企业法"规定所有的金融机构至少把10%的贷款发放给小企业。

（四）通过政府专业银行支持中小企业和贫困居民

菲律宾政府直接利用政策性银行参与对中小企业和贫困居民的金融服务。目前主要有发展银行和土地银行通过直接的零售贷款或间接的批发贷款给农户和土地经营者以金融支持。目前发展银行管理19个特别贷款项目，资金主要来源于国内外的借款和特别基金。在19个项目中，有10个为批发性贷款，9个为零售贷款。根据"3844号农业土地改革法"，土地银行主要支持菲律宾土地改革。1995年2月23日"7907号共和国法"颁发，土地银行在商业银行业务与促进农村发展之间进行了调整，即分支机构开展商业银行业务，区域性分部着重土地改革的功能。商业银行业务利润再用于小农户、渔民以及其他农村中小企业等的融资。土地银行也进入各种国际双边或多边机构融资，为优先发展部门提供特别贷款，这些部门包括农户与渔民合作社、地方政府经济实体、中小企业、土地经营者和微型企业。目前土地银行有13个特别贷款项目，其中9个外国贷款，4个国内特别基金。

四、障碍与问题

菲律宾20世纪80年代后金融改革的短期目标旨在激发私有金融机构向广大农村地区和中小企业提供融资，以促进农业和农村经济的发展，缩小城乡收入差距，缓解或消除贫困。实践表明菲律宾政府自始至终全力支持中小金融机构服务于当地的中小企业和农户，特别是90年代后期政府通过法律和经济手段为小额金融机构的发展创造良好的政策环境。虽然政府有优惠政策，但菲律宾的贫困率下降缓慢，收入分配仍严重不均（Balisacan and Fuma, 2004）。这些说明中小金融机构在为中小企业和农户提供金融服务等方面还存在障碍和问题，主要表现在以下几个方面。

（一）银行业的集中及与大企业集团的利益锁定阻碍了资金流向中小企业和农村

菲律宾的工业和银行存在一种利益高度锁定的关系，银行把资金贷给与自己利益相关的联合企业。金融自由化改革后，菲律宾银行集中和垄断日益增加，后果之一就是促进了垄断价格的实行，致使银企集团所有者获得了高额垄断利润（Gupta, 2001）。这种高度集中的所有权结构也强化了一些家族或团体的政治权力和市场垄断力量，使得金融改革的推进极为困难。政府在"717号法"和"6977号小企业法"中要求所有金融机构把25%的增量贷款发放给农业部门（也可以购买政府债券来代替）和把10%的贷款发放给小企业。这些银行如把资金贷给小企业和农户，一方面存在严重的信息不对称和高交易成本，另一方面从贷款中获得的收益低于垄断利润，因此宁愿购买合适的政府债券来满足这些法律要求，而不愿向中小企业和贫困居民发放贷款（Gupta, 2001）。服务于中小企业和农村的储蓄银行和农村银行则因资产规模相对较少，无法满足中小企业和农户的全部贷款需求，因此菲律宾金融制度和结构问题是解决中小企业和农户贷款难的根本障碍。

（二）银行布局不合理，致使小企业和农户继续依赖非正规金融

如前所述，金融自由化改革后，菲律宾中小金融机构数目不断增加，但银行密度分布不均，首都马尼拉与农村两极分化，农户从正规金融机构融资难依旧。根据Israel（1994）和Orbeta（1994）对1993—1998年菲律宾小农贷款供求的研究，1993年小农资金需求约为410亿比索，而小农贷款仅160亿比索，1998年小农资金需求上升至880亿比索，贷款供给上升为470亿比索。据农村信贷政策委员会（ACPC）对1996—2002年农户和渔民的调查，农户和渔民从正规金融机构借款的份额虽略有上升，但非正规金融机构仍是他们的主融资渠道，约占60%，渔民和农户继续依赖非正规金融（见表3）。此外，Lamberte（1990）和Lapar（1994）的研究发现54%的小企业靠自己的积蓄创办新企业，62%的小企业靠内源融资扩大业务规模，而得到过贷款支持的企业也主要是从储蓄银行、农村银行和信用合作社等中小金融机构获得。考虑到这些因素，未获得正规金融机构贷款的中小企业所占比例还会更高。

表 3

来源	1996—1997 年	1999—2000 年	2001—2002 年
所有借款者	100	100	100
正规金融机构	24	38.6	34.4
非正规货币借款人	76	61.3	60.3
正规和非正规混合借款人	—	—	5.3

表 3   **1996—2002 年农户和渔民信贷资金来源构成比例**   单位：%

资料来源：ACPC 对农户和渔民的信贷调查报告（2002），引自 Gilberto M. Llanto，"Rural Finance and Developmentts in Philippine Rural Financial Markets：Issues and Policy Research Challenges"，p13。

（三）金融产品和服务创新不够

1999 年菲律宾农业信贷政策委员会（ACPC）召开系列专题研讨会时得出结论：尽管进行了金融自由化改革，银行仍旧不愿发放农渔业贷款。一方面因农业不是高利润部门，当银行有多个贷款对象选择时，农业部门因高风险而被排除在外；另一方面金融改革既没有设计出新的存贷产品也没有简化贷款程序，难以适应小企业和农村的资金需求。事实上，正如这些研究指出的，小额借款者并不关心利率的高低、贷款的准入及期限，因为贷款的申请成本和满足贷款条件所耗时间远远超过了从正规金融机构获得的低利率收益，而非正规金融设计的金融产品较能适应小额借款者的实际情况，如采用第三方担保代替传统抵押品。因此，菲律宾金融产品和服务创新不够也是造成中小企业和农户贷款难的因素。

（四）缺乏强有力的中小企业和农户融资担保体系

1986 年阿基诺政府先后取消 42 个农业贷款补贴项目，把剩余的农业补贴项目整合成综合性农业贷款基金（CALF），为农户和小企业在向私有银行和政府专业银行融资时提供担保，同时成立信贷担保基金会，鼓励银行向没有合格抵押品的小额借款者发放贷款。然而由于政府担保机构准备金不足，难以补偿不良贷款给银行造成的巨额损失，银行继续要求客户提供诸如房地产之类的抵押品，信贷担保计划收效甚微。因此，尽管政府一直努力引导信贷资金流入农村，但正规金融机构还是很少光顾这些农户和小企业。

（五）宏观经济不稳定，外部环境较差

中小企业和贫困居民贷款具有高风险性，尤其是凭借款者现金流或品质信誉发放的贷款。因为在经济衰退时期现金流一旦不足，经济的不稳定使贷款风险很高，小银行容易破产倒闭，从而破坏公众对银行体系的信心。1998—2000 年间，菲律宾存款保险公司关闭了 12 家储蓄银行和 83 家农村银行，小企业和贫困居民接受的潜在金融服务减少。此外，在一些地区，由于缺乏充足的电力供应，农村银行和储蓄银行业务不能实现计算机化操作，而农村大量小额存贷款业务又亟须计算机化的业务操作以降低经营成本，因此，不完善的外部环境也增加了中小企业和贫困居民的金融服务成本。

（六）中小银行资本金有限，存款吸收能力受限制

中小银行能吸收存款，但其有限的资本金却限制了揽存的数量。菲律宾大多数中小金融机构是家族式的，资本金的增长受抑制。农村合作银行只允许会员持股，会员达到一定程度后很难增加，这样资本金的增长也受到限制。

五、结论与启示

通过对菲律宾中小金融机构发展现状、政策与问题的分析，发现菲律宾中小金融机构数目虽然大幅增加，但银行布局不合理，小企业和农村继续依赖非正规金融，根本原因在于菲律宾银行的日益集中及与大企业的利益锁定，而金融自由化后银行涌向利润中心，集中于首都马尼拉，则加剧了农村资金短缺。菲律宾的这些经验和教训对我国中小金融机构改革具有借鉴意义，同时启示我们：中小金融机构要在解决中小企业融资难以及缩小收入差距中有所作为，须解决好如下问题。

（一）融资结构问题

中小企业（民营经济）融资难源于国有金融体制（国有商业银行）对国有企业的金融支持（或金融补贴）和国有企业对这种支持的刚性依赖（2000，张杰）。我国金融体系以产权结构单一的国有商业银行为主，集中和垄断程度又较高。在资金并不富余，以及考虑到不对称性信息和交易成本等问题，国有商业银行不愿向中小企业贷款。而目前中小金融机构资金供给极为有限，很难满足数量众多的中小企业的金融需求。因此，对国有商业银行进行产权多元化改革、打破垄断以及大力发展和完善中小金融机构是解决我国中小企业融资难的根本出路。

（二）中小金融机构合理布局问题

菲律宾银行在首都马尼拉密度过高而农村极低的教训表明中小金融机构的设置应服务于地方经济，重点分布于农村和欠发达地区，否则，只会导致恶性循环，收入差距进一步扩大。政府应采取适当激励措施，积极鼓励城市各类银行的金融网点向农村延伸，鼓励外资银行开展农村金融业务，以使农村金融主体逐步实现多元化，满足中小企业和农户对资金的需求。

（三）非正规金融的积极引导问题

菲律宾实践证明，正规金融机构对农户金融服务的覆盖面往往不足农户

总数的 30%，大量的农村金融服务需要农村非正规或民间金融来满足。我国的非正规金融在历史上早就存在，虽经过清理整顿，但仍然存在着种类繁多的民间金融形式，说明它们有生存的土壤和需求。我国要从完善法律、制度、政策入手，引导和鼓励民营的小额信贷银行、合作银行、私人银行等多种形式的民间金融健康发展，使其合法化、公开化和规范化，以增加金融供给。

（四）金融组织结构和贷款技术创新问题

国际经验表明正规金融机构与非正规组织（农户互助协会等）联合可使弱势群体通过团体合作、资金联合的方式，实现互助，解决单个社员不易解决的经济问题。我国可借鉴国际上盛行的乡村银行（GB）模式或其他小型金融机构创新模式，满足弱势群体（小企业和贫困户）的金融需求。

（五）建立强有力的中小企业和农村信用担保体系，解决小额借款者抵押担保难的问题

参考文献

［1］Mario B. Lamberte，Financing for Micro – enterprises，Small and Medium – sized Business and Poor Households in the Philippines，Conference Paper at the ESCAP – ADB Joint Workshop on Mobilizing Domestic Finance for Development，1999.

［2］Mario B. Lamberte，A Small Enterprises'ccess to Formal Financial Services：A Review and Assessment，Philippine Institute for Development Studies，Discussion Paper Series No. 95 – 123，1995.

［3］Pillip Gerson，Poverty，Income Inequality and Economy Policy in Philippines，Working Paper 98/20，International Monetary Fund，1998.

［4］Berger，A. N.，G. F. Udell，Relationship Lending and Lines of Credit in Small firm Finance，Journal of Business，68，351 – 382，1995.

［5］Regional Development in the Philippines：A Review of Experience，State of the Art and Agenda for Research and Action，Philippine Institute for Development Studies，Discussion Paper Series No. 2002 – 2003.

［6］Arsenio M. Balisacan and Nobuhiko Fuwa，Changes in Spatial Income Inequality in the Philippines，World Institute for Development Economics Research，Research Paper No. 2004/34.

［7］Gilberto M. Llanto，Rural Finance and Development in Philippine Rural Financial Markets：Issues and Policy Research Challenges，Philippine Institute for Development Studies，Discussion Paper Series No. 2004 – 2018.

［8］Mario B. Lamberte and Joseph Lim，Rural Financial Markets：A Review of Literature，Philippine Institute for Development Studies，Staff Paper Series No. 8702，1987.

［9］K. L. Gupta. 金融自由化的经验［M］. 申海波，陈莉译. 上海：上海财经大学出版社，2001.

［10］张杰. 民营经济的融资困境与融资次序［J］. 经济研究，2000（4）.

本文刊登于《国际金融研究》2005 年第 5 期。合作者为范香梅。

菲律宾中小金融机构发展：现状、政策与问题

交易成本与地方中小金融机构发展的内在关联性

一、引言

二元经济结构是我国的一个典型特征，在改变二元经济结构消除经济发展不平衡的过程中，必然需要金融的大力支持。大型金融机构在这个过程中固然能发挥十分重要的作用，但仅仅依靠大型金融机构，不可能解决我国这样的发展中国家经济领域中的所有问题。在这一过程中，地方中小金融机构可以发挥不可替代的重要作用。要改变二元经济结构的现状，需要大型金融机构和地方中小金融机构的共同发展、相互补充。本文从交易成本的角度出发，通过分析交易成本与地方中小金融机构发展的内在关联性，说明发展地方中小金融机构对于支持地方经济发展进而改善我国二元经济结构的现状具有不可替代的作用。

二、交易成本与地方中小金融机构内涵的界定

关于中小金融机构的具体界定，各国有不同的划分标准；在我国，对其定义也有不同的看法。本文所说的地方中小金融机构指的是主要服务于某一区域的地方商业银行、合作金融机构和从事非银行业务的中小金融机构。

交易成本这个新制度经济学的核心概念最早是由科斯提出的。他在 1937 年发表的论文《企业的性质》一文中就涉及到交易成本的内容。但直到 1960 年，他在发表的《社会成本问题》一文中才明确提出了市场交易成本的概念。他认为市场交易成本包括发现和通知交易者的费用、谈判费用、签订合同以及保证合同条件的履行而进行必要检查的费用等。简单地说，一般认为交易成本包括搜寻费用、谈判费用和实施费用。[1] 但是，对交易成本的内涵，在新制度经济学中却存在较大的分歧，直到现在，交易成本的定义仍然没有一个统一的规范。综合阿罗、威廉姆森、埃格特森、诺斯、张五常等新制度经济学家的观点，从广泛的意义上讲，交易成本不仅包括搜寻、谈判和实施成本，

还包括代理成本以及交易的制度成本。

我们讨论地方中小金融机构，必然涉及金融交易。金融交易中自然也存在交易成本[2]。金融交易成本指在金融交易活动中所耗费的人力、物力和财力的价值表现。对于其具体包括的内容，国内外相关的研究较少，有关的研究主要是从广义和狭义上对其进行定义的。① 广义的金融交易成本是整个金融制度运转的成本，它主要指为了界定产权和维持金融市场上金融交易秩序的经济制度运行所耗费的成本 [见图1 (a)]。狭义的金融交易成本指金融交易过程中所产生的各种费用。在间接金融交易②中，它主要涉及金融交易各方所耗费的费用，包括借款人、存款人和金融中介的交易成本 [见图1 (b)]。[3]

根据广义和狭义金融交易成本的定义，从金融制度以及金融市场参与者这两个层面来分析交易成本与地方中小金融机构发展的内在关联性。

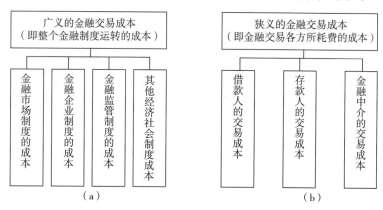

图1　金融交易成本的构成

三、广义金融交易成本与地方中小金融机构的发展

广义的金融交易成本包括整个金融市场、企业、监管、司法等与金融交易相关的社会各部门为维持金融制度运转所耗费的成本。从宏观上看，由于

---

① 如谭崇台教授等学者（2002）认为："从狭义上看，交易成本是指一项交易所花费的时间和精力"；"从广义上看，交易成本是一系列制度成本，包括谈判成本、拟订与实施契约的成本、界定和控制产权的成本、监督管理成本和制度结构变迁的成本等。"岳志博士（2001）认为："从狭义上看，金融交易费用指金融交易过程中发生的费用；从广义上看，金融交易费用指整个金融制度运转的费用。"

② 金融交易可分为直接的金融交易（直接融资）、半直接的金融交易（半直接融资）、间接的金融交易（间接融资）三种类型，并且每种交易类型交易成本的具体表现形式不同，从课题研究的角度出发，我们主要讨论的是间接的金融交易。

我国存在典型的二元经济结构，经济形式是多样化、多层次的，从而其资金需求也是多层次的，如果在资金供给制度安排上采取单一的资金供给制度,①从理论上看，这个金融交易制度运转的成本必然会较高。

第一，由于资金供给渠道单一，这与二元经济结构下经济主体多层次的状况不相符，导致一些非法的金融机构出现，增加了金融制度运转的成本。

在单一金融制度安排下，很多小规模资金需求者（包括中小企业和城乡小规模资金需求者）在发展过程中很难通过正规渠道获取资金，使得其有效金融需求不能满足，从而导致金融市场上出现了一些向这种小规模资金需求者提供资金的非法金融机构。比如，在我国民营经济比较发达的江浙一带，民间借贷市场上就存在一些非法的地下钱庄。而这种非法金融机构的存在在一定程度上增加了整个金融制度的运转成本。首先，由于非法金融机构存在于金融体系之外，具有明显的非正规性和不确定性，缺乏正规的法律监管，导致金融纠纷频频发生（见表1）。这样，容易造成金融市场的不稳定，加大了金融监管部门监管的耗费，提高了司法部门维护金融交易正常进行的难度，从而增加了金融制度运转的成本。其次，非法金融机构的存贷利率往往大大高于一般的商业银行，这不仅加大了金融交易的财务成本，也提高了金融工具买卖的费用，从而增加了金融制度运转的成本。以我国的温州为例，钱庄的存款利率最高时是一般银行的300%，贷款利率会更高些。即使是在一般情况下，钱庄的贷款利率也是银行贷款利率的1.5倍（郭斌、刘曼路，2002）。表2选取了温州市1978—1998年中8个年份的民间金融市场的贷款利率、② 官方基准利率（一年期特别款种利率)③ 和浮动利率,④ 通过比较，很容易发现，民间金融市场的贷款利率要远高于官方基准利率和浮动利率，从而提高了金融交易的财务成本。再次，由于非法金融机构的非正规性，容易导致其借贷资金在周转过程中出现流通不畅，这必然会影响整个金融资源的配置效率，从而增加金融制度运转的成本。可见，在这种单一金融制度安排下，由于非法金融机构的存在，导致整个金融制度的运转成本被提高了。

---

① 这里的"单一"主要指只存在大型金融机构。

② 虽然非法金融机构只是民间借贷的一种形式，但民间借贷的利率水平也可以反映出它的利率水平。

③ 主要是国有大银行和各专业银行执行的利率。

④ 主要是城市信用社和农村信用社在吸收存款和向外贷款时采用的利率。

表1　　　　　　　　中国人民银行广州分行辖区内民间金融的纠纷情况

单位：件、万元

	件数	金额
2000 年	6 434	117 744.3
2001 年	7 232	121 917.4
增幅	12.4%	3.5%

资料来源：中国人民银行广州分行课题组，《从民间借贷到民营金融：产业组织与交易规则》，《金融研究》2002 年 10 月。

表2　　　　　　　　　　　温州市三种利率的比较

年份	民间贷款年利率（％）	一年期特别款种利率（％）	浮动利率（％）
1978	42	—	—
1980	34.8	12	12
1983	26.4	12	12
1985	36	12	18
1988	45	17.28	18
1990	34.8	17.28	16.8
1995	30	14.93	与全国统一
1998	26.4	7.56	与全国统一

资料来源：浙江大学经济学院课题组，《中小金融机构与中小企业发展研究——以浙江温州、台州地区为例》，2002 年 9 月。

第二，如果采取单一的金融制度安排，金融制度运转成本较高还体现在整个金融交易市场运转的低效率上。为了直观地描绘出金融交易市场制度运转成本与效率之间的关系，我们根据效率的概念将其归纳为下面的数学表达式：

$$E = R/C \qquad (1)$$

式中，E 为金融制度运转效率；R 为金融制度运转收益；C 为金融制度运转成本。

将上式作恒等变形，得

$$C = R/E \qquad (2)$$

由于新制度经济学分析的方法是以交易成本为核心的，而对交易收益未予以讨论，这似乎就暗含了一个前提：把制度的运转收益设定为不变。那么，由式（2）可知，金融制度运转的效率越低，则金融制度运转成本将越高，反之，则越低。为了更加形象地描述金融制度运转效率对金融制度运转成本的影响，我们借助表3为例来说明。若金融制度的运转收益（R）为100，在金融制度的运转效率（E）由1下降为0.2的过程中，为了维持原有的收益水平，金融制度的运转成本就被迫由 100 增加至 500。[4]

表 3　金融制度运转收益不变时运转效率变化对金融制度运转成本的影响

金融制度运转收益（R）	金融制度运转效率（E）	金融制度运转成本（C）
100	1.8	55.56
100	1.4	71.43
100	1	100
100	0.6	167
100	0.2	500

通过上面的分析，我们可知金融制度运转的效率是决定金融制度运转成本的重要因素。而金融制度运转的效率又反映了金融资源配置的效率，资源的配置效率又取决于信息获取及处理的效率。在二元经济结构下，经济主体是多层次的，如果资金供给制度上过于单一，那么大的金融机构在向小规模资金需求者发放贷款时，信息不对称的程度一般要高于其向大型资金需求者发放贷款，这样，必然导致其信息处理的低效率，从而降低了整个金融制度运转的效率，① 最终使得金融制度运转成本提高了。[5]

我们论证了在单一金融制度安排下，整个金融制度运转的成本是被提高了。那么，在这种情况下，如果引入其他类型的金融机构，使得整个金融供给多元化，以适应金融需求多元化的要求，必然有利于降低金融制度的运转成本。而在二元经济结构下，大力发展与中小资金需求者相适应的地方中小金融机构无疑是一个明智的选择。发展地方中小金融机构，一方面，可以替代那些非法金融机构，满足地方中小资金需求者的资金需求，减少金融市场的不稳定因素，维持合理的利率水平，从而有利于降低整个金融监管的成本和金融交易的财务成本；另一方面，其可以利用地域、人缘等方面的优势，充分了解到地方中小资金需求者的经营状况、信用水平等情况，克服信息不对称和因信息不完全而导致的交易成本较高这一金融服务业障碍，提高信息处理效率，从而有利于提高整个金融资源的配置效率，最终降低金融制度的运转成本。

---

① 如李志赟（2002）通过构建银行垄断条件下与引入中小金融机构条件下的信贷决策模型，证明了由于信息不对称等原因，在银行垄断条件下，大的金融机构不愿意向中小企业贷款，使得中小企业难以获得信贷资金。这就在一定程度上降低了金融资源的配置效率，从而降低了金融制度的运转效率。

四、狭义金融交易成本与地方中小金融机构的发展

根据金融交易成本狭义的定义，从微观层面看，它主要包括借款人、存款人以及金融中介的交易成本。由于存款人的交易成本在这类交易成本中所占的比重相对较少，我们主要从借款人和金融中介两方面进行分析。

（一）借款人角度

金融市场上的借款人包括企业和个人，而企业又是最主要的借款人。企业间接融资的交易成本可以从显性成本和隐性成本两个方面来考察。我们可以把资金的财务成本如企业要支付的贷款利息看成借款人融资的显性成本；而把企业为了获取授信机会（即资金的可获得性因素）所付出的成本视为借款人融资的隐性成本，[6]如由于银行信贷程序的复杂（包括资金额度、期限等条件的限制）使得中小企业获取资金的难度加大，为了获取资金，企业不得不采取其他方法，从而增加了其融资成本。在一个较为规范的金融市场中（即不存在非法金融机构的市场），不同规模的企业向不同规模的金融机构借款所耗费的显性成本没有太大区别，但其融资所耗费的隐性成本却存在较大差异。如与大型企业相比，中小企业（包括乡镇企业）从大型金融机构获取资金往往需要付出较高的资金隐性成本，这主要表现在以下两方面：第一，中小企业融资需求的特点导致其向大型金融机构借款需要较高的交易成本。一般来说，中小企业融资需求具有规模小、流动性强、时效性强的特点，他们往往希望贷款发放能快速、灵活。但大银行一般规模庞大，信贷环节多，手续繁杂，这就很难满足中小企业的即时资金需求。在只有大银行的情况下，中小企业为了获取贷款，必须严格遵循大银行的信贷审批程序，由于程序烦琐，时间较长，这无形中增加了中小企业的融资成本。第二，中小企业抵押担保品不足加大了其获取资金的难度，增加了其融资的成本。抵押担保贷款是目前银行采取的最主要的贷款方式，但其作为一种信用创造方式是不完全的，其扩张能力受到抵押资源的限制。对于中小企业来说，抵押资产有限，随着企业规模的扩大，资金需求也逐步扩大，但一方面其可供贷款抵押的房产、土地和其他动产一般只占企业资产的20%，① 另一方面目前我国抵押担保贷款要求比较高，银行往往要求企业用土地、房地产等固定资产作抵押（见表4），这样，由于难以提供足值的抵押加大了中小企业获取资金的难度，

---

① 数据来源：陈海谊，民营企业融资问题探讨——温州民营企业融资的实证分析，金融与保险，2004（4）。

导致中小企业往往需要通过其他途径获取资金，这必然增加了其交易成本。

表4　　　　　　　　　　　目前我国抵押贷款的抵押率

资产类型	土地、房地产	机器设备	动产	专用设备
抵押率（%）	70	50	20~30	10

资料来源：梅强等. 中小企业信用担保理论、模式及政策［M］. 北京：经济管理出版社，2002.

在这种情况下，地方中小金融机构在信贷市场的特定领域存在一些优势，可以在一定程度上降低借款人（主要是中小企业）融资的交易成本。这主要表现为以下两方面：

首先，地方中小金融机构经营的灵活性与中小企业融资需求的特点相匹配，有利于降低中小企业的交易成本。由于地方中小金融机构管理层次相对较少，经营方式灵活，因而它能够及时满足中小企业的贷款需求，一方面提高了中小企业获取资金的可能性，从而降低了中小企业在获取贷款中的隐性成本，另一方面又在一定程度上减少了中小企业由于未能及时获得所需资金而导致经济损失的可能性。

其次，地方中小金融机构由于与当地联系密切，在获取企业未公开的关联信息（如借款企业法人的品质、可靠性等，即软信息 soft information）上具有优势，那么，为了缓解中小企业抵押担保贷款的不足，中小金融机构可以借鉴国外的经验，对中小企业发放关系型贷款。[7]关系型贷款方式的存在，可以替代一部分抵押贷款，从而在一定程度上降低了中小企业由于抵押担保不足而导致的在获取贷款时所付出的较高的融资成本。

（二）金融中介角度

金融中介包括存款类金融中介机构和非存款类金融中介机构，本文我们主要侧重于对存款类金融机构的考察。金融中介的交易成本也可以分为显性成本和隐性成本。其显性成本主要指金融中介在参与金融交易的过程中所直接耗费的成本，根据科斯对交易成本的原始定义，它包括金融机构在金融交易中为搜寻信息所耗费的信息成本，为了达成交易所耗费的谈判成本，保证交易正常进行所耗费的实施监督成本等；而其隐性成本主要指金融中介参与金融交易间接耗费的成本，如由于发放贷款可能造成的不良资产（即贷款损失），银行内部进行贷款决策所需耗费的代理成本等。

在我国典型的二元经济结构下，从金融需求的角度来看，既存在大的资金需求者，也存在中小资金需求者，但从金融供给的角度来看，大的金融机构仍占主流。一方面，大的金融机构更倾向于向大城市、大的资金需求者提供金融服务；另一方面，目前存在的城市商业银行、城乡信用社等中小金融机构仍然很难满足中小资金需求者的资金需求，这样，导致中小资金需求者在发展过程中往往受到资金的限制。[8]那么，从理论上看，如果能发展地方中小金融机构，从而构建一个适合金融需求的多层次的金融供给结构（见图2），对于解决中小资金需求者的融资问题，支持地方经济发展，进而改变我国二元经济结构的现状必然有利。

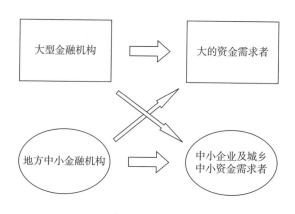

交易成本与地方中小金融机构发展的内在关联性

图2　多层次的金融供给结构

那么，为什么地方中小金融机构应该会更倾向于向中小企业以及城乡中小资金需求者提供服务呢？从交易成本的角度来看，这与其在支持地方经济发展过程中（与大型金融机构相比）存在交易成本方面的比较优势密切相关。我们从金融中介参与交易的显性成本和隐性成本两方面进行比较。

1. 显性成本的比较

（1）信息成本方面。从金融供给上看，大型金融机构在向中小规模资金需求者提供金融服务时，由于信息不对称或信息不完全，使得主要根据财务状况、经营业绩等"硬信息"（hard information）作为判断是否提供金融服务依据的大的金融机构面临着较大的道德风险，从而加大了其为搜集信息所耗费的成本。湖南省统计局2004年对衡阳市部分中小企业信用与融资情况的调查结果也说明了这一点，该统计局在衡阳市市内具有代表性的33家中小企业和11家金融机构开展了一次关于中小企业信用与融资情况的问卷调查，其调查结果显示，银行（主要为国有银行的分支机构）向中小企业发放相同额度的贷款所产生的服务成本要高于大企业，其中最高的高达35%。这也是导致大型金融机构不愿向中小规模资金需求者提供金融服务的重要原因。

对于地方中小金融机构而言，由于其在为当地中小规模资金需求者提供金融服务时具有获取某些信息的优势，那么，与大型金融机构相比，这必然有利于降低其信息服务成本。首先，地方中小金融机构的地域优势使得它对当地资金需求者的各种信息，从企业经营状况到业主的能力和信誉、从静态信息到动态变化都比较熟悉，从而降低了其信用调查成本。其次，地方中小金融机构在发放关系型贷款过程中，由于拥有大银行难以获得的具有人格化特征的"软信息"，进一步降低了其搜寻信息的成本。[9] 再次，地方中小金融机构的信息成本优势还体现在可以利用其广泛的社会关系发掘潜在的信贷客户（包括存款客户和贷款客户），降低吸引新客户的成本。

（2）谈判成本方面。谈判成本主要是为了界定和保护产权从而保证交易正常进行所耗费的成本，如金融机构发放贷款时，从进行谈判到合同的最终签订所耗费的成本。在服务地方经济上，地方中小金融机构相对于大型金融机构而言在谈判成本方面也存在一定的优势：一方面，在对当地中小企业的谈判过程中，由于地方中小金融机构相对大的金融机构来说，规模较小，结构较简单，决策的周期相对较短，从开始谈判到贷款合同的最终签订所耗费的人力、物力、财力相对要小，可以降低交易的谈判成本。另一方面，地方中小金融机构可以利用地域上的优势，对当地中小企业发放关系型贷款，这类贷款由于有借款人或担保人信誉上的保证，从而可以降低金融机构为了了解企业财务状况等硬信息情况所耗费的调查和谈判成本。

（3）实施监督成本方面。实施监督成本主要是指金融机构为了保证交易正常进行，保护自身利益不发生损失，防止企业违反合同的规定，对企业进行监督时所耗费的成本。与大型金融机构相比，地方中小金融机构在这方面具有一定的优势，主要归结为，其与地方中小企业等小规模资金需求者长期形成的一种共生共荣的伙伴关系。这使得地方中小金融机构对借款人违约的举措相对非常敏感，能很快获悉借款人违约的信息，这就无形中降低了地方中小金融机构对中小企业以及城乡小规模资金需求者的监督成本。[10]

2. 隐性成本的比较

在二元经济结构下，我国存在大量的中小企业，从企业生命周期的角度看，这些中小企业的生命周期一般较短。据统计，我国中小企业的平均寿命约在3～4年之间。对于大型金融机构，由于与当地中小企业联系不够密切，很难了解贷款企业所处的生命周期，从而容易出现贷款损失，加大了交易的隐性成本。这也是大型金融机构不愿意向中小企业等中小资金需求者发放贷款的重要原因。而地方中小金融机构由于地域优势，往往与当地的中小企业联系密切，能够较为准确地把握中小企业所处的生命周期，从而有利于控制贷款风险，减少贷款损失的可能性。

目前来看，我国大型金融机构开始逐步收缩其县级分支机构，使得信贷决策权上收。这样，导致其在向县域经济、边远地区提供资金支持时，由于信息收集、资金管理方面存在较大的困难，需要耗费大量的代理成本。而地方中小金融机构结构较为简单，在对当地经济提供资金时，决策相对迅速，同时由于内部科层较少，其代理成本显然要少于大型金融机构的代理成本，与大型金融机构相比，其更具有为地方经济服务的优势。

基于以上几个方面的考虑，我们认为与大型金融机构相比，地方中小金融机构在支持地方经济发展方面存在交易成本上的比较优势，同时，在服务大的资金需求者上地方中小金融机构的这一优势又不一定存在，因此，从这个角度看，地方中小金融机构更应该充分发挥其优势，将其业务定位于为中小资金需求者提供金融服务上，这对于解决中小企业融资难、支持地方经济发展也必然具有重要意义。

五、结束语

本文可得出如下结论：

1. 从交易成本的角度来探讨其与地方中小金融机构发展的内在关联性，为从理论上论证地方中小金融机构存在与发展的必要性提供了一个新的视角。

2. 发展地方中小金融机构，实现金融制度安排多元化，既有利于提高金融资源的配置效率，从而降低整个金融制度运转的成本；又有利于降低金融交易双方所耗费的成本。

3. 考虑到交易成本的因素，大型金融机构往往集中于对大城市、大型企业提供资金支持，而不愿向地方中小企业和城乡小规模资金需求者提供金融服务；而地方中小金融机构在支持地方经济发展时相对于大型金融机构来说，在信息成本、谈判成本、实施监督成本、代理成本等方面存在一定的比较优势，因而，它在支持当地经济发展过程中将会发挥大型金融机构不可替代的作用。因此，我们认为大力发展地方中小金融机构将成为支持地方经济发展，从而最终改变我国二元经济结构现状的战略选择。

参考文献

[1] 傅殷才. 制度经济学派 [M]. 武汉：武汉出版社，1996.

[2] 彭建刚. 商业银行管理学 [M]. 北京：中国金融出版社，2004.

[3] 岳志. 从金融交易成本看合作金融制度的效率 [J]. 财经科学，2001（6）：

42 – 46.

［4］韩文亮．中国地方性银行效率分析［M］．北京：中国金融出版社，2000．

［5］李志赟．银行结构与中小企业融资［J］．经济研究，2002（2）：38 – 45．

［6］郭斌，刘曼璐．民间金融与中小企业发展：对温州的实证分析［J］．经济研究，2002（10）：40 – 44．

［7］Berger，A. N.，Udell，G. F..Relat ionship Lending and Lines of Credit in Small Firm Finance［J］．Journal of Business，1998．

［8］范香梅，彭建刚．菲律宾中小金融机构发展：现状、政策与问题［J］．国际金融研究，2005（5）：22 – 29．

［9］Allen N. Berger, Leora, F. Klapper, Gregory, F. Udell. The Ability of Banks to Lending to Informationally Opaque Small Business［J］．Journal of Banking and Finance，2001．

［10］储敏伟，王晓雅．"小银行优势"：基于成本节省的整合研究［J］．当代财经，2004（5）：85 – 88．

本文刊登于《财经理论与实践》2005 年第 6 期。合作者为王睿。

双重二元经济结构视角下的经济发展战略

——非均衡协同发展战略

一、二元经济主要理论概述

二元经济结构主要是指发展中国家在经济发展过程中，由于部门间劳动生产率的差异或区域间、区域内经济发展的不平衡等原因导致的经济两极分化现象。从发展经济学研究文献来看，学术界主要是在两种视角下来研究二元经济现象。一种视角是基于部门间生产率的差异从生产非对称性和生产率差异角度考察，主要体现为工业和农业的差异；一种视角是基于空间发展不平衡从地区间发展不平衡角度考察，主要体现为城乡之间的差异。

（一）基于部门间生产率差异的二元经济理论

关于二元经济的思想很早就受到关注，第一个明确提出并在现代意义上使用这个概念的是荷兰经济学家 J. H. 伯克。真正掀起二元经济研究热潮的是刘易斯，他在 1954 年发表题为《劳动无限供给下的经济发展》一文，成为早期发展经济学的重要理论基石之一。刘易斯认为在发展中国家的国民经济中存在着性质不同的两种部门：一种是以现代化方式进行生产、劳动生产率和工资水平较高的现代部门，以工业部门为代表；另一种是以传统方式进行生产、劳动生产率较低的传统部门，以农业部门为代表。这种划分成为日后大多数学者对二元经济进行研究的逻辑与现实起点。20 世纪 60 年代，拉尼斯和费景汉对刘易斯模型进行了修正，提出了二元经济发展中劳动力配置的全过程，证明了伴随劳动力从农业部门向工业部门的转移，不仅可以促进经济发展，而且可以实现商品化。此后，乔根森对刘—费—拉模型的农村剩余劳动力转移的假设提出质疑，并试图在一个纯粹新古典主义框架内探讨工业部门的增长是如何依赖于农业部门发展的。20 世纪 60 年代末 70 年代初，许多发展中国家开始遇到始料未及的严重的城市失业现象，基于这一事实，美国发展经济学家托达罗发表了一系列论文，建立了他的二元经济结构理论模型。他认为，人口流动基本上是一种经济现象，是一种合乎理性的经济行为，尽管城市中存在失业，流入城市的人们还是可以作出合理决策的，他们所关心的，与其说是城乡现实的收入差异，不如说是城乡预期收入差异。

（二）基于空间发展不平衡的二元结构理论

除了从生产和组织上的非对称性理解以外，对二元经济结构的另一条研究主线，是基于不同空间分布位置的发达地区和落后地区之间呈现出的非平衡发展现象展开的。法国经济学家佩鲁于1955年最早提出了增长极理论。这一理论的核心思想是：在经济增长中，由于某些主导部门或有创新能力的企业或行业在某一些地方或城市聚集，形成资本与技术高度集中、具有规模经济效益、自身增长迅速并能对邻近地区产生强大辐射作用的"发展极"，通过具有"发展极"的地区的优先增长，可以带动相邻地区的共同发展。后来法国经济学家布德维尔把佩鲁理论中的增长极概念的经济空间推广到地理空间，认为经济空间不仅包含了经济变量之间的结构关系，也包括了经济现象的区位关系或地域结构关系。瑞典经济学家缪尔达尔在其1957年出版的《经济理论和不发达地区》一书中，提出了"地理上的二元经济"理论。他认为区域间经济发展水平的差距造成了经济不平等，而经济不平等又进一步加剧了区域间经济发展水平的差距，如此不断"循环"和"累积"，最终形成地区间、国家间在地理上的二元经济结构，造成发达和不发达的鲜明对比。美国著名城市与区域规划学家弗里德曼在综合许多相关学说的基础上，提出了更为全面的描述发展中国家城市化过程中空间发展格局的空间极化发展理论，又称"中心—边缘范式"。他基于区际不平衡较长期的演变趋势，将经济系统空间划分为中心和外围两部分。他认为中心区发展条件较优越，而外围区发展条件较差，经济发展必然伴随着各生产要素从外围区向中心区的净转移，在经济发展初始阶段，二元结构十分明显。

二、双重视角下我国二元经济结构的现状

对于像中国这样的发展中大国而言，无论是从生产率差异角度考察，还是从地区间发展不平衡角度考察，都是典型的二元经济。研究中国的二元经济问题，应该采用立体、动态、全方位的考察维度。

（一）基于部门间生产率差异视角下的我国二元经济结构现状

新中国成立以后的经济发展过程中，由于国内外的环境，采取了特殊的经济发展战略，通过资源倾斜、工农剪刀差等手段，在极短的时间内迅速建立了完整的工业体系。利用工农剪刀差发展工业是以牺牲农业的发展为代价的，加之人口多、农业基础薄弱的国情，造成了工农业部门产业间的差距，

形成了部门产业间的二元经济。

我国农业的劳动生产率相当低，以 2003 年为例，我国总就业人数为 74 432万人，其中第一产业就业人数占总就业人数的比重为 49.1%，但创造的产值却只占国内生产总值的 14.6%；第二产业就业人数占总就业人数的比重为 21.6%，创造的产值占国内生产总值的比重达 52.3%，第二产业的劳动生产率为第一产业的 8.14 倍。

（二）基于空间发展不平衡视角下的我国二元经济结构现状

基于空间发展不平衡的二元结构主要体现为城乡差别和地区之间的差别。新中国成立后，我国长期实行工业优先、城市优先的经济发展战略，使城乡之间形成巨大的收入差距（见表 1），并且这种差距有进一步拉大的趋势。

我国 2000 年、2001 年、2002 年的基尼系数分别为 0.245、0.263、0.267，呈扩大趋势。1998—2002 年，我国城镇居民人均收入分别为 5 425 元、5 854 元、6 280 元、6 860 元和 7 703 元；而农村居民人均收入分别为 2 160 元、2 210 元、2 253 元、2 366 元和 2 476 元，城镇居民人均收入分别是农村居民收入的 2.51 倍、2.65 倍、2.79 倍、2.90 倍和 3.11 倍。把中国城乡居民收入差距和国外有关数据相比较发现，中国的城乡收入差距不仅高于发达国家，也高于很多发展中国家。据国际劳工组织发表的 1995 年 36 个国家的资料，绝大多数国家的城乡人均收入比都小于 1.6，只有三个国家超过了 2，中国是其中之一。

表1　　　　　　　　　　　2002 年各地区城乡居民收入水平

地区 ＼ 收入比	城镇居民人均可支配收入（元）	农民人均纯收入（元）	城乡居民收入水平比
上海	13 249.80	6 223.55	2.13
浙江	11 715.60	4 940.36	2.37
湖南	6 958.56	2 397.92	2.90
江西	6 335.64	2 306.45	2.75
甘肃	6 151.44	1 590.03	3.87
贵州	5 944.08	1 489.91	3.99
全国平均	7 702.80	2 475.63	3.11

数据来源：中国农村统计年鉴（2003）。

此外，我国东、中、西部地区经济发展水平差别也很大（见表 2 和图 1）。西部地区占国土面积的 70%，占全国人口的 30%，但其国内生产总值只占全国的 20%。

表2　　　　　　　　　　1992—2002 年中国各地人均 GDP　　　　　单位：元/人

年份 地区	1992	1993	1994	1995	1996	1997	1998	1999	2000	2001	2002
上海	8 652	11 700	15 204	18 943	22 275	25 750	28 253	30 805	34 547	37 382	40 646
浙江	2 850	4 431	6 149	8 074	9 455	10 515	11 247	12 037	13 461	14 655	16 838
湖南	1 487	2 053	2 701	3 470	4 130	4 643	4 953	5 105	5 639	6 054	6 565
江西	1 439	1 835	2 376	3 083	3 715	4 155	4 484	4 661	4 851	5 221	5 829
甘肃	1 314	1 600	1 925	2 288	2 901	3 137	3 456	3 668	3 838	4 163	4 493
贵州	1 009	1 034	1 553	1 853	2 093	2 215	2 342	2 475	2 662	2 895	3 153

数据来源：根据1993—2003 年以上各地统计年鉴整理而得。

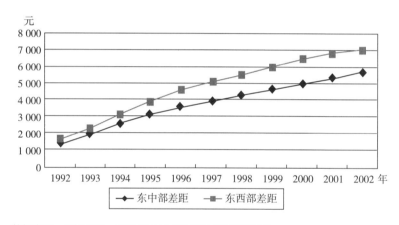

数据来源：根据1993—2003 年全国各地统计年鉴整理得出。

图1　1992—2002 年中国东中西部人均 GDP 绝对差距

三、双重二元经济结构下的经济发展战略：非均衡协同发展战略

发展战略就是对经济的长期发展方式所作的构想和谋划，由于发展中国家和地区所处的经济发展阶段不同、条件和水平不同、制度和体制不同，因而实施了多种不同的发展战略。根据发展经济学理论及发展中国家和地区的实践进行总结概括，其战略模式主要有均衡增长战略和非均衡增长战略，其中均衡与非均衡主要指区域内产业部门间的比例关系和区域内地区间的经济差异问题。

均衡增长理论和非均衡增长理论为发展中国家迅速摆脱贫穷落后的困境，实现经济快速发展提供了两种理论模式，具有重要的理论意义。但经济发展

的实践却未能为均衡增长理论提供充足的验证。均衡增长战略要求的百废俱兴、齐头并进是发展中国家难以胜任的，在资金有限、外汇短缺、人才不足的条件下，分散使用力量效果不显著。相对于均衡增长战略而言，非均衡增长战略是比较符合发展中国家现状的。但非均衡增长论本身也存在许多不足，它高估了发展中国家市场机制的作用，忽视了其市场残缺不全，并且低估了产业部门间不平衡增长可能造成的不良后果。资源的集聚使产业部门或地区间的发展产生差距，并且这种差距的产生会进而因为"回波效应"而引起"累积性因果循环"，使产业结构失衡和地区贫富差距扩大。因而只有把均衡战略和非均衡战略结合起来，实行非均衡协同发展战略才是存在双重二元经济结构的国家或地区经济发展战略的合理模式。

所谓非均衡协同增长战略是指在发展中国家或地区的经济发展中出现非均衡是必然的，非均衡既有产业、部门之间的非均衡，又有区域之间的非均衡，不能强求实现工业和区域的均衡推进，而应根据条件的成熟程度实行非均衡推进，但在非均衡推进过程中必须把重点论和协同论结合起来，注意协调产业部门之间和区域之间的关系，以先行的带动后起的，加之落后地区和行业自身加快发展，以求在非均衡发展中求得协调，形成产业之间、区域之间和整个地区经济系统良性协调运转的经济机制。非均衡和协同都是战略的有机组成部分，非均衡是快速发展经济的手段，但非均衡有临界点，不能无限拉大，"协"是已经发展的地区或产业要通过扩散效应带动落后地区或产业的发展，"同"是落后地区或产业自身也要加快发展。非均衡协同增长战略的关键点是在作发展战略规划时，就已经把重点发展和全面发展紧密地联系在一起，把重点行业、区域的发展与其他行业、周边地区的发展紧密地联系在一起，即作了通盘考虑。

具体来说，在产业部门发展方面，根据地区资源优势，选择已有基础、重点发展的主导产业和部门，给予投资和政策双倾斜，使之率先起飞，成为产业发展的"火车头"，在此基础上，协调主导部门与非主导部门、基础结构部门的发展，通过主导产业部门的前后项联系效应，使各产业部门处于协调发展的状态之中。在区域发展方面，根据各地的资源禀赋和产业发展优势，结合主导部门和优势部门的发展，选择某些资源存量和聚集能力强的地域或地点作为发展极密集投资，以求得较好的投资效率和较快的增长速度。通过这些发展极的聚集效应达到极化的效果，成为地区发展的"火车头"，当发展极发展壮大后，通过扩散效应带动周边地区，同时外围地区注重自身的发展，进而达到促进整个经济发展的目的（见图2）。

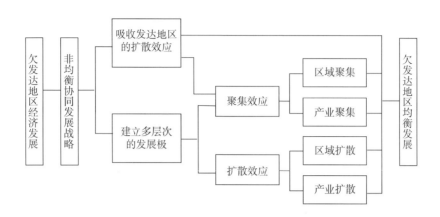

图2 欠发达地区经济发展路径图

　　值得注意的是，这种发展极并不是单一的，是有大小和层次的，发展极可以是大城市，也可以是星星点点散布于全国各地的中小城市或县城。在欠发达地区，就整个区域而言，可以优先发展某个或某几个有发展潜力的城市作为极点；就县域而言，发展也要有重点，可以以县城本身作为极点培育发展极。在多层次的发展极中，每一层次的发展极所发挥的聚集、扩散的能力和范围是不一样的，整个区域的发展极无论是聚集还是扩散能力都会大于该区域内低层次的发展极。同时在多层次的发展极中，每个发展极的地位均不是一成不变的，而是相对的和动态发展的。从空间范围来看，每个发展极的地位都是相对的，一个县域级的发展极相对于比它大的整个区域的发展极而言属于周围地区，而相对于它下面的周围地区来说它又属于被极化的中心；从时间范围来看，发展极之间的发展也是交替进行的。

　　这种发展极的经济增长方式是符合经济学原理的。在绝大多数情况下，资本和劳动力出于追求自身利润最大化的动机应该寻找对它们最有利的地点来发展生产。由于自然条件、人文历史和其他方面的差别，有的地方相对富裕，有的地方相对贫穷，选择资源存量有优势和聚集能力强的地方作为发展极来发展经济，具有一定的比较优势，这是因为，第一，发展极可以有效地形成地区的核心竞争力。核心竞争能力是组织中的积累性学识，是一种把各类资源组合起来，并使其为特定生产目的服务的整合能力。发展极可以通过聚集效应对资源进行聚集和整合，以提高资源的利用效率，进而发挥地区的核心竞争力作用。第二，发展极增长方式可以有效地降低交易成本。在现代化工业生产中，需要有许多工人、工厂和部门之间的分工合作。在部门之间、企业之间乃至每一道工序之间都存在着交易成本。在发展极里，企业聚集在一起、市场聚集在一起，企业之间、企业和市场之间的交易成本相对较低。第三，具有信息优势。市场信息和技术信息对于现代化工业生产越来越重要了。企业群聚集度高，相互之间可以共享一些商业信息，从而信息传递速度相对较快；如果企业分散，各自为战，不仅获取信息成本加大，还会延误信息传递时间，致使企业坐失良机。第四，可以促进基础设施的改进，从而加快经济的发展。由于处于发展级的企业相对集中，使得税收相对集中，政府可以在这个增长点上投入较多的资金发展交通、电力、通信、供水等基础设施。基础设施的改进又会使企业从中享受好处，从而进入良性循环。

在极化与扩散进而达到均衡与非均衡的发展过程中，均衡与非均衡是一个对立统一的辩证过程，均衡与非均衡是相对的和动态的。均衡增长是发展的长期目标，非均衡增长是实现均衡增长长期目标的手段。经济首先是在较低水平的均衡上，通过极化和聚集效应达到非均衡，非均衡到达临界点后，通过扩散效应和自身的发展努力靠近均衡水平，以达到新一轮的均衡，然后再通过非均衡实现经济进一步发展，之后再努力达到均衡，一直反复循环下去。均衡与非均衡动态反复循环，经济发展就是在这一由较低水平的均衡达到较高水平的均衡反复循环中完成的，非均衡是为了更快更有效率地达到更高水平的均衡。

二元经济结构是大多数发展中国家经济发展面临的突出问题。为此，众多的发展经济学家从各种角度为发展中国家改变二元经济结构作出了积极有益的探索，其中基于部门间生产率差异和基于空间发展不平衡是研究二元经济的两种主要逻辑起点。种种事实表明，无论是从生产率差异角度考察，还是从地区间发展不平衡角度考察，我国都是典型的二元经济结构。二元经济结构下经济发展可以采用均衡发展，也可以采用非均衡发展，但它们各有缺陷。非均衡协同增长战略吸收了两个模式的优点，摒弃了其缺点，它既强调各产业部门和各地区协调发展的必要性，又特别重视重点产业部门和重点地区对地区经济发展的支持和带动作用；既解决了资源合理配置问题，又防止了贫富差距无限扩大的趋势，符合二元经济结构经济水平较低、发展不平衡的条件下，快速发展经济的现实要求，因而是二元经济结构下经济发展战略的较优模式。

参考文献

[1] 谭崇台. 发展经济学 [M]. 太原：山西经济出版社，2001.

[2] 黄速建，魏后凯. 西部大开发与东中部地区发展 [M]. 北京：经济管理出版社，

2000.

[3] 彭建刚, 周鸿卫. 发展极的金融支撑: 我国城市商业银行可持续发展的战略选择 [J]. 财经理论与实践, 2003 (1).

[4] 彭建刚. 运用金融发展极战略建立我国离岸金融市场 [J]. 金融研究, 1997 (5).

[5] 方星海, 左学金. 民营经济与中西部发展 [M]. 上海: 上海社会科学院出版社, 1999.

本文刊登于《内蒙古社会科学》2005 年第 6 期。合作者为周行健。

弱化二元经济结构的加速器：
地方中小金融机构

二元经济结构是大多数发展中国家经济发展中面临的突出问题。为此，众多的发展经济学家从各个角度为发展中国家改变二元经济结构作出了积极有益的探索。货币是经济的第一推动力，金融具有重要的资源配置功能，[1]因而从金融视角来探索改变二元经济结构具有重要意义。金融的载体是金融机构和金融市场；金融机构既包括资产负债规模比较大的金融机构，也包括主要业务在省内或局限于相对狭小区域内的地方中小金融机构。① 我们认为，地方中小金融机构在加快欠发达地区的经济发展、弱化二元经济结构中具有重要功能。

一、二元经济结构下欠发达地区的经济发展路径

二元经济结构主要指发展中国家在经济发展过程中，由于部门间劳动生产率的差异或区域间、区域内经济发展的不平衡等原因导致的经济两极分化现象。[2]我国是典型的二元经济结构国家，集中表现在农村人口过多、农业劳动生产率过低、城乡差别（见表1）及地区差别（见图1）显著。我国农业的劳动生产率相当低，以2003年为例，我国总就业人数为74 432万人，其中第一产业就业人数占总就业人数的比重为49.1%，但创造的产值却只占国内生产总值的14.6%；第二产业就业人数占总就业人数的比重为21.6%，但创造的产值占国内生产总值的比重达52.3%，第二产业的劳动生产率为第一产业的8.14倍。

从图1和表1中可以看出，我国城乡差别和地区之间的差别相当显著，缩小城乡之间以及地区之间的发展差距已经迫在眉睫。以我国目前的财力、物力和人力，要使各地区同步发展，其条件不允许；比较可行的方法就是集

---

① 本文所指的地方中小金融机构主要包括城市商业银行、城市信用合作社、农村信用合作社、农村商业银行以及中小信托投资公司、中小担保公司等地方中小非银行金融机构。

中力量培育一些发展极，在具备了一定基础之后再向四周扩散，从而实现地区的均衡发展。

表1　　　　　　　　2002年各地区城乡居民收入水平

地区	城镇居民人均可支配收入（元）	农民人均纯收入（元）	城乡居民收入水平比
上海	13 249.80	6 223.55	2.13
浙江	11 715.60	4 940.36	2.37
湖南	6 958.56	2 397.92	2.90
江西	6 335.64	2 306.45	2.75
甘肃	6 151.44	1 590.03	3.87
贵州	5 944.08	1 489.91	3.99
全国平均	7 702.80	2 475.63	3.11

资料来源：《中国农村统计年鉴》（2003年）。

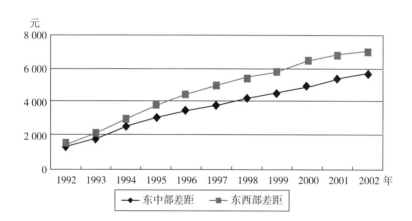

数据来源：根据1993—2003年全国各地统计年鉴整理而得。

图1　1992—2002年中国东中西部人均GDP绝对差距图

在二元经济结构下的欠发达地区的经济发展中，当某些先起步的地区由于市场经济的资源导向已积累起相对的发展优势时，政府应当顺应市场规律采用非均衡发展战略，重点投资，即通过聚集效应①优先发展这些有较强增长势头的地区，培育成发展极；当发展极发展壮大后，再利用发展极的扩散效

---

① 聚集效应一般是指经济活动在区域内的相对集中，使得经济活动更加节约成本费用，提高效率，增加效益。

应①带动周边地区的发展，最终达到弱化二元经济结构的目的（如图2）。值得注意的是，这种发展极并不是单一的，而是有大小和层次的；发展极可以是大城市，也可以是星星点点散布于全国各地的中小城市或县城。在欠发达地区，就整个区域而言，可以优先发展某个或某几个有发展潜力的城市作为极点；就县域而言，发展也要有所重点，可以县城本身作为极点培育发展极。在多层次的发展极中，每层的发展极所发挥的聚集、扩散能力和范围是不一样的；整个区域的发展极无论是聚集还是扩散能力，都会大于该区域内低层次的发展极。同时在多层次的发展极中，每个发展极的地位不是一成不变的，而是相对的和动态发展的。从空间范围来看，每个发展极的地位都是相对的，一个县域的发展极相对于比它大的整个区域的发展极而言属于周围地区，而相对于它下面的周围地区来说它又属于被极化的中心；从时间范围来看，发展极之间的发展也是交替进行的。

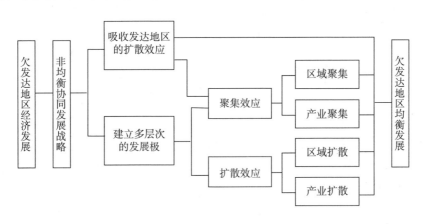

图2　欠发达地区经济发展路径图

这种发展极的经济增长方式是符合经济学原理的。在绝大多数情况下，资本和劳动力出于追求自身利润最大化的动机，应该寻找对它们最有利的地点来发展生产。由于自然条件、人文历史和其他方面的差别，有的地方相对富裕，有的地方相对贫穷；选择资源存量有优势和聚集能力强的地方作为发展极来发展经济，具有一定的比较优势。[3]这是因为：第一，发展极可以有效地形成地区的核心竞争力。发展极可以通过聚集效应对资源进行聚集和整合，以提高资源的利用效率，进而发挥地区的核心竞争力作用。第二，发展极增

---

　　① 扩散效应是指以大大小小的发展极为经济发展的基点，通过其较强的经济、文化、科技、教育、人才等资源优势，带动周围地区经济、文化、教育、科技的发展。

长方式可以有效地降低交易成本。在发展极里，企业聚集在一起，市场聚集在一起，因而企业之间、企业和市场之间的交易成本相对较低。第三，具有信息优势。企业群聚集度高，相互之间可以共享一些商业信息，从而信息传递速度相对较快；如果企业分散，各自为战，不仅获取信息成本加大，还会延误信息传递时间，致使企业坐失良机。[4]第四，可以促进基础设施的改进，从而加快经济的发展。由于处于发展极的企业相对集中，使得税收相对集中，政府可以投入较多的资金来发展交通、电力、通信、供水等基础设施；而基础设施的改进又会使企业从中享受好处，从而进入良性循环。

二、地方中小金融机构在欠发达地区资源聚集中的功能

经济资源在空间点上的极化需要金融的强有力支撑。大型金融机构有规模上的优势，在资源配置中占举足轻重的地位；而地方中小金融机构同样具有独特的长处，其作用和地位都是不可替代的；地方中小金融机构在欠发达地区培育发展极的过程中具有重要功能。

（一）地方中小金融机构是欠发达地市区域资源聚集不可替代的重要力量

在欠发达地区经济发展极化过程中，地方中小金融机构是资源聚集不可替代的重要力量。第一，地方中小金融机构是中小企业外源融资的主要渠道。对于经济落后的地区，大型金融机构投入资金不多；即使投入一些资金，也是针对一些经营稳定、效益较好的大企业，而对风险高、但充满活力的中小企业则很少顾及。但这绝不表明中小企业不足轻重；恰恰相反，中小企业对于欠发达地区的经济发展是至关重要的。一是大企业都是从中小企业孕育而来的；二是大量中小企业本身就是非常有活力的，它们经营灵活，能满足地区多样化的消费需求。此外在社会化分工的情况下，大企业不是孤立的，需要大量的中小企业作支撑。一个地区只有存在大量的中小企业才能更多地吸引大企业进入，整个经济也才是富有效率的。而对于成长中的中小企业来说，光靠内源融资一般难以满足其资金需求，它们需要足够的外源融资。在存在二元经济结构的发展中国家，中小企业进入资本市场（主要指股票市场和债券市场）壁垒很高，大金融机构在欠发达地区投入资金相对较少，而大量的地方中小金融机构了解本地企业的生产、经营和前景，有条件满足这部分资金需求。

第二，地方中小金融机构可以为地方政府的市政建设融资。基础设施和服务水平的完善和提高，是一个地区成为发展极的必要条件。对于一个交通不畅、信息闭塞的地区来说，则很难成为发展极。完善基础设施建设需要投

资，而大型金融机构的资金主要跨地区经营，追求利润最大化，因此对于经济效益相对较差的欠发达地区来说，投入资金不多；不跨省区经营的地方中小金融机构，则可以满足地方政府的这一融资需求，提供融资服务。地方中小金融机构生于本地，长于本地，与本地的利益休戚相关，因而对建设项目的可行性有更多的了解，也有利于监督资金使用和回笼。

（二）地方中小金融机构是县域地区资源聚集的主要渠道

县是联结城乡的纽带，县域经济是以中小企业、城镇企业和个体民营经济为主体的经济，是经济的重要基础单元。2002 年，中国县域的 GDP 总量为 5.4 万亿元，占全国 GDP 总量的 56%；县域乡镇企业总产值达到 140 434.5 亿元，实现增加值 32 385.8 亿元，利润总额达到 7 557.8 亿元，上缴税金 2 963.5亿元，已经占据全国工业经济的半壁江山。因此，发展县域地区经济对于整个经济发展，进而改变二元经济结构具有重要的作用。但县域地区经济往往处于资本、技术、人才辐射之末梢，光靠其他地区的辐射扩散作用是难以发展起来的。因而在县域内，根据本地区资源的客观实际情况，培育县域型发展极是加快县域经济发展的一种理性模式。资源的聚集需要金融的引导，无论是基础设施建设、民营经济、中小企业的发展，还是产业结构的调整，都需要庞大的资金流。在县域内，四大国有商业银行已经逐渐收缩了分支机构并上收了县级支行的贷款权限。各县级支行为了防范风险和压缩管理成本，只愿意对效益较好和单笔贷款规模较大的企业贷款，对县域内大量急需资金的中小企业不愿顾及。这样一来，引导县域资源聚集的重任就责无旁贷地落到了地方中小金融机构的身上，地方中小金融机构成为县域地区资源聚集的主要渠道。

地方中小金融机构之所以能发挥主要作用，是由于其小而灵活的天然性。第一，地方中小金融机构与当地经济发展休戚相关，能为地方政府基础设施建设的资金需求提供融资服务。第二，地方中小金融机构是县域内微观经济主体资金需求的主要融资渠道。县域地区经济虽然很少有较大规模的大企业，但结构却复杂，经济成分多样；规模不一、成分多样的各类中小企业在融资规模、融资期限、融资渠道和融资方式上都有所不同。各类小而灵活的地方中小金融机构位居当地，对各类中小企业更为了解，能更准确、及时地提供融资服务。[5]第三，地方各类中小金融机构的存在能为县域地区资源聚集提供多样化的金融服务。县域地区经济总量虽小，但五脏俱全，它需要的金融服务多种多样，银行、证券、保险、信托租赁等各类金融机构对它们来说都是必要的。由于经济总量有限、县域市场有限、信息不对称相对严重、经营成本不占优势等，大金融机构一般不把经营重点放在县域地区，而地方中小金融机构有必要且有比较优势提供这些金融服务。

三、地方中小金融机构在发展极扩散效应中的功能

发展极到达一定规模后，交通拥挤、地价上升、工资上涨、成本上升、发展极的环境污染也日趋严重，企业需要也有动力向外扩展，发展极聚集效应到达临界点，之后扩散效应大于聚集效应。扩散效应的实质是新的发展极培育和产业结构的调整，是资源的重新分配和聚集。地方中小金融机构作为金融体系的重要组成部分，在发展极的扩散中具有不可替代的功能。

（一）地方中小金融机构在发展极区域扩散中的功能

诺贝尔经济学奖得主缪尔达尔，曾经用世界各国的实例描述了经济增长中心扩张的过程。他认为发展极扩张，把外围逐渐结合进整个生产体系，是一个普遍的规律。同时他又指出，在财富和经济活动从中心向外扩散的过程中，有可能出现新的发展极，新发展极可能具有劳动力上的优势（比较廉价）、市场优势（靠近人口众多的市场）、自然资源上的优势（具有丰富的土地资源、水资源、矿产资源或清洁的空气等）。技术进步使得一些原来被认为是不可克服的劣势，不再成为建立新企业的重要障碍。这种扩张可能是向原发展极的周围发展，也有可能是向另外的一个或几个地区发展。

地方中小金融机构在欠发达地区发展极的资源向周围扩散中，具有孕育新的发展极的功能。当发展极的主导产业部门的生产规模达到了一定的程度之后，如果继续增加资本或劳动力投入，会使企业的管理越来越困难，运行成本越来越高；如果生产规模超过了本地市场的最大需求量，厂商也必须寻求新的市场，而远离市场自然会加大运输成本和运行费用。因此，市场中的企业首先有动力去寻求新的经济增长点。但是，新的发展极的形成和老的发展极的培育一样，首先需要规模比较小的企业，以培育相对较好的经济氛围。另外，一个新的发展极的培育也需要有与之相适应的基础设施。地方中小金融机构在满足这些资金需求方面具有比较优势。

地方中小金融机构在发展极资源向周围扩散中具有导向作用。经济发展极的资源扩散，实质上是新的发展极资源聚集的开始。在资源转移中，周围到底有哪些地区能成长为新的发展极，就要看当地的资源禀赋特点以及当地现有的经济发展状况。对于发展极以外的地区来说，为了能在下一轮竞争中取得优势，就应当睁大眼睛，在盯住发展极的同时努力发展自己。如果一个地区的地方中小金融机构发展较为成熟，就可以在发展极转移前为本地的地

方政府融资，修建相对完善的基础设施，同时培育一些比较有成长潜力的中小企业，创造相对较好的经济环境。那么这个地区相对于其他地区来说，就具有相对的优势以成为新的发展极。

（二）地方中小金融机构在发展极产业部门扩散中的功能

经济增长的历史已证实"主导部门"的重要性和所起的作用。但当一个地区的经济发展到一定阶段，大量的相关产业发展起来时，有的"主导部门"就可能不再成为主导部门，产业出现扩散。产业部门的扩散是由于主导产业部门的联系效应。比如在发展极中心，人口相对集中，为服务业提供了必要的需求规模，服务成本下降，第三产业会发展较快，会出现大批金融咨询、保险、运输、保管、旅馆、饮食服务业和医疗保健等多种多样的行业。

地方中小金融机构在发展极的产业部门扩散中，能提供强大的融资功能。首先，与主导部门具有联系效应的相关产业部门融资需要地方中小金融机构的支持。众多的相关行业和主导部门交织在一起形成产业链，主导部门居于中心环节。但这些众多的相关行业多由中小企业或从中小企业成长起来的企业组成，其经营各具特色。大型金融机构在这些种类繁多、数额不等的金融需求面前，信息不对称较为严重，融资成本较高，会显得有效供给不足；而地方中小金融机构通过与之长期的合作，对这些各具特色的相关行业的了解程度会更深入，掌握的信息会更多，提供金融服务较之大金融机构具有比较优势。[6]其次，占国民经济比重越来越大的第三产业的发展离不开地方中小金融机构的支持。第三产业的企业类型繁多，且多为中小企业，其资金需求规模不同、时间长短不一，且风险较大。大型金融机构精力有限，若对其提供融资服务不符合利润最大化的经营原则；地方中小金融机构规模小、经营灵活，适合为这部分资金需求提供融资服务。

四、结论

全球经济发展的实践已给出了答案：在促进欠发达地区的经济发展中，如果资金、技术和熟练劳动力等生产要素相对短缺，就不宜搞"全线出击式"的投资与发展；否则，就会降低稀缺资源的利用效率，影响经济增长的速度。因此在欠发达地区通过"聚集"培育发展极，努力积累后发优势，是二元经济结构下欠发达地区实现经济较快发展的较优模式选择之一。

资金流能够引导实物流，地方中小金融机构在欠发达地区资源聚集和扩散中具有重要功能。地方中小金融机构是欠发达省市地区资源聚集的重要补充力量；是欠发达县域地区资源聚集的主要渠道。在发展极的区域扩散中，地方中小金融机构的发展能够对资源流动起导向作用，具有孕育新的发展极的功能。在发展极的产业部门扩散中，地方中小金融机构在为产业链中的与主导产业具有前后项联系效应的产业部门，以及第三产业提供融资服务中具有比较优势。

参考文献

［1］戈德史密斯．金融结构与金融发展［M］．上海：上海人民出版社，1994．

［2］夏振坤．发展经济学新探［M］．武汉：武汉出版社，1997．

［3］谭崇台．发展经济学［M］．太原：山西经济出版社，2001．

［4］方星海，左学金．民营经济与中西部发展［M］．上海：上海社会科学院出版社，1999．

［5］Berger, A. N., Udell, G. F.. Relationship Lending and Lines of Credit in Small Firm Finance［J］. Journal of Business，1998.

［6］Allen N. Berger, Leora, F. Klapper , Gregory, F. Udell. The Ability of Banks to Lending to Informationally Opaque Small Business［J］. Journal of Banking and Finance ，2001.

本文刊登于《当代财经》2005年第10期。合作者为周行健。

经济变迁中的中国农村金融体系：
一个从隐功能角度的解释框架

一、引言

本文旨在为合理解释经济变迁条件下我国农村金融体系的演进提供一个新的视角。我国农村金融体系问题经过很多专家学者的研究，已经提出了非常合理的解释，为何不能应用这些现成的理论？原因很简单，原有的解释大多可以证明我国农村金融体系之低效乃至无效，而无法证明其有效（或存在的合理性）。如黄季焜、马恒运（1998）经统计分析得出：1978—1996年间通过金融渠道农业被占用资金平均数相当于国家财政总收入的40.9%，农村被占用资金平均数相当于国家财政总收入的16.4%。林毅夫（2001）指出，在一些农村地区观察到的一些信贷短缺可能是由于对机构农业信贷的总体限制以及非正式信贷市场发育不足等造成的。陈锡文（2004）指出，农村只用了10.4%的信贷却创造了全社会46.1%的财富，但金融部门就是不愿给农业和农村贷款。这种现象是当前中国经济活动中效率损失最大的一个问题。而关于农村金融的低效原因，大部分学者认为，经济变迁中的农村金融的主要职责是按照中央政府计划经济体制的愿望或偏好来配置金融资源，不能节约交易成本和缓解信息不对称，反而多年来只重视其动员资源功能，忽视了其资源配置功能，使得农村金融发展呈现"高增长、低效率"的明显特征，农村金融在整个中国经济改革过程中扮演的只是农村经济剩余的"输出管道"而非"资源配置者"的角色，无法满足农民融资的需要。政府的金融管制政策受到了广泛的抨击。20世纪90年代前期，随着前苏联国家激进式改革的迅猛推行，转轨国家的金融动荡、通货膨胀及经济衰退问题引发了经济理论界的一系列热烈争论。1993年，麦金农提出了经济市场化的次序问题；1996年，赫尔曼、斯蒂格利茨等人用"金融约束理论"对东亚国家经济增长的原因作了耳目一新的解释，提出了让金融中介部门拥有租金激励和限制市场进入以保持这种激励。总的来说，这些理论对于理解转轨国家金融演进是有帮助的，但他们缺乏对中国尤其是中国农村经济发展水平、农民收入水平以及他们的金融需求层次的把握，无法对中国农村金融的生成逻辑、政策效应等进行总结和探讨。

二、农村金融体系的显功能、隐功能及其演进逻辑

（一）系统的显功能与隐功能理论阐述

被考索尔（Lewis A. Cosr）和罗森伯格（Benard Rosenberg）认为"目前流行的功能主义理论最精致的论述"的著名社会学家默顿，注意到传统功能主义在"意识动机"和"客观结果"之间的混乱，他强调社会学的根本注意力不是动机而是结果。这种结果又分为显型的和隐型的。显型功能是系统内成员所期望和公认的有助于系统适应或调节的客观结果；与此相应的隐型功能是既不被期望也不被承认的客观结果。以往的功能分析偏重显型功能而忽略隐型功能，实际上隐型功能有独特的社会学意义。从默顿关于功能的阐述我们可以推出，考察一个系统，不仅要看到它的显功能，也要看到它的隐功能，当系统的显型功能与隐型功能均为肯定功能时，系统功能发挥最为充分，但是，当其中之一表现为反功能时，我们则要衡量肯定功能和否定功能两方面，然后才可以确定这种功能基本上是肯定的还是否定的。因此，判断转轨经济中中国农村金融是否有效，也应从农村金融体系的显型功能与隐型功能来考察。

就农村金融来说，社会所期望和公认的功能是其支付清算、资源配置、风险管理等功能，我们称之为农村金融的显功能。然而，国家会根据特定时期的需要对农村金融进行干预，以使农村金融资源按照政府意愿配置到国家所需要的地方去，此时，农村金融有效地满足了国家特定时期政治和经济发展等需要，这就是农村金融的隐功能。当农村金融的隐功能与其显功能均为肯定功能时，其对国家特别是农村经济的发展促进作用最大；当农村金融的隐功能与其显功能均为否定功能时，此时农村金融体系毫无疑问需要彻底改革；但当农村金融的隐功能与其显功能一个为肯定功能一个为否定功能时，我们则要在肯定功能和否定功能两方面进行平衡，然后才可以真正确定我国农村金融是否有效。

（二）功能权衡视角下的中国农村金融体系演进路径

新中国成立后，农民分得了土地，有了扩大生产的普遍要求，民间的资金互通有无已不能满足需要。为此，1951年5月，中国人民银行召开了全国农村金融工作会议，提出了加强农村金融工作和积极发展信用合作的任务。同时在广大农民群众中，重点试办农村信用社合作组织。在1955年成立中国

农业银行以后，关于信用合作工作，凡属重要方针由中国人民银行决定，具体工作由中国农业银行组织执行。1958 年在全国兴起了"大跃进"运动和农村"人民公社化"运动，信用社也随着银行在农村的基层机构一并下放给人民公社和生产大队管理，农村信用社变成了国家基层机关在农村的融资工具。1977 年国家发布《关于整顿和加强银行工作的几项规定》指出，"信用社的资金应纳入国家信贷计划，职工待遇应与中国人民银行基本一致"。从而把信用社纳入国家高度集中统一的管理体制中，合作金融的发展又表现出"银行化"的倾向。可见，"在整个合作金融的制度变迁中，合作金融事实上成为了国家支配和控制而又不对其控制后果负直接财务责任的制度安排"。

然而，虽然从显功能上看，农村信用合作社从当初的合作制异变成国家高度管理和控制的金融机构，金融资源配置功能异变成动员农村资金功能，但这却是由当时的国内经济环境所决定的。新中国成立之时，经济贫穷落后，1949 年全国工农业总产值只有 466 亿元，人均国民收入仅为 66.1 元。从当时的发展阶段和知识水平看，实现国家工业化，几乎是发展经济、摆脱贫穷落后的同义语。新中国领导人根据当时的国际、国内环境，选择了不同于发达国家的超越发展阶段的重工业优先发展的工业化战略。但重工业属于资本密集型产业，其优先发展需要国家具有相当高的资本积累和资本动员能力。在工业比重很低又无法开辟外部资本来源的农业国家里，只有以占用农业剩余甚至牺牲农业为代价。正是由于农村金融机构对农村资金的动员，才大大加快了我国工业化进程，实现了政治稳定和经济快速发展。因此，农村金融的隐功能是显著的，而且，这种肯定功能远远超过了农村金融资源配置不足的反功能，所以我们认为这段时间的农村金融是有效的。

改革开放以后，随着市场化改革的推进，通过"剪刀差"方式抽取农村剩余减少，隐性税收机制日益解体。同时，中国农村地区实现了家庭联产承包责任制，农村生产力得到了极大的释放。经济的发展极大地提高了农村的现金流量，增加了农村的经济剩余。而对于百废待兴的中国而言，为了进一步推动经济现代化的步伐，控制农村经济剩余，并将其转移到城市和国有企业中是极为迫切的。从理论上讲，政府可以通过重建以所得税为核心、能够为工业提供资金支持的税收体制，也可以依靠金融渠道，通过国有金融机构动员农村金融剩余。但作为一个发展中的大国，随着市场化改革的推进、隐性税收机制的日益解体、居民收入信息日益内部化，重建动员居民金融剩余的税收组织需要付出高昂的信息成本，尽管金融途径需要付出资金利息成本，但仍然具有优于税收途径的成本优势：（1）家庭联产承包经营责任制的推行使农村居民收入完全内部化了，税收渠道动员农村居民的金融剩余需要付出高昂的信息成本代价。（2）多种所有制经济成分的发展、信用环境缺失，使个体户、私营企业主的财产大多成为个人秘密，个人所得税征稽困难。（3）除信息成本之外，税收政策作为一项再分配政策，税收规则的制定和执行是一项复杂的公共选择过程，各个利益集团都会参与到其中进行博弈，需要高昂的摩擦成本。

为了有效发挥农村金融对资金的动员功能，1979年国家便在农村中再度恢复中国农业银行，并规定农村信用社是农业银行的基层机构。不仅如此，国家迅速地扩张了国有金融系统，国有银行纷纷成立，并进一步将机构下伸到广大的中小城市和乡村。国有银行全国性的扩张及四大行之间的地区趋同的设置，在全国乡村基层尤其是落后地区而言，更多的只能是地方金融资源的流出；而且，为了确保国家对农村经济剩余的控制，国家还不允许其他金融产权形式进入农村。根据国务院发展研究中心课题组（2001）的测算，1979—2000年，通过农村信用社、邮政储蓄机构的资金净流出量为10 334亿元，其中，农村信用社净流出1 612亿元，邮政储蓄机构净流出8 722亿元，这些金融机构成为地地道道的"抽水机"。1992年以后，中国农村金融改革的各种举措，基本上是围绕着"形成一个以合作金融为基础，商业性金融与政策性金融分工协作的农村金融机构"而展开的。1996年农业银行与农村信用社行社分离，1997年后国有银行在精简机构以提高效率的口号下大规模地撤离农村。而政策性金融由于只限于粮棉油采购等几项有限贷款，作用不大。因而，对大多数地区的农民来说，可以面对的国家正规金融机构只有农村信用社。国家也三令五申地强调，农村信用社是农民自己的经济组织。但实际上，农村信用社在长期"官办"的影响下，国家事实上长期掌握着农村信用社的剩余控制权和剩余索取权（就算是后来国家将剩余控制权下放到农村信用社，该权利实质上也落到了农村信用社的干部、职工及主管部门等内部人手中）。农民作为原始出资人的权益已被淡化，与农村信用社的联系已经断裂，农民根本没有将农村信用社看成是自己的经济组织，对信用社的改革与发展也不关心，社员大会流于形式，名存实亡。可见，改革开放以来，农村金融的改革基本上是由政府主导的。农村金融发展速度很快，规模急剧扩张，但是，由于多年来只重视其动员资源功能，忽视了其资源配置功能，使得农村金融发展呈现"高增长、低效率"的明显特征，农村金融在整个中国经济改革过程中扮演的只是农村经济剩余的"输出管道"而非"资源配置者"的角色，无法满足农民融资的需要。

普惠金融研究

然而，从另一个角度看，这又是中国经济转轨的客观要求。我们已经知道，中国经济的顺利转轨主要得益于体制内产出的平稳增长，而体制内产出之所以没有出现像前苏联和东欧国家那样的衰退，则在很大程度上取决于中国政府的控制能力（配额约束）以及对国有企业的大量补贴（张杰，2003）。就补贴资金的来源而言，财政预算渠道却逐年减少。上述分析可见，随着市场化程度的提高，通过国有金融渠道就成为一种主要方式。此时，体制内企业的效益普遍低下，自有资本严重不足，从一开始就存在资金硬缺口，由此导致体制内企业具有很高的负债率，对国有银行的依赖十分强烈。而国有银行自有资本比率也十分低下，因此必须通过争取大量的居民储蓄存款充实其资金来源。虽然城镇居民储蓄增长很快，但仍然无法满足企业强烈的资金需求。从农村大量抽取金融剩余就是一种必然。正是农村金融剩余的大量流出和国有银行体系因素，为体制内产出的快速增长提供了大量的金融补贴，实现了中国渐进式改革的成功。有意思的是，我们还可以进一步推论，如果农村金融过早地按照金融功能要求进行改革则并不符合渐进转轨的逻辑。比如，农村信用社如果过早地按照合作制的原则运作，其资金必然会在合作农户间流转，动用这块资金来支持体制内企业增长的可能性和数量必然很少。其他如国有商业银行过早地商业化，将会使其按照利润最大化的原则大量撤减在农村的分支机构，从而减少在农村存款的吸收。而且，在农村仅有的少量分支机构吸收的存款也不会按照国家意愿来支持体制内企业，从而经济增长表现为低水平产出，无法支持体制的渐进过渡。可见，在渐进转轨时期，农村金融具有为渐进转轨提供强大金融支持的隐功能，虽然它的资源配置功能未能得到充分的发挥。

三、结论及简要建议

　　中国农村金融问题已成为"三农"问题的瓶颈，如何改革现有农村金融体系，理论界和政策制定者都作出了许多有益的尝试。但直至目前，中国农村金融问题仍未破解，因此，有必要为中国农村金融体系的演进逻辑建立一个新的解释框架。本文试图引入系统隐功能的概念。选择这一概念的作用在于它是农村金融对农村经济发展效用的函数，而农村经济发展水平也是最能刻画农村金融制度轨迹的变量。我们认为，尽管从新中国成立以来，我国农村金融过多地强调其资金动员功能，资源配置功能发挥不足，但因为有效地支持了我国工业化发展和经济转轨，所以从总体上来看，我国农村金融制度安排是有效的。由此也可推论，今后农村金融体系的改革也应综合考虑其显功能与隐功能，力争使两者能够一致。如不一致，则要在权衡两者肯定功能和否定功能的基础上作出选择。目前，中国农村金融改革的各种举措基本上是围绕着"形成一个以合作金融为基础，商业性金融与政策性金融分工协作的农村金融体系"而展开。2003年6月国务院下发《深化农村信用社改革试点方案》，这项改革已分别从东部、中部、西部地区选择了8个省（市）进行试点，现正在全国逐步推开。从显功能角度看，我国农村金融正朝着恢复资源配置功能的目标改革。从隐功能角度看，目前城乡居民之间、地区之间的收入差距继续扩大，二元经济结构呈进一步扩大趋势，延缓了我国全面实现小康的进程，国家也正朝着重点支持农村经济发展的方向迈进。此时，农村金融的隐功能应表现为促进农村经济发展和农民增收，从而缩小城乡差别，全面实现小康。由此可以推出，农村金融目前的显功能与隐功能都是肯定的，都是朝着促进农村经济发展的目标。那么是否现在农村金融就非常有效了呢？事实并非如此，由于农业比较利益较低，按照资本趋利性原则，农村资金就会被配置到效益更好的城市中去，农村金融机构将继续成为农村资金的"抽水机"。农村金融的隐功能并未得到发挥，为了充分发挥农村金融的隐功能即支持农村经济发展，从而缩小二元经济结构差距，就有必要作出一些有利于农村经济发展的政策规定。从显功能角度看，这样的做法虽然不利于其资源配置功能的发挥，但却能达到促进农村经济发展、缩小二元经济结构差距，从而实现我国全面小康的隐功能，且隐功能的肯定功能超出了显功能的否定功能，因而也是有效的。

参考文献

［1］黄季焜，马恒运．从资金流动看改革20年农业的基础作用［J］．改革，1998（5）．

［2］陈锡文．资源配置与中国农村发展［J］．中国农村经济，2004（1）．

［3］黄晓京．默顿及其结构功能主义理论［J］．国外社会科学，1982（8）．

［4］张杰．中国农村金融制度：结构、变迁与政策［M］．北京：中国人民大学出版社，2003．

［5］张杰．经济变迁中的金融中介与国有银行［M］．北京：中国人民大学出版社，2003．

［6］郭剑雄．二元经济与中国农业发展［M］．北京：经济管理出版社，1999．

［7］张兴胜．经济转型与金融支持［M］．北京：社会科学文献出版社，2002．

本文刊登于《农业经济问题》2005年第10期。合作者为李喜梅。

信息不对称与地方中小金融机构
发展的内在关联性研究

一、问题提出与文献综述

信息不对称是学术界研究金融中介机构现象选择的切入点之一。而国内外学者运用信息不对称来专门研究中小金融机构这一类金融中介的文献大多伴随于中小企业融资问题的分析之中，如 Banerjee 等（1994）认为美国中小金融机构较大型金融机构更愿为中小企业提供融资服务的一个重要原因是由于其在这方面具有信息优势，可以节约信息成本，关于这种信息优势，他们提出了两种假说："长期互动"假说（long term interaction hypothesis）和"共同监督"假说（peer monitoring hypothesis）；[1] Berger 和 Udell（1998，2002）将银行开发的基于不同种类信息的贷款技术归结为两大类：交易型贷款（transactions – based lending）和关系型贷款（relationship lending），后者主要依据是难以量化和传递的"软信息"，小银行的组织结构有利于其生产软信息，因而在向信息不透明的中小企业发放关系型贷款上拥有优势；[2] 林毅夫、李永军（2001）认为，与大银行相比，小银行向中小企业融资方面拥有信息优势主要来自于银企双方长期的合作关系；[3] 李志赟（2002）建立了一个信息不对称下中小企业融资问题的分析框架，发现引入中小金融机构后将使中小企业得到的信贷增加，并且在中小金融机构的信息优势、数量和中小企业的融资总额之间存在着正向关系；[4] 史晋川等（2002）也认为，由于信息不对称、交易成本等方面的原因，使得中小企业出现了融资的困境，他们着重剖析了中小金融机构与中小企业发展的互动机制及两者协调发展的重要性；[5] 张捷（2003）通过一个权衡信息成本与代理成本以寻求最优贷款决策位置的组织理论模型，证明了小银行在关系型贷款上的优势。[6] 在已有的研究基础上，本文试图进一步分析作为金融体系的重要组成部分——地方中小金融机构①，其发展是否与信息不对称有着内在的关联性，并且这种关联性在发展中国家普遍存在的二元经济结构②下是否有其共性，以期为我国地方中小金融机构的改革与发展提供借鉴。

二、信息不对称条件下的信贷市场分析

根据传统的经济学理论，在完全的信贷市场上，金融机构与借款人之间的信息是对称的，贷款利率可以根据信贷资金供求和贷款项目的风险度进行调节，利率的调节可以自动地保证资金的供求平衡和有效配置，但是传统理论无法解释信贷市场上的信贷配给问题。而对这个问题的问答可以使我们清楚地了解为什么中小企业会出现融资难的现象以及大力发展地方中小金融机构的动因。这里我们沿用 Stiglitz 和 Weiss（1981）创立的模型进行解释。首先，以银行和借款人之间存在信息不对称为前提。贷款前，银行处于信息劣势，不知道单个借款人的风险，只了解借款人整体的风险水平，而借款人知道其投资行为和项目所蕴含的风险，如果银行提高利率将面临逆向选择问题：风险高的借款人愿意接受高利率贷款，而低风险的借款人往往放弃贷款申请；贷款后，银行仍处于信息劣势，对借款人投资项目和还款意愿不十分了解，则将面临道德风险问题：愿意支付高利率的借款人出于自身利益考虑，在获得贷款之后，可能改变贷款用途追逐高风险、高收益的项目，或者在有能力还款的情况下故意不还。这样，由于信息不对称导致的逆向选择和道德风险，使得银行的利率提高可能降低而不是增加银行的预期收益，银行贷款的平均风险上升。因而，银行宁愿在相对低的利率水平上拒绝一部分贷款要求，而不愿意在较高利率水平上满足所有借款人的要求，信贷配给问题就出现了。由于中小企业比大企业存在着更严重的信息不对称问题，所以银行倾向于对中小企业实行信贷配给。上述论证也可以用图 1 来描绘。

图 1 – a 中，当 r 小于 r^* 时，银行的期望收益 $E(p)$ 会随 r 的上升而上升，但当 r 大于 r^* 时，由于信息不对称导致逆向选择，$E(p)$ 会随 r 上升而

① 本文所称地方中小金融机构是指不跨省区经营的、主要服务于地方中小企业、社区居民、农民等中小资金需求者的中小金融机构，主要包括城市商业银行、城市信用社、农村信用社、农村合作银行、农村商业银行、小额信贷组织及其中小型的信托投资公司、保险公司、证券公司、担保公司等。

② 本文所称"二元经济结构"是 Lewis（1954）提出的，发展中国家经济发展过程中出现的"资本主义部门"（以现代工业部门为代表）与"维持生计部门"（以传统农业部门为代表）相并存的一种经济现象。

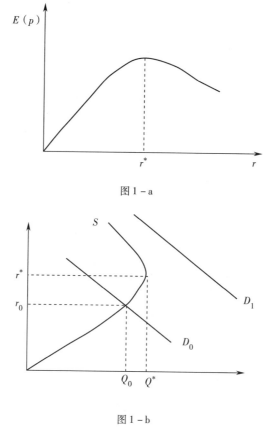

图 1 - a

图 1 - b

图 1　信息不对称引起的信贷配给现象

下降，这时银行 $E(p)$ 最大化的利率是 r^*，此时，银行的整个期望收益曲线呈现先增加后下降的非单调形式。图 1 - b 中，S 为银行的贷款供给曲线，受期望收益曲线的影响，随着 r 的上升也会呈现先增后降的趋势。如果贷款需求曲线 D_0 与 S 相交，信贷市场上达到均衡，在 r_0 处，贷款的供给等于需求，就不会出现信贷配给情况；如果贷款需求曲线是 D_1 则与 S 没有交点，信贷市场不能达到均衡，利率水平为期望收益最大化的 r^*，贷款的需求远远大于供给 Q^*，就会出现信贷配给情况。我们也可以这样理解图 1 - b：假设 D_0、D_1 为 A、B 两类借款人的贷款需求曲线，A 类借款人信息相当充分，不对称程度低，B 类借款人信息不对称不充分，信息不对称程度严重。则从图中可以看出，银行对 A 类借款人收取贷款利率 r_0，提供的贷款额为 Q_0，而对 B 类借款人以信贷配给的方式收取贷款利率 r^*，提供的贷款额为 $Q^* - Q_0$，只能部分地满足其借款需求。这样银行对不同的借款人采取差别对待的方式，使自己的收益最大化。一般而言，A 类借款人多是大企业，B 类借款人一般是中小企业。

三、信贷市场上信贷交易双方信息不对称的体现

金融机构与借款人之间客观存在着不同程度的信息不对称，和发达国家相比，广大发展中国家在经济发展上存在典型的二元经济结构特征，信息不对称问题更为严重。在广大的县域和农村金融市场，融资主体主要是地方企业、社区居民、农村企业和农民等中小资金需求者。地方企业和农村企业一样多是中小企业，在融资需求特点上有相似之处，而社区居民和农民在融资需求特点上也有相似之处。因此下文主要分析金融机构与地方中小企业、农民之间存在的信息不对称。

（一）金融机构与地方中小企业之间的信息不对称

无论是发达国家还是发展中国家，中小企业的信息不对称问题相对于大企业而言更为突出，表现在：中小企业财务制度不健全，很难提供真实可信的财务信息；大多中小企业生命周期短，信息记录积累少，难以对其生产经营状况进行评估和把握；中小企业贷款期限短、额度小、频率快、成本高，金融机构无法准确测算其周期，有研究表明大企业和小企业在贷款期限、贷款额度、贷款频率和贷款成本之间的差异分别为 2 倍左右、22 倍左右、5 倍左右、5 倍左右[7]。除了以上共性之外，在二元经济结构下，发展中国家的中小企业与金融机构之间的信息不对称还具有个性特征：一是中小企业群体信用短缺，信用观念淡薄，逃废银行债务较大企业严重，信用缺失产生的根源主要在于交易过程中的信息不对称；二是中小企业征信体系尚未建立，虽然不排除一部分中小企业诚实守信，但在缺乏征信体系的条件下，金融机构很难甄别出"守信企业"和"失信企业"，企业失信机会成本较低，受不到相应惩罚，失信似乎是大多数中小企业的理性选择；三是金融机构自身还没有建立完善的信息搜寻机制，各金融机构之间的信息无法共享，同时社会信用中介机构能提供的信息极少，这样，地方中小企业将设法向金融机构传递有利自身的信息，尽量避免传递或掩盖对自身不利的信息；四是各金融机构热衷于追逐黄金客户，忽视中小企业市场的开拓，没有与中小企业建立长期稳定的合作关系，相当部分中小企业多头开户，现金交易，更加剧了金融机构与中小企业的信息不对称。与大企业相比，地方中小企业的信息不对称程度更为严重，潜在的逆向选择和道德风险也更为突出，这就极有可能导致信贷交易中处于信息劣势的金融机构蒙受损失。因而，地方中小企业往往成为金

融机构的主要信贷配给对象。

（二）金融机构与农民之间的信息不对称

二元经济结构下，大型金融机构与农民的信息不对称表现在：一是广大农村幅员辽阔，受经济条件、教育水平、交通状况、基础设施等限制，信息化水平远远低于城市。城乡"信息鸿沟"的存在使得大型金融机构了解农民信息的渠道受阻；二是农民的信贷需求具有季节性、临时性以及贷款的用途难以区分等特点，这使得大型金融机构对农民贷款的逆向选择和道德风险难以把握；三是农业生产周期长，受自然资源和自然灾害的影响严重，产量不稳定，农民收入总体水平低且波动性大。距离农民远的大型金融机构很难了解农民的真实情况。这样，大型金融机构和农民之间的信息不对称程度高，大型金融机构了解农民信息的难度大，在贷款之前、之中和之后都要花费大量的信息成本，就会影响大型金融机构对农民发放贷款的积极性。

四、地方中小金融机构弱化信息不对称的优势分析

（一）地方中小金融机构弱化信息不对称的优势：理论分析

科斯定理告诉我们，如果不存在交易成本和信息不对称，市场各参与人之间的讨价还价会导致资源的有效配置。但在信贷市场上，要想提高市场资源的配置效率就必须尽量降低交易成本和创造信息相对充分的条件，这就需要克服逆向选择和道德风险这两个问题，而克服这两个问题就必须搜寻信息，而信息的搜寻是需要花费时间、精力和费用的。在搜寻地方中小企业的信息成本上，地方中小金融机构比大金融机构低得多，如上所述，地方中小企业信誉、财务、业务状况等信息离散度高、透明度低且变化大、缺乏规范，难以进行大规模的集中搜寻，更难以像对国有大型企业，尤其是上市公司那样从公开媒体获得。大型金融机构惯用的通过企业财务报表、资金账户、国家信贷政策的信息搜寻方式对此更难适应，因此进行一定规模贷款并获取相应收益的信息搜寻成本很高。可以说，两者在发放同样多的贷款上，大金融机构的信息搜寻成本要比地方中小金融机构高，或者付出同样多的信息搜寻成本，地方中小金融机构要比大金融机构获取的单位收益要高。因而，在对地方中小企业的信息搜寻上，地方中小金融机构会积极主动一些。基于这个前提，这里我们可以通过"智猪博弈"理论模型来进一步分析证明。在这个博弈中，大金融机构类似为"小猪"，地方中小金融机构类似为"大猪"。假设二者都是基于自身搜寻的信息发放贷款，由于在信息搜寻过程中会给借款人带来额外成本，借款人偏好向不进行信息搜寻的一方贷款。所有地方中小企

业的贷款给金融机构系统带来的收益为 10 个单位，信息搜寻成本都是 2 个单位，如果地方中小金融机构因信息搜寻多而拥有更多的客户，其收益为 9 个单位，大金融机构为 1 个单位；如果大金融机构拥有更多，其收益为 4 个单位，地方中小金融机构为 6 个单位；如果二者拥有一样多，大金融机构收益为 3 个单位，地方中小金融机构为 7 个单位。这个博弈的基本表达式如图 2 所示。

| | | 大金融机构 | |
		搜寻	等待
地方中小	搜寻	5, 1	4, 4
金融机构	等待	9, -1	0, 0

图 2　智猪博弈

可以看出，无论大金融机构是"搜寻"还是"等待"，地方中小金融机构的最优策略都是"搜寻"，所以纳什均衡为（4，4），即地方中小金融机构搜寻信息，大金融机构等待。地方中小金融机构担当地方中小企业的信息搜寻任务，一方面会减轻因信息不对称所导致的逆向选择，促进地方经济的发展；另一方面也会遏制地方中小企业的道德风险，从而提高贷款的偿还率。

（二）地方中小金融机构弱化信息不对称的优势：现实分析

在对地方中小企业融资上，首先，地方中小金融机构土生土长，与地方中小企业一样，遵循市场经济运作的轨迹，有着制度、地缘、人缘上的亲和力及千丝万缕的联系，能够充分利用地方的信息存量，低成本地了解到当地中小企业的经营情况、项目前景、信用水平，甚至业主本身的能力、信誉等所有的信息；其次，由于地方性和社区性，地方中小金融机构也容易及时掌握信息的动态变化，如某企业的财务状况恶化，要及时催还贷款或增加抵押等，从而降低自身经营风险。由地域性和长期的合作带来的信息优势最容易克服信息不对称导致的逆向选择和道德风险问题；再次，大型金融机构一般都实行多级分层的管理体制，内部决策链较长，在对中小企业发放贷款时在信息方面有一定的劣势：一是大金融机构的分支机构掌握信息的源头，但其经理人员由上级任命，而且会经常调换，使得其对所在地方中小企业的了解程度相对较差；二是贷款的决策权往往在总部和上级部门，上级部门决策的依据是地方分支机构所了解的地方中小企业的经营状况的信息，但由于内部信息链较长，在信息传递过程中难免会出现信息传递不全、信息失真和信息传递成本过高的情况。对于地方中小企业而言，这个问题尤其突出，因为地方中小企业相当部分信息是难以传递的软信息。与之相比，地方中小金融机构其总部和分支机构都在当地，结构简单，委托代理少，信息传递相对较快，地方中小金融机构与中小企业联系密切，在处理软信息方面有优势。图3清楚地表明银行规模与银行对中小企业的贷款比率之间存在着负相关关系，即大银行更倾向于向大企业提供贷款，小银行则倾向于向中小企业提供贷款[9]。目前国内也有成功的案例，浙江台州路桥城市信用社的发展就是很好的证明。①

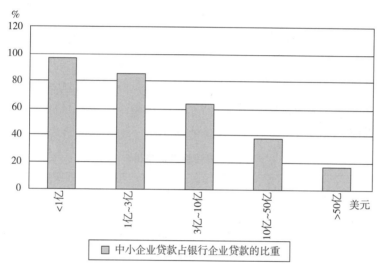

图3 不同银行规模对中小企业贷款的影响

随着国有商业银行收缩县及县以下分支机构，进行"瘦身"改革，农村信用社已经成为广大农村存在的主要金融机构。对农民融资上，农村信用社的信息优势表现在：第一，农村信用合作社采取社员自愿入股、互助合作的组织形式，对其社区内的农民情况十分熟悉，包括个人信用、家庭背景、贷款用途及其偿还前景，从而对农民的贷款申请能够快速作出贷或不贷、贷多贷少的决策。而距离农民远的大金融机构由于对贷款的农民不熟悉，需要花费大量信息成本进行贷前调查、贷中审查和贷后检查，以防止农民的"机会主义行为"。第二，农村信用社的全体社员都来自同一个社区，社员之间的风俗习惯、文化传统以及道德观念具有同一性，相互之间的信息搜寻成本低；

① 黄燕君．城市信用社支持民营经济发展的制度优势与制度困境——台州路桥案例，www.google.com。

农产品市场近乎完全竞争市场，农业生产的外部性强，种什么、产量多少、价格多高，农民是无法隐瞒的，每个与其邻近的人都可以通过观察而得到这些信息。第三，农村信用社网络资源丰富，几乎覆盖所有的城乡地区。第四，农村信用社管理层次少，信息传递渠道短，决策较迅速，使其管理和监督贷款的成本低，而目前的大型商业银行是按行政区域布局的，组织链条通常包括五个层级，如此之长的传导链条往往使其经营管理顾此失彼，总行对基层银行业务管理鞭长莫及。为了防止基层行不顾风险乱发贷款，就上收贷款权或大量裁减分支机构，这样，如果发放贷款，其管理和监督成本相当高昂。综上可知，对于分散、小额的、个性化农村金融市场，地方中小金融机构非常适应，地方中小金融机构在农村具有"人熟、地熟、事熟"的信息优势。

我国农民融资的现实情况与上面的分析存在差异：据全国农村固定观察点提供的资料显示：2003 年，我国农户的融资来源中，就全国平均水平来看，来自所有金融机构的比例只为 32.79%，而民间借贷的比例则高达 65.97%，是金融机构信用的两倍[8]，具体如表 1 所示。

表 1　　　　　　　　　　**2003 年农户融资来源**　　　　　　单位：%

	全国	东部	中部	西部
银行贷款	13.89	15.21	5.36	20.44
信用社贷款	18.90	10.89	22.33	24.81
私人借贷	65.97	72.81	71.26	51.16
其他	1.24	1.09	1.05	1.59

资料来源：全国农村固定观察点常规调查资料（2004）。

数据表明，正规金融特别是广大农村信用社并没有担当起支农主力军的角色，而是由民间借贷唱主角。我们认为，原因在于：一是我国农村信用社合作制流于形式，多年来按照商业银行模式经营，对社员的贷款程序跟其他商业银行一样，贷款投向没有体现"社员优先、社员为主"的原则，缺乏为社员服务的约束和动力，背离了合作制的初衷，因而，现有的农村信用社其实并不是真正意义上的，而是"官办"的或者"二国营"的金融机构。而许多民间借贷组织建立在人缘、地缘和血缘关系基础上，带有互助合作的性质，替代了农村信用社本应发挥的功能。二是"官办"的或者"二国营"的农村信用社在经营上也模仿国有商业银行，不愿发放小额信贷，"垒大户"现象严重，导致服务功能"异化"。据 2002 年人民银行湖南澧县支行对农村信用社信贷员的问卷调查，70% 信贷员对小额信贷持消极态度，而湖南长沙县信用联社小额信贷的回收率只有 60%。而民间借贷之所以在农村盛行，主要因为其贴近农户，信息对称或透明，对农户知根知底。

　　针对上述情况，我们认为，首先在东部，二元经济结构正处于消解之中，农村信用社可以坚持商业化经营原则，而在中西部广大农村，农村信用社作为农村金融市场的主力军，当前应继续按"合作制"进行规范和改革，使其"合作制"名副其实，并减少管理层次，明晰产权，完善法人治理结构；其次对民间借贷要辨证看待，对促进农村经济发展的积极作用，我们要给予充分肯定，然而其负面影响也不容忽视，由于其行为不规范和现行制度不完善，易引发民间纠纷、发放高利贷和乱集资等，从而影响社会稳定和扰乱金融秩序。对民间借贷采取抑制政策是不明智的，应注意到其自身存在的信息优势，加以引导和规范，可将其发展成为小型的商业性融资机构，能够与农村信用社展开竞争，这对满足农民融资需求、培育竞争性的农村金融体系都具有迫切的现实意义。

五、结语

　　二元经济结构下，信息不对称问题非常严重；从理论和现实两方面来看，地方中小金融机构弱化信息不对称的比较优势是基于特定的领域——"广大的县域和农村"和特定的对象之上——"地方中小企业和农民，因而地方中小金融机构要明确其发展方向和市场定位"；只有利用和发挥好信息比较优势，地方中小金融机构才会显示出生命力和竞争力；而如何利用和发挥好信息比较优势，地方中小金融机构需进一步贴近地方中小企业和农民；对于我国这样一个典型的二元经济结构国家，现阶段大力发展真正意义上的地方中小金融机构是解决地方中小企业和农民融资难，并促进二元经济结构转换的现实路径。

参考文献

　　[1] Banerjee，A. V.. Besley，Timothy and Guinane，Timothy，W.. The Neighbor' Keeper：the Decision of a Credit cooperative with Theory and a Test［J］. Quarterly Journal of Economics，1994（19）.

　　[2] Berger，Udell. The Economics of Small Business Finance：the Role of Private Equity and Debt Market in the Financial Growth Cycle［J］. Journal of Banking and Finance，1998（22）.

　　[3] 林毅夫，李永军. 中小金融机构发展与中小企业融资［J］. 经济研究，2001（1）.

　　[4] 李志赟. 银行结构与中小企业融资［J］. 经济研究，2002（6）.

［5］史晋川，等．中小金融机构与中小企业发展研究：以浙江温州、台州地区为例［M］．杭州：浙江大学出版社，2003.

［6］张捷．结构转换期的中小企业金融研究——理论、实证与国际比较［M］．北京：经济科学出版社，2003.

［7］盛立军．中国金融新秩序［M］．北京：清华大学出版社，2003.

［8］周脉伏，徐进前．信息成本、不完全契约与农村金融机构设置——从农户融资视角的分析［J］．中国农村观察，2004（11）．

［9］Jayaratne J．，Wolken J．．How Important are Small Banks to Small Business Lending：New Evidence from a Survey of Small Firms［J］．Journal of Banking & Finance，1999（32）．

本文刊登于《商业经济与管理》2005 年第 11 期。合作者为王修华。

关于改变我国二元经济结构的思考

　　"二元经济"作为一个经济术语，最早是由伯克提出的，而二元经济理论则是由刘易斯率先创立的。刘易斯于1954年和1958年提出"无限剩余劳动供给"的模式，他认为发展中国家一般存在二元经济结构：一是以土著方法进行生产、劳动生产率很低、劳动收入仅供糊口的传统农业部门；另一个是以现代化方法进行生产、劳动生产率较高、工资水平较高的城市工业部门。在农业部门中，存在着大量的"剩余劳动"，其表现是这部分劳动的边际生产率为零或负数；而在工业部门，劳动者已实现了充分就业，其工资水平又高于农村劳动力收入，从而农村过剩劳动力有流向城市工业部门的自然趋势。只要农业部门和工业部门的劳动力收入保持差距，农业部门的过剩劳动力就会对工业部门形成源源不断的无限供给。而且农业部门由于过剩劳动力的逐渐消失，劳动生产率和劳动者收入将逐渐提高，这一过程一直持续到农村过剩劳动力被完全吸收，工农两部门工资水平相等为止。其结果将是工业化步实现，农业生产率不断提高，国民经济得到发展。除刘易斯外，费景汉、拉尼斯、乔根森、托达罗等人对二元经济理论作出了各自的贡献。[1]

　　在考察我国经济发展过程的时候，大多数经济学家都认为我国的经济结构具有明显的二元性。通过计算1978—2004年我国农业部门和非农业部门的比较劳动生产率和二元对比系数，笔者发现自1978年改革开放以来，我国经济的二元性先减弱，经过一个波动阶段后出现逆转，经济结构的二元性逐步增强。

一、改革开放以来我国二元经济结构的变化态势

　　在采用国际上通行的三种产业划分的基础上，本文的相关计算中，把我国经济中的第一产业作为传统农业经济部门，把国民经济中的第二产业和第三产业作为现代非农业经济部门。表1显示了我国自1978年改革开放到2004年衡量二元经济结构的主要指标——农业部门和非农业部门分别占GDP的比重、劳动力比重、比较劳动生产率和二元对比系数。其中，比较劳动生产率

是某部门的产值比重与劳动力比重的比例；二元对比系数是农业部门和非农业部门比较劳动生产率的比率。[2]

表1　　　　　　　　中国农业和非农业部门的 GDP 比重、
劳动力比重、比较劳动生产率、二元对比系数

年份	农业部门、非农业部门分别占 GDP 的比重（%）		农业部门、非农业部门分别占劳动力的比重（%）		比较劳动生产率		二元对比系数	GDP（亿元）
	农业	非农业	农业	非农业	农业	非农业		
1978	28.1	71.9	70.5	29.5	0.40	2.44	0.16	3 624.1
1979	31.2	68.8	69.8	30.2	0.45	2.28	0.20	4 038.2
1980	30.1	69.9	68.7	31.3	0.44	2.23	0.20	4 517.8
1981	31.8	68.2	68.1	31.9	0.47	2.14	0.22	4 862.4
1982	33.3	66.7	68.1	31.9	0.49	2.09	0.23	5 294.7
1983	33.0	67.0	67.1	32.9	0.49	2.04	0.24	5 934.5
1984	32.0	68.0	64.0	36.0	0.50	1.89	0.26	7 171.0
1985	28.4	71.6	62.4	37.6	0.46	1.90	0.24	8 964.4
1986	27.1	72.9	60.9	39.1	0.44	1.86	0.24	10 202.2
1987	26.8	73.2	60.0	40.0	0.45	1.83	0.25	11 962.5
1988	25.7	74.3	59.3	40.7	0.43	1.83	0.23	14 928.3
1989	25.0	75.0	60.1	39.9	0.42	1.88	0.22	16 909.2
1990	27.1	72.9	60.1	39.9	0.45	1.83	0.25	18 547.9
1991	24.5	75.5	59.7	40.3	0.41	1.87	0.22	21 617.8
1992	21.8	78.2	58.5	41.5	0.37	1.88	0.20	26 638.1
1993	19.9	80.1	56.4	43.6	0.35	1.84	0.19	34 634.4
1994	20.2	79.8	54.3	45.7	0.37	1.75	0.21	46 759.4
1995	20.5	79.5	52.2	47.8	0.39	1.66	0.23	58 478.1
1996	20.4	79.6	50.5	49.5	0.40	1.61	0.25	67 884.6
1997	19.1	80.9	49.9	50.1	0.38	1.61	0.24	74 462.6
1998	18.6	81.4	49.8	50.2	0.37	1.62	0.23	78 345.2
1999	17.6	82.4	50.1	49.9	0.35	1.65	0.21	82 067.5
2000	16.4	83.6	50.0	50.0	0.33	1.67	0.20	89 468.1
2001	15.8	84.2	50.0	50.0	0.32	1.68	0.19	97 314.8
2002	15.4	84.6	50.0	50.0	0.31	1.69	0.18	104 790.6
2003	14.6	85.4	49.1	50.9	0.30	1.68	0.18	117 251.9
2004	15.2	84.8	46.9	53.1	0.32	1.60	0.20	136 875.9

注：本表结果根据《新中国五十年统计资料汇编》（中国国家统计局国民经济综合统计司编，中国统计出版社 1999 年版）和 2000—2005 年度《中国统计年鉴》有关数据计算并整理。

从图 1 可以看出，我国自 1978 年改革开放以来，二元经济结构的变化情况大致可以分为以下三个时期：

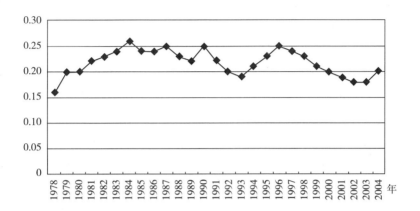

图 1　中国二元经济结构变化趋势图

第一时期为 1978—1984 年。从 20 世纪 70 年代后期，我国开始进行经济体制改革，实行对外开放，取得了显著的效果，经济增长快速，我国二元经济结构的改进较为明显，经济结构的二元性逐渐降低。随着农业比较劳动生产率的提高，农业与非农业的比较劳动生产率的差距逐渐缩小。同时，二元对比系数也从 1978 年的 0.16 演化为 1984 年的 0.26。

第二时期为 1985—1995 年。我国经济体制继续朝着市场化的方向迈进，经济发展速度仍旧比较快，但与第一时期相比，改革中诱发出来的问题也一一呈现，而二元经济结构的改善并不是很大，经济结构的变化呈现出整理态势。反映在各类指标上，则表现为系数上升或下降的趋势不明显，如二元对比系数在 1984 年的 0.26 和 1995 年的 0.23 之间波动。

最后一时期为 1996 年至今。经济结构出现逆转，经济结构的二元性增强，农业部门的比较劳动生产率从 1996 年的 0.40 持续下降到 0.30，非农业部门的比较劳动生产率从 1996 年的 1.61 上升到 2002 年的 1.69，即两部门比较劳动生产率差异增大，经济结构二元性增强。

二、我国二元经济结构改变的原因

我国自 1978 年改革开放以来发生了翻天覆地的变化，人民生活水平得到了极大的提高，GDP 从 1978 年的 3 624.1 亿元增加到 2004 年的 136 875.9 亿元，人均 GDP 从 1978 年的 379 元增加到 2004 年的 10 561 元。2004 年我国 GDP 总量折算成美元为 19 317 亿美元，世界排名第六位；人均 GDP 折算成美元为 1 490 美元，是 1978 年人均 GDP 的 27.9 倍。但是，我国经济结构的二元性并没有随着 GDP 的增加而减弱，而是呈现出先弱化后又加强的变化轨迹。

1. 二元经济结构变化的第一阶段——1978—1984 年：二元性弱化阶段

进入 1978 年以后，以党的十一届三中全会为主要标志，我国的经济改革拉开了帷幕。改革的基本思路实质上是由改变原有的经济发展战略入手，通过调整生产关系和生产要素配置比例来弱化二元经济结构，优先支持农业和轻工业的发展。改革首先发端于农村，而这一阶段农村的主题则是农村土地承包责任制。改革激发了农民发展农业的积极性，使农业出现连续高速度增长，全国农业总产值年平均增长 8.4%，其中种植业年平均增长 6.7%，畜牧业年平均增长 10.7%；粮食播种面积下降了 6%，总产量增长了 1/3 以上，连上两个台阶，增加 1 亿吨，1984 年达到 40 731 万吨，人均粮食占有量达到 396 千克，接近世界平均水平。[3]而在这短短的 7 年时间里，城乡居民的收入差距也出现了缩小的趋势。

与此同时，1979 年国务院颁布了《关于发展乡镇企业若干问题的规定》，对乡镇企业明确了发展目标、经营范围，再加上国家的优惠扶持政策，乡镇企业有了一定的发展。而此时，由于市场的发展才刚刚起步，服务业的发展更为滞后，农民外出从事非农产业尚属个别零散现象，劳动力的转移不明显。

笔者认为，从 1978 年到 1984 年间我国二元经济结构弱化的主要原因是农业自身的高速发展。

2. 二元经济结构变化的第二阶段——1985—1995 年：复杂的二元整理阶段

（1）1985—1990 年：波动时期。自 1985 年起，农业出现了新的停滞和波动，对农业高速增长作出过分乐观的判断，引发了一系列抑制农业的错误政策，农业发展的宏观环境急剧恶化。仅 1985 年粮食出现大幅度减产，一年减少 7%，是历史上减产幅度最大的年份。而接下来的几年，虽然 1986 年、1987 年稍有恢复，1988 年粮棉油三大产品又全面减产，导致 4 年来粮棉等农产品产量一直在 1984 年水平上徘徊，农业出现了新的停滞。而在 1985 年到 1990 年间，农民人均纯收入年递增 4% 左右，比 1978—1985 年年均增长 15.1%，下降了 11 个百分点；1988 年、1989 年、1990 年三个年头，实际上呈现了负增长。[4]

而此时，在 1978 年就开始发展乡镇企业的基础上，数以万计的农民自 1984 年开始大规模地发展乡镇企业，短短几年，农村非农产业平均增长速度达 29.3%，远远超过了城市非农产业的增长，非农产业的高速度增长引起了农村产业结构的急剧变动，到 1988 年，农村非农产业产值占农村社会总产值的份额由 36.5% 跳跃到 53.2%。但是这段时期，乡镇企业的发展仍受制于国家的"离土不离乡"的政策背景，乡镇企业分散，规模小型化、同质化，为以后乡镇企业的可持续化发展埋下了隐患，导致 1988 年以后农业第二、第三产业发展受挫，而 1989 年全国关停乡镇企业 300 万家，企业职工净减少 300 万人。当年农民人均从乡镇企业得到的现金收入比上年下降了 8.9 个百分点。

而这段时间农村劳动力也大规模地向非农产业转移，农村劳动力流动出现第一个高潮。仅 1985 年，农村劳动力中从事非农产业的劳动力份额由 1984 年的 11.9% 猛增到 18.1%，一年之内上升了 6.2 个百分点。

1985—1990 年的这段时间，由于 1985 年农业的大幅度减产和接下来几年的停滞，导致我国农业部门和非农业部门的二元对比系数从 1984 年的 0.26 下降到 1985 年的 0.24，经济结构的二元性增强。农业的停滞、波动局面与城市工业、第三产业的高速增长以及农村乡镇企业的迅猛发展形成强烈反差，导致了我国经济结构的二元对比系数在 1985 年的 0.24 与 1990 年的 0.25 之间波动。

（2）1990—1993 年：再次加强。进入 20 世纪 90 年代以来，农产品的供求格局从以往的"长期短缺"转为总量基本平衡，丰年有余。农业发展的主要制约因素由过去的以资源约束为主转向以需求约束为主。由此，农业增产与农民增收的对应关系发生了质的变化，即农业增产不再像过去农产品短缺时期那样，增产就意味着农民增收，而是增产并不一定带来农民收入的增加，特别是如果农产品供给结构不能适应市场需求结构，就往往出现增产不增收或增产多、增收少的现象。这表明我国农业发展进入新阶段之后，与过去相比，农业创造收入能力的下降或难度的加大。

而此时乡镇企业也到了治理整顿期间，国家对乡镇企业采取"调整、整顿、改造、提高"的方针，银根抽紧，其中 1990 年贷款实行零增长，乡镇企业增长速度因此大大放慢，大批乡镇企业被迫关停并转，百万乡镇企业职工又回到农田，吸收农村剩余劳动力成了负数。

对比该阶段我国的结构特征，农业与非农业的二元对比系数从 1990 年的 0.25 迅速回落到 1993 年的 0.19，经济结构的二元性加强。

（3）1993—1996 年：有所缓和。1992 年初，邓小平视察南方重要讲话发表和党的十四大召开，把我国改革开放带入一个新阶段。邓小平在这次谈话中认为，乡镇企业是中国特色社会主义的三大优势之一，给亿万农民和广大乡镇企业干部职工以极大的鼓舞，乡镇企业进入一个新的全面发展阶段。

1996 年，乡镇企业从业人员达到 1.35 亿人，增加值近 1.8 万亿元，实现出口交货值 6 008 亿元，利税总额达 6 253 亿元。其中从业人员和利税总额分别是1978 年的 4.8 倍和 56.8 倍。

从 1993 年到 1996 年农业部门对 GDP 增长的贡献率也较前几年有所提高，从 1991 年的 8.8% 上升到 1994 年的 24.36%，而 1995 年国家又实行适度从紧的货币政策和财政政策，在适当压缩工业乃至非农产业增长速度的基础上，调整资金及物质资源优先向农业生产领域倾斜，同时，积极采取其他政策措施，鼓励和支持农业发展。[5]

因此，在该宏观背景下，农业和工业的发展比例关系得到了很大改善，而城乡居民收入差异也有所缩小。

3. 二元经济结构变化的第三阶段——1996 年至今：二元性继续加强

1996 年以来，东亚经济发展的减速、泰国金融危机的爆发对我国对外金融及贸易产生了很多不利的影响，由此引起的东亚外汇市场、股票市场再次下跌，并且波及我国香港和台湾地区，直接冲击了我国加工制造业和金融服务业，也间接影响了农业的发展。而我国安徽、湖北、湖南、江西和东北等地区发生了大范围的洪涝灾害，使得农业经济因此受到了极大的影响。[6] 1996年以来，改革所诱发出来的问题也一一呈现，国有企业效益出现了较大的滑坡，城市中大量工人下岗，失业和隐蔽性失业人员日益增多，农村劳动力向城市流动的限制一度变得较为严格，而乡镇企业的发展也受到国有企业的影响出现了较大的滑坡，农村非农产业发展不快，吸收农村剩余劳动力的空间变窄，与之相伴随的经济结构的二元性再次加强。

三、改变我国二元经济结构的对策

通过以上的分析可以看出，我国经济结构的二元性与体制改革及宏观经济背景是密不可分的。在如何改变我国经济结构的二元性问题上，笔者认为减少制度性障碍有助于二元经济结构改变，并且分别从农业效率、剩余劳动力、地方的金融支持和地方的发展极等方面提出改变我国二元经济结构的对策。

1. 努力提高农业效率

衡量二元经济结构的一个重要指标就是部门的比较劳动生产率，即某部门的产值比重与劳动力数量比重的比率，提高农业部门比较劳动生产率有助于我国二元经济结构的改变，而农业部门比较劳动生产率提高的前提是农业效率的提高。

第一，选择农业主导产业，发展混合的多种经营农业。在发展经济学中，农业生产发展有三个阶段：传统的自给自足农业、混合的多种经营农业和先进的专业化农业。其中混合的多种经营农业是指除种植主要农作物，还引进新型的经济作物，并且适当经营简单的畜牧业。多种经营使得农民具有更多的选择，可在不同的时段选择不同的耕作目标，避免了农闲季节的"变相失业"。而先进的专业化农业则被认为是农业生产演进中的最高级阶段，生产以市场为导向，产品完全是为市场交换、获取最大利润而生产的，为家庭提供食物不再是基本目标，使每公顷产量达到最大成为农业耕作的目的。在这样的农业耕作中，不再只是依靠原始的土地、劳动、水等要素进行生产，同时要利用现代化的技术，要进行农业研究与开发，要投入更多的资本来提高劳动生产率。

虽然我国始于 1978 年的农村家庭联产责任制改革明显提高了农业部门的劳动生产力，但是，我国大部分地区的农业发展仍处在第一阶段，即传统的自给自足农业，只有一部分农业发展处于第二阶段。根据我国农业的现实情况，可以以发展专业化的商品农业作为长期目标，而现阶段则考虑把混合的多种经营的农业作为基本定位，在发展本地主导农业的基础上，引进新型经济作物，实现多种经营，既减少了剩余劳动力，又增加了农民收入。

第二，发展农业产业化，延长产业链。农业产业化经营以市场为导向，以提高经济效益为中心，根据当地资源条件选择农业主导产业，通过专业化生产经营管理，将农业生产各环节连接成完整的产业体系，实现种植、加工、销售等一体化经营。发展农业产业化，可以吸收当地的部分剩余劳动力，农村中长期以隐蔽方式存在的剩余劳动力的一部分，可以进入农业产业进行农产品、原材料的简单加工、流通服务等环节。农业产业化改变了农业单纯从事原材料生产的地位，通过对农产品、原材料的简单再加工增加了农产品的附加价值和综合效益，提高了农民的收入。实施农业产业化经营还可以促进小城镇建设的发展，龙头企业带动加工、运输、服务等产业向小城镇聚集，逐步形成小城镇经济的基础，随着农业企业厂区建设和对基础设施供给的需求，还可以拉动小城镇市政建设，带动第二、第三产业的发展，开辟农村新的就业领域，增强吸纳农业剩余劳动力的能力。

2. 实现农村剩余劳动力的"内部吸纳"与"外部流动"相结合

包括刘易斯、托达罗在内的很多发展经济学家都认为在发展中国家，人口的城乡迁移为经济发展作出了重大贡献，因为它不仅将农村的剩余劳动力转移到城市工业部门，增加了人均产出，促进了增长；而且，农业部门也会因为过剩劳动力的消失，提高了劳动生产率和劳动者收入，从而改变发展中国家的二元经济结构。

改革开放以来，我国农村劳动力的流动可分为以下几个阶段：1978—1984 年的零散现象，1985—1988 年的第一个高潮期，1989—1992 年的迅速下降，1993—1997 年的速度加快，1997 年至今的劳动力回流。[7] 总的看来，改革开放以来，我国农村劳动力的流动速度是明显加快了，然而我国农业劳动力流动的变化与我国经济结构的二元性变化趋势并不一致。

从劳动力流动的去向来看，劳动力向外转移主要有两大去向：第一，产业转移。向农村的非农产业及农村的第二、第三产业转移，其中乡镇企业是吸收剩余劳动力的主力军。第二，地域转移。地域转移中又包括向城市和向发达的沿海地区的转移。其中城市对劳动力的需求有很大的选择性和定向性，而发达的沿海地区对农村劳动力的吸纳速度和数量都是惊人的。

从农村剩余劳动力向外流动的性质来看，大部分剩余劳动力存在于"边缘性经济"行业，如小商贩、修鞋、家庭保姆或从事纯体力劳动。一部分农民在经历了"边缘性经济"行业和工作岗位的锻炼后，随着技能的逐步提高，进入了较高层次的产业和行业，获得了确定的职业、身份和住房，已完全同农业分离。还有一部分有志创业但苦于无资金和技术的外出打工者，在获得所需要的资金和技术后选择回乡，选择创业。因此，我国农村剩余劳动力向外流动在很大程度上是受国家宏观经济制度的影响，具有理性与非理性、有序与无序、有效与浪费同时并存的特点。

从我国的农业劳动力资源看，数量多、素质低是我国农业劳动力的基本现状，它限制了农业的深度开发。发展现代农业需要大量具有较高文化素养的新型农民，从这个意义上讲，我国目前剩余的农业劳动力在农业生产经营中仍然大有作为，而教育和培训是关键。如果能保证足够的资金、适宜的技术和经过教育、培训过的高素质劳动力，即使在土地等自然环境的约束下，也能提高农业生产的边际生产力，并极大拓展农业生产的新领域。

因此，盲目的农业剩余劳动力向外流动不一定能有助于弱化我国的二元经济结构，而应该实现劳动力"内部吸纳"和"外部流动"相结合，在保证农业深层次发展所需劳动力的前提下，再进行劳动力的向外流动。

3. 减少制度性障碍，为二元经济结构改变提供制度保证

城市户籍制度、社会保障制度等制度性因素是制约我国二元经济结构改变的重要因素，但也不可否认，中国的体制改革和所采取的相应政策曾比较成功地解决了我国二元经济结构改变中所遇到的一系列问题。主要表现在：第

一，始终重视农业在国民经济中的地位。1978年的农村土地承包责任制使粮食产量大幅度增加，二元性持续弱化。虽然1985年起由于盲目乐观而引发一系列农业的错误政策使得农业发展急剧恶化，但很快得到了纠正，加大了农业的投入，当前，在"三农"的大背景下又再次把农业放在了国民经济重中之重的位置。第二，中国放开所有制限制，允许并鼓励包括外资在内的非公有制经济存在和发展，使市场规模迅速扩展，尤其是20世纪80年代中期乡镇企业异军突起、快速发展，促进了农业剩余劳动力向非农业部门的转移（产业转移）和农村人口向城市的流动（地域转移）。第三，在20世纪90年代中期，中国又比较适时地提出了实现"两个根本转变"的发展战略，将建立社会主义市场经济制度与实现经济增长方式由"粗放型"向"集约型"的转变结合起来，从而为经济更长期的持续增长和二元经济结构的持续改变奠定了基础。[8]

在看到制度在我国二元经济结构转换中扮演重要角色的同时，也应注意到某些制度性障碍确实制约着我国二元经济结构改变。在过去的几十年时间中，我国的城市人口和农村人口在劳动、收入、消费、教育、生活等各个方面形成了较大的差异，而这些差异集中体现在以"户籍制"为核心的制度性障碍上。除了通过正常升学途径进入城市外，绝大多数农村剩余劳动力在城市打工但没有城市户口。有十几个城市颁布了法规，对农民工实行用工制度性控制，规定了不准进入的就业领域。因此，只有在城乡户籍、劳动分配和社会保障等制度上进行根本性改革，才能为二元经济结构朝着有力的方向改变提供制度上的保证。

4. 发展地方中小金融机构，对农业提供资金支持

我国农业的经济基础比较薄弱，农民收入较低，积累性资金比较少，在其主体相对薄弱的情况下，金融支持是必要的。不管是农业自身的发展还是乡镇企业的进步，各环节、各链条都离不开金融支持。但从我国目前的实际情况来看，为农业提供的金融支持是远远不够的，资金不足成为一个主要障碍，而相关金融产品服务质量不高或金融产品的欠缺也影响了其发展。

从1999年开始，我国上千家农村基金会全部关闭，意味着国家对非正式金融的严格控制；四大国有银行大规模撤并31 000多家地（县）以下基层机构，目前仍在农村开展业务的国有银行分支机构寥寥无几；农村的邮政储蓄只吸收储蓄不发放贷款。因此，现在农村剩下的只有以农村信用合作社和地方性城市商业银行为主的中小金融机构。

农村信用合作社是分支机构最多的农村正规金融机构，也是农村正规金

融机构中唯一一个与农业农户具有直接业务往来的金融机构，是农村正规金融机构中向农村和农业经济提供金融服务的核心力量。虽然农村信用合作社存、贷款余额占全国金融机构总量的百分比不是很大，如2001年其存、贷款余额分别占全国金融机构总量的12.02%和10.66%，但是如果从贷款投向来看，农信社农业贷款余额占金融机构农业贷款余额的77.35%，而到了2003年6月农信社农业贷款余额6 966亿元，占全部正规金融机构农业贷款总额的83.8%。

地方性城市商业银行经过了10年的发展，凭借着"立足于地方、服务于地方"的定位和自身的地缘优势、人缘优势、信息和服务优势以及经营成本优势，持续为本地区的中小规模经济提供金融服务，也成为为乡镇企业等中小企业提供资金支持和金融服务的中坚力量。[9]

但是地方中小金融机构本身由于其落后的结算渠道和金融服务水平、资产规模水平以及不良资产等一系列问题，使其在支农方面难有作为。因此，要以规范和发展地方中小金融机构为途径，更好地支持农业生产，进一步提高农业生产率。

5. 培育地方的发展极，增加对农业剩余劳动力吸纳的"拉力"

根据刘易斯的二元理论，二元结构的转化过程就是现代工业部门对传统农业部门剩余劳动力的吸纳过程。根据有关专家的估算，我国亟待转移出来的农村剩余劳动力已达2.5亿人。根据人口迁移的"推拉"理论来分析我国的情况，不难发现，我国农业剩余劳动力的"推力"因素已经很足，而城市工业部门和乡镇企业等非农产业的"拉力"则相对不足。[10]如果说上海、深圳等发达城市作为国家级的发展极，通过其极化效应能够从全国聚集和吸纳一定数量的农业剩余劳动力，那么在中国内陆——广大的中西部地区则缺乏这样的发展极来扩大非农就业容量，因此有必要培育地方性的发展极，来"消化"区域的农业剩余劳动力。这些地方性的发展极，可通过建立和发展大量的适应当地情况的中小企业，吸收周边地区的剩余劳动力。[11]

通过培育地方的发展极，使当地的资金、技术、人才、劳动力极化，使生产要素的流动进一步加快，并且缩短了劳动力流动的距离。伴随着市场规模的扩展，市场需求的加大和城市化的扩展，发展极的辐射面加大，使得对农业剩余劳动力吸纳的"拉力"因素增加。不仅如此，地方的发展极可以利用当地的天时、地利及极化后的生产要素等有利条件不断地进行技术创新，同时又把这些新技术推广到周边地区，带动周边地区技术水平的提高，从而改变其经济状况。流入到地方发展极的剩余劳动力在城市工业和现代文明的推动下，开阔了视野，改变了原有的消费观念和思想观念，提高了其收入水平和生产经营技能。他们把新知识、新信息、新技术带回家乡，运用于农业生产或回乡创业，从而再次增加了对农业剩余劳动力吸纳的"拉力"。

参考文献

［1］谭崇台.发展经济学概论［M］.武汉：武汉大学出版社，2001：80－101.

［2］上海财经大学区域经济研究中心.2003 中国区域经济发展报告［M］.上海：上海财经大学出版社，2003：133－148.

［3］何康，王郁昭.中国农村改革十年［M］.北京：中国人民大学出版社，1989：21－31.

［4］何康，王郁昭.中国农村改革十年［M］.北京：中国人民大学出版社，1989：21－31.

［5］96 中国农业发展报告［M］.北京：中国农业出版社，1996：92－95.

［6］上海财经大学区域经济研究中心.2003 中国区域经济发展报告［M］.上海：上海财经大学出版社，2003：133－148.

［7］96 中国农业发展报告［M］.北京：中国农业出版社，1996：92－95.

［8］王树春.中国二元经济结构转化的特征及其趋势——兼论制度变迁的重要性［J］.天津商学院学报，2002（1）：5－11.

［9］彭建刚，周鸿卫.发展极的金融支撑：我国城市商业银行可持续发展的战略选择［J］.财经理论与实践，2003（2）：12－16.

［10］何景熙，吴强.寻找"发展极"影响下的非农就业空间：绵阳市调查研究［J］.人口与经济，2003（2）：1－7.

［11］游士兵，刘俊，李华.论中小企业群的融资优势［J］.湖南大学学报：社会科学版，2004（1）：22－26.

本文刊登于《宁夏大学学报（人文社会科学版）》2006 年第 3 期。《高等学校文科学术文摘》2006 年第 4 期摘要收录，人大复印报刊资料《社会主义经济理论与实践》2006 年第 9 期全文转载。合作者为申俊华、何桐娟。

印尼农村中小金融机构的
生存与发展对我国的启示

一、印尼农村中小金融机构生存与发展的土壤：大量的贫困人口与中小企业

过去三十年里，印尼虽然实行了城市化和缩小地区差距的战略，但农村经济仍占印尼较大比例，如农业人口占总人口的 67%，农业部门吸纳的劳动力占全国的 44.6%。随着农业生产力的提高，贫困人口在 1976—1996 年间大幅度下降，从 5 420 万人下降到 2 260 万人。但金融危机后，贫困人口比例又开始增加。2003 年贫困人口 4 000 万人，占总人口的 18.2%①。由于经济中就业岗位不多，使得多余的工人被迫进入产出低、利润差的农业和非正规部门就业，这些工作要么工时太短，要么报酬太低，所得收入不足以摆脱贫困。因此，要提高贫困人群收入，最重要因素就是要有更多的有效工作岗位。

非熟练工人的就业岗位产生于劳动密集型的中小企业。据统计，2002 年印尼中小企业占企业总数的 99.94%，吸纳的就业人数占 99.44%，创造 GDP 总额的 54.74%。② 在印尼农村，绝大部分人口是微型企业生产者，如农场主、零售店主、食品加工者、小商贩和小规模制造业者。因此，中小企业在印尼经济发展中起着主导作用，缓解印尼贫困的有效途径是发展好中小企业。

理论上中小金融机构适宜为中小企业和农户提供金融服务。印尼拥有众多的为贫困人口和小企业提供小额贷款的服务机构，如印尼人民银行村信贷部、农村银行、非银行和合作类金融机构等。据印尼小金融机构促进会统计，至 2004 年底，位于农村的正规金融机构有印尼人民银行村信贷部和农村银行，分支行数分别是 4 049 家和 2 156 家；半正规金融机构有村信贷机构、农

---

① 数据来源于 http：//profi. or. id 的研究报告 ProFI Microfinance Institutions Study。
② 数据来自王晖和李晓华的《印度尼西亚的中小企业融资》一文，载《中国中小企业》2005 年第 6 期。

村基金信贷机构及当铺，分支机构数分别为 75 345 个、2 272 个和 772 个。目前注册的合作类金融机构主要包括信贷合作联盟（BK3D）1 022 个和村基层合作单位 39 477 个（由村合作社 KUD、信贷部 USP 及农村合作社 KSP 等构成）。因此，印尼大量的贫困人口与中小企业是农村中小金融机构生存和发展的土壤。

二、印尼农村中小金融机构生存与发展的核心业务：小额信贷

与其他国家相比，印尼农村中小金融机构的业务特色是小额信贷运作十分成功。印尼人民银行村信贷部、爪哇岛的村信贷机构是目前世界上公认的开展小额信贷比较成功的典范。

1983 年利率限制和信贷配额取消后，村信贷部在财政部的资金支持下，改建成自主经营、自负盈亏的经济实体，同时引入新的小额信贷管理办法，实行商业化运作。具体措施有：把亏损严重的村信贷部改成村服务站（PPD）[1]；以市场化利率代替贴息式利率；建立独立的资产负债表和盈亏表；在存贷款及顾客管理上拥有自主权。村信贷部改制后 3 年实现盈亏平衡，5 年后开始盈利并有较高的贷款偿还率。村信贷部的小额信贷业务由两部分构成：农村储蓄（SIMPEDES）和农村贷款（KUPEDES），主要为占农村 60% 的中低收入者服务。至 2004 年 6 月，小额存款占比 71%，小额贷款占比 47.6%，小额存贷款业务目前位居全国第一。

农村银行规模小，具有地方性和私有性，机构主要设在农村或城郊，以小额存贷款业务为主，不能开支票和从事外汇业务。1988 年银行业改革后正式确立法人地位。1992 年新银行法要求半正规金融机构如农村基金信贷机构和储贷机构等在 5 年内转为农村银行，以取得合法的营业执照，自此后，农村银行急剧增加。到 2004 年 6 月农村银行小额存款占比 24%，小额贷款占比 35%，小额存贷业务量仅次于印尼人民银行村信贷部。

半正规金融机构主要由村信贷机构、农村基金信贷机构及当铺等构成，主要从事小额信贷业务。村信贷机构由一些村级小银行构成，起源于荷兰殖民统治时期的村银行和稻谷银行，主要分布在爪哇岛欠发达地区和农村，现在在村企业集团的推动下，已渗透到爪哇农村的各个经济领域。由于其规模

---

① BIMAS 指化肥集约生产水稻项目。该项目贷款几乎包括了农业生产的各个环节，如化肥、种子、技术和信息服务。参与项目的农户由农业部确定，BRI 发放贴息贷款。贷款由国家贴息，经营损失由政府担保。

小，中央银行监管困难，印尼人民银行村信贷部代替监管。农村基金信贷机构是从事小额信贷的非银行金融机构，由地方政府组建，主要为地方经济发展服务。1992 年新银行法颁布后，这些半正规金融机构逐步减少，市场份额也在下降。到 2004 年 6 月，小额存款占比 1%，小额贷款占比 1.3%。

合作类金融机构存贷款户数众多。到 2004 年 6 月，小额存款占比 4.4%，小额贷款占比 16.2%。此外，在印尼还有无数未注册的储贷协会，会员约有 1 200 万个，拥有资产约 5 万亿卢比。

由此可见，印尼农村中小金融机构的核心业务是小额信贷，主要为微型企业和贫困居民提供金融服务。这些机构特征各异，服务于不同规模的信贷市场。具体来说，有如下特征：第一，小额信贷资金规模大，分布广泛，贷款依赖存款。最近的统计数据显示，印尼小额信贷的广度约占人口的 10% ~ 15%，而孟加拉国仅为 2% ~ 3%；印尼发放贷款的大部分资金来源于储蓄存款，而孟加拉国发放贷款的资金只有 20% 来自于储蓄存款。[①] 第二，受历史上金融机构发展的影响，不同类型金融机构在不同地区的重要程度不一样。印尼西部的卡里马塔地区（Kalimantan）储贷协会和信贷联盟较为重要，而人民银行村信贷部显得无关紧要；爪哇地区的人民银行村信贷部和村信贷机构（BKD）占据统治地位，而其他地区的农村银行和非银行金融机构较为重要。第三，小额信贷利率市场化后，大部分农村中小金融机构实现了财务可持续性发展。1983 年印尼取消利率限制后，发放小额信贷的机构实行利率覆盖成本的政策，利率上升。农村银行利率在 28% ~ 63%，而印尼人民银行村信贷部利率位于 32% ~ 43%。在印尼，这种高利率的贷款需求也极为旺盛，这一方面反映了资金的稀缺性，另一方面表明客户以这种利率借款从事经营活动仍有利可图，说明资本的可得性比低利率更为重要。利率覆盖成本后，大部分农村金融机构能实现财务可持续发展，从而保证了贫困居民获得长期所需的金融服务。第四，小额存款的稳定性和受保护程度有限。虽然印尼存款户众多，储蓄金额大，但存款不稳定。例如在星期五穆斯林祈祷时间，停在外面的自行车被盗就会引起小额储户提款买新车。边远地区的小额存款由于汇兑困难，持有现金存款不安全，亟须保证存款与汇兑安全的设施。第五，农村信贷需求仍未饱和。据 1996 年印尼经济普查数据，只有 15% 的非正规企业能够得到小额贷款；2003 年印尼人民银行、哈佛大学商业研究中心及政府普

---

① 根据顾客和交易量的多少确定每周的营业天数，随业绩和交易量的上升，村服务站（PPD）可转换为乡村信贷部。

查报告显示：印尼人民银行村信贷部的存贷款业务虽在全国获得了极大的发展，份额也越来越大，但其他小额信贷机构和非政府组织的信贷业务还在继续扩大，且现存机构的利润都较高。所有这些表明印尼小额信贷市场的需求尚未饱和。[①]

三、印尼农村中小金融机构生存与发展的内部机制：创新设计

在农村，拥有信息与监督优势的地方性金融机构由于资金不足或为保证贷款偿还率，不能给当地提供广泛的金融服务。而资金雄厚的全国性金融机构，因高交易成本和信息的不对称也不愿进入该市场。因此，在信息与资金优势相分离的情况下，农村地区的金融服务就极为有限。然而，印尼农村中小金融机构的机制创新就能有效地解决农村金融市场普遍面临的这一难题。

（一）采取资金与信息联合的组织形式解决信息不对称问题

有效解决信息不对称和代理难题是农村金融机构取得成功的基础。印尼通过建立半政府依赖性的、地方经营的农村金融机构干预农村金融，而这些金融机构通过地方代理人（经理和村庄首领），使资金和信息优势实现了很好的对接。如印尼通过拥有信息优势的地方代理人获取借款人资信、监督借款人行为和执行贷款合同，贷款发放主要依据借款者个人提供的资料和村庄首领出具的品质推荐函。以品质作为贷款依据一方面对无抵押品的客户来说极为宝贵，另一方面也简化了金融机构自身的贷款程序和降低了交易成本，但在激烈的市场竞争中，农村金融机构之间不能直接共享客户信息，这种交互信息的缺乏使得客户违约的可能性增加。不管怎样，印尼农村金融机构选取村庄首领作为品质推荐人就可弥补这一缺陷。因村庄首领在为本地借款人出具品质推荐函时需要收集各客户的信息，而其又可能同时是几家金融机构的履约代理人，对不履约者有相关的记载，这就意味着金融机构通过村庄首领可以甄别出信誉不良的借款者，是天生的信用评级代理机构。因此，印尼大部分农村贷款以村庄首领推荐的品质为依据，不需要其他抵押物。

此外，基于品质的贷款和监管在督促贷款偿还方面也比较有效。印尼农村金融机构利用村庄首领督促归还贷款，对拖欠和不偿还贷款的客户施加传统道义和政治上的压力。在这里，村庄首领是督促借款人履约的代理工具。因此，村庄首领参与信贷市场起到双重作用：贷前的品质推荐与贷后的监督管理。当然，如果村庄首领提供的品质推荐函不切实际，那么金融机构也难

---

① 数据来自 Thomas Timberg（2003）。

从这种品质担保中获取信息好处。从实际效果看，农村金融机构从未把任何客户送上法庭，对需正式抵押品的客户，通过司法机构强制履约的案例也较少。

（二）采用绩效取酬和效率工资制解决激励问题

信息不对称是代理问题产生的关键。印尼实践表明，印尼农村金融机构的信息问题不严重或者说较易解决，主要因为这些机构采用绩效取酬和效率工资制的激励办法。如印尼人民银行村信贷部对员工的奖励不以发放贷款的户数为基准，而是以赢利为基础，即每年赢利的6%作为全体员工的奖励，根据职务不同发放。由于90%以上的村信贷部是赢利的，大部分员工可以得到这部分奖金。支行的监督官员和支行经理根据下属机构的绩效，可得到不超过1.6个月工资数额的奖金。除年终奖，村信贷部每半年进行一次经营业绩的比赛，评分最高的村信贷部获得奖励，奖金由获胜村信贷部和上级行的全体员工共享，村信贷部经理个人奖金最高可达月工资的30% ~ 45%。所有这些诱使农村金融机构经理和员工尽力保持金融机构的健康运行。

这样，正规金融机构的信息或代理问题演化成了对各相应部门管理效率和利润的确认问题，但这项工作比起要求雅加达的银行或位于省会的银行直接把贷款发放到农村各贫困户手中要容易得多，而且缓解了委托—代理问题。总之，印尼农村中小金融机构的成功运作与其所实行的激励机制和各种奖励措施是分不开的。

（三）权力下放基层降低政府监督成本

印尼农村中小金融机构的基层经理拥有广泛的独立于所有者和监管者的决策权。如印尼人民银行支行经理负责监管各个村信贷部的具体业务并承担评估责任，村信贷部业务经理负责例行审计工作，包括现金核对和调剂等，还要和村信贷部经理准备每月的发展报告、年度计划和各种短期计划，以及与信贷员一起走访借款者、潜在的借款者和存款者，并且传达分行和总行的指示和政策声明等。

但经理们有责任甄别贷款申请者、决定贷款发放与否及确定贷款数额。由于印尼政府未制定统一的实际利率，各类农村金融机构的法定准备金标准也不同，因此不同金融机构的贷款利率也不同。这种相对的自主权使各基层银行可视具体情况而定，避免政府付出高昂而又无效的监督成本，而实际需要监管的只是基层银行的内部人控制问题（即经理人的腐败和财务报表的真实性），如政府能及时发现其错误行为并实施有力惩罚，就能有效防止这种现象。因此，设计和运用好内部控制工具远比采用政策条款去指导和检查贷款资金的运行要有用和划算。

（四）机构设置动态化降低固定成本

印尼农村亟须解决的难题是实现金融服务进入乡村，这就需要建立与之相应的村级机构来实现这一目标。理论上，乡村金融机构建立的成本应与其较小的市场规模相一致。当成本一定时，收益要能维持机构的正常运转。印尼传统的方式是建立发展银行，总部设在省会，大量的机构网络设在乡村或城郊，通过遍布各地的村级服务站或移动式银行把金融服务送达其管辖的村落。通常的方式是每周派两名银行员工访问村落一次，以便为村民提供基本的金融服务。这种移动式的银行服务不但稀释了农村金融机构的固定成本，也降低了借款者的交易成本。

四、印尼农村中小金融机构生存和发展的制度保证：宽松的政策与审慎的监管

印尼促进中小金融机构发展的重要一步就是在 1983 年 6 月实施利率市场化改革。印尼人民银行和其他半正规金融机构为弥补发放农村贷款的高额成本和信贷风险，制定足以覆盖成本的高利率，实践证明这一业务为金融机构带来了丰厚的利润。此外，印尼人民银行村信贷部在 1983—1984 年转换经营机制的过程中，印尼政府在政策和资金上大力支持，促使小额信贷业务大规模发展。这一方面改善了小型企业的融资状况，另一方面也扩大了融资渠道，减轻了信贷市场的分割。

1988 年印尼开始第二轮金融自由化改革，颁布了一系列放松金融机构准入的金融法规。如 Pakto 法降低银行业的进入壁垒，允许商业银行在印尼各地设立分支机构；对满足最低资本金要求的新银行发放许可证，如新设农村银行只需 5 000 万卢比的资本金；要求现存的农村半正规金融机构转化为农村银行。随后的 5 年里，大约有 1 000 多家农村银行建立起来。1992 年 3 月新银行法颁布实施，废除农村银行经营的地域限制，在法律上将其定为农村次级银行。1992 年 71 号总统令要求农村信贷基金机构在 1997 年之前须转化为农村银行。因此，在 1994—1999 年，共有 630 家农村信贷基金机构转化为农村银行，约占转轨机构的 2/3。[①]

1999 年 5 月，为加强对农村银行和非银行金融机构的管理，印尼中央银行实施新的农村银行监管规则。其中，第二条规定农村银行只能在印尼中央

---

① 数据来源于 Http：//profi. or. id 的研究报告 ProFI。

银行批准的业务范围内建立和经营；第三条规定农村银行的三种法律形式，即有限责任公司、合作组织和地方政府企业；第四条修改了农村银行的法定资本金要求，规定雅加达地区为 20 亿卢比、省会城市 10 亿卢比，其他区域 5 亿卢比。

此外，为规避小额信贷运作中的金融风险，政府推出了一系列监管政策：一是制定小额信贷法。允许开展小额信贷业务的机构从公众募集资金、发放信贷。但是不允许接受经常账户、参与贸易交易以及外汇交易。如果半正规或非正规金融机构的存款超过 1 万亿卢比，将会被要求改为农村银行，归属于银行体系。二是制订存款保险计划。金融危机之后，印尼政府认识到存款保险计划在规避风险方面有着非常重要的作用，所以，制订存款保险计划对于保障银行业等机构的发展是十分重要的。三是设置监督机构。2002 年之前印尼中央银行负责监管、发放和撤销对商业银行和农村银行的经营许可证。2002 年后，印尼中央银行把监督管理银行业的职责转给了新成立的金融监督机构。

五、结论与启示

通过对印尼农村中小金融机构的市场定位、业务特色、内部机制和政策环境的分析，发现印尼农村中小金融机构属需求推动型的，市场定位主要为中小企业和贫困居民提供小额信贷服务，机制的设计能有效解决农村金融市场的信息不对称、激励及抵押担保问题，政府对农村中小金融机构的干预追求成本最小、收益最大化，政府的主要任务是营造宽松的政策环境、建立合适的法律监管框架、鼓励竞争等。与其他发展中国家相比，印尼农村中小金融机构的发展比较成功，对我国农村金融改革具有一定的借鉴和指导作用。

（一）市场定位要准确

印尼实践表明农村金融机构的产生与发展是需求推动型的，主要为微型企业和贫困居民提供小额存贷款服务。在我国，解决"三农"问题、建设社会主义新农村是我国"十一五"规划的重要内容。农村金融机构作为农业经济资金生产要素供给的主要部门，作为长期以来服务农村经济的主要组成部分，应当围绕建设社会主义新农村发挥更加积极主动的作用。因此，我国农村金融机构的市场定位必须直接面向"三农"，以满足农户和农村其他经济组织形式的现实金融需求。首先，农村金融机构的客户资源应来自于农村地区的各类经济实体和农户，无法脱离"三农"而独立存在。其次，应以开展金融零售业务为主，业务品种要具备农村与社区特色。一般商业银行因为信息不对称或营运成本问题往往不能开展，或经营收益很低而不愿意开展。但农村金融机构在这方面拥有信息和契约优势，应是今后发展的方向。因为只有在这一领域，农村金融机构才具备竞争力。

（二）组织结构的设计极为关键

印尼的实践表明，设立贴近农户的金融机构或代理处可有效缓解信息不对称，从而降低农村金融机构和农户之间的高交易成本（含信息）。我国农户融资需求与印尼农村具有相似性，农户数量庞大、规模狭小、高度分散，且在融资方面缺乏抵押和担保，因此，农户与正规金融机构之间的信息不对称较为严重。依据印尼经验，我国农村中小金融机构在组织形式设计上更贴近农户，可行的对策有：一是把农村信用社分支机构下设到村中，使信用社和农户之间有一个接口；二是放开民间金融管制，设立贴近农户的金融网络。即设立农户互助金融合作组织，让农户持有互助合作金融组织的股金，互助合作金融组织持有信用社的股份，建立自下而上的、贴近农户的金融网络。

（三）利率市场化是目标客户获得持续金融服务的保证

印尼实践表明农村金融机构过多依赖政府信贷补贴项目，除效率低下外，也会导致可贷资金缺乏、资产流动性不够。因为政府信贷项目受时间和数量的限制，在贷款发放上与银行的谨慎经营原则也相违背。印尼人民银行村信贷部等采用市场化利率后，不但机构自身实现了盈利和可持续发展，低收入目标客户获得金融服务的广度和深度也增加了。因此，对低收入群体提供持续的金融服务只能通过发展利率能覆盖成本的金融机构来获得。在我国，对农村信贷供给不足也必须从根本上改变农村金融市场上的利率机制来加以缓解，而不能简单地由增加支农再贷款和其他政策性贷款来解决。农村信用社目前在农村金融市场中处于垄断地位，简单放开利率，可能会出现农村信用社将其经营的低效率通过高利率转嫁给农户，因此打破农村金融市场垄断与利率市场化改革应是解决农村金融市场问题不可缺少的两项改革。

（四）储蓄动员对中小金融机构的持续发展极为重要

印尼人民银行、村信贷机构及信贷联盟的实践表明小额信贷业务严重依赖于储蓄存款，然而，目前我国绝大部分专业性小额信贷机构不能吸收储蓄存款，这严重地限制了他们的发展和目标客户覆盖的广度，同时也剥夺了他们甄别客户信用状况的一种方法。储蓄项目与贷款项目对低收入群体来说同样重要，如果这些机构既不能提供储蓄服务，也不能满足他们日益增加的贷款需求，对客户也就缺乏了吸引力，机构的可持续发展难以为继。

（五）人事激励和公平合理的收入分配机制可提高金融机构的效率

印尼经验表明，金融机构效率在一定程度上由参与者的意愿和能力决定，如银行经理决定是否努力收回贷款，借款者决定是否偿还贷款。在一定条件下，这些决定的作出是个人目标函数最大化的结果，当个人所追求的利益达到最大时，高效益的金融中介机构也就产生了。在我国，由于历史与体制的原因，农村金融机构人事管理的"官本位"和收入分配"大锅饭"问题仍然比较突出，挫伤了一部分人的积极性，形成了人力资源的巨大浪费。因此，建立科学合理的人事工资制度、考核体制及激励约束机制，合理拉开收入差距，多劳多得，绩效优者多收入，有利于充分发挥员工工作的积极性、创造性。

（六）政府对中小金融机构的干预应适当

印尼经验表明，政府或捐赠机构如果想资助或参股到金融中介机构中去，须遵循的重要法则就是要干预成本最小化，收益最大化。政府的主要任务是营造宽松的政策环境、建立合适的监管框架、鼓励竞争等。在我国，政府干预的着力点应该放在降低农村地区尤其是贫穷地区的信贷风险和信贷交易成本上，而不只是用支农再贷款、扶贫贴息贷款来补贴农村金融机构。

本文刊登于《亚太经济》2006年第4期。人大复印报刊资料《金融与保险》2007年第1期全文转载。合作者为范香梅。

战后日本经济二重结构的
消除与中小企业融资体系

一、战后日本经济的二重结构

自明治维新以来，日本就是一个垄断性大企业占统治地位的国家，也是中小企业在国民经济中有着重要作用的国家。二战后日本为了尽快恢复生产，推行"倾斜生产方式"，重点发展煤炭产业，同时金融业也积极配合这一产业政策，为倾斜生产部门的大企业提供贷款。[1]中小企业很难从银行融资，其生产受到了严重损害。1955 年后日本经济的高速增长也是以重化学工业为主导，以大企业的发展为主体的。在大企业迅速发展的同时，大企业与中小企业之间在劳动生产率、附加价值、工资、固定资产投资等方面的差距进一步扩大。日本著名经济学家有泽广已针对这种情况提出了经济二重结构问题。

战后日本经济二重结构的主要表现有以下几个方面：第一，从企业构成来看，一方面是雇佣 1 000 人以上的大企业，另一方面是雇佣几个工人或者独自经营的零碎企业，两者之间的中等规模的企业较少；第二，中小企业在生产技术装备、劳动生产率、附加价值等方面和大企业有着很大的差距；第三，存在分割的劳动力市场，一方面是由优质劳动力组成的大企业劳动力市场，另一方面是由一般劳动力组成的中小企业劳动力市场。中小企业的雇员在劳动时间、工资待遇方面和大企业的雇员存在很大差距（见表 1）。

表 1 　　　　　　　　　1955 年不同规模企业相关统计数据

	0~29 人	30~99 人	100~299 人	300~999 人	1 000 人以上	不足 300 人合计
企业数（％）	93.7	4.9	1.0	0.3	0.1	99.6
出厂额（％）	22.2	17.0	16.9	20.4	23.5	56.1
从业人员	41.5	18.6	12.9	12.4	14.6	73.0
工资*	36	49	61	77	100	—

注：以 1 000 人以上的大企业的工资为 100。

资料来源：根据日本中小企业厅（http://www.chusho.meti.go.jp/）相关资料整理。

针对这种情况，日本政府制定了国民收入倍增计划，将"经济结构高度化"作为发展经济的重要目标，从各个方面加强对中小企业的扶植，其中建立专门的金融机构、加强对中小企业的金融支持是一个重要的方面。[2]

二、日本经济二重结构的消除

为了消除经济的二重结构，日本建立起了完善的中小企业融资体系，既有民间金融机构又有政策性金融机构，既有商业银行又有合作金融机构，既有信贷补充机制又有信用提高机制，形成了一个全方位的金融支持体系。中小企业金融机构数量众多、分布广泛，遍及各个领域和全国各地。依靠这一完善的中小企业融资网络，日本扶持中小企业的政策意图得以有效贯彻实施。

在中小企业融资体系的支持下，日本的中小企业可以比较容易地得到长期投资贷款，从而有可能进行设备投资和更新，逐渐摆脱落后的生产方式，采用先进的设备，提高现代化水平。同时，在第三次科技革命和中小企业被大企业纳入企业系列化大生产等有利条件之下，传统的中小企业纷纷被淘汰或者被改造，并新生长出一大批一开始就与新技术、新行业、新产品相联系的中小企业。从 1960 到1980 年，日本新增的中小企业绝大多数是用先进技术装备起来、实行科学管理和进行专业化生产的现代化中小企业。据统计，1976 年到 1980 年间日本 90% 的新产品是由中小企业生产的（池元吉、张贤淳，1989）。

中小企业和大企业在附加值、雇员待遇等方面的差距也大大缩小了。从企业附加价值来看，1960 年中小企业的附加价值仅为大企业的 46%，到了 1970 年该比值上升到 56%，增加了 10 个百分点。企业工资水平方面，1980 年，29 人以下的企业提高到了大企业的 53%，30 到 99 人的企业升至 57%，100 到 299 人的企业则为 67%。中小企业的总体工资水平提高到大企业的 75.1%。[4]

随着日本社会生产力水平的提高和社会分工的进一步加强，日本从 60 年代起在各个领域都出现了中坚企业（见表 2）。中坚企业是指从中小企业上升出来的、其规模仅次于大企业、具有较强经营能力和较高收益的中型企业。

表 2　　　　　　　　60 年代中坚企业在企业结构中的地位演变

	公司数（家）			实缴资本（亿日元）			利润金额（亿日元）		
	1962 年	1969 年	B/A	1962 年	1969 年	B/A	1962 年	1969 年	B/A
中小	567 232	844 715	1.489	10 737	24 727	2.303	8 475	21 568	2.545
中坚	5 431	12 704	2.339	8 563	18 051	2.108	3 919	11 729	2.993
大企业	700	1 224	1.749	34 411	66 430	1.930	7 951	27 565	3.467
合计	573 363	858 643	1.498	53 711	109 208	2.033	20 345	60 862	2.992

注：本表的中小企业指资本金在 100 万到 5 000 万日元之间的企业，中坚企业指资本金在 5 000 万到 10 亿日元之间的企业，大企业指资本金在 10 亿日元以上的企业。

资料来源：日本中央大学经济研究所. 战后日本经济 [M]. 北京：中国社会学出版社，1985.

由表 2 可以看出，在 1962 年和 1969 年之间，中坚企业的数量增长了 2.34 倍，增长率远远高于中小企业和大企业；实缴资本增长了 2.1 倍，增长率高于大企业，接近于中小企业；而利润增长了将近 3 倍，也高于中小企业的增长率。而且无论是数量、实缴资本还是利润，增长率都高于全体企业的增长率。进入 20 世纪七八十年代，随着产业结构的升级和信息技术的发展，研究开发型以及和信息技术相关的中坚企业更是大量涌现。

中坚企业的大批出现是日本中小企业走向现代化的标志之一，它们从根本上改变了中小企业的落后性，反映了社会生产力的提高、经济规模的扩大、社会分工的进一步加强和专业领域的多样化。许多学者认为随着中坚企业的不断发展壮大，日本经济的二重结构在 80 年代逐渐消失，形成了新的以企业系列化为特点的单一经济结构。

三、日本建立中小企业融资体系的经验

事实证明，日本的中小企业融资体系对解决中小企业的融资问题、促进中小企业的现代化、消除经济二重结构起到了重要的作用。日本中小企业融资体系的经验对我国加强中小企业金融支持具有借鉴意义。

（一）完善的法律保障制度

日本是对中小企业立法较健全、较完善的国家。日本政府从 20 世纪 40 年代开始相继颁布了 30 多种关于中小企业政策的主要法律，其中许多法律都基于对中小企业的金融辅导。依据这些法律，政府可以通过金融辅导手段对中小企业现代化进行有计划、按步骤的指导。同时，这些健全的法律规范使支持中小企业的金融行为成为长期的定向的法律行为，对于促进日本中小企业融资机构的规范发展，提高其资产质量和经营的安全性，保证其健康平稳运作具有重要的意义。日本中小企业融资的相关法律有三个显著特点。

1. 在不同时期根据实际情况和经济环境的变化，立法的具体指导思想相应作出调整。从二战结束到 50 年代初期，中小企业面临的最大问题是生存和维持经营活动，立法的指导思想就是为解决中小企业资金不足和经营困难的问题。该时期制定的《国民金融公库法》规定国民金融公库发放的贷款以维持生产和改善经营的小额贷款为主。50 年代中期到 70 年代初期，中小企业已经有了较大的发展，现代化成为它们的迫切需要。而立法重点就转变为为中小企业更新设备和加大投资提供金融支持，因此相继颁布了《中小企业信用保险法》《中小企业金融公库法》《相互银行法》《中小企业投资育成股份公司法》等，通过设置大量的中小企业金融机构，保证中小企业可以获得充足

的资金用于技术革新。70 年代石油危机爆发后日本中小企业也面临着经营困境，该时期的立法则是为了促进它们向知识密集化领域转变、提高技术创新能力以及向海外扩展，所以颁布了《中小企业转换对策临时措施法》以及《中小企业技术开发促进临时措施法》等法律。

2. 通过机构立法来建设中小企业融资体系，规范中小企业金融机构的活动。政府通过对民间中小企业金融机构进行立法，一方面将原来低层次的非正规金融改造成正规金融，使其不断壮大发展；另一方面，将中小企业的运营置于政府的监管之下，各个金融机构的贷款对象及其资金用途都分别有相应的法律作为依据。这样就确保了中小企业的融资来源。

政府以先立法后组建的方式建立政策性中小企业金融机构可以在纠正市场失灵的同时有效预防政府失灵。立法的过程可以对各种利害关系进行权衡，对建立政策性金融机构的可行性进行充分讨论，体现了制度与实际操作的统一性。不仅如此，法律对政策性中小企业金融机构的运作也作了具体的规定。这一方面规范了中小企业政策性金融的操作程序，另一方面也使国家所制定的种种政策通过实际操作得到切实的落实。

3. 日本政府对中小企业的金融扶持也通过单独的立法来体现。日本政府为了促进中小企业的现代化、推进产业结构升级、保护中小企业劳动者权益，制定了大量相关金融法律、法规，都是单独体现了对中小企业的扶持态度。如《中小企业振兴资金助成法》、《中小企业共济法》、《中小企业现代化资金助成法》和《中小企业转换对策临时措施法》等，都是直接以中小企业为立法对象。

（二）两极分化的信贷市场

中小企业和大企业有着截然不同的信贷条件，大型金融机构可以接受大企业的信贷条件却不能接受中小企业的信贷条件。在大型金融机构不降低自身信贷标准的情况下，由其来承担中小企业融资是低效率的。所以日本针对中小企业的特征，建立了能接受中小企业的信贷条件、主要为中小企业服务的金融机构，同时通过对大金融机构和中小金融机构进行严格分工，使商业性金融形成了面向大企业和面向中小企业两极分化的信贷市场，具体表现为以下三点：

1. 两个信贷市场的融资主体不同。一个是以普通银行中的都市银行和长期信用银行、信托银行等为主的大金融机构；一个是以地方银行和合作性中小企业金融机构为主的中小金融机构。

2. 两个信贷市场的融资对象不同。大金融机构主要服务于大企业，而中小金融机构作为专业性中小企业金融机构,则是专门为中小企业提供信贷。

3. 两个信贷市场的贷款利率不同。日本在战后很长一段时期里实行低利率政策,规定银行要跟随官定利率的变更自动规定贷款的最高利率。但是实行利率限制的贷款是适用于大企业的大额贷款,而小宗贷款利率则不受限制。由于中小企业信贷需求不断扩大,这种低利率政策反而扩大了中小企业信贷市场和大企业信贷市场之间的利率差别(见表3)。两个市场的利率差别一方面说明了以都市银行为中心的融资体系总体对中小企业存在信贷约束,另一个方面却以较高的利率保障了专业性中小企业金融机构的独自的信贷市场。

表3　　　　　　　　　　　不同企业规模的平均实际利率

年度 ＼ 资本额	1 000 万日元以下	1 000 万~5 000 万日元	5 000 万~1 亿日元	1 亿日元以上
1960	11.642	10.372	10.331	8.868
1971	10.339	10.194	9.463	8.796

资料来源:[日]日本中央大学经济研究所.战后日本经济[M].北京:中国社会科学出版社,1985:343.

信贷市场的分化保证了中小企业可以获得资金,有可能进行大规模的设备投资和更新,从而逐渐摆脱极其落后的生产方式,提高设备装备水平,实现现代化,并为日本经济快速发展奠定了基础。

(三)政策性金融机构和民间金融机构相互协调、共同发展

日本的中小企业融资体系中,政策性金融机构和民间金融机构之间并不是竞争关系和替代关系,而是相互协调、共同发展,形成支持中小企业的合力。

1. 政策性金融机构和民间金融机构具有同等的法律地位。政策性金融机构虽然有很强的政策色彩,但有别于国家权力机关,法律地位上没有凌驾于民间金融机构的特权,而是作为与民间金融机构一样的平等主体参与产业融资活动。

2. 政策性金融机构和民间金融机构在资金筹措上不相竞争。民间金融机构的资金主要来源于存款和其他负债业务,而政策性金融机构的资金来源主要是政府的财政投融资或者发行债券。

3. 政策性金融机构与民间金融机构在资金运用上也不是竞争关系,而是相互补充的关系。政策性金融机构是针对中小企业与生俱来的缺陷以及金融领域市场配置资源力量的不足而设立的,其经营被严格限定在弥补市场缺陷

的范围内。为避免出现因政府行为而对民间金融的挤出效应，政策性金融机构奉行"补而不包"的方针，只在企业无法从民间金融机构获得资金时才会提供金融援助，绝不是大包大揽。[5]

4. 政策性金融机构与民间金融机构相互合作。政策性金融机构常常指定民间金融机构作为代理行，将资金划给代理行并由其根据规定的融资对象、范围、金额、利率水平和期限结构等具体运用资金，政府对贷款给予利率优惠或补贴。另外，为了加大资金投入，政策性金融机构往往与民间金融机构向中小企业提供联合贷款。

5. 政策性金融机构引导民间金融机构向中小企业融资。日本实行的是市场经济，民间金融机构是中小企业融资的主体；而政府通过政策性金融机构引导民间金融机构向中小企业融资。政策性金融机构在中小企业间接融资额中所占比重并不大，只有大约10%。[6]日本政府对中小企业的支出还不到整个政府总支出的1%，却通过较少的投入，引导了民间资本的大量投入，满足了中小企业的资金需求：其一，信用担保体系通过对贷款的担保以及再保险，降低对中小企业贷款的风险，增加中小企业获得贷款的可能性，疏通民间金融机构的贷款渠道，激发了金融市场的活力；其二，以政策性金融机构向中小企业的融资带动商业银行贷款；其三，扶持以中小企业为主要客户的民间金融机构，发挥其支持中小企业融资的关键性作用。

四、对我国中小企业融资体系建设的启示

经过20多年的发展，中小企业已经成为我国国民经济中的重要组成部分，但是与中小企业的飞速发展相比，中小企业融资体系却远远满足不了中小企业的融资需求。日本在其发展过程中关于中小企业融资体系的一些做法值得我们借鉴。

（一）完善对中小企业金融扶持的法律保障

我国已经制定了一些与中小企业相关的法律和规章制度，对中小企业的一些问题进行了规范，对解决中小企业融资难题发挥出一定积极作用。但是这些法规对整个中小企业在国民经济中的地位、中小企业的金融扶持政策没有方向性和原则性的规定；而且部分法规的立法层次低，不具有权威性、完备性、统一性和前瞻性。所以必须立足国情，制定出一整套符合我国实际、有利于中小企业发展的科学、高效的金融扶持法律制度。其内容应包括对中小企业优惠融资、信用补充、资本扩张、建立发展基金和创新基金、完善金融服务体系，开展对中小企业咨询和指导工作等。

（二）建立中小企业政策性银行

我国是社会主义市场经济，政策性银行应该在中小企业融资方面发挥积极作用。目前我国进出口银行在这方面有所作为，但也只是有进出口业务的中小企业才能得到其融资服务，大部分中小企业很难得到政策性银行的支持。因此我国有必要建立专门支持中小企业发展的政策性银行。

政策性银行要讲究对中小企业扶持的方法。如果对中小企业发放政策性贷款不考虑借款者的偿还能力，不按金融规则办事，不但会破坏市场机制，而且会使政策性金融变成第二财政，支持能力低下。因此政策性银行对中小企业的扶持也应该注意适当发挥市场机制的作用。

（三）鼓励发展中小企业商业银行

与日本相比，我国在财政上能对中小企业提供的政策性支持要少得多，因此更加需要推动商业性金融机构对中小企业的资金支持。为了解决中小企业融资难问题，我国四大商业银行也成立了专门负责中小企业融资的部门，但是成效不够显著，必须发展中小金融机构来解决中小企业融资问题。

目前地方政府可通过各种手段鼓励城市商业银行、城市信用社、农村信用社、农村商业银行等地方中小金融机构承担为中小企业融资的职能。比如政府可将支持中小企业的部分政策性资金设立专用账户、由地方中小金融机构代理发放，按照商业化经营的原则选择贷款企业，政府对贷款利率给予一定的补贴。而在中小企业较为发达的地区可考虑设立专门的中小企业商业银行。

（四）建立中小企业担保体系

完备的担保体系和信用保险体系，是日本中小企业获得商业银行支持的重要条件和推动力量。我国一些地方和部门对信用担保和信用保险重要性的认识还不够，虽然信用担保体系建设取得了一定进展，但仍不健全，相当多的中小企业还得不到服务。所以要尽快建立起中小企业信用担保体系。可以鼓励设立民间中小企业信用担保机构，而政府通过设立专门的政策性中小企业信用保险机构来支持民间信用担保机构业务的开展；也可以鼓励中小金融机构和社会资本合作建立风险担保基金等，引导社会力量支持中小企业的发展。[7]由于我国中小企业发展不像日本那样具有互助协会的传统，在具体运作上要结合我国的实际情况，不能盲目照搬日本的模式。

参考文献

[1] 坂田经夫. 现代日本经济史 [M]. 北京：北京出版社，1980.

　　［2］中央大学经济研究所. 战后日本经济［M］. 北京：中国社会科学出版社，1985.

　　［3］池元吉，张贤淳. 日本经济［M］. 北京：人民出版社，1989.

　　［4］王振，孙林，虞震. 中小企业：日本经济活力的源泉［M］. 上海：上海财经大学出版社，2003.

　　［5］馆龙一郎. 明治维新以来的日本金融制度改革［J］. 国际经济评论，1996（11）.

　　［6］田野，吴宗鑫，孙永广. 日本的中小企业间接融资体系［J］. 国际金融研究，2000（12）.

　　［7］彭建刚，周鸿卫. 发展极的金融支撑：我国城市商业银行可持续发展的战略选择［J］. 财经理论与实践，2003（3）.

　　本文刊登于《海南金融》2006年第4期。合作者为李关政。

我国金融发展与二元经济
结构内在关系实证分析

一、前言

　　发展中国家普遍存在着二元经济结构，即由于部门间生产函数与劳动生产率差异或者区域间经济发展不平衡导致的经济性两极分化。发展中国家经济发展的一个重要方面就是二元经济结构向一元经济的转换，我国同样面临着二元经济结构转换的问题。党的十六大报告以及 2004 年中央一号文件都明确指出："我国城乡二元经济结构还没有改变，地区差距扩大的趋势尚未扭转，贫困人口还为数不少"。所以二元经济结构转换是我国目前深化改革、全面建设小康社会所要解决的重要课题。

　　从 20 世纪 50 年代中后期开始，经济学家们就致力于研究发展中国家金融发展与经济发展的关系。金融发展理论的主流观点认为：金融体系具有促进实体经济发展的功能。那么金融发展对我国二元经济结构转换是否具有重要的作用呢？本文对 1990 年以来金融发展与二元经济结构的关系进行实证分析。

　　本文的结构如下：第二部分是对相关文献的回顾；第三部分是对指标选择和数据的说明；第四部分是实证分析过程；第五部分是对实证结果的分析及政策建议。

二、文献综述

　　二元经济结构属于发展经济学的研究范畴，刘易斯于 1954 年在《劳动力无限供给条件下的经济发展》一文中首次提出了关于发展中国家二元经济结构的理论模型。刘易斯模型以及后来的费景汉—拉尼斯模型、乔根森模型、哈里斯—托达罗模型等都主要从剩余劳动力的流动来考察农业与工业之间的影响，而假设资本在两个部门之间是不流动的，并没有考察金融对二元经济结构的影响。

1964年，海拉·明特提出了落后国家的金融二元性问题；相似地，金融发展理论的创始人爱德华·肖和罗纳德·麦金农也于1973年指出发展中国家"市场不完全"的一个重要表现就是存在两个割裂的金融市场：一方面拥有少数现代化的、正规的金融市场和组织，被称为"有组织的金融市场"；另一方面存在着大量落后的、传统的和非正规的金融活动，被称为"无组织的金融市场"。而且两个市场之间由于存在种种阻隔无法实现资金的有效流通，形成统一的金融市场。进一步地，他们从金融二元结构的角度来解释经济二元结构的产生。明特认为：政府为了促进工业化，把数额有限的资本和外汇资源按有利的条件提供给现代部门，同时按不利的条件提供给传统经济部门。并且金融二元性导致资金从传统经济部门向现代部门的净流出，使现代部门的扩展对传统经济部门的正面影响很小，甚至产生负效应。而罗纳德·麦金农利用欧文·费雪的两时期分析框架来说明：在割裂的金融市场条件下，会出现金融机构只向一部分企业家而不向另一部分企业家（或农户）提供低息贷款的情况，这样只有那些可以获得低成本信贷的企业家可以采用新技术从而获得较高的投资收益，而无法获得低成本贷款的企业家（或农户）则被封闭在低级技术中，无法获得投资的高收益。所以信贷获得的不平等会导致二元经济结构。

爱德华·肖和罗纳德·麦金农从金融深化的角度指出：造成发展中国家金融二元结构的主要原因是政府普遍采取"金融抑制"（Financial Repression）政策，比如人为地分隔金融市场，形成金融的垄断，人为设立低利率和高汇率，实行资金信贷配给制等。而要打破金融抑制，就要打破金融业垄断，鼓励民营金融业与政府金融业共同发展，将"场外活动"纳入有组织的金融活动，等等。

21世纪以来，有学者开始关注金融发展与二元经济结构之间的关系。Clarke、Xu和Zou（2003）提出了一个扩展的库兹涅茨假说：经济结构可以影响金融中介对收入分配的作用机制；而且在金融发展对收入分配的直接作用保持不变的情况下，金融发展与"现代部门的重要性"（Importance of Modern Sector）之间应该存在正的作用关系。并且他们利用91个国家从1960年到1995年的数据对之进行了检验，检验结果是支持该假说的。但是他们的考察是以收入差距为对象，"现代部门重要性"只是作为一个外生变量，并没有得出金融发展与它之间确切的相关关系或者因果关系。我国学者王少国（2003）通过两部门二元结构转换模型分析了金融发展如何通过作用于决定二元经济转换的因素来对二元经济结构产生影响。但是王少国没能够将金融发展因素放到模型中去，只是通过定性分析揭示金融发展与二元经济结构之间的间接关系。

到目前为止发展经济学理论尚未能为发展中国家二元经济结构转换过程中的金融支持问题提供足够的理论依据。本文试图从实证的角度进行探索。

三、指标设计和数据说明

（一）指标设计

要分析我国金融发展与二元经济结构的关系，所采用的指标必须既能满足理论要求，又能反映实际情况。本文综合考虑金融发展理论和二元经济结构理论中实证研究所用的指标体系，设计了两组指标来反映二元经济结构状况和金融发展状况。

1. 二元经济结构指标

二元经济结构主要有以下两类：一类是部门二元经济结构，指发展中国家一般存在着性质完全不同的两种经济部门：一是技术先进、生产力水平和收入水平高但是比重较小的现代部门，以工业为代表；一是技术落后、生产力水平和收入水平低但是比重较大的传统部门，以农业为代表。而另一类则是不同地区之间由于生产力和经济发展水平的不平衡而导致的地区二元经济结构，即发达地区与不发达地区并存形成的地区二元经济结构。所以本文分别用以下两个指标来衡量两类二元经济结构。

（1）二元对比系数（R）。二元对比系数是用来反映部门二元经济结构状况的，由陈宗胜在 1994 年提出。根据陈宗胜所述：

二元对比系数 = 农业的比较劳动生产率/工业的比较劳动生产率

式中，某部门的比较劳动生产率 = 该部门的收入比重/劳动力比重。

这里使用二元对比系数的理由是：二元经济结构通常可用农业与工业的劳动力相对比重和纯收入（或产值）相对比重来衡量，而这两个指标的变动趋势具有规律性：农业部门的劳动力比重和纯收入比重都随人均收入水平的提高而逐步缩小，工业部门的这两个指标则随人均收入的增长而相应提高，这标志着经济活动的重心逐步从传统农业部门向现代工业部门转移。二元对比系数越小，表明两部门的差别越大，即二元性越强，反之则反是（陈宗胜，1994）。但是在现代经济中，现代部门不仅指工业，还包括第三产业，而且第三产业的比重越来越大，现代化程度越来越高。如果仅仅考虑农业和工业的对比系数，并不能反映二元经济结构的真实情况。本文借鉴 Clarke、Xu 和 Zou（2003）的做法，对二元对比系数的公式进行了适当的修改，以更全面地反映我国经济的二元性：

二元对比系数＝农业比较劳动生产率/非农产业比较劳动生产率

式中，非农产业比较劳动生产率＝第二、第三产业的收入比重之和/第二、第三产业的劳动力比重之和。

但下文仍然用农业指代第一产业，用工业指代第二、第三产业。

（2）威廉逊系数（Vw）。威廉逊系数又称加权变异系数，由美国经济学家威廉逊（Williamson, J. 1965）首先使用，是用来反映地区经济发展差异的，现在移用来度量地区二元经济结构状况。采用威廉逊系数首先要解决地区的划分问题，我国在研究地区经济差异时，一般将我国按照东中西三个地带或者按照省级行政单位来划分，本文采用后者，以尽可能精确地反映地区二元经济结构状况，其公式如下：

$$Vw = \frac{1}{\overline{Y}} \sqrt{\sum_{i=1}^{n} (Y_i - \overline{Y})^2 \frac{P_i}{P}}$$

式中，Y_i 为第 i 个省或直辖市的人均国内生产总值，$\overline{Y}$ 为全国人均国内生产总值，n 为省和直辖市的数量，P_i 为第 i 个省或直辖市的人口，P 为全国总人口。威廉逊系数越大，说明地区经济差距越大，地区二元经济结构越强，反之则反是。

2. 金融发展指标

改革开放以来，我国的直接金融和间接金融都有了很大的发展，但至今中国的金融体制还是明显的银行导向型。2004 年底我国金融机构贷款余额为 178 197.78 亿元；而从 1991 年累积到 2004 年底，通过发行和配售股票筹集的资金总额只有 11 642.5 亿元，仅占前者的 6.53%。所以本文使用银行类金融机构的指标来度量我国金融发展水平。

（1）贷款相关比率（LIR）。金融发展水平提高的一个主要表现为金融资产规模相对于国民财富的扩展，常用罗纳德·麦金农的 M2/GDP 指标来衡量。但是 Levine 和 Zervos（1998）认为，M2/GDP 这个指标既不能度量负债的来源，也不能度量金融系统的资源配置，实际上与经济增长之间没有理论联系。Aerists、Demetriades 和 Luintel（2001）考虑到不发达国家国内信贷的作用，设计了贷款与国内生产总值之比这一指标，本文称之为贷款相关比率。根据我国的实际情况，本文认为采用该指标不仅可以反映金融中介规模的扩大，还能够反映在资金配给方面金融中介在国民经济中的活跃程度，所以是比较合理的。贷款相关比率的公式如下：

$$LIR = L/GDP$$

式中，L 为全部金融机构贷款余额，GDP 为国内生产总值。

（2）金融结构比率（FSR）。金融发展一方面表现为金融规模的扩大，另一方面也表现为金融结构的改变和优化。按照爱德华·肖和罗纳德·麦金农的观点，打破金融垄断、发展民间金融以及非正规金融活动正规化，也就是金融结构的优化有助于打破金融抑制、消除金融二元结构。所以我们有必要设计一个金融结构指标。

如果把金融机构分为国家金融机构和非国家金融机构[①]的话，那么改革开放以前我国的金融机构实际上只有中国人民银行一家国家银行和若干家信用合作社；整个金融体系具有明显的行政性、封闭性和单一性，受计划经济的严格约束，不存在真正意义上的商业银行。经过 20 多年的改革，现在的金融机构除了中央银行、政策性银行和四大国有独资商业银行等国家金融机构外，还有大量的非国家金融机构，如城市商业银行、农村商业银行、城市信用社、农村信用社以及部分非国有独资的股份制商业银行等。非国家金融机构引入了不同的市场主体，一定程度上弱化了国家对金融资源的垄断，并且使金融服务遍及社会各个层面，把更多的民间资金吸收到有组织的金融市场中去。所以非国家金融机构在金融体系中地位的提升体现了我国金融体系的结构调整和市场化趋势。

非国家金融机构具有很强的区域性和地方特色。一方面，它们很多都属于区域性金融机构，与国家金融机构在全国范围内进行资金配置相比，它们的资金配置主要集中在所在区域之内，并且立足于本地经济的发展，所以对区域经济的发展有着特殊的意义。另一方面，专业性金融机构也是它们的重要组成部分，如农村商业银行、农村信用社等，它们对支持农业的发展有着不可取代的地位。所以非国家金融机构在很大程度上反映了金融资源在地区与部门之间的分配，对二元经济结构转换有着直观的影响。

基于以上理由，本文设计了非国家金融机构贷款与贷款总额之比这一指标，即金融结构比率，其公式如下：

$$FSR = (L - DBL)/L$$

式中，DBL 为国家金融机构的贷款，L 为全部金融机构贷款余额。该指标比较确切地反映了非国家金融机构在金融体系中的地位和它们对金融资源分配的作用。

---

① 国家金融机构是沿用《中国金融统计年鉴》对国家银行的指定范围，指人民银行、四大国有银行、交通银行、中信实业银行、政策性银行和邮政储蓄机构。而非国家金融机构是指除国家金融机构之外的其他金融机构，包括其他商业银行、外资银行、城市信用社、农村信用社、信托投资公司、财务公司和租赁公司等。

（二）数据来源以及处理说明

考虑到时间序列分析对数据的最低要求和数据的可得性，本文研究的样本为从 1990 年到 2004 年的季度数据。

本文所用的季度 GDP、各行业收入、人口与劳动人口的数据来源于各年《中国统计年鉴》、《中国季度国内生产总值核算历史资料》以及国家统计局网站。而贷款数据是根据各年《中国金融统计年鉴》和各期《金融统计分析》整理。

在进行实证检验前本文对数据作如下处理：首先采用 X12 方法对数据进行季度调整；然后采用 CPI 环比指标对 GDP 和人均 GDP 数据进行价格平整。而对金融指标则借鉴 King 和 Levine 的做法，某年度剔除价格因素后的贷款等于该年度的贷款和上一年度贷款的算术平均值。

本文所用软件为 Eviews5.0。

四、实证分析

（一）数据特征描述

我国 1990 年以来二元对比系数、威廉逊系数、贷款相关比率以及金融结构比率的变化情况如图 1、图 2 所示。

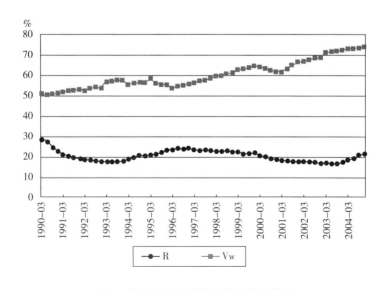

图 1　我国二元经济结构指标变动情况

从图 1 可以看出，1990 年以来我国二元对比系数一直在 20% 附近徘徊，而威廉逊系数则缓慢上升，这说明我国的二元经济结构不但没有得到改观，反而有所加强。从图2可以看出，贷款相关比率和金融结构比率均呈波动性上升态势，这两个指标与二元经济结构的内在关系将在下面的实证检验中给予说明。

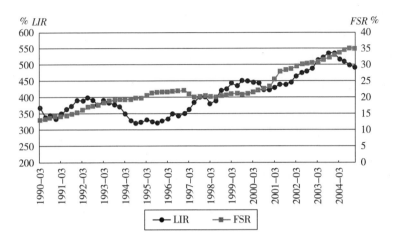

注：LIR 对应于左坐标轴，而 FSR 对应于右坐标轴。

图2　我国金融发展指标变动情况

（二）变量的平稳性检验

由于宏观经济数据常常是非平稳的，因此在进行相关检验之前需要对变量进行单位根检验。本文采用 ADF 检验法来检验各变量的平稳性。检验结果如表1所示。

表1　　　　　　　　　　　　**各变量平稳性检验结果**

变量	检验类型① (c, t)	ADF 检验值	某显著性水平下 ADF 的临界值			平稳性
			1%	5%	10%	
R	$(c, 0)$	-2.36962	-3.5504	-2.91355	-2.59452	否
$D(R)$	$(0, 0)$	-3.10313	-2.60616	-1.94665	-1.61312	是
Vw	$(0, 0)$	3.541531	-2.60475	-1.94645	-1.613238	否
$D(Vw)$	$(c, 0)$	-4.80928	-3.55502	-2.91552	-2.59557	是
LIR	$(0, 0)$	1.154189	-2.60544	-1.94655	-1.61318	否
$D(LIR)$	$(0, 0)$	-6.12343	-2.60544	-1.94655	-1.61318	是
FSR	$(0, 0)$	1.50061	-2.60691	-1.94676	-1.61306	否
$D(FSR)$	$(0, 0)$	-1.856888	-2.606911	-1.946764	-1.613062	是

---

①　检验类型是否保留截距和趋势项是根据从一般模型中得到的截距和趋势项的 t 统计值是否显著而确定的。其中 c 表示含截距项，t 表示含趋势项，p 为滞后阶数。滞后阶数根据 AIC 信息准则确定。下同。

由表 1 可以看出，R、Vw、LIR 和 FSR 均是一阶单整序列。对非平稳的经济变量不能采用传统的线性回归分析方法来检验相关性，而应采用协整方法进行检验。

（三）协整检验

虽然各指标是非平稳的，但是这些指标之间的某种线性组合可能是平稳的。如果这样的组合存在，就认为它们之间存在长期稳定的比例关系，即协整关系。下面使用 Johansen 检验法来进行协整检验。

1. R 和 LIR、FSR 之间的 Johansen 检验。

表 2   **R 和 LIR、FSR 之间的 Johansen 检验结果**

协整向量个数原假设	特征值	迹统计量	1% 的临界值	相伴概率
$R = 0$	0.337229	38.57159	35.19275	0.0208
$R \leqslant 1$	0.149560	14.71466	20.26184	0.2432
$R \leqslant 2$	0.087621	5.31609	9.164546	0.2503

从表 2 可以看出，在 1% 显著性水平下，变量间存在唯一的协整关系，协整方程如下：

$$R = -0.048210 LIR + 0.565160 FSR \qquad (1)$$
$$(0.02)^{①} \qquad\qquad (0.19)$$

式（1）表明贷款相关比率、金融结构比率和二元对比系数之间存在长期稳定的相关关系，其中贷款相关比率与二元对比系数之间是负相关关系，而金融结构比率与二元对比系数之间是正相关关系。即我国贷款相关比率越大，部门二元经济结构性状越强；非国家金融机构的作用越大，则部门二元经济结构性状越弱。

2. Vw 和 LIR、FSR 之间的 Johansen 检验。

表 3   **Vw 和 LIR、FSR 之间的 Johansen 检验结果**

协整向量个数原假设	特征值	迹统计量	5% 的临界值	相伴概率
$R = 0$	0.374993	29.26710	24.27596	0.0108
$R \leqslant 1$	0.046797	3.417493	12.32090	0.7929
$R \leqslant 2$	0.014108	0.781479	4.129906	0.4336

从表 3 可以看出，在 5% 显著性水平下变量间存在唯一的协整关系，协整

---

① 括号内数字为标准化协整系数估计值的渐进标准差。

方程如下：

$$Vw = 0.168312\,LIR - 0.057320\,FSR \qquad (2)$$
$$(0.01) \qquad (0.24)$$

式（2）表明贷款相关比率、金融结构比率和威廉逊系数之间也存在长期稳定的相关关系，其中贷款相关比率和威廉逊系数之间是正相关关系，金融结构比率和威廉逊系数之间是负相关关系。这说明我国贷款相关比率越大，地区经济差异越大，地区二元经济结构越强；非国家金融机构的作用越大，地区经济差异越小，地区二元经济结构越弱。

（四）Granger 因果检验

贷款相关比率、金融结构比率和二元对比系数、威廉逊系数之间存在协整关系，但是尚未能判断金融发展与二元经济之间是否存在因果关系。下面我们分别对 LIR、FSR 和 R、Vw 采用非平稳序列下的 Granger 因果关系检验法进行分析，检验结果如下：

表4　　　　　　　　　　　**Garnger 检验结果**

原假设	滞后阶数①	x^2 值	相伴概率
LIR 不是 R 的 Granger 原因	2	7.852209	0.0197
R 不是 LIR 的 Granger 原因		11.27147	0.0036
FSR 不是 R 的 Granger 原因	2	9.519233	0.0086
R 不是 FSR 的 Granger 原因		4.699235	0.0954
LIR 不是 Vw 的 Granger 原因	2	7.700560	0.0213
Vw 不是 LIR 的 Granger 原因		0.526855	0.08683
FSR 不是 Vw 的 Granger 原因	2	6.585814	0.0371
Vw 不是 FSR 的 Granger 原因		3.369973	0.1854

由表4可以看出：在5%的显著性水平下，贷款相关比率和金融结构比率均是二元对比系数和威廉逊系数的 Granger 原因，而且二元对比系数是贷款相关比率的 Granger 原因。

五、对实证结果的分析及政策建议

（一）对实证结果的分析

实证结果表明：20 世纪90 年代以来，我国金融发展和二元经济结构转换

---

① 最佳滞后阶数由 VAR 模型的滞后阶数确定。

之间存在协整关系和 Granger 因果关系，即金融发展对我国二元经济结构转换有显著的影响，其中贷款相关比率上升对二元经济结构转换起到了负向作用，而金融结构比率的上升对二元经济结构转换起到了积极的促进作用。

贷款相关比率上升对二元经济结构转换起负向作用是因为贷款的增长是一种非均衡增长，主要表现为金融机构的贷款倾向于现代工业、城市和发达地区，导致这些部门和地区所获得的金融资源远远多于农业、农村和不发达地区所获得的金融资源。贷款规模的扩大虽然在一定程度上促进了农业、农村和不发达地区的发展，但却在更大的程度上促进了工业、城市和发达地区的发展，从而拉大了经济的两极分化。

从图 3 可以看到，除了 20 世纪 90 年代初农村存款是略少于农村贷款之外，其他年份农村存款都是远远大于农村贷款，而且差额不断上升，到 2004 年更是高达 8 563.57 亿元；15 年间农村存贷款差额累计达到 40 876.52 亿元。由于数据可得性原因，本文农村存款中未包括乡镇企业存款，若把这一部分存款计算在内，农村存贷款差额将更大。以上数据说明了每年都有大量的资金从农村流向城市，我国金融体系在金融资源配置上明显地倾向于现代部门，这和罗纳德·麦金农（1993）[1] 的观点是一致的。

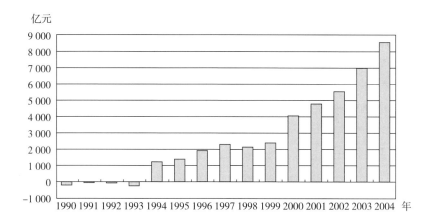

指标说明：农村存款＝农业存款＋农户储蓄；农村贷款＝农业贷款＋乡镇企业贷款。

数据来源：各年度《中国统计年鉴》。

图 3　我国农村存贷款差额

① 罗纳德·麦金农. 经济市场化的次序［M］. 中译本，上海：上海三联书店、上海人民出版社，1996.

我国金融体系对工业、城市和发达地区的倾斜发展是有着深层次原因的。一方面，资金具有逐利的本质，在一定的金融运行机制的作用下，资金倾向于从收益相对较低的农业部门和农村流向工业部门和城市。另一方面，我国的金融部门在改革开放过程中有着显著的功能财政化特征（张杰，1997；周立，2005）。由于我国的金融体系具有很强的汲取剩余能力，国家就通过控制金融系统使之成为国家推进改革开放和施行宏观经济政策的一个直接工具。而我国在计划经济时期实施重工业优先发展的赶超战略，改革开放后又实施东部沿海地区优先发展战略，在这些非均衡发展战略的政策背景下，为了支持工业和东部地区的优先发展，大量的金融剩余①从农业流向工业、从农村流向城市、从中西部地区流向东部沿海地区。这就解释了为什么贷款规模的扩大对二元经济结构转换起到了负向作用。

而金融结构比率的上升则意味着非国家金融机构的发展，非国家金融机构对农业、农村和不发达地区的金融资源起到了较好的保护作用。国家金融机构是在全国范围内进行资金配置，从农村和不发达地区汲取的金融资源就不可避免地流向城市和发达地区；而非国家金融机构由于具有很强的区域性，其资金配置主要在本地区和部门内进行，对于不发达地区和传统部门来说可以起到减少金融资源的流失、支持本地区和部门的经济发展的作用。所以非国家金融机构作用的加大在一定程度上抵消了贷款规模非均衡增长所造成的消极影响，对二元经济结构转换起到了积极的促进作用。

我国已经提出构建和谐社会、节约型社会的战略目标，"三农问题""城乡差别和地区差别问题""环保问题""能源消耗问题"和"经济可持续发展问题"已成为党和国家关注的焦点。在这一宏观背景下，传统部门、农村和不发达地区所提供的产品的经济社会价值都会明显提高。例如，农村提供的产品大多能耗较少、环境污染较少，能较好地利用当地的资源，若能采用现代化技术对初级产品进行深加工，其经济附加值将是十分可观的。因此，通过国家正确的政策导向，有效地运用市场机制，向传统部门、农村和不发达地区引入资金并产生很好的效益是完全可能的。我们认为，非国家金融机构向传统部门、农村和不发达地区提供金融支持具有重要的战略意义且大有作为。

在我国目前国家金融机构占据整个金融体系主体地位的情况下，发展非

---

① 金融剩余就是国家从非国有部门获取的金融资源大于国家给非国有部门注入的金融资源的差额（张杰，1997）。

国家金融机构可以有效弱化国家金融机构的垄断地位，加强金融业运行的市场机制，优化金融资源的配置。但这并非排斥国家金融机构的存在，国家金融机构依然是我国金融体系的重要组成部分，政策性银行更是促进落后产业和地区经济发展的重要推动力量。

（二）政策建议

为了实现我国二元经济结构的顺利转换，达到建设和谐社会的目的，我们要充分发挥金融在其中的积极作用。

一方面，我们不能限制宏观贷款规模的扩展，而是要调整金融的财政性功能，使之为二元经济结构转换服务。我国金融体系对促进金融剩余从传统部门向现代部门流动是具有效率的，但是对促进金融剩余的反方向流动却是低效率的。因此我们要弱化政府对金融向现代部门过度倾斜的影响，同时又要加强对农业、农村和不发达地区的政策性金融支持，以各种优惠政策引导商业银行向它们提供金融支持，促进金融剩余的合理流动。

另一方面，我们要促进金融结构的进一步优化。我们要大力发展非国家金融机构，以充分有效地利用本地区和部门内的金融剩余，保证区域经济和农业经济的发展可以获得足够的金融支持。具体而言就是要发展城市商业银行、城市信用社、农村商业银行、农村信用社、农村合作银行等地方中小金融机构。

从宏观的角度看，发展地方中小金融机构首先有利于实现金融制度安排多元化，使之与二元经济结构相对应；其次可以提升金融体系的市场化程度，提高金融资源的配置效率，在一定程度上弱化金融的财政功能；最后可以将在农业和个体经济中广泛存在的非正规的民间融资活动纳入有组织的金融市场并置于政府的监管之下，从而更有效地利用民间资金。

从微观的角度看，由于交易成本和信息不对称问题，大型金融机构往往集中于向大城市、大型企业提供资金支持，而不愿意向农业、乡镇企业提供贷款。而地方中小金融机构在支持地方经济和农业经济发展时相对于大型金融机构来说，在信息成本、谈判成本、实施监督成本、代理成本等方面更具有优势。同时，由于大型金融机构基本都撤出了农业和乡镇企业的信贷市场，留下的市场空白就是它们发展的土壤。

参考文献

[1] 爱德华·肖. 经济发展中的金融深化 [M]. 上海：上海三联书店，1988.

[2] 陈宗胜. 经济发展中的收入分配 [M]. 上海：上海三联书店、上海人民出版社，

1994.

　　［3］海拉·明特. 发展中国家经济学［M］. 伦敦：哈钦森大学图书馆, 1964.

　　［4］罗纳德·麦金农. 经济发展中的货币与资本［M］. 上海：上海三联书店、上海人民出版社, 1997.

　　［5］罗纳德·麦金农. 经济市场化的次序［M］. 上海：上海三联书店、上海人民出版社, 1996.

　　［6］刘易斯. 二元经济论［M］. 北京：北京经济学院出版社, 1989.

　　［7］彭建刚, 韩忠伟. 城市商业银行对城市经济发展支持的实证分析［J］. 财经理论与实践, 2002（5）.

　　［8］谭崇台. 发展经济学［M］. 山西：山西经济出版社, 2002.

　　［9］王少国. 金融发展与二元经济转型［J］. 经济评论, 2003（1）.

　　［10］夏振坤. 发展经济学新探［M］. 武汉：武汉出版社, 1997.

　　［11］张杰. 中国的货币化进程、金融控制及改革困境［J］. 经济研究, 1997（8）.

　　［12］周立. 渐进转轨、国家能力与金融功能财政化［J］. 财经研究, 2005（2）.

　　［13］Aredtics P.. Demetriades P., Luintel B.. Financial development and economic growth: the role of stock markets.［J］. Journal of Money Credit and Banking, 2001（4）.

　　［14］Clarke, G., L. C. Xu and H. Zou. Finance and Income Inequality, Test of Alternative Theories［R］. World Bank Policy Research Working Paper, 2003（5）.

　　［15］J. Williamson. Regional inequality and the proces of national development［J］. Economic Development and Culture Change, 1965（4）.

　　［16］King, Robert G., and Ross Levine. Finance and Growth: Schumpeter Might Be Right.［J］. Quarterly Journal of Economics, 1993（8）.

　　［17］Ross Levine and Sara Zervos. Stock Markets, Banks, and Economic Growth.［J］. American Economic Review, 1998（3）.

　　本文刊登于《金融研究》2006 年第 4 期。人大报刊复印资料《金融与保险》2006 年第 10 期全文转载。合作者为李关政。

社区银行发展的经济学分析与路径选择

一、发达国家社区银行的实践与启示

（一）实践

社区银行（Community Banks）一词来自美国，主要指在一定的社区范围内按照市场化原则自主设立、独立经营、资产规模小（1979 年以前，资产规模在 3 亿美元以下的银行被称为社区银行；如今，广为接受的标准是 10 亿美元）且主要服务于社区内中小企业和居民的中小商业银行。最早的社区银行可追溯至 1867 年成立的 Lykens Valley 银行。随着经济的发展，社区银行金融服务内容日趋广泛，组成形式也不断变化，但其服务于社区、服务于中小企业的初衷始终没有改变。社区银行一直蓬勃地发展着，成为美国银行业的重要组成部分，其资产约占全美银行资产总额的 20%。虽然 20 世纪 90 年代以来，银行并购使社区银行总数在减少，但新的社区银行仍不断产生，所占比例并没有减少（见表 1）。值得一提的是，资产规模在 1 亿～10 亿美元的社区银行数量一直在增加，呈现出逐步扩张的势头，这充分说明了此类规模的银行相对而言具有一定的优势。同时，从表 2 可以看出，社区银行的经营规模虽然与大银行相比具有一定的差距，但经营效率与大银行非常接近，显示出相当强的生命力。这被国外许多研究银行规模经济的学者的实证结论所证实：中等规模银行的规模有效性较强，1 亿美元左右资产是银行获取规模经济的最佳规模（Rose，1989；Humphey，1990；Berger，1993）。

社区银行对美国经济的发展有大银行不可替代的作用。一方面，社区银行始终以社区居民金融需求为己任，以中小企业生存、发展为目标，拾遗补缺，承上启下，为社区的繁荣、地方经济的振兴作出了巨大的贡献（见表2）；另一方面，美国是一个幅员辽阔的大国，区域经济发展程度并不一致，社区银行在促进区域经济平衡发展方面也发挥了关键的作用，在农村地区更是具有举足轻重的地位。

表 1　　　　　　　1997—2006 年美国社区银行数量和占比情况

年份	社区银行（家）			商业银行总数（家）	占比（%）
	<1 亿美元	1 亿~10 亿美元	合计（家）		
1997	5 853	2 922	8 775	9 143	95.98
1998	5 408	2 974	8 382	8 774	95.53
1999	5 155	3 031	8 186	8 580	95.41
2000	4 837	3 081	7 918	8 315	95.23
2001	4 486	3 195	7 681	8 080	95.06
2002	4 168	3 315	7 483	7 888	94.87
2003	3 912	3 434	7 346	7 770	94.54
2004	3 655	3 530	7 185	7 630	94.17
2005	3 459	3 592	7 051	7 526	93.69
2006.09.31	3 331	3 631	6 962	7 450	93.45

资料来源：根据 http：//www2.fdic.gov/（联邦存款保险公司官方网站）公布的数据计算所得。其中 2006 年为第三季度数据。

表 2　　　　　　　　2003—2004 年美国商业银行经营业绩情况比较

		银行资产规模			
		社区银行		大银行	
		<1 亿美元	1 亿~10 亿美元	10 亿~100 亿美元	100 亿美元以上
资产回报率	2003 年	0.94	1.26	1.45	1.43
	2004 年	0.99	1.28	1.46	1.30
权益资本率	2003 年	11.27	9.90	10.58	8.64
	2004 年	11.52	9.99	10.93	9.95

资料来源：根据联邦存款保险公司（FDIC）公布的相关数据计算得出；转引自：王爱俭. 中国社区银行发展模式研究［M］. 北京：中国金融出版社，2005：103.

　　美国社区银行的成功被其他地区纷纷效仿。欧洲在 20 世纪 90 年代，由于银行经营面临困难，不少银行纷纷实施网点撤并计划，于是在一些地区，特别是偏远地区出现了"金融真空"状态。为了应对这一局面，欧洲许多国家开始建立类似美国的社区银行。英国、苏格兰掀起了一场"社区银行服务运动"（Campaign for Community Banking Services），旨在为社区提供与经济发展水平相适应的金融服务，消除银行网点撤并可能给社区带来的不利后果，这场运动为促进社区经济发展起到了积极的作用。德国的银行业向来以"全能银行"的经营模式著称于世。2 000 家左右具有社区功能的储蓄银行和合作银行（约占银行业总资产的 27%）业务尽管也向全能化发展，但主要服务于当地中小企业、居民、市政建设和公共事业。法国虽然由于银行垄断程度较高导致社区银行较少，但也有 100 多家。亚洲的日本具有社区银行性质的地方中小银行也有 60 多家，主要为地方中小企业服务，这些银行对当地中小企业贷款比率一般占其全部贷款的 70% ~ 80%，其平均收益率水平一般都高于大银行。

（二）启示

1. 正确的市场定位。社区银行在激烈的市场竞争中没有迷失方向，始终坚持为当地居民、中小企业服务的市场定位，不断增强建立在社区关系网络基础上的自身优势，不仅巩固了其在地方信贷市场上的地位，而且也取得了很好的经营效率。

2. 社区银行一般实行股份制，产权明晰，产权结构设计合理；政企分开，一般不会在政府机构的影响下经营，不会提供政府导向性的业务，也不会将社会目标置于银行的财务目标之上，按照市场化原则独立经营。

3. 强有力的政策扶持。美国 1864 年颁布的《国家银行法》（National Bank Act）规定银行只能在单一的行政区域内经营，这种限制银行跨州经营的规制于 1927 年以《麦克法登—佩伯法》（McFadden - Pepper Act）的形式正式成为联邦法律，又在 1933 年的银行法中进一步得到强化。这种州际业务规制限制了大银行的扩张，成为保护社区银行生存的一道有力的法律屏障。1977年颁布的《社区再投资法》（Community Reinvestment Act）要求金融监管当局定期检查辖区内的金融机构是否满足了当地社区的金融需求，并就金融机构对社区的贡献度进行定期评估并公布，其评估结果作为审批该机构申请增设存款分支机构、开展新业务甚至金融机构之间并购的一个重要考虑因素。该法律在 20 世纪 90 年代经过几次修正后存在至今，对于保护社区银行的生存和防止贫困地区金融资源的外流起到了重要的作用，也是许多社区银行在兼并浪潮中消失以后又有不少新生的社区银行崭露头角的一个重要条件。日本政府从存款保险制度、相互援助制度、信用保证保险制度、税收优惠或免征等方面对社区银行的运营与发展进行扶持；法国政府采取措施帮助社区银行进行创建以及建立完整的管理体系。

4. 有序的金融监管。社区银行的正常运行离不开外部的有效监管。从西方发达国家的经验来看，社区银行的外部监管体系以监管部门的专职监管制度为核心，以行业自律组织为依托，以社会监督为补充。监管部门的监管强调风险性监管与合规性监管并重；行业自律组织是社区银行自我管理与自我服务的组织，是连接外部监管与社区银行之间的桥梁和纽带，可以避免监管真空，并大大减少外部监管的实施成本；社会监督机构独立于社区银行之外，具有监管的独立性、公正性、公平性与一定的权威性。

二、社区银行模式存在的经济学分析

（一）适应金融专业化分工的需要

将古典经济学的分工思想拓展到金融领域，则可以发现，金融分工专业化可以提高金融交易效率。金融发展是由金融分工所决定的，并随着金融分工水平的不断提高而提高。社区银行经营模式是与大型银行在金融交易活动中进行专业化分工与协作的必然结果。这种专业化分工的特征体现在：从服务对象看，社区银行主要面向当地家庭、中小企业和农民的金融服务需求，而大型银行则主要面向大的企业。从资金来源与运用看，社区银行资金来源主要集中在当地，运用也主要在当地，从而推动经济的发展，而大型银行则在全国或跨区域范围内调配资金。从服务品种来看，社区银行主要提供一些个性化金融服务产品，而大型银行则提供全面的金融服务。从贷款的审批来看，社区银行除了关注财务数据以外，还会考虑借款人的性格特征、能力以及信誉等难以传递的"软信息"；而大银行则只是根据一些财务指标等"硬信息"作出结论，基本上很少考虑借款人的个人因素。从发放的贷款品种来看，社区银行一般发放基于软信息基础上的"关系型贷款"，而大银行则发放基于硬信息基础上的"市场交易型贷款"。可以看出，这种专业化的金融分工使得社区银行与大银行之间不是竞争关系，而是一种互补关系。

（二）拥有信息比较优势

信息是金融交易中的一个重要变量。由于信息不对称，在借贷发生之前会产生逆向选择，在借贷发生之后会出现道德风险。我们知道，中小企业是社区银行的主要服务对象，与大企业相比，中小企业的信息不对称问题非常突出，潜在的逆向选择和道德风险很大。要克服这两个问题，银行就必须搜寻关于中小企业的信息，并进行评估、使用，而这些是需要花费时间、精力和费用的。与大型银行相比，社区银行对中小企业贷款的信息成本要低，具有信息上的比较优势。这是因为，一是社区银行土生土长，与中小企业一样，遵循市场经济运作的轨迹，有着制度、地缘、人缘上的亲和力及千丝万缕的联系，能够充分利用地方的信息存量，低成本地了解到当地中小企业的经营情况、项目前景、信用水平，甚至业主本身的能力、信誉等所有的信息；二是由于社区的相对狭窄性，社区银行也容易及时掌握信息的动态变化，如某企业的财务状况恶化，要及时催还贷款或增加抵押等，从而降低自身经营风险；三是社区银行的总部和分支机构都在当地，结构简单，委托代理少，信息传递相对较快。由地域性和长期的合作带来的信息优势最容易克服信息不对称导致的逆向选择和道德风险问题。根据麦金农（Mckinnon，1973）等人的分析，广大发展中国家的经济是一种"被分割的经济"（Fragmented Economy）。由于其市场的分割性，信息的传递受到了阻碍，中小企业的信息不对称问题更为严重。因此，发展社区银行更具有客观必然性。

（三）具有交易成本低的比较优势

在信贷交易中，由于信息不对称和机会主义等因素，交易成本相对较高。对于每笔贷款，银行都需要进行事前信息审查、谈判签约及事后监督。相应的交易成本包括信息成本、谈判成本、监督成本，这些是银行在信贷交易中所直接耗费的成本，称之为"显性成本"，除此之外，银行还间接耗费了一些"隐形成本"，如由于发放贷款可能造成的不良资产，银行内部进行贷款决策所需耗费的代理成本等。

发展社区银行有利于发挥其对中小企业贷款上的交易成本比较优势：(1) 社区银行对中小企业贷款的信息成本相对较低。(2) 由于社区银行规模较小，组织结构较简单，决策的周期相对较短，因而从开始谈判到贷款合同的最终签订所耗费的谈判成本相对较小。(3) 由于社区银行根植于社区，信息了解相对充分，对社区内中小企业贷款的使用情况了如指掌；同时在近距离内，企业的违约信息局限在狭小范围内，非常敏感且受人关注，传播速度快，监督成本相对较低。(4) 社区银行由于与中小企业联系密切，能够动态地掌握中小企业的发展状况，在与中小企业信息对称的情况下，完全可以把非系统风险降为零，从而有利于控制贷款风险，减少贷款损失的可能性。(5) 社区的代理成本低。一方面，代理成本与组织规模成正比，企业规模越大，代理成本越高，反之，则越小；另一方面，结构不同的组织中，解决代理问题的成本也不同，结构越复杂、层级越多的组织，代理链条越长，信息传递越慢，其代理成本越高。这样，与大银行相比，结构简单的社区银行由于代理链条较短，解决代理问题的成本就会低很多。

三、我国发展社区银行的现实意义分析

从国外的经验来看，社区银行的发展很好地满足了中小企业、居民家庭的资金需求，是一种非常成功的充满着生命力的经营模式。因此，国内学者在谈到发展社区银行的现实意义时，都把它当成是解决中小企业融资难问题的可供选择路径之一，对此我们表示赞同，但这还不足以概括社区银行发展的重要性。我们认为，金融发展与经济发展具有密切的关系，金融发展是推

动经济发展的动力和手段。当前我国经济发展中表现出典型的二元经济结构特征，[①] 加快改变二元经济结构是新世纪我国经济发展的重大战略任务。社区银行能够很好地弱化二元经济结构，促进经济发展。

我国仍是一个农业大国，传统农业占有相当大的成分。要改造传统农业，实现农业现代化，离不开资金的支持。然而近年来农村金融支持呈现弱化的趋势。一是国有商业银行坚持商业化改革，调整发展战略向"大城市、大企业、大银行"三大目标转变，大量收缩面向农村的金融业务。在许多经济不发达的地区，国有商业银行设在县以下的机构网点都在撤并和收缩进城。设在县及县以下的现有机构网点，大多只有吸收存款权而没有贷款权。二是农村信用社合作制流于形式，多年来按照商业银行模式经营，对社员的贷款程序跟其他商业银行一样，贷款投向没有体现"社员优先、社员为主"的原则，缺乏为社员服务的约束和动力，背离了合作制的初衷，因而，现有的农村信用社其实是"官办"的农村信用社。不少农村信用社不愿发放小额信贷，违规"垒大户"现象严重，服务功能"异化"。三是邮政储蓄在改成邮政储蓄银行之前，是农村资金外流的"抽水机"。与国家鼓励资金投向"三农"的政策相反，邮政储蓄将农村资金集中后流向了城市，造成了地方资金的"失血效应"，削弱了金融支持农业的应有力度，进一步强化了二元经济结构。[②] 社区银行根植于农村社区，专注于农村社区，利用自身的信息与交易成本上的优势，能够有效满足传统农业的资金需求，从而弱化二元经济结构。

与此同时，我国也是地区经济发展不平衡的国家，地理上的二元经济结构也比较突出。大型银行更多地将全国范围内吸收的存款转移到经济发达地区使用，这造成了中国资金流动的"虹吸现象"，即本来急需资金的欠发达地区的资金通过大型银行的分支机构网络，被转移到资金已经比较充裕的发达地区，导致地区差距越来越大。另外，一些偏远的、经济相对欠发达的地区，大型银行不愿全面涉足，加速撤出的步伐，导致局部地区"金融空洞化"。社

---

① 本文所称"二元经济结构"，主要指发展中国家在经济发展过程中，由于部门间生产函数与劳动生产率的差异、区域间或区域内经济发展的不平衡等原因导致的经济性两极分化现象。从发展经济学的文献来看，学术界主要关注的是两类二元结构现象：一类是部门二元经济结构，由诺贝尔经济学奖得主刘易斯（Lewis，1954）提出；另一类则是地理二元经济结构，由诺贝尔经济学奖得主缪尔达尔（Murdal，1957）提出。

② 邮政储蓄银行成立后，20 年"只存不贷"的历史将终结，将允许面向"三农"开办小额贷款业务。通过加强与政策性银行和农村合作金融机构全面开展业务合作，进一步加大邮储资金支农力度，提高农村金融服务的覆盖面和满足度。2006 年的中央一号文件也指出："扩大邮政储蓄资金的自主运用范围，引导邮政储蓄资金返回农村。"

区银行在资金运用方面的特点之一就是将本地市场吸收的资金主要运用在本地，因而能够缓解"虹吸现象"及其可能导致的负面影响，同时在大型银行撤出的地区设立社区银行，也可以填补金融服务的缺口。

四、我国发展社区银行的路径选择

按照上面的定义来衡量，目前国内还很难找到一家真正的社区银行。一个健全的银行体系不仅要有大银行，而且要有为数众多的社区银行。大银行有大银行的优势，社区银行也有其不可替代的作用。因此，如何构建一个与我国经济发展阶段相适应并且覆盖城乡的社区银行体系显得尤为迫切与重要。

（一）将现有的地方中小银行机构改造为社区银行

1. 城市商业银行。对于城市商业银行来说，由于资产规模、经营状况差别很大，改造必须从实际出发，不能搞"一刀切"模式，应坚持区别对待、循序渐进的原则。首先，改造的重点应是中小规模的城市商业银行。许多规模雄厚的城市商业银行，如北京银行、上海银行等已不再适合选择社区银行的经营模式，它们地处发达地区，经营状况良好，已具备与大银行竞争的实力，已发展成为跨区域甚至全国性质的股份制商业银行。[1] 相比之下，中小规模的银行则适宜走社区银行的道路。其次，改造应遵循"先试点、后推广"的循序渐进思路。我国东中西部地区经济发展不平衡，相应地，这些地区的城市商业银行也良莠不齐。为稳健起见，可以先选择一些位于发达地区且经营状况比较好的城市商业银行进行社区银行改造试点，比如广东、江苏、浙江、山东等地区。这些地区中小企业发达，民间资本较为充沛，具有发展社区银行的优越条件；同时，地方政府财政资金充裕，行为较为"开明"，对城市商业银行的不合理干预较少，对改造试点的积极性较强一些。试点成功取得相关经验后，再在欠发达地区全面推广。最后，改造之前要加快产权制度改革。社区银行的一个显著特征就是产权明晰。城市商业银行要改造成社区银行面临的一个重要难题就是产权制度方面的缺陷。我们知道，城市商业银行组建之时就规定地方财政为最大股东，也即地方政府，其入股比例占30%左右。2004年国务院发展研究中心金融研究所课题组对东、中、西部地区三个有代表性省份的20个城市商业银行的调查结果表明，三大区域地方政府对

---

[1] 上海银行和北京银行的资产规模超过2 000亿元，在中国所有银行中排名第14位和第15位，并跻身于全球500家大银行之列，甚至超过了一些全国性的股份制银行。目前银监会已经批准上海银行在宁波、北京银行在天津设立分支机构的申请。两家城市商业银行迈出了跨区域经营的第一步。

城市商业银行的平均持股比例为 24.2%，如果再加上地方政府通过其他企业或机构间接持股的数量，则国有资本（包括地方政府）的持股比例达到76.3% 左右，地方政府对城市商业银行拥有绝对控制权。其他的个体工商户、城市居民、私有企业所占股本的比例很少。这样，地方政府对城市商业银行的行政干预普遍存在，只是程度大小不同而已。城市商业银行无法成为自主经营、自负盈亏、自担风险和自我发展的市场主体。为此，要加快城市商业银行产权制度改革，为其向社区银行转型创造条件。一方面，地方政府股份应逐步从城市商业银行退出，当然，地方政府退出的目的是让其从直接操持城市商业银行的经营中脱身，彻底实行政企分开，并不是放弃支持，地方政府应该为城市商业银行的产权制度改革营造一种良好的外部环境；另一方面，增资扩股，引进具有良好动机的民间资本和运作规范的境外战略投资者，使其产权结构真正多元化。

2. 城市信用社。从规模大小和服务对象来看，城市信用社应该是社区银行最主要的改造对象。20 世纪 80 年代开始出现的城市信用社是依附于非国有小企业发展起来的，90 年代非国有经济和中小企业的快速发展为城市信用社开拓了广阔的潜在市场。但目前的城市信用社面临着股权结构不合理、管理不规范、经营水平低、不良资产比例高、抗风险能力差等诸多问题。因此，要将城市信用社改造为社区银行，必须鼓励外资和优秀的民营企业入股，优化股权结构，实现股权多元化，同时提高经营管理水平，并在政策上给予支持，加快解决历史包袱。

3. 农村信用社。农村信用社是我国当前农村地区的主要金融机构，随着农村经济的发展，农村信用社应当适时对其经营目标、业务范围进行相应的调整，逐步改变政策支农的主要性质。2006 年中国银监会表示，农村合作金融改革要坚持市场化、商业化趋向，10 年内将分批逐步过渡为符合现代金融企业要求的、有特色的社区银行，为社会主义新农村建设提供有效支持。由于区域经济发展不平衡，农村信用社改革要因地制宜、区别对待。改造不能整体推进，要分步实施。我们认为，发达地区的农村信用社要加快改造成社区银行，而落后地区的信用社仍然坚持合作制的原则。对农村信用社进行社区银行改造是一项系统工程，仅靠农村信用社自身是不够的，需要相关各方给予大力支持。

4. 邮政储蓄银行。2006 年 12 月 31 日，经国务院同意银监会正式批准中国邮政储蓄银行开业。其市场定位是充分依托和发挥网络优势，完善城乡金融服务功能，以零售业务和中间业务为主，为城市社区和广大农村地区居民提供基础金融服务，与其他商业银行形成互补关系，支持社会主义新农村建设。我们认为，邮政储蓄银行在农村的储蓄网点改造成社区银行能更好地实现这一定位。因为邮政储蓄银行与其他商业银行相比的竞争优势在于，与当地客户熟悉，吸储的资金用于当地经济发展，与当地经济休戚相关。有数据显示，全国4.5万个邮政汇兑网点中有70%在农村，遍布各大居民小区，有将近70%左右的汇款交易流向农村。全国办理邮政储蓄的网点达到3.6万多处，邮政储户数量达到2.7亿户。邮政储蓄银行改造成社区银行后，要很好地发挥这一功能，需尽快积累在农村发放贷款的经验，建立成熟的经营机制，并依法纳入银行监管体系。

（二）将新建的民营中小银行定位于社区银行

金融开放包括对外开放和对内开放。加入世界贸易组织后，我国政府以强有力的实际行动积极主动地推进银行业的对外开放，银行业开放程度已超过了当初的承诺。而对内开放方面，监管当局却表现得异常谨慎。当前民营资本组建民营银行的强烈愿望受到抑制。一旦监管当局放开限制，民营银行将会如雨后春笋般地建立起来。这些新建的民营银行由民间资本控股，产权边界明晰，没有历史包袱，能够实现真正的商业化经营，将其定位于社区银行有利于为当地的中小企业提供融资服务。但要防范民营资本由于趋利动机而导致过度扩张造成的金融风险。

（三）将民间金融组织引导规范成社区银行

从某种意义上说，民间非正规金融活动盛行往往体现了一国金融深度不足，正规金融无法满足现实与潜在的融资需求。我们应当承认这些民间金融组织为地方经济发展所作的积极贡献。金融监管当局与其屡禁不止，还不如因势利导，通过引导使民间金融组织逐步演化成规范化运作的小型社区银行，同时对组建的基本条件、管理制度、业务范围、运作方式、监管办法等作出明确的规定，在市场准入和利率方面给予更大的灵活性。这样既方便了金融监管，有效地防范和化解金融风险，又能够满足农民等小规模借款人的融资需求，对于培育分工协作、竞争充分的村金融市场也具有迫切的现实意义。

（四）我国社区银行发展的配套措施

为打造一个具有生机活力的社区银行体系，还需要完善配套措施。一是建立健全法律法规体系。颁布类似于美国《社区再投资法》的法律，鼓励社区银行的发展。二是要尽快建立存款保险制度。其作用在于提高社区银行的社会信誉、增强人们对社区银行的信心，为社区银行提供与大银行平等竞争的重要制度环境。三是要进行严格而又有效的监管，强化信息披露和公众监督机制。四是参照美国经验，成立社区银行业协会之类的行业自律组织，进行行业管理，做到自我管理、自我规范、公平竞争。

参考文献

［1］蔡彬彬，郭熙保．金融分工：一种新的金融发展分析框架［J］．经济科学，2005（4）：85 - 97.

［2］国务院发展研究中心．中国银行业风险分析"金融改革与金融安全"课题系列研究报告［R］.2002 - 03 - 14.

［3］贺瑛．社区银行的各国实践［J］．上海金融，2004（11）：46 - 48.

［4］李江．社区银行：城市中小金融中介的发展模式［J］．上海金融，2005（10）：19 - 20.

［5］彭建刚，王睿．交易成本与地方中小银行发展的内在关联性［J］．财经理论与实践，2005（11）：17 - 22.

［6］彭建刚，王修华．信息不对称与地方中小银行发展的内在关联性研究［J］．商业经济与管理，2005（11）：57 - 62.

［7］晏露蓉，林晓甫．中国社区银行的市场需求与发展可能性分析［J］．金融研究，2003（11）：115 - 123.

［8］浙江省资本与企业发展研究会．社区银行：内涵、现实意义与发展思路［J］．上海金融，2005（11）：30 - 33.

本文刊登于《金融论坛》2007年第3期。人大复印报刊资料《金融与保险》2007年第6期全文转载。《高等学校文科学术文摘》2007年第3期摘要收录。合作者为王修华。

社区银行发展的经济学分析与路径选择

非均衡协同发展战略下的
我国城市商业银行发展研究

一、研究背景

城市商业银行自 1995 年开始组建以来到 2006 年底已有 117 家，成为我国除工农中建四大商业银行和跨区域性商业银行外的第三集团军。十多年来，大部分城市商业银行坚持"服务地方经济、服务中小企业、服务城市居民"的市场定位和改革、发展方针，为地方经济的发展提供了应有的金融支持。但面对国有商业银行股份制改造并上市、跨区域性商业银行上市与快速发展、外资银行的进驻、农村信用社改革等，城市商业银行正面临诸如是否需要组建更多的城市商业银行，现有的城市商业银行是否有必要跨区经营和引进境外战略投资者等发展问题。对于这些问题，目前管理部门、理论界和实际操作部门存在较多的争论，尚未达成共识。

上述问题首先应是城市商业银行发展战略问题，然后才是发展走向问题。发展战略是指较长时期内有关发展问题的重大的、带全局性或决定全局的谋划。但金融发展战略必须与一定时期内经济发展战略相适应。我国初等发达时期经济发展的主要任务是弱化二元经济结构，经济发展的战略选择是非均衡协同发展战略。所以我国城市商业银行发展战略又必须置于非均衡协同发展这个战略背景下进行研究，有关发展走向问题又有必要在发展战略的框架内进行讨论。关于城市商业银行发展战略问题，我们曾提出城市商业银行应主动地、有战略眼光地为区域经济发展极的建立和发展提供金融支撑的观点[1]，但尚未对我国发展极体系和城市商业银行发展战略的内涵作系统、深入研究。

二、建立和发展多层次发展极是我国初等发达时期非均衡协同发展的战略重点

一段时期以来我国实行的非均衡发展战略，一方面大大加速了我国工业化进程，使我国 GDP 在 1978—2005 年间以平均年增长率超过 9% 的速度进入

初等发达国家行列；另一方面也使经济结构失衡。当前我国经济发展的战略任务是在继续推进工业化进程的同时，解决二元经济结构加剧问题，实施非均衡协同发展战略是我国初等发达时期经济发展战略的必然选择。建立和培育经济发展极是非均衡发展，而建立和培育不同层次的经济发展极体系则体现着协同发展的思想。因此在我国广袤的国土空间建立和发展多层次发展极体系是实施我国初等发达时期经济发展的战略重点之一。

（一）经济发展极的空间层次性

发展极从地域空间上来讲就是不同规模的城市或城市群。M. 珀努尔认为由极独立地向外发出或向它汇集的流量（生产流、劳务流与资本流）必定具有一定的影响范围，从地域空间范围来看，发展极流量交换范围可能只限于极所坐落的地域；也可能对整个区域或国家产生效应[2]。根据这种判断标准，发展极的层次性可分为作用于地方经济空间的乡镇发展极（增长点）、县域发展极和地域发展极，作用于区域经济空间①的区域发展极，作用于国家经济空间的国家发展极。从我国多层次经济发展极体系来看，乡镇发展极（增长点）是指乡镇级的中心镇，县域发展极一般是指县级行政机构所在的城镇和县级开发区，地域经济发展极一般是指地市级城市，区域经济发展极主要是各省、市、自治区一级行政机关所在的城市或和计划单列市（大连、深圳、厦门、青岛和宁波）。国家发展极一般是指以某些城市为核心的城市群或区域，一般认为我国目前全国性的发展极有三个，一是以广州、深圳为极核的珠三角城市群；二是以上海、南京和杭州为极核的长三角地区；三是以北京、天津为极核的京津唐城市群。

（二）经济发展极的阶段性

发展极是通过极化和扩散来与其作用的区域交换流量。赫希曼认为发展极发挥以极化效应为主到发挥以扩散效应为主，要经过一定的过渡时期。在区域经济发展过程中，当发展极确立后，发展极要先经过以极化为主的极化过程，再到以扩散为主的扩散过程。通过极化过程使区域经济系统由孤立分散的均质无序状态向局部集聚不平衡的低级有序状态发展；通过扩散过程使区域经济系统由低级的非均衡发展转向高级的相对均衡发展。因此根据发展极所处的过程，可分为处于形成过程的发展极、极化过程的发展极和扩散过程的发展极。其中扩散过程又可分为扩散初期、扩散中期和扩散后期。处于

---

① 区域按研究目的不同可分为经济区域和行政区域，根据我国实际情况，此处的区域是指省一级的行政区域。

扩散初期的发展极，其经济实力已达到一定水平，资本等生产要素有向外扩张的动力，此时扩散效应开始大于极化效应；处于扩散中期的发展极，如要进一步发展，必须向外扩展，其扩散效应大于极化效应；处于扩散后期的发展极已具有较高经济发展水平，此时经济发展的主要任务是调整产业结构，使产业进行较大跨度的区域转移，向低层次发展极扩散，促进产业升级，培育新的优势产业或产业集群，使发展极向更高层次或更高发展水平转变。

（三）我国多层次经济发展极体系

我国区域经济发展不平衡，各地区经济发展水平不一致，如果将不同等级的城市（包括城镇）作为相应层次的发展极，同层次发展极所处的阶段也是不一样，使我国发展极体系既有层次的差异，也有所处过程不同的差异（见图1）。

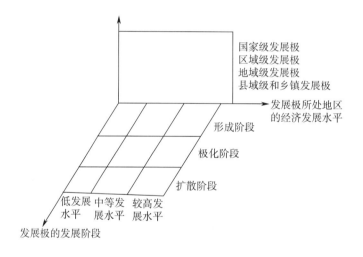

国家级发展极
区域级发展极
地域级发展极
县域级和乡镇发展极

发展极所处地区的经济发展水平

形成阶段

极化阶段

扩散阶段

低发展水平　中等发展水平　较高发展水平

发展极的发展阶段

图1　我国多层次发展极体系

三、非均衡协同发展战略下的城市商业银行发展战略目标的内涵与战略选择

金融发展的重要目标之一是促进经济发展，金融发展战略要适应一定时期内经济发展战略，满足经济发展战略对金融服务的需求。城市商业银行作为城市地方金融主力，其发展战略必须适应我国初等发达时期建立和发展多层次发展极体系这个战略重点。因此，城市商业银行发展的战略使命应是当地发展极的金融支撑，这是城市商业银行的历史使命，也是其生存的基础。

发展极金融支撑的基本内涵为：城市商业银行应围绕发展极的成长而发展，即始终为不同层次不同发展阶段的发展极提供有效的金融支持（见表

1）。在开放经济下，资金的同质性和趋利性使金融资源可在不同区域间流动，而城市商业银行经营的地方性使得它们所拥有的金融资源最具有稳定性，这使得城市商业银行能对地方经济发展提供持久的金融支撑。

根据城市商业银行发展的战略使命，我们认为我国初等发达时期城市商业银行发展的战略选择应为：立足发展极建设，有效利用政府支持，大力融通资金，提高金融服务水平，充分发挥在发展极形成、极化和扩散过程中金融支撑的特定功能，建成符合现代金融企业要求的具有区域特色、业务特色、社区文化特色的股份制商业银行。

表1　　　　　　　城市商业银行对发展极提供金融支撑矩阵图

层次	地域发展极	区域发展极	国家发展极
形成阶段	金融支撑	金融支撑	金融支撑
极化阶段	金融支撑	金融支撑	金融支撑
扩散阶段	金融支撑	金融支撑	金融支撑

四、我国城市商业银行发展重大问题的讨论

（一）是否有必要组建更多的城市商业银行

在多层次发展极体系的建设中，国家发展极和部分区域发展极的建立和发展主要是国家层面的发展问题，由中央政府统一协调。绝大部分区域发展极及以下层次发展极主要是地方层面的发展问题，一般是由各级地方政府引导建设和发展。目前作为区域发展极的省会城市都设有城市商业银行（拉萨除外），大量的地域发展极所在的地市级城市尚没有组建城市商业银行。而在我国多层次发展极体系中，地域发展极所在的城市处于承上启下的位置，往上是省会城市（即区域发展极），向下是县域发展极（属于农村发展极）。与省会城市发展极相比，其数量多、辐射面广，与县域发展极相比，城市级城市发展极常常是本地区经济、文化、教育、商业和金融中心。所以地市级城市发展极的培育和发展是我国多层次发展极体系建设的重要内容。但地市级发展极通常不是国家重点发展的对象，主要由地方政府建设和发展。目前全国城市商业银行只有117家，扣除30个直辖市、省会城市和5个计划单列市的城市商业银行，只有80个地市级城市拥有城市商业银行，而且大部分集中在东部地区。尽管大部分地市级城市都有城市信用社，但城市信用社是一种合作性质的金融机构，规模较小，只有将它们组建为城市商业银行，才能形成对地方经济发展极提供金融支持的合力。所以，从对地方经济发展极提供

金融支撑的角度来看，应该组建更多的城市商业银行，即城市商业银行发展的战略使命要求组建更多的城市商业银行。而以战略眼光来看，地方政府也应该积极支持城市商业银行的组建和改革，这是因为一方面城市商业银行是地方金融安全的重要影响因子，另一方面，在一定时期内，地方政府的参与和适度干预对城市商业银行稳步推进产权制度改革是有积极作用的[3]，城市商业银行的组建和发展需要地方政府的支持。

（二）城市商业银行是否有必要跨区域设立分支机构

2004 年 9 月 7 日，中国银行业监督委员会有关人员表示，在满足各项监督要求并按照《股份制商业银行风险评级体系（暂行）》达到股份制商业银行中等以上水平的城市商业银行，银监会将会逐步允许其跨区域经营。2005 年底上海银行获准在宁波市设立第一家异地分行，这表明城市商业银行单一城市经营模式被打破。对于这种发展趋势，有人赞同，有人反对，见仁见智。赞同的理由主要有：一是跨区经营有利于城市商业银行分散风险；二是跨区经营有利于城市商业银行拓展业务发展的空间；三是有利于增强城市商业银行竞争能力；四是有利于创造条件，积聚力量，推进城市商业银行间重组；等等。反对的理由主要有：其一，城市商业银行跨区经营与我国银行业的总体战略方针相悖；其二，与城市商业银行市场定位相违；其三，认为推进城市商业银行间兼并重组既无意义，也无可能；其四，上海银行、北京银行等跨区经营只能作为特例[4]。

上述争论应从城市商业银行发展战略的角度来考虑城市商业银行的发展走向。城市商业银行作为经济发展极金融支撑的战略使命，要求城市商业银行发展的战略定位是为整个发展极提供金融支撑①，这要求城市商业银行应自始至终为发展极提供金融支撑，并伴随发展极的发展而成长。由于发展极的层次性和成长的阶段性，城市商业银行为不同层次发展极和同一层次发展在不同成长阶段提供金融支撑的空间应该有差别（见表2）。

表 2　　　　　不同层次不同阶段发展极中城市商业银行的经营区域

层次	地域发展极	区域发展极	国家发展极
形成阶段	单一城区内	单一城区内	单个城区内
极化阶段	单一城区内	单一城区内	单个城市或城市群
扩散阶段	地方区域内	先地方区域内再省内	城市群、城市群区域、全国

---

　　① 发展极既是一个空间概念，也是一个产业概念，即主导产业在空间的布局，对较低层次发展极而言，发展极一般对应单一城市，但对较高层次发展极而言，则可能是一城市群或城市群连成的区域，如珠三角、长三角和京津唐城市群。

由表 2 可知，对地域和区域发展极而言，处于形成和极化阶段时，城市商业银行的经营区域应为其所在的城市；处于扩散阶段地域发展极的城市商业银行经营可以扩展到县域，区域发展极中的城市商业银行经营可以先扩散到城市所辖县市，再向省内扩展①。国家发展极常常由几个相邻的、经济水平较高的区域发展极通过"点式"或"面式"扩散，联成网络，构成城市群或城市群区域，成为国家发展极。因此，国家发展极在形成和极化初期，城市商业银行经营范围应是单个城区内；扩散初期阶段，城市商业银行经营可在城市群或城市群区域内扩展；极化后期则可以向全国扩散。所以位于京津唐国家发展极的北京银行，位于长三角国家发展极的上海银行跨区经营是完全可以的。同样，其他一些经济发展水平较高，处于扩散阶段的区域发展极中的城市商业银行在省内扩展也是可行的，但随着地域发展级由极化向扩散阶段发展，将会有更多的城市商业银行在城市发展极周边县域设立分支机构。

（三）城市商业银行是否有必要广泛引进国外战略投资者

近几年来，引进境外战略投资者已成为我国银行改革的核心工作。中国银监会也要求城市商业银行广泛吸收境外战略投资者，认为境外战略投资者引入后，可在银行公司治理、管理体制、资本补充、产品开发、人员培训和市场声誉等方面发挥积极作用。但也存在不同的观点，主要有：第一，充实城市商业银行资本金不一定非要国外投资者，国内民营企业、国有企业也可以介入；第二，如何界定境外投资者就是战略投资者；第三，境外投资者有可能对国家民族金融安全产生不利影响；第四，从改善治理结构来看，东欧国家银行的实例说明，国外战略投资者入股比例低于 25% 时，对银行绩效影响很小，只有超过 75%，才会有显著影响，而国内引进外资的城市商业银行，外资持股比例都没有超过 25%[4-5]。

由于监管方的主要职责是保障金融安全，因此站在监管者的角度，银行越大越安全，而且有国外银行入股也能向公众传递一个信号，该银行经营良好。按照这种逻辑，城市商业银行应该跨区经营、重组和广泛引进境外战略投资者，但从国家和区域经济发展战略对金融发展的要求来看，远没有这样

———————————

① 2007 年 4 月银监会下发了《中国银监会办公厅关于允许股份制商业银行在县域设立分支机构有关事项的通知》，允许股份制商业银行（包括城市商业银行）在商业可持续的原则下，在县域设立分支机构。同时允许股份制商业银行在商业可持续的原则和"风险可控"的前提下，在具有城市群或经济紧密区特征的城市或县域设立支行，视为同城分支机构管理。此处的县域、城市群或经济紧密区特征的城市或县域应是指在同一发展极内的城市和县域。

简单。在我国初等发达时期，城市商业银行发展的战略使命使城市商业银行与经济发展极的建设和发展紧密地联系在一起。一般来说，处于扩散阶段的全国发展极一方面向外扩散资源，另一方面本身面临产业升级，包括金融服务业，所以城市商业银行引进境外战略投资者能全部或部分达到前面所述的积极作用。处于扩散阶段，经济发展水平较高的区域性发展极内的城市商业银行也可以引入国外战略投资者，但是有必要考虑国外银行发展的战略定位与业务特色是否与自身类似，只有相类似，才有借鉴的可能。即使这样，从整体上看，城市商业银行是不宜大规模地引进境外战略投资者，所以城市商业银行要广泛引进境外战略投资者的观点似乎有点不妥。

五、结论

通过本文的研究，我们可以得出以下结论：

第一，我国城市商业银行发展走向应该在城市商业银行发展战略框架内进行讨论，而城市商业银行发展战略又应与我国初等发达时期非均衡协同发展战略相一致。

第二，城市商业银行发展的战略使命应是发展极的金融支撑，这是城市商业银行的历史使命，也是其生存的基础。城市商业银行发展的战略目标应为：立足发展极建设，有效利用政府支持，大力融通资金，提高金融服务水平，充分发挥发展极在培育、极化和扩散过程中金融支撑的特定功能，建成符合现代金融企业要求的具有区域特色、业务特色、社区文化特色的股份制商业银行。

第三，在城市商业银行应成为发展极金融支撑这个命题下讨论城市商业银行发展走向，应该组建更多的城市商业银行，使符合条件的地市级城市发展极都设有城市商业银行；只有处于特定层次和发展阶段发展极内的城市商业银行，才有可能跨区经营和引进境外战略投资者。

参考文献

[1] 彭建刚，周鸿卫. 发展极的金融支撑：我国城市商业银行可持续发展的战略选择[J]. 财经理论与实践，2003（2）：12-16.

[2] M·珀努尔. 增长点、增长极、增长轴[J]. 李仁贵，译. 开发研究，1997（1）：28-29.

[3] 王修华，彭建刚. 我国城市商业银行产权制度改革的基本思路[J]. 投资研究，2007（4）：6-9.

［4］周建松. 关于城市商业银行发展战略的反思［J］. 浙江金融，2006（6）：4-7.

［5］张春子，刘楹. 新形势下中小股份制商业银行银行科学发展战略［N］. 金融时报，2004-04-10（8）.

本文刊登于《中南财经政法大学学报》2007年第5期。人大复印报刊资料《金融与保险》2007年第11期全文转载。合作者为周鸿卫。

非均衡协同发展战略下的我国城市商业银行发展研究

面向"三农"地方
中小保险机构的构建与发展

一、引言

"三农"问题是形成我国二元经济结构的主要原因，也是改变我国二元经济结构的重点。解决"三农"问题不仅需要提供资金，也需要提供一套风险管理机制和保障体系，使农民因灾受损能得到相应的补偿，以利恢复生产；使农民生活得到基本的保障，不因意外事故而陷入贫困。保险具有资金补偿（或风险补偿）、资金融通和社会管理等功能，能为发展农村经济提供保障。保险能够为基本的农业生产提供风险补偿机制，使得农民在遭受农业风险时能够及时得到补偿；在农业生产或农村产业化经营过程中，保险可以分散银行类金融机构的信贷风险，为农村生产融资活动提供服务；保险是一种均衡社会收入再分配的手段，具有社会管理职能。

几年来，我国涉农保险的发展取得了一定的成绩。自 2004 年保监会启动新一轮农业保险试点以来，我国农业保险试点正在全国积极稳妥地推行，积累了不少的经验；农村人身保险市场自 2001 年以后也开始发展，据统计，2004 年我国县域人身险保费收入为 958.74 亿元，占全国人身险保费收入的 29.7%。但与解决"三农"问题对保险的需求相比，还存在诸多不足。本文通过分析构建地方性"三农"保险机构的必要性和可能性，提倡广大中小保险机构以及有实力的企业参与到新农村建设的保险事业当中，充分发挥保险的各项功能，为农村经济发展提供有效的保障，着力改变我国的二元经济结构。

二、面向"三农"的地方性保险机构与"三农"问题

农村需要保险，农村保险有着巨大的潜在市场。一方面农业本身的弱质性使农业生产本身需要基本的农业保险，以建立有效的风险补偿机制，同时农业生产和农业产业化经营过程中的资金融通也要求有积极稳妥的信贷风险

分散机制。另一方面农民要求能对日常生活提供保障。现在农民对晚年生活保障、子女教育等已产生保险需求，农民对于医疗保险的需求尤为迫切，在我国"因病返贫"的人口占农村贫困人口的60%；近些年，农民对日常生产、生活中的意外伤害保险等需求也有上升趋势。此外，农民在融资中（既有单个农民的小额信贷融资，也有数额较大的融资）无抵押和抗风险能力弱，也要求有信用保证类保险。

但是，目前农村保险市场的供给远不能满足农村对保险的需求。根据张跃华、史清华、顾海英（2007）的调查，结果显示农户最关心的风险问题是养老、医疗和农业生产，养老保险和农业保险的意愿需求和供给之间存在很大的差距（见表1）。

表1　　　　　　农户已经购买的险种与期望险种对比分析（多选）　　　　单位：%

	养老保险	医疗保险	农业保险	交通工具	家庭财产	其他
已购买的险种	13.33	71.48	4.07	3.70	7.41	17.04
最需要的保险	57.14	73.56	36.12	5.25	12.48	1.48

数据来源：张跃华，史清华，顾海英. 农业保险需求问题的一个理论研究及实证分析［J］. 数量经济技术经济研究，2007（4）.

因此，笔者认为在中央和各级地方政府的支持下，一方面鼓励原有的商业性保险公司大力开拓农村保险市场，为当地的农村量身定做各类保险产品；另一方面鼓励各地区实力雄厚、有社会责任感的企业出资组建新的涉农保险机构，同时国家和各级地方政府应对涉农保险业务或保险机构给予政策倾斜和一定的财政支持。但是重点应是发展和建立地方性中小涉农保险机构。

由于农业的弱质特性和生产组织方式的分散，农民的低收入和分散居住，使得农村的保险业务存在：（1）保险标的风险大，如1996年至2003年湖南省粮食产量的灾害损失率为10.42%，导致赔付率高；（2）交易成本较高，据测算，农业保险的经营费用率高达20%；（3）信息不对称导致道德风险和逆向选择，据统计，在农业保险中，道德风险给保险公司造成的损失占农作物保险赔偿的20%。

发展和建立地方性中小涉农保险机构可以最大限度地降低保险公司的交易成本和降低信息不对称。首先，地方性中小涉农保险机构的组织一般在县域及以下，其工作人员除了比较高层的管理和保单设计人员之外一般都比较接近农村或者就是农村人员，这不仅可以降低涉农保险的展业成本，而且降低了保险机构对投保农户信息的搜寻成本，最大限度地弱化信息不对称，降低交易成本。其次，地方性涉农保险机构一般有一定的地域界限，机构规模比较小，作为自负盈亏的经营主体，其产权明晰，经营方式灵活多样，避免了委托—代理成本过高、经营僵化的弊端。

三、地方性"三农"保险机构的分类及业务定位

"三农"问题的解决客观上要求建立一个面向"三农"、功能定位清晰的农村金融体系，保险作为农村经济发展的"稳定器"，已成为我国农村金融体系的重要组成部分。根据农村经济发展进程中对保险的需求，地方性"三农"保险机构作为农村保险的供给方，应该能提供多层次、多方位的保险服务，从构建一个比较完善的农村保险体系来看，农村地方性保险机构应包括农产品保障类保险机构、农村信用保证类保险机构以及农村人身保障类保险机构三类。当然这些机构可以是独立运营的，也可以是综合性保险公司相对独立的某一业务部门或分支机构。

（一）农产品保障类保险机构

农产品保障类保险机构是指在中央政府的政策指导下，由各级地方政府参与的以保障本地区农业持续稳定发展为目标，将商业化经营与政策支持有效结合的新型农业保险组织。由于农业保险作为 WTO《农业协议》的"绿箱政策"，被许多发达国家和地区作为支持和保护本国和地区农业发展的重要政策手段。因此，我们应考虑将农业保险变成我国政府保护农业的有效工具，而建立农产品保障类农业保险机构是运用 WTO "绿箱政策"的重要途径。

农产品保障类保险机构的主要承保险种就是传统的种养殖业保险，各地区可以因地制宜，针对当地的具体环境对承保作物及牲畜进行界定。从本质上说，这类保险机构是政策性金融的重要组成部分，因此其运行机制与纯商业性金融机构的运行机制有着重要的差别，它与商业性金融机构一样遵循市场的利益机制和价值规律机制，但同时还强调政府的干预机制。由于农业保险产品本身具有正外部性的特征，目前我国的农业保险承保风险大、赔付率高，因此商业性保险机构不愿涉足该领域，而地方性农业保险机构作为由政府支持和引导的商业化运作机构理所当然地要承担起弥补商业性保险的缺口。

（二）信用保证类保险机构

信用保证类保险机构是指在政府政策支持下，由各地区资金雄厚的龙头企业集团出资筹建的旨在为农民或合作组织在农业生产和产业化经营过程中的融资需求提供保险保障的组织。由于农户个体的分散性，而且农民的实际信誉并不低，信用保证类保险业务应该具有较好的潜力，因此该类保险机构

主要应实行商业化经营。

信用保证类保险机构主要是商业性的以营利为目的的金融机构，政府只是在其初期发展的时候提供政策上的一些支持。这类保险机构主要经营以下几类保险：一是针对单个农民在日常生产中，由于其自身资金紧张而无法及时进行生产而申请小额信贷时为保证其还款提供的风险保障；二是针对单个农民或者农业专业合作化组织开展副业进行融资的时候提供大额资金融通，对其按时还款提供一种信用保证保险；三是专门为农业生产采用新技术的农户或合作组织在技术引进融资等方面提供的风险保障；四是随着农村专业化合作组织的不断发展，专门为农业产业化经营中部分有竞争优势的农副产品的产、供、销、科、工、贸等一系列过程在融资方面提供风险保障。这类保险机构从本质上说是担保机构的变种，在担保发展不够充分的地区，可以将保险与担保合并起来进行发展，并将风险以再保险的形式转移出去。

（三）农村人身保障类保险机构

农村人身保障类保险机构是指在政府的政策导向下为农民提供各种人寿、人身意外等保险业务和医疗保险类业务的保险机构。

这类保险机构的业务与目前各家保险公司承保的险种基本一样，所不同的是在保费厘定、风险分担等方面，它所涵盖的险种范围很广，特别是医疗保险、劳动保险等险种应当属于社会保障的范围，因此，这类保险机构的运作带有一定的政策导向性，其目的在于建立健全当前我国的社会保障体系。

四、构建地方性"三农"保险机构的对策建议

（一）农产品保障类保险机构的构建与运作

地方性农产品保障类保险机构是在中央政府的政策指导下由各级地方政府参与的、服务"三农"的、政策性与商业性相结合的新型农业保险机构。其体系如图1所示。

1. 中央政府的"调控"，实现了整体的资源配置。中央政府作为国家最高行政权力机关，是调节资源配置的指挥者，因此要大力发挥政府输入所带来的"扩散效应"。首先，中央政府要建立健全国家有关农业保险的法律法规；其次，中央政府要为地方农业保险机构提供国家再保险或者农业巨灾保险基金，分散地方农业保险机构的部分风险；第三，中央政府要与其领导的银监会、保监会、农业保险监管机构及地方政府积极进行协商，共同改善农村金融环境、优化地方财政政策与措施、改善现有农村的自然条件等，为资源要素的输入建立良好的外部环境。

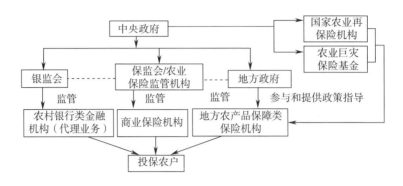

图 1　农产品保障类保险体系示意图

2. 各级地方政府的介入,从微观实现"输血"和"造血"。一是地方政府作为直接主导者需要为地方农业保险机构的建立注入一部分资金,这部分资金可由各级地方财政拨款或整合各项支农资金;二是地方政府要大力发展农村基础设施建设,如信息传递、运输条件的改善以及气象工作的协助等,为农业保险的发展提供良好的客观环境;三是地方政府还要充当各方利益的协调者,如将农业保险纳入社会主义新农村建设的总体规划中统筹安排,与畜牧防疫部门协调将防疫保险纳入农业防疫体系,充分发挥救灾防灾部门保险辅助社会管理的职能等,以降低农业保险机构的经营风险。

3. 农业保险监管机构是农业保险的直接监督管理机构。该机构可以由现有的保险监督管理委员会兼任,也可以单独成立。其职责主要是对地方农业保险机构进行业务监督和管理,如定期审查农业保险开展情况以及经营状况,同时还要协调与其他金融机构的关系,如银保合作业务上往来的规范性等。

地方性农产品保障类保险机构的运作,主要做好以下工作:

(1) 采取灵活的经营组织模式,但最基本的思路是要坚持地方政府的适度"干预"与商业化经营并举。尽管从名称上看农产品保障类保险机构采用的是机构制,但由于我国典型的双重二元经济结构特征,各地区经济发展极不均衡,各地方政府对农业保险机构的支持力度、参与程度也不尽相同,因此各地区可以根据自身的实际情况实行不同的农业保险经营模式,如在经济、金融环境较好的发达地区提倡建立商业化程度较高的农产品保障类保险机构,而在中西部比较落后的欠发达地区,可以考虑在各个基层建立互助式的农业保险组织,然后组建高一级的互助集团机构,既分散了风险,又使得整个农业保险组织的运作更具效率。

(2) 逐步完善农产品保障类保险机构的治理结构。尽管农产品保障类保险机构带有较强的政策性，但是笔者主张其在实际运行中以商业运作为主，其经营管理等业务基本上依照企业经营的法律规范进行，在其组建之初政府出资但是却不能入股，其他保险机构则可以入股（发达地区）或者采取农民自身的合作互助（经济欠发达地区）方式，唯一不同的是它在税收等方面会受到国家和地方政府的双重优待。作为一个法人机构，地方农业保险机构除了政府补贴之外都要做到自负盈亏、自担风险，责权利统一。

（3）农产品保障类保险机构与各类农村金融机构是相互促进、协调发展的关系。农村信用社分支机构遍布广大农村地区，农产品保障类保险机构可以利用其网点资源，向广大农民介绍农业保险，实施农业存款保险制度，提高农民参与农业保险的意识，促进农业保险的顺利开展。与此相应，农业保险的开展又为农民在农村金融市场上融资提供了后盾和损失保障，还可以考虑将参与农业保险与否作为衡量农民贷款额度和信用的一个参考标准等。

（二）信用保证类保险机构的构建与运作

农村信用保证类保险机构与农村信贷体系密不可分，主要体现保险资金融通和分散风险的职能。目前我国农村信贷类金融机构主要有农发行、农村信用社（或农村商业银行、或农村合作银行）、农业银行以及各类试点的小额信贷机构。过去由于农业生产风险大、效率低，农业信贷违约率较高，资金利润率低，农村资金外流现象严重；另一方面由于农业信贷资金使用效率低，农民想要获得一笔资金其信贷审批手续相当繁复，致使很多农民急需资金却无法及时获得，这两方面因素导致整个农业生产体系陷入恶性循环。保险作为社会经济的"调节器"和"稳定器"，其介入在一定程度上可以分散信贷风险，增强农村金融的稳定性，提高农业信贷资金的使用效率。信用保证类保险机构体系见图2。

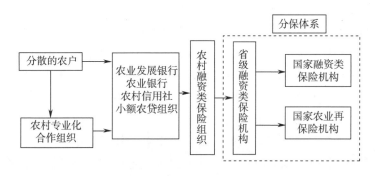

图2　农村信用保证类保险机构体系

1. 目前我国农村的贷款对象主要分为两类：一类是分散的农户；一类是由分散的农户组成的专业化合作组织。分散农户的贷款需求主要用于日常生产如化肥、农药及新种子的引进等，这些资金数额不大，但是贷款的归还具有周期性，需要在农作物收获后方能还贷，然而在农作物生长期间会有风险发生的可能性，最终可能导致无法按时还贷，影响信贷机构资金周转。专业化农业合作组织的资金需求数额相对较大，主要用于专业化生产的机械化、新技术引进以及农产品深加工的产供销一体化的资金融通。在这一过程中信贷部门的资金有潜在的风险，受到专业化合作组织经营状况的影响，一旦其经营失败，信贷部门的资金就有收不回来的可能。

2. 在图 2 中农村信用保证类保险组织主要是针对以上情况为保证银行资金周转提供保险保障，尤其是针对那些采用无抵押方式获得贷款的农户和组织。在银行向农户或专业化合作组织提供信贷资金的同时要求抽出贷款资金的一定额度缴纳给融资类保险组织作为保费，保险组织承诺在到期借款人无力偿还资金时按照约定的保额查勘定损后补偿给银行，同时取得代位索偿权。

3. 省级、国家融资类保险机构的成立主要是为了帮助农村基层保险组织分散风险的。这些机构可由地方农业保险机构和国家农业保险机构分管，这不仅节省了人力、物力、财力，也便于统一管理。地方性农业保险机构及国家农业保险机构必须将这些分保业务与其经营的农业保险分列账户，单独核算，毕竟这部分业务主要还是商业性的，以营利为目的，不同于农业保险有较强的政策性。

构建农村信用保证类保险机构，主要方面有：（1）农村信用保证类保险机构的组织模式。这类组织需要基层政府的政策支持，新兴的保险机构如果没有政府信誉在其中，其展业存在一定的难度，但政府只能为其提供信誉保证，不为其注册资金，不参与经营。因此，应该采取股份机构的组织模式，这符合其以营利为目的的性质。（2）资本构成。目前在我国尚未有这类保险组织，但是在山西等地出现了小额农贷组织，可以借鉴它们现有的经验，鼓励各地资金雄厚的企业以及与粮食生产有关的组织出资，也可以倡导经济条件好的村镇、专业合作组织出资入股。（3）在机构治理方面采用股份机构制的运作模式。由控股股东组建董事会，董事会中各种职位不可相互兼任，其他股东的代表要占到规定的比例；设立监事会、外部董事、独立董事及个人董事；各项决策的形成要由董事会进行民主决定；按时召开股东大会，充分发挥分权制衡。（4）建立内部激励机制。由于我国大部分农村地区经济发展落后，交通不够便利，这给保险机构带来了极高的展业成本（包括人力和财力），因此最好能在每个村都有一定数量的保险代理人员，这样不仅可以降低农民或贷款组织的道德风险，也可以降低机构的运作成本。对这些代理人员要建立定期考核和年终考核制度，激励他们认真而积极地开展工作。同时还要积极与各类信贷机构合作，相互促进，真正达到服务"三农"的目的。

（三）农村人身保障类保险机构的构建

由于现有的多家人寿保险机构已有意向借助国家当前的政策帮助开拓农村市场，因此，对于农村人身保障类保险可以考虑不新设机构，但必须完善现有的组织机构和业务品种。第一，在政府政策的支持和引导下，加大在农村的展业力度，创新保险产品，设计符合农村收入水平和需求的保单，尽快建立新型的农村合作医疗保险制度和各种人寿保险；第二，设立农村基层保险网点，培养农村保险代理人员；第三，要引进先进的技术和人才，与各高校和职业学校建立合作关系和师资培养方案。

五、结论

解决"三农"问题迫切需要保险为农村经济发展提供保障，而地方性保险机构在降低交易成本和克服信息不对称方面具有比较优势。保险已成为我国农村金融体系的重要组成部分，从构建一个比较完善的农村保险体系来看，农村地方性保险机构应包括农产品保障类保险机构、农村信用保证类保险机构以及农村人身保障类保险机构三类。农产品保障类保险机构应定位为商业性与政策性有效结合的保险组织，信用保证类保险机构应定位为商业性保险组织，农村人身保障类保险机构应定位为带有一定政策导向的商业性保险组织。构建三类保险机构的对策应有区别。

参考文献

［1］彭建刚，李关政．我国金融发展与二元经济机构内在关系实证分析［J］．金融研究，2006（4）．

［2］白钦先，等．各国农业政策性金融体制比较［M］．北京：中国金融出版社，2006.

［3］李军．农业保险［M］．北京：中国金融出版社，2002.

［4］彭建刚，王睿．交易成本与地方中小金融机构发展的内在关联性［M］．财经理论与实践，2005（6）．

［5］张跃华，顾海英，史清华．1935年以来中国农业保险制度研究的回顾与反思［M］．农业经济问题，2006（6）．

［6］张跃华，史清华，顾海英．农业保险需求问题的一个理论研究及实证分析［M］．数量经济技术经济研究，2007（4）．

［7］喻国华．当前我国农业保险发展模式问题研究述评［M］．求索，2005（1）．

［8］魏华林，李开斌．中国保险产业政策研究［M］．北京：中国金融出版社，2002．

［9］杜彦坤．农业政策性保险体系构建的基本思路与模式选择［M］．农业经济问题，2006（1）．

＊湖南大学金融学院副教授、金融管理研究中心副主任周鸿卫参加了本项目的研究工作．

本文刊登于《求索》2007 年第 5 期。合作者为崔杰。

国际小额信贷模式运作机制比较研究

小额信贷源于英文"Microcredit"，1997年美国华盛顿峰会后，"Microfinance"被创造出来。这一概念属金融范畴，以盈利为目标，发挥金融中介功能，贷款资金最初依靠外部援助，之后通过自我融资可实现持续发展。小额信贷的经营目标主要表现在三个方面：缓解贫困、提高妇女地位及实现小额信贷三性平衡发展。在众多小额信贷机构中，以孟加拉乡村银行、玻利维亚阳光银行、印度尼西亚人民银行村信贷部和拉丁美洲的村银行较为著名，并被众多国家效仿。为说明小额信贷的不同运作机制，本文拟比较以上四种模式，分析各种模式运作机制的特点，然后结合我国农村小额信贷的实践，就如何完善小额信贷的运作机制提出建议。

一、国际小额信贷模式的运作机制及其特征

根据亚洲发展银行的统计，目前提供小额信贷服务的机构主要有三类：一是正规金融机构，如农村银行和农村合作金融组织；二是半正规金融机构，如非政府组织从事的小额信贷业务组织；三是非正规金融，如民间的货币借贷者和零售店主等。由于国情不同，各国在小额信贷方面所走的道路亦不同。以下着重介绍孟加拉乡村银行、玻利维亚阳光银行、印尼人民银行和拉丁美洲村银行四种模式。

（一）孟加拉乡村银行模式

孟加拉乡村银行于1976年由尤诺斯教授创建，是世界上影响力较大的金融扶贫模式，主要为贫困人口，尤其是为农村妇女（约占95%）提供贷款、存款和一些非金融业务。1983年在政府支持下转化为一个独立的银行，其中所有权的92%由会员拥有，8%属政府所有。乡村银行采取连带责任和强制性存款担保形式发放贷款。连带责任由同一社区内经济地位相近的贫困者在自愿基础上组成5~6人贷款小组，在小组基础上建立客户中心，作为进行贷款交易和技术培训的场所。会员出席每周的小组和客户中心例会，并存5塔卡在小组基金账上，组长收取每周还款并将钱还到参加周会的银行助理那里。

如会员出现还贷问题、缺席周会等，都将使贷款小组失去银行贷款的资格。银行交叉发放贷款，即最初没有得到贷款的会员要等已得到贷款会员都遵守乡村银行的规章制度时才依次贷款。贷款分期偿还，每周按规定收取贷款利率，这种按周分期还款的创新方式提高了贷款的发放率和偿还率，偿还率高达98%～100%。总之，孟加拉乡村银行模式是一种利用社会压力和连带责任建立起来的组织形式，该模式在国际上被多个国家模仿或借鉴。

（二）玻利维亚阳光银行模式

玻利维亚阳光银行前身是一个以捐款为资金来源的非营利性组织PRODEM，1992年被批准为专门从事小额信贷的私人商业银行，但其作为非政府组织的职能仍然存在。为避免与阳光银行竞争，目标市场转到农村，而阳光银行的经营活动则集中在城市。与孟加拉乡村银行相比，阳光银行的运作机制有以下不同：第一，只注重银行业务的开展，不提供其他社会性服务（如技术培训等）；第二，贷款小组由3～7人组成，贷款发放时所有会员可同时获得贷款；第三，利率相对较高，年均贷款利率47.5%～50.5%，之前还须支付佣金2.5%，业绩良好的客户利率稍低，年利率约45%；第四，高利率贷款使银行实现财务自立，不必依赖政府补贴就可获高收益；第五，贷款偿还方式非常灵活，借款者可按周偿还，也可按月归还；第六，贷款期限灵活，1个月到1年不等；第七，每笔借款数额较大，平均额度超过1 509美元，是乡村银行的10倍多。因此，阳光银行服务的客户群体主要是生活在贫困线以上的中低收入阶层，不是赤贫者，目前阳光银行模式已被拉丁美洲其他9个国家模仿和借鉴。

（三）印尼人民银行村信贷部模式

印尼人民银行是世界上为农村提供金融服务的最大国有商业性金融机构，依靠遍布全国的村级信贷部和服务站（Post）降低经营成本。目前有省级分行15个，区域支行325个，村级信贷部（BRI－UD）3 874个。村信贷部（BRI－UD）是基本经营单位（下设服务站），独立核算，自主经营。目前其开展两大业务：贷款和储蓄，并实施动态存贷款激励机制，如储蓄利率根据存款额确定，存款越多，利率越高；借款者按时还款，所获贷款数额不断增加，而贷款利率不断降低。贷款采用传统抵押担保方式，主要发放给中低收入者，平均贷款额为1 007美元。客户根据自己的现金流决定贷款周期和还款期限，贷款期限6个月到3年不等，还款分周、月、季、半年分期偿还。采用能覆盖成本的市场化利率，年均名义利率约32%～48%。因此，印尼人民银行村信贷部是以盈利为目标的金融企业，不承担对农户的培训、教育等义务。东南亚金融危机时期，信贷部业绩好于其他银行，不但未倒闭，信贷运营力量反而进一步加强了。

（四）拉丁美洲村银行模式

拉丁美洲村银行是以村为基础的半正规会员制机构，20世纪80年代中期在拉丁美洲国际社区资助基金会（FINCA）的基础上创建，宗旨是便利社区会员得到金融服务，最终目标是减少贫困。村银行一般由30~50个会员（5~7人的连带责任小组）组成，会员拥有村银行所有权，不须正式注册，目标群体为贫困妇女，约占总人数的95%；会员自主决定存贷款利率，与商业银行相比，存贷款利率都较高。村银行规模较小，除非与大银行和其他村银行联盟，否则其存贷款会受当地经济及规模的制约。因此，村银行的可持续性和覆盖的广度，主要依赖与正规金融机构整合的力度。开展的小额信贷分农户贸易和种养殖项目两类，农户贸易贷款额度（50美元）比种养殖项目贷款额度（50~200美元）小。两类项目的利率都能覆盖成本，还款方式也较为灵活，目前村银行模式已被25个国家的3000多个地方模仿和借鉴。

总之，上述几种小额信贷模式的整体运作具有一致性，如以穷人或低收入阶层为服务对象；服务方式着眼于节约交易时间和成本，提高效率和效益；贷款数额小；利率不至于过高。但它们的具体运作机制与特征也有不同，如印尼村信贷部采用个体抵押贷款，注重贷后动态激励机制的运用，其余模式采用团体联保贷款，依靠连带责任中的自我选择和监督机制来保证高还贷率；乡村银行模式贷款采用贴息利率，其他模式采用市场化利率等。

二、小额信贷模式运作的优、劣比较

与传统商业银行发放贷款相比，上述四种小额信贷模式在贷款发放与回收、抵押担保、贷款激励、目标设计与操作程序等方面有机制创新，是获取高还款率和保证经营绩效的关键。但上述小额信贷模式的运作机制设计并不是完美无缺的，在不同方面表现出优与劣，从而在不同时间与地点采用这些模式会导致不同的效果。

（一）联保贷款在减少逆向选择和道德风险上比个体贷款有优势，但个体贷款在满足客户需求和企业现金流上比联保贷款有优势

理论上联保贷款的自我选择和甄别机制有利于减少逆向选择。在个体贷款市场上，由于银行不能甄别借款者的风险类型，银行按照市场平均风险来确定利率，这样低风险者因不愿支付高于预期的利率被逐出市场。这种次优选择是无效率的，因为低风险者也有高收益项目，不应被排斥在信贷市场之

外。不管怎样，联保贷款的自我选择和甄别机制能改善信贷市场的低效状况，把低风险者拉回市场，从而减少逆向选择。Morduch 等的研究表明在两类借款者（高风险者和低风险者）模型中，联保贷款形成的"自我选择"导致"物以类聚"，即连带责任使贷款团体由风险类型相似者组成，从而减缓了银行的不对称信息。[1]这样，银行针对风险不同的贷款团体采用不同的利率，当两类贷款团体利率差别较大时，诱使低风险者重回信贷市场，贷款平均偿还率上升，银行即使发放低利率贷款也不会带来亏损。[2]

在个体贷款市场，银行不能区别借款者的风险类别也易引发道德风险，但联保贷款的自我选择和甄别机制能减少道德风险。[3]个体借款者在资金成本相同的情况下，要么投资安全项目，要么投资风险项目。依风险类别不同，预期效应也不同，如每人都投资安全项目，盈亏平衡点的贷款利率应定低一点。但非对称性信息使银行不能准确区分个体借款者投资项目的风险类别，有些借款者借机投资高风险项目提高预期收入，结果，贷款偿还率下降，银行出现亏损提高利率，借款者预期收入减少。因此，如果借款者不管什么情况都从事安全项目，低利率会使预期收益更好。由于受信息不对称的影响，个体贷款总面临较高的银行利率。不管怎样，联保贷款的连带责任机制可改善这种状况，贷款团体自动形成的甄别与监督机制迫使借款者选择安全项目。在两类贷款团体中，如都选择安全项目，预期收入较低；如都选择高风险项目，预期收入较高。当贷款团体的连带责任较高时，不但对银行有利（获得较高的联保责任支付款），而且额外的风险（高连带责任支付）也会增加借款者负担，这样银行降低联保贷款利率以补偿借款者的超额负担，而借款者也总是选择安全项目。因此，利用联保贷款中的连带责任机制实施贷款和进行监督，不仅能降低均衡利率，提高预期收益，也能提高预期的贷款偿还率。

早期研究一般突出个体贷款的优势，强调联保贷款的劣势。Madajewicz 认为联保贷款通常不考虑客户的个体需求，产品高度标准化，所有客户的贷款期限和条件都相同；[4]Gonzales - Vega et al. 也指出，在联保贷款中借款者因须参加会议、联合签订合同、互相监督和承受社会压力等，交易成本日益增加。[5]与此相反，个体贷款通常个性化设计，贷款期限和条件与客户需求和企业现金流相匹配；此外，借款者也不必承担其他成员不还贷时的额外支付。按照上述观点，借款者偏好个体贷款而不是联保贷款，只有在无抵押品或小额信贷机构不提供个体贷款时，他们才选择联保贷款。然而，事实并非如此，一些有抵押品的企业也选择联保贷款。Vigenina 和 Kritikos 的最近研究表明，不断发展的企业贷款需求量大且规模日益增加，偏好个体贷款；而停滞不前的企业贷款需求量小，偏好联保贷款。[6]当市场只有个体贷款时，信誉好无抵押品的客户被排除在市场外；当只有联保贷款时，不断发展壮大的企业就面临贷款数额和期限与企业资金需求不匹配的问题；当市场既有个体贷款也有联保贷款时，不存在以上矛盾。因此，同一个市场客户贷款方式的选择既与抵押资产有关，也与借款企业预期的动态资金需求相关，整合两种贷款方式可使无抵押但有前景和有抵押而前景暗淡的企业合理选择贷款方式。

（二）市场化利率在财务自立上比贴息利率有优势，但在目标客户覆盖的广度与深度上不如贴息利率

小额信贷的利率高低有别，分贴补利率和市场化利率两种类型。由非政府组织开展的小额信贷项目常以较低的利率向穷人提供数额不大的贷款，如乡村银行。理由如下：第一，微型经营活动负担不起市场化利率，因绝大部分微型生产活动的利润率较低，小额信贷利率过高不能增强贫困人口的创收能力。第二，由于高交易成本，正规金融机构不愿给贫困人口和微型企业发放贷款。但实践证明贴补信贷存在许多缺陷，主要表现在：被视为赠款、还贷率低和不能实现财务自立。

近几年小额信贷开始向市场化利率倾斜。按照 Churchill 的说法，就是"把借款者看成客户而不是受益者、由依赖捐助者转而依赖资本市场、利率足以覆盖成本以及获得可持续发展"，此举既能缓解贫困又能促进金融业发展。[7]市场化利率与贴息式利率相比有六大比较优势。第一，机构的生存和发展能提供连续的金融服务和保证资金供给，从而克服贴息式小额信贷严重依赖外部资金的缺陷。第二，有利于锁定正确的目标受益人。当有贴息贷款时，因腐败问题受益人往往是贫困地区里较富裕的人，甚至是执行此类贷款计划的官员、家属及亲戚；而市场化利率的小额信贷数额小、还款不方便等对富人没有吸引力，贷款反而能达到目标受益人——低收入阶层手中。第三，不会扭曲信贷市场的功能。一般说来，功能完善的金融市场比受限制的或贴补信贷市场更有效。当存在信贷补贴时，私有银行因无法与拥有大量贴息资金的机构进行竞争而被阻止在信贷市场之外。[8]第四，有利于提高经营效率，降低管理成本，克服贴息信贷的低效率。贴息贷款被借款人看成一种慈善行为，利率低、管理成本和拖欠率高，这种低效率使小额信贷机构不能在盈亏平衡点上方运行，最终导致小额信贷因资金枯竭而失败。第五，可使机构杠杆化程度更高。一般来说，高杠杆率机构更易使资本增值，从而吸引更多的信贷资金。在慈善捐赠有限而进入全球资本市场融资无限的情况下，财务自立的机构更有助于穷人脱贫致富。如果一个小额信贷机构是有效益的，就能实现

财务自立，从资本市场吸引更多资金，更多的小额信贷达到穷人手中，改善人民的生活。可见，财务杠杆率对小额信贷机构经营有积极的影响。第六，市场化利率为客户衡量产品设计优劣和价格高低提供了一个参考指标。

当然过多强调财务自立目标的重要性，也会导致小额信贷机构在追求利润最大化时改变运作程序、结构和激励机制，小额信贷的最初设计是为穷人服务，过多关心财务绩效，会使贷款数额不断增大，目标客户转向较富有的阶层，而最需要贷款的弱势群体被逐出市场。此外，影响小额信贷机构财务自立的决定性因素是贷款利率，意味着高利率与较好的财务自立指数相关，如利率决定不能够反映其资金成本、管理成本、交易成本及风险的话，财务自立就不可能实现。

（三）动态贷款对按时还贷具有激励作用但易遭遇重复博弈的困境

动态贷款机制的典型特征是首批贷款数额较小，随后根据对客户偿还贷款的满意程度不同，数额不断增加。如贷款不按时归还，就切断未来贷款；如借款人希望贷款数额不断增加，动态激励作用就更显著。动态贷款的另一个好处就是在项目启动时以小额贷款考验借款者，随着银行与客户信贷关系的发展，银行在发放大额贷款之前能把前景不好的项目淘汰掉，这样就可克服信息不对称和提高效率。[9]动态激励在人口流动性相对较低的地区如农村更有效，因为在城市，居民来来往往，不易逮到那些跨镇和在不同分支机构借款的违规者。不过，单纯依赖动态激励也会遭遇重复博弈的困难，如借款者一直有良好信誉，但在最后阶段就可能违约。银行如能预料到这一点，在最后就不会发放贷款，但却激励借款者在倒数第二个时期违约，依次类推直至整个机制崩溃。因此除非末期有很大的不确定性或一个项目将会被更健全的项目所替代，才会在贷款中限定时间范围。

（四）实行即时的定期还款计划可提高还贷率，但要求居民有其他收入来源

小额信贷中最不引人注意但最不同凡响的一点是贷款发放的同时几乎立即启动偿还程序。传统的贷款合同一般是借款者取得贷款后投资，期末再连本带息归还。在乡村银行模式中一年期贷款的分期偿还额等于到期贷款本息总额除以50，在贷款发放两个星期后开始按周偿还固定数额。阳光银行和印尼村信贷部的还款模式更灵活，如村信贷部发放的贷款由客户根据自己的现金流决定贷款周期和还贷期限，贷款期限6个月至3年不等，还贷期限则分月、季、半年等不同，以小额资金定期分次偿还本息。定期还款计划有几个优点：一是能把不遵守纪律者淘汰掉；二是给贷款官员提供早期预警机制；

三是可使银行了解客户现金流状况，防止还款资金被消费或转向。

由于在投资获利之前借款者须按周偿还贷款，这要求居民有其他收入来源。坚持每周还款制度意味着银行贷款的效率要靠居民的稳定性、多元化收入以及安全投资来保证，这暗示着小额信贷在一些以农耕为主的地区或最贫穷的南亚和非洲推广，面临的最大挑战就是资金季节性波动问题。

三、借鉴与启示

1993 年，中国社会科学院农村发展研究所首先将孟加拉乡村银行小额信贷模式引入我国河北省易县，成立了"扶贫合作社"，开始了小额信贷在中国的发展历程。到目前为止，我国小额信贷仍处于试验探索阶段。在运作机制上还存在不足，主要表现在：一是联保贷款机制流于形式；二是不具备金融机构的法人地位；三是利率受封顶的限制；四是小额信贷服务的广度与深度不足，大量贫困农户贷不到款。为了使小额信贷业务能在我国新农村建设中发挥更好的作用，需借鉴国外小额信贷模式的成功运作机制，对我国的小额信贷进行改进。

（一）建立以农村信用社为主，市场化运作的小额信贷模式

我国农村信用社小额信贷资金主要来源于政府的扶贫资金和中央银行的再贷款，其数量是有限的，而且容易受到政府的左右，不能根据自己的业务确定补偿成本利率，不能通过吸收社会存款来弥补运作过程中的资金缺乏。如果能建立市场化运作的小额信贷模式，使其溶入正规金融机构，不仅可以吸收大量社会存款参与小额信贷，也能吸引大批企业或社会力量参与，这对于健全农村金融市场，提高农村地区的金融服务质量，遏制高利贷也是十分有益的。

（二）建立农村专业经济组织，引入联保还款机制

小额信贷以贷款运作管理为纽带建立起来的贷户联保小组和扶贫中心，有可能发展成新的农村专业经济组织。通过这些农村组织，把小额信贷发放与农业技术推广联系起来，从而解决农民生产的资金与技术短缺困难。随着小额信贷配套服务功能的加强和完善，农村专业经济组织有可能成为连接农户与市场的桥梁和纽带，解决目前农村千家万户小生产同大市场之间的矛盾，促进农业产业化经营，加快农村贫困地区农业和农村经济发展；同时也能促进小额信贷资金的良性循环。

（三）进行市场细分，实行差别利率，创造小额信贷"双赢"局面

财务上的可持续性对小额信贷机构的生存与发展至关重要。运用市场法

国际小额信贷模式运作机制比较研究

则指导小额信贷，它的利息收入就必须弥补经营成本，并能获利。由于小额信贷的运作成本远高于一般商业贷款的运作成本，其市场化利率就较高。根据发展中国家小额信贷的实践，年均名义利率约 30% ~ 50%。这样一个利率范围显然高于我国农业生产的平均利润率水平，对绝大多数农户来说难以承担。小额信贷要想在解决"三农"问题和建设社会主义新农村中发挥积极作用，小额信贷市场化利率的设置应能给大范围的农村人口提供可行的、长期的金融服务，因为贴补式利率通常仅能为小范围的借款者带来短时间的利益。因此，要使农村信用社与目标客户群体实现"双赢"，从我国实际来看，应对小额信贷市场进行细分，实行差别利率。如对那些承受不起市场化利率的农村赤贫者或从事特殊行业生产的农户，发放政策性与商业性相结合的混和贷款，以降低利率。这样，实行差别利率定价的小额信贷既使农民得到了农业发展所需资金，又使农村信用社通过发展小额贷款实现了战略转型。

（四）小额信贷机构应提高管理效率，实现机构及人员的可持续性

首先要保证机构的常设化；其次应创造条件逐步使人员构成专业化和固定化；最后要加强对小额信贷机构从业人员的职业道德教育和专业知识培训，包括农业政策知识、农业经济知识、农业信息和农村金融知识等，以提高这些人员的综合素质。

（五）理顺小额信贷运作的外部环境

一是健全和完善有关法律法规，明确农村信用社的性质、职能定位，使农村信用社小额信贷业务经营在法律保障下正常开展。二是理顺农村信用社发展农户小额信贷的政策环境，通过相关利率政策、税收减免或税收返还等政策，保证小额信贷可持续发展。三是采取有效措施帮助农村信用社消化历史包袱，增加支农资金。四是建立农业保险和担保制度，确保农村信用社农户贷款的风险控制与保障能力。五是加大对小额信贷的监管力度，防范金融风险。

参考文献

［1］Morduch. The Microfinance Promise［J］. Journal of Economic Literature，1999，Vol. 37：1569 – 1614.

［2］Ghatak. Group lending，local information and peer selection［J］. Journal of Development Economics，1999，vol. 60，No. 1：195 – 228.

［3］Stiglitz. Peer monitoring and Credit markets［J］. World Bank Economic Review，1990，Vol. 4：351 – 366.

[4] Madajewicz, M. Capital for the Poor. The Effect of Wealth on the Optimal Credit Contract [J]. *Discussion Paper*, Columbia University, 1999, No. 5: 35 – 56.

[5] Gonzales – Vegaetal. Principles of Regulation and Prudential Supervision and Their Relevance for Micro – enterprise Finance Options [M]. The New World of Micro – enterprise Finance, London Intermediate Technology Publications, 1997, 36: 134 – 165.

[6] Vigenina, Denotes & Alexander. The Individual Micro – lending Contract: is it a Better Design than Joint – liability? Evidence from Georgia [J]. Economic systems, 2004, 28: 155 – 176.

[7] Churchill Craig. Regulation and Supervision of Microfinance Institutions. Case Studies [J]. The Microfinance Network Occasional Paper, 1997, No. 2: 78 – 91.

[8] Robinson. Rural Financial Intermediation: Lessons from Indonesia. Part one, the Bank Rakyat Indonesia: Rural banking, 1970 – 1991 [J]. Harvard Institute for international Development Discussion paper, 1992, 434: 124 – 132.

[9] Ghosh & Ray. Cooperation in Community Interaction Without Information Flows [J]. The Review of Economic Studies, Oxford: Blackwell, 1997, Vol. 63: 491 – 519.

本文刊登于《国际经贸探索》2007 年第 6 期。合作者为范香梅。

国际小额信贷模式运作机制比较研究

基于关系型信贷的中小金融机构与
中小企业选择一致的理论诠释

一项融资安排的实现，取决于投融资双方在对融资方式和融资技术上的选择能否实现一致。本文将论证关系型信贷主要被用于对中小企业的融资安排，而地方中小金融机构在从事关系型信贷时具有比较优势。

一、信息不对称与中小企业的融资选择

不同的融资方式和融资技术，不仅信息生产的成本不同，而且成本在投融资双方之间的分担也不相同，无论是融资方还是投资方，主要是通过比较其分担的信息生产成本与从这种分担中获得的收益来进行选择。中小企业由于信息生产能力较弱，更愿意选择信息生产负担较轻的融资方式和融资技术。

（一）公开市场与非公开市场融资的信息生产成本及分担

企业的融资方式可以分为内部融资和外部融资两种，外部融资又可以分为公开市场融资和非公开市场融资。公开市场融资主要指在公开市场上发行股票或债券等有价证券进行融资，非公开市场融资则包括商业信用、金融中介信贷、天使投资和风险投资等，其中商业信用和金融中介信贷属于债权融资，而天使投资和风险投资属于股权融资。

与非公开市场融资相比，公开市场融资信息生产成本相对较高，并且这种成本基本上是由融资方来承担。企业进入公开市场融资时，往往需要耗费大量的资源，用于证券的发行承销、制作符合监管当局要求的财务报表以及严格披露相关的信息，等等。之所以会如此，主要是由于在公开市场上，外部投资者的投资行为可以很快和很方便地被其他投资者观察到，不能阻止其他投资者的"搭便车"行为，导致投资者无法从对融资者的甄别与监督活动中获得超额收益，因此，在公开市场上投资者的理性选择是不投入资源对融资者进行甄别与监督，企业要想获得融资，必须承担全部的信息生产成本，进行详尽的信息披露。同时，监管当局为了防止由单方面披露信息所引起的逆向选择和道德风险问题，对市场准入条件和信息披露要求都有着严格的限

制，从而增加了企业生产信息的成本。而在非公开市场上融资时，由于整个融资活动是在非公开市场上进行的，外部投资者的投资行为很难被其他投资者观察到，其甄别与监督行为可以获得关于融资者或融资项目的专有信息，避免了其他投资者的"搭便车"行为并获得全部的超额收益，因而有动力去对融资者进行甄别与监督。对外部投资者的这种激励机制可以降低对企业的信息披露要求，通过信息生产活动在投融资双方之间的分担，减轻了企业的信息生产负担。除此以外，监管当局对非公开市场的准入条件和信息披露的限制也要宽松很多。最后，当企业采用内部融资方式时，由于投资者和融资者是同一主体，两者之间不存在信息不对称，不会产生逆向选择和道德风险问题，此时无论融资者还是投资者都不必付出额外的成本生产相关信息，如果不考虑企业内部的信息生产与传递问题，信息生产的成本为零。

在非公开市场上的各种融资方式中，对于企业而言，通过金融中介进行信贷融资的信息生产负担相对较轻。原因在于，金融中介可以通过分散化降低对借款人进行监督的成本，在理论上，借款人数量越多，金融中介对每个借款人的监督成本就越小，从而可以充当投资者"代理监督者"的角色，在相当程度上减弱了信息不对称问题。正是由于在信息生产成本方面具有比较优势，与其他外部融资方式相比，金融中介的信贷融资不仅可以降低信息生产的总成本，而且可以在获得较少收益的条件下分担总成本中的较大比例，从而降低了在融资过程中对企业的信息公开披露的要求及其融资门槛。其他投资者由于无法通过分散化降低信息生产成本，即使愿意分担大部分的信息生产任务，但也要求在未来获得更多的收益作为补偿，例如风险投资者。因此，只有少部分高科技中小企业能够通过风险投资方式获得融资，这些企业往往具有高成长性和高预期收益率，风险投资者不仅愿意承担最初进入时的信息生产任务，在这些企业成长到一定规模后，还会支持它们按照公开市场的要求披露相关信息，通过公开市场来获得连续的外部融资，这也为自己提供了退出通道。而对于大部分中小企业而言，由于规模不大，难以承担在公开市场融资所需的高昂费用①，除了内部融资以外，通过金融中介进行信贷融资成为最可行也是最主要的外部融资方式。

（二）交易型信贷的信息生产成本及分担

为了解决在信贷融资过程中信息不对称问题，金融中介的具体融资技术

---

① 据 Berger 等人估计，企业进入美国公开股权市场融资的资产最小规模在 1 000 万美元左右，进入美国公开债权市场融资的资产最小规模为 1.5 亿~2 亿美元。

大致可以分为四种（Berger & Uden，2002）：财务报表型信贷、资产保证型信贷、信用评分型信贷和关系型信贷，前三种技术又可总结为交易型信贷。

在交易型信贷融资技术下，金融中介主要是基于财务数据等"硬信息"作出信贷决策，硬信息以数字形式表现，比较客观和标准，在传递过程中不易失真，且便于金融中介采用先进的定量方法进行分析。硬信息的这种特点决定了在交易型信贷下，企业要承担较多的信息生产任务，企业不仅要提供财务报表或财产担保，并且这些信息还需要通过第三方的外部审计才能合格，如果企业不具备生产这些信息的能力，或是因为成本过高等原因不愿意生产，就无法通过交易型信贷获得融资。

金融机构的规模将会影响其采用交易型信贷时的信息生产成本大小。交易型融资可以看做是金融机构提供的一种标准化的金融产品，标准化产品的特点在于其生产可以直接被复制，便于采用先进的技术设备代替人工操作，在系统内部各种信息的交流沟通障碍较少时，能够对生产流程和工艺进行更精细的专业分工，提高每一个环节的劳动生产率。根据规模经济原理，在一定规模区间内，企业规模越大，从专业分工中获得的好处就越多，生产标准化产品以及技术投入的单位成本也更低。现实中我们也可以看到，大型金融机构在信用卡等业务上占据着很大的优势。

随着《巴塞尔新资本协议》的实施，大型金融机构在交易型信贷上的规模优势将会进一步得到加强。新协议是建立在现代风险管理模型之上，能够对各种风险进行精确度量，但是，采用新协议的金融机构必须将信贷活动中的各种信息定量化或者说"硬化"，例如，对客户的评级标准要和定量的违约概率挂钩；对所有客户和贷款都要评级，评级过程必须有书面记录，并由独立的风险控制部门或外部机构复审；对模型各种参数的估计值必须建立在历史数据的基础上，而不是主观判断的基础上，等等。这要求金融机构具有先进的风险管理模型和较长时间的历史数据储备，往往实施费用高昂，只有少数大型金融机构才能负担。

（三）关系型信贷的信息生产成本及分担

在关系型信贷融资技术下，金融中介主要是基于"软信息"作出信贷决策，软信息来自于金融中介与企业、企业所有者以及地方社区的长期业务（例如信贷、存款和代收代支等业务）或非业务联系，包括许多不能在企业财务报表上体现出来的经营信息。例如，企业存款账户的变动反映了企业的日常经营交易活动和职员薪水支付状况，这些信息有助于金融中介更全面地掌握企业财务状况；通过观察企业经营管理者或所有者的消费信贷、信用卡、存款账户或投资行为的变动，可以获得关于他们品德、信誉、经营能力或风险偏好的信息；通过与当地社区、企业供应商及客户的接触，可以了解中小企业的经营状况和市场前景。软信息一般难以用规范的形式表达出来，难以在系统内外部毫无损失地进行传递和核实。

关系型信贷中的信息生产任务基本上是由金融机构承担，企业几乎不需要付出信息生产成本。不过软信息的特点决定了关系型信贷是一种个性化金融产品，难以被复制和采用先进的技术设备，也难以对流程进行分拆以提高专业化程度，因此，对于关系型信贷金融机构很难利用规模经济原理来降低信息生产成本。

关系型信贷的信息生产成本主要取决于金融机构与企业的关系强度。一方面，金融机构和企业关系越密切、强度越大，获取软信息的数量和质量就越有保证，成本也更低。另一方面，在金融机构与企业长期关系的建立过程中，关系较强的企业相当于获得了某种程度的声誉，为了维护这种声誉以保证未来能够持续获得信贷，企业会主动选择低风险的投资项目，这又进一步减轻了道德风险和金融机构的监督成本。概括而言，影响关系强度的因素主要包括以下几点：（1）金融机构所提供金融服务种类的多少。金融服务种类越多，关系越强。（2）企业的规模。一般来讲，大企业比较倾向于交易型融资，企业规模越大，关系越弱。因为大企业能够利用规模承担信息生产成本，并且从中获得相应的收益，即便是与金融机构建立关系，关系也往往较弱，或者是与多个金融机构建立关系，以减少由于与一家金融机构之间的强关系所产生的扼制问题。（3）企业是否具有多个外部融资渠道。外部融资渠道越多，关系越弱。例如，如果一家企业在多家银行获得贷款并设立了存款账户，那么单个银行从企业在本行的存款账户中能够获得的信息就比较有限。而且，由于金融机构不能全部获得由排他性信息带来的收益，也将削弱金融机构与企业加强关系的意愿。（4）信贷形式。如果金融机构对中小企业发放的贷款是"信贷额度"或者相类似的形式，关系会更强一些。一个主要原因是，相对于短期贷款等一次性的信贷安排，信贷额度形式的贷款可以使企业获得较稳定的资金来源，从而削弱了企业去寻求其他融资来源的动力。（5）时间的长度。关系建立和维持的时间越长，关系强度就越大。（6）金融机构的规模。大型金融机构的内部人员调动相对比较频繁，且软信息在其中传递的难度更大，因此难以与企业维持较强的关系。

通过对交易型信贷和关系型信贷两种融资技术的比较，不难发现，企业的信息不透明程度越高，其硬信息生产能力越差，就越倾向于选择关系型信贷。而且，在关系型信贷的第一阶段，由于金融中介对企业还不了解，信息生产成本较高，企业融资的利率会比较高，并且有财产担保的要求，但随着投资项目的成功和关系的加强，金融中介的信息生产成本将会下降，从第二阶段开始，企业不仅能够更容易地获得信贷，信贷条件也更优惠（融资利率将会下降，并且不再有财产担保的要求）。因此，关系型信贷主要被用于对中小企业的融资安排。

二、信息、变异度与地方中小金融机构的反馈控制机制

前文已经指出，出于信息成本分担的考虑，中小企业倾向于通过金融中介的关系型信贷来获得外部融资。但是，并不是所有的金融机构都适宜于从事关系型信贷业务，金融机构在内部结构上的差异，将导致它们在不同的融资技术上分别具有比较优势，进而导致它们作出不同的选择。一般而言，内部管理层级较多的跨区域大型金融机构在基于硬信息的交易型信贷上具有比较优势，而经营范围局限于一地、内部管理层级较少的地方中小金融机构则在基于软信息的关系型信贷上具有比较优势，因为地方中小金融机构能更有效地解决软信息在系统内部传递时所导致的激励和监督问题。在此，我们运用控制论来进行分析。

金融机构本身是一个复杂的系统，在控制论中，系统是指相互作用的诸要素组成的有机整体，可以定义为 $S = \{A, B\}$，其中 A 是系统内各要素的集合，$A = \{a_1, a_2, \cdots, a_n\}$，$R$ 是系统内各要素之间以及系统内各要素与系统环境 a_0 之间的信息联系 $r_{ij}(i, j = 0, 1, \cdots, n)$ 的集合。一个系统的功能分为内部功能和外部功能，金融机构的内部功能可以归结为系统内部信息以及人财物调节、输运、转化的活动能力，外部功能可以归结为系统对其外部环境作用的能力。当外部环境对其发生作用时，作为系统外部功能体现的系统行为总是呈现出一定的目的性和不变性。例如，可以定义金融机构的外部功能为运营资金，其系统行为的目的是价值最大化和资金的"三性"平衡，设立的各种指标体系（资产负债率、资本充足率等）则是金融机构的行为不变量，无论外界环境怎样变化，系统的行为及结果都应处于这些比例指标的约束之内。

研究信贷关系中软信息的特点和作用，需要引用控制论的"变异度"概念。系统状态的变异度与"一切可能有的丰富多变的状态"相对应。不同类型的变异度实质上反映了系统内外的各种不确定性。例如，变异度与金融机构的风险控制紧密相联系，因为风险控制的目的在于消除或降低资金损失的可能性（一种不确定性）。信息与变异度存在着既对立又统一的辩证关系。其对应的一面表现在：信息旨在消除不确定性，变异度却体现出不确定性程度。

其统一的一面表现在：信息的度量——信息量用所消除的不确定性的程度来表示，故信息与变异度有着相同的度量单位——比特。

对于控制论来说，信息仅当被系统所接受，并给予后者相应的作用，才是重要的。系统的任务是调整自己适应于外界的变化，保持自身的稳定，作出对输入信息的输出响应。某一系统接收了信息后，将发生确定的带有行为目的性的变化，特定的信息决定着系统从丰富多彩的活动方式中选择某一特定的活动方式，这一过程表现出系统的行为不变量。

我们可以把偏离金融机构管理目标的状态变化的各种可能性的总和称为干扰变异度，把逼近金融机构管理目标的状态变化的各种可能性的总和称为调节变异度。根据著名的控制论专家艾什比提出的必需变异度定律，我们得出金融机构在其开展信贷业务过程中遵循的一条控制论原理：只有金融机构的调节变异度超过了它的干扰变异度，才能保证金融机构趋达它的经营目标。就金融机构而言，系统可能接受的各种"硬信息"和"软信息"都增加了它的调节变异度，而这些"硬信息"和"软信息"丧失或在传递过程中失真的可能性都增加了它的干扰变异度。为了压低干扰变异度，金融机构需要引入负反馈机制，使得任何偏离基本目标的行为，都由一个相反的活动来校正。这时，各种"硬信息"和"软信息"的补充输入增加了系统的调节变异度。当调节变异度压低了干扰变异度，金融机构这一系统就会趋于稳定，维持或达到系统运行的目标。

无论是硬信息还是软信息，信息的获取、传递和处理都是为了提高金融机构运营的有序程度，消除系统运动的不确定性。但硬信息和软信息在规模不同的金融机构内部传递和作用的效果是大不相同的。跨区域大型金融机构分布面广、管理层级多，因此，为了趋达目标，系统内部形成了多层级的反馈回路。下一层级的管理是为了达到上一层级提出的工作目标。地方中小金融机构分布面小、管理层级少，反馈回路的层级也少。硬信息能够在多层级的系统内有效地传递，软信息则难以在多层级的系统内有效地传递。这是因为财务报表和财产担保等硬信息一般经过了外部审计，以数字形式表现出来，更为标准和客观，而软信息则主要来自于金融机构内部人员的主观认识，具有人格化的特征。从信息的传递来看，硬信息是以书面形式或电子文档形式在系统内部传递，不易失真；而软信息很难用规范形式表现出来，具有高度的专有性，这不仅体现在一家金融机构相对于其他金融机构对信息的专有上，还体现在基层信贷人员相对于金融机构其他管理层对信息的专有上，软信息通常以"口耳相传"的方式在系统内部传递，容易失真，每经过一个内部管

基于关系型信贷的中小金融机构与中小企业选择一致的理论诠释

理层级，都会增加新的干扰变异度。

软信息的特点使得管理层级较多的跨区域大型金融机构在采用关系型信贷时，难以解决对基层人员的激励问题。在软信息的传递过程中，随着内部管理层级的增加，干扰变异度也不断增加，使得跨区域大型金融机构基层人员获得的信息很难准确地传递给高级管理层，基层人员会发现自己在信息搜集和研究上的努力并不能保证他们能够获得所需的支持，即便他们发现的项目是可行的，处于较高层级的信贷决策者由于无法有效地对汇总上来的各种信息进行核实，有可能会把信贷资源配置到其他实际收益更低或风险更高的项目、地区和部门，这将使基层管理人员觉得自己所付出的努力很有可能得不到回报，从而导致工作积极性降低。

当干扰变异度累积到一定程度时，也就是干扰变异度超过了调节变异度时，就会危及金融机构目标的实现。如前所述，为了保持系统的稳定性，金融机构需要在系统中建立负反馈机制（见图1）[1]。金融机构中每一个管理层级和在其之下的管理层级分别充当施控子系统和受控子系统，施控子系统和受控子系统之间通过负反馈通道耦合成闭合环路，施控子系统根据观察到的受控子系统的活动结果，通过负反馈通道运用调节变异度对干扰变异度进行压制。当各闭合环路中的干扰变异度增加时，各施控子系统就得设法增加其调节变异度。在关系型信贷业务中，金融机构增加调节变异度的手段主要是加强监督。干扰变异度越大，所需的调节变异度也越大，即进行监督的成本会更高。跨区域性大型金融机构由于内部管理层级较多，形成了反馈回路的多层叠加，每一层级都需要投入大量的资源对下一层级进行监督。尤其是上下层级分别处于不同地点时，上一层级从客户方面获得所需的软信息需花费很高的成本。因此，跨区域性大型金融机构在关系型信贷上会存在威廉姆森式组织不经济的问题。而地方中小金融机构一般规模都比较小，且经营范围局限于某一城市或地区之内，因而能够建立一种扁平化的组织结构，层级之间的地理距离非常近，减少了干扰变异度的影响。相对于跨区域性大型金融机构，地方中小金融机构可以有效地降低关系型信贷中的监督成本，更好地解决金融机构与中小企业之间的信息不对称问题。

---

[1] 反馈指系统的信息输出通过一定的通道返回到输入端，从而对系统的信息输入和再输出施加影响的过程反馈分为正反馈和负反馈，正反馈加剧系统偏离目标，负反馈则恰恰相反，使系统趋向目标。

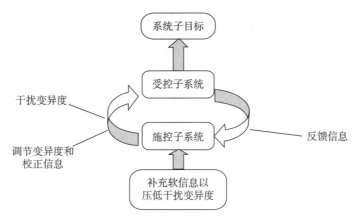

图1　金融机构子系统关系型信贷反馈回路示意图

三、地方中小金融机构与中小企业的同构对应关系①

中小企业和地方中小金融机构的经营范围都局限于一地；内部管理层级精简，企业基层和高层之间具有较强的信息联系；公司治理结构较为简单。而大型企业和跨区域大型金融机构则相反。尽管地方中小金融机构的资产规模可能会远大于中小企业，但系统结构的特点决定了中小企业和地方中小金融机构之间、大型企业和跨区域大型金融机构之间存在着同构对应关系。

中小企业与地方中小金融机构之间的同构对应关系，一方面意味着这两个系统具有功能等价性。在控制论中，当且仅当两个系统同构时，两个系统对相同的输入信息会产生相同的响应，即具有功能等价性。中小企业在日常经营活动中获取和传递的信息偏重于软信息，这些软信息能够确保系统外部功能的实现，维持系统的行为目的性和不变性，它们的系统结构适宜于从事以软信息为联结纽带的各种业务。前面已论证，与中小企业在系统上同构对应的地方中小金融机构也适宜于开展以软信息为基础的关系型信贷业务。另一方面，中小企业与地方中小金融机构之间的同构对应关系使得地方中小金融机构与中小企业之间的信息交流更为畅通，信息在系统之间传递时减少了

---

① 控制论系统 $S_1 = \{A_1, R_1\}$ 与控制论系统 $S_2 = \{A_2, R_2\}$ 是同构的，当且仅当：

（1）集合 A_1 的各要素能唯一地相互一一对应于集合 A_2 的各要素，即使得 A_1 的每一个要素唯一地对应于 A_2 的每一个要素，反之亦然。

（2）集合 R_1 的各要素能唯一地相互一一对应于集合 R_2 的各要素。对应关系是这样安排的，若集合 A_1 内的 a_{li} 与集合 A_2 内的 a_{2k} 对应，集合 A_1 内的 a_{li} 与集合 A_2 内的 a_{2h} 对应，则集合 R_1 内的 r_{lij} 与集合 R_2 内的 r_{2kh} 从相对应。

因失真所产生的干扰变异度，从而弱化了两个系统之间的信息不对称问题。与中小企业同处一地的地方中小金融机构高级管理层，虽然缺乏关于企业的硬信息，但是他们可以从多种渠道获得关于企业和企业所有者的软信息，并将这些软信息作为校正信息输入受控子系统，通过观察受控子系统的活动结果和反馈信息来决定调节变异度的增加。而跨区域大型金融机构的高级管理层，由于地理和社会地位等方面的因素，很难获得相关的软信息，层级越高，能够获得的关于中小企业的软信息就越少，软信息的缺乏限制了在关系型信贷业务中负反馈机制作用的发挥。

大型企业和跨区域大型金融机构的系统结构特点决定了它们适宜于采用基于硬信息的各种业务。对于跨区域大型金融机构而言，首先，在基于硬信息的交易型信贷下，很大程度上可以避免内部管理层级较多带来的不利影响。硬信息在传递过程中一般不会因失真增加相应的干扰变异度，上一个层级能较好地按照收益和风险大小将信贷资源在下一层级进行配置，这将激励下一层级努力搜集和研究有价值项目的相关信息。因借款人的硬信息不需要通过长期的接触或私人的联系才能获得，且易于传递、核实和保持完整性，这使得基层人员很难保持对信息的专有。即便是和借款人处于不同的地理位置和社会地位，金融机构高层也可以通过公开渠道获得相关的硬信息，并以此作为校正信息输入负反馈回路，增加调节变异度。金融机构可以设定客观标准的信贷条件，例如对借款人的财务比率指标或抵押品价值作出定量化的要求，各个层级都依此进行信贷发放、资金分配和信贷审核，大大地降低了层级之间的监督难度。这也使得跨区域大型金融机构可以在保证效率的同时建立更为完善和复杂的内控机制，将信贷的各个流程尽可能地进行细分，例如将贷前调查、贷中审批和贷后监督等流程分别交给不同的部门或个人操作，这样既能够更好地防范逆向选择和道德风险的发生，也能够通过专业分工进一步提高生产率，从而可以充分发挥出它们的规模优势。

跨区域大型金融机构的公司治理结构也会促使其偏重于采用交易型信贷。跨区域大型金融机构由于所需资本非常庞大，一般都是通过公开股权市场筹集资本，也会通过公开债权市场发行长期次级债券或混合资本工具以补充附属资本，股东和债权人数比较多，因此，为了实现对金融机构的有效监督与控制，降低信息不对称程度，在公开市场上的股东、债权人和监管机构往往要求银行尽可能地披露更多的信息，这种披露的信息属于典型的硬信息，如果关系型信贷在银行资产中所占比例较高，意味着金融机构需要投入相当大的一部分资源用于信息的"硬化"，信息披露的难度将大为增加。

四、结论及对我国的启示

1. 研究结论。关系型信贷是一种基于软信息的融资技术,软信息的一个重要特征是难以进行传递和核实,这使得结构精简的地方中小金融机构相对于跨区域大型金融机构在中小企业贷款业务上具有比较优势,不过这种优势不仅仅在于金融机构对企业软信息的获取成本上,还在于它能更有效地解决软信息在系统内部传递时所导致的监督和激励问题。在关系型信贷这种融资技术下,地方中小金融机构更容易与中小企业在选择上达成一致。跨区域大型金融机构在基于交易型的大型企业贷款业务上具有比较优势,更倾向于选择交易型信贷。

2. 对我国的启示。在我国的金融机构中,占主体地位的是国家控股的商业银行和一些跨区域的股份制商业银行,这些银行经过多年的发展,营业网点遍及全国各地,分支机构的基层职员也大都是当地的居民,在通过基层营业机构所提供的金融服务及其他渠道获取当地中小企业各种软信息的能力上,与地方中小金融机构没有太大的差异。但是管理层级较多的系统特征使得它们很难解决在开展关系型信贷业务时所面临的内部监督与激励问题,以及有效地控制由此产生的金融风险。随着我国对外开放程度的不断扩大,为了提高整个金融体系的抗风险能力和稳健性,我国监管部门正积极鼓励这些大型银行借鉴《巴塞尔新资本协议》内部评级法和国际银行业的先进经验建立自己的内部评级体系,以求能够对风险进行定量化管理和从根本上控制不良资产比率;如果同时还鼓励或要求它们增加对中小企业的关系型信贷,这两个目标之间会产生一定的冲突。因此,要解决我国中小企业融资困难的问题,主要还是要依靠地方中小金融机构。国家可以考虑降低地方性金融机构的设立门槛,鼓励地方发展中小金融机构,并加快对现有农信社和城市商业银行的改制工作,完善公司治理结构,使其成为真正独立的市场主体。我国应继续积极推行非均衡协同发展战略,形成多层次的经济增长极,并使得地方中小金融机构成为各层次经济增长极的强有力的金融支撑,从根本上解决我国中小企业融资困难的问题。

参考文献

[1] 林毅夫,李永军. 中小金融机构发展与中小企业融资 [J]. 经济研究,2001(1).

[2] N. 维纳. 控制论 [M]. 中译本. 北京:科学出版社,1985.

[3] 彭建刚. 现代商业银行资产负债管理研究［M］. 北京：中国金融出版社，2001.

[4] 张捷. 中小企业的关系型借贷与银行组织结构［J］. 经济研究，2002（6）.

[5] 彭建刚，李关政. 我国金融发展与二元经济结构内在关系实证分析［J］. 金融研究，2006（4）.

[6] Berger, A. N. , UdeH, G. F. , 1998, "The economics of small business finance：The roles of private equity and debt markets in the financial growth cycle", Joumal of Banking & Finance. 22：613 – 673.

[7] Berger, A. N. , Udell, G. F. , 2002, "Small business credit availability and relationship lending：the importance of bank organizational structure", Economic Joamal, 112：32 53.

本文刊登于《金融研究》2007 年第 6 期（B）。合作者为向实。

引入"金股"制度是城市商业银行产权制度改革的有效办法

当城市商业银行历史包袱基本得到解决，自身实力大大增强，公司治理结构基本健全，经营机制转换，加之地方金融环境明显改善，地方政府则应有序地退出城市商业银行。为了更好地维护地方金融稳定，引导城市商业银行继续为地方经济发展服务，同时又能最大限度地给城市商业银行以经营自主权，引入"金股"制度是一个行之有效的办法。

金股又称黄金股，产生于 20 世纪 80 年代英国撒切尔政府对国有垄断企业实施大规模民营化的改革。为使一些关系国计民生、国家安全的国有企业不完全失控，创立了"金股"制度。金股作为一种特殊的股份，其特殊性表现在：（1）持有者是政府；（2）金股通常只有一股，且没有实际经济价值；（3）金股的权益主要表现为否决权，而不是受益权或其他表决权（如提名经营管理人员）；（4）金股是一种政府持有的对特定事项行使否决权的股份。金股制度在英国的成功使得很多国家纷纷效仿。在我国，有学者主张在国有银行股权改革中引入"金股"制度，可以促进战略投资者、政府和银行三方共赢。但也有人持怀疑态度，认为金股制度在我国缺乏法律和文化基础，在其他大股东看来，金股是"虚股"，金股能否得到尊重很难预料。我们认为，由于城市商业银行是地方性银行，与国有银行相比，经营范围比较窄，引入金股制度更具操作性。具体做法就是，将地方政府股份逐步转化为金股，使地方政府只拥有对特定事项的否决权，将经营者选择权交给董事会，从而最大限度地限制地方政府干预行为的发生。地方政府的这种"有所为，有所不为"的近似不干预行为使城市商业银行具有正常的经营自主权，从而对其他投资主体形成更大的吸引力。在具体实施方案上，应视各城市商业银行的具体情况而定。可以先试点、后推广，由点及面，应注意调动地方政府的主动性和积极性，确保金股制度的成功推行。

转型期结束后，地方政府退出可以使城市商业银行的内部运作和外部竞争更有效率，这是深化城市商业银行市场化改革的坚定不移的方向。地方政府退出后，城市商业银行的产权就是一种没有行政权力介入的纯经济权利，产权既实现了"人格化"，又可以通过市场交易转让，其产权结构也会实现真正的多元化。当然，地方政府退出的目的是让其从直接操持城市商业银行的经营中脱身，彻底实行政企分开；并不是放弃支持，地方政府应该为城市商业银行的产权制度改革营造一种良好的外部环境，两者之间应该建立一种和谐共荣的关系。这样，城市商业银行就可以发挥自己的比较优势，更好地为地方经济发展服务。

本文刊登于《经济研究参考》2007年第36期。合作者为王修华。

在区域经济发展中发展自己

——不断走向辉煌的长沙市商业银行

一、在区域经济发展中壮大的长沙市商业银行

从 1997 年到 2007 年，时光的脚步或快或慢，经意或不经意间，已经走过十年。这十年，对于国际经济金融而言是云谲波诡的十年，对于中国经济而言是波澜壮阔的十年，对于中国金融业而言更是激荡起伏的十年。十年，中国银行业在欣喜激动又悬疑不定的复杂心情下，经意或不经意间悄然崛起，由国有银行一统天下的单一格局发展成现今国有控股银行、股份制银行、城市商业银行、农村商业银行、农村合作银行和外资银行等千帆竞渡、百舸争流的壮观场景。十年，长沙市商业银行与生于斯长于斯的星城长沙相依相伴，共生共荣。十年，长沙市商业银行从无到有、从小到大、从弱到强，从创立初期账面亏损高达 3 571 万元、不良资产之比占到 60.43% 的"一锅夹生饭"，到 2006 年底经营利润一举突破 5 亿元，不良贷款率降至 5% 的"一片绿洲"，从"小荷才露尖尖角"到终于迎来了"映日荷花别样红"的盛世芙蓉。

（一）综合实力迈上新台阶

到 2006 年底，全行资产总额达到 343.1 亿元；各项存款余额达到 289.03 亿元；各项贷款余额达到 160.45 亿元。综合实力在长沙市同业中位居第三，在全国 120 多家城市商业银行中继续位居前列。其中，存款总额在长沙地区的市场占比达到 12.68%；贷款增长率位居市内同业第二位，较行业平均水平高出 24.18 个百分点。当前，商行综合实力在中西部城市商业银行排名第一，在全国 120 家城市商业银行排名第八，2003 年在英国《银行家年鉴》排名国内银行第 18 位。商行在长沙经济总量相对较小的前提下仍然取得如此业绩，在业内外都得到了较高的评价。

（二）盈利能力显著增强

2006 年全行实现拨备前利润 5.23 亿元，较上年增长 45.86%；账面利润 2.34 亿元，较上年增长 25.05%。创利能力显著增强表现在：一是收益率水平显

著提高，而费用率水平控制较好：其中资产收入率达 4.58%，资产收益率达 0.69%，而存款费用率仅仅只有 1.55%。二是新兴业务利润贡献度不断增大。在公司业务、零售业务持续发展的同时，投资银行业务、国际业务和资产管理成为新的增长源，投资银行部投资收益达到 4.66 亿元，较上年增长 28%；国际业务部实现外汇业务收入 676 万元，较上年增长 92%。三是支行整体创利水平稳步提升，汇丰、芙蓉、湘银、华龙、东城 5 家支行创利在 3 000 万元以上，其中汇丰支行创利突破 7 000 万元，人均利润超过了 110 万元，浏阳支行人均利润也超过 100 万元。"一号工程"中城南路支行创利超过了 600 万元。

（三）公司治理结构逐步完善

建立良好的公司治理结构是我国城市商业银行股份制改造的关键，是提高银行竞争力的必由之路。长沙市商业银行完善公司治理结构的努力从增资扩股展开。1997 年长沙市商业银行由 16 家城市信用社组建时总股本为 11 879 万元，其中长沙市财政局持股 3 700 万元，占 31.15%。此后通过 1998 年、2002 年和 2005 年三轮增资扩股，银行总股本金达到 6 亿元，公司产权也更加明晰，政府股也从过去占比 30% 的"一股独大"到当前占比 16% 的相对控股，摆脱了股权过于集中的弊端，为公司治理结构的完善奠定了基础。

为了进一步完善公司治理结构，长沙市商业银行建立了规范的股东大会、董事会、监事会、经营管理层，形成相互制衡、相互协调，权责分明、运作有序，激励有效、约束有力的组织结构，在确保所有权与经营权分离的同时，实现管理层的责任与权利、风险与收益、激励与约束相对称。特别是在人事制度改革方面，完全改变了过去政府对管理层的任命制，由董事会选聘经营管理人员，使管理层由过去的向政府负责转变为向董事会负责，在确保所有权与经营权分离的同时，使管理层的责任与权利、风险与收益、激励与约束保持一致。

（四）抗风险能力显著增强

长沙市商业银行从体制机制入手，构建了全行的风险管理制度体系。一是构建以风险管理委员会为核心，全方位、全过程的商业银行风险管理组织体系。它既是风险管理的组织保障，也是完备风险管理制度和健全风险管理流程的基础载体。建设以风险管理重点为核心、风险管理部门协调组织、各业务部门贯彻实施的三位一体的新型管理组织体系。二是建立和完善全行风险识别和评估体系。通过风险定性分析和定量测算，正确评估风险的状况与程度，为风险排列和监管提供依据。加快风险管理信息系统的建设步伐，运用现代风险管理的技术方法，为信用风险、市场风险、操作风险进行科学测量、评估与控制。三是建立风险与内控管理评价制度，即对各级机构的风险与内控管理工作进行动态考评，并将考评结果作为确定和调整法人授权权限大小、财务资源分配的主要依据。2006 年商行成为全国 120 多家城商行中获准发行次级债的第 5 家，通过成功发行 5 亿元次级债，使商行的资本充足率达到 12% 以上；提取呆账准备金 2.6 亿元，拨备规模达到 6.77 亿元，拨备覆盖率达到 80% 以上；不良贷款率按五级分类为 5.19%，较年初下降将近一个百分点，质量效益型指标的全面改善使商行站到了一个更好的发展平台。

二、长沙市商业银行对地方经济增长极的突出贡献

区域经济发展水平不平衡是每个国家在经济发展过程中存在的客观事实。根据区域经济不均衡发展理论，区域经济发展的地域演化过程是通过极化和扩散机制交替作用，从"点"到"轴"，再由"轴"到"面"逐步展开，最后达到区域经济相对均衡发展。此中的"点"即增长极，从其极化的范围来看，可以是全国性的，也可以是区域性的。增长极具有层次性，不同层次的增长极在建立和发展的过程中，对金融服务的需求是不同的。区域经济发展的实践将继续证明：地区经济发展总是循着"聚集"与"扩散"两种路径交替进行的。"聚集"实则是增长极的集中发展，"扩散"则指由增长极向周围地区辐射带动区域经济的发展。

长沙是湖南省的省会城市。作为湖南省的政治、经济和文化中心，长沙市的经济发展对整个湖南省的发展起着至关重要的推动作用，长沙市因此而被确立为湖南乃至相邻省份区域经济中层次最高的增长极。长沙市商业银行作为长沙市地方金融体系的重要组成部分，在支持长沙市经济建设和发展中起着不可替代的作用。

（一）积极投身市政建设

成立之初，服从并服务于地方经济发展的长沙市商业银行就确立了"政务银行"的市场定位，将推动地方经济发展作为自己不可推卸的历史使命，为长沙地方经济的崛起和繁荣，加足了"马力"，注入了"血液"。十载辛劳酿墨香。如今，长沙市商业银行已逐渐成为长沙市政府信用与形象的招牌、长沙经济发展的"引擎"与投资环境的"窗口"，在长沙经济建设和发展中发挥着不可替代的作用。也正是长沙市商业银行这种真诚至善的使命感和不知疲倦的辛劳付出，才使得其与政府间的银政合作之旅是那样的风光无限、流光溢彩。

近年来，长沙城市面貌发生了翻天覆地的变化：高楼林立，路网交错，

绿荫遍地，一幅融山、水、洲、城为一体的城市画卷展现在世人眼前。长沙市商业银行为长沙新城的建设作出了突出贡献。数字是最具说服力的，成立近十年来，长沙市商业银行已累计发放市政建设贷款 116 亿元。截至 2006 年末，市、区、县各类政府贷款余额共计 38.34 亿元，占对公贷款总额的 35%，其中市政工程建设类贷款 31.53 亿元；市政府委托贷款 5.28 亿元。尤其是近几年来，长沙市商业银行更是加强了对市政建设项目的支持力度，每年新增部分信贷资金用于支持城市建设项目，在长沙市政府对外融资的银行中，长沙市商业银行仅次于国家开发银行排第二位。

交通基础设施就如同城市的经脉，而居民的生活、文化娱乐设施则是城市的吸盘，将周边的资本、人力等生产要素通过集聚效应吸收过来。随着城市的发展，"经营城市"的理念被大家所接受，即实现城市资产从公益性财产到可经营性资产的转变，城市建设从社会公益事业到资本经营的转变。两个转变为银行创造了新的业务领域和利润增长空间，长沙市商业银行利用得天独厚的地方优势，审时度势提供金融支持，积极地投身到长沙的交通、环境、生活等基础设施的建设中。

如为了缓解交通、防洪等基础设施对长沙市经济增长极的瓶颈制约，长沙市商业银行积极参与市属重点工程和公益事业投资项目，有力地支持了以"一城五路两广场"为龙头的市属 32 项重点工程。随着这些工程项目的陆续完成，长沙市面貌为之一新。

（二）支持中小企业成效显著

中小企业是最具活力的创新源泉，是新技术、新发明的重要推动者。美国近十年来的新经济，主要得益于一批有活力的中小企业的发展壮大；微软、戴尔等现在的大公司在数十年前都是中小企业。在我国，中小企业的经济总量已占国民经济总量的 70% 以上。中小企业在活跃城乡经济、满足社会多方面需求、吸收劳动力就业、开发新产品、促进国民经济发展等方面起到越来越重要的作用。为了长沙市地方经济的繁荣和崛起，长沙市商业银行"从小处着手"、"以小做大"，始终坚持"服务中小企业"的市场定位，致力于打造全国最优秀的中小企业银行，为中小企业融资铺开了一条康庄大道。

中小企业贷款难，不仅仅是一个经济问题，还是一个社会问题，关系到和谐社会的建设。因此，企业与政府都热切渴望银行能为中小企业大开方便之门。在这两种目光的注视下，长沙市商业银行积极向中小企业伸出了"橄榄枝"。

早在 2001 年，长沙市商业银行就出台了《关于支持中小型民营高新技术企业发展的意见》，创造性地推出扶持中小民营高新技术企业"八项举措"：一是拓宽抵、质押物范围；二是提高房产抵押贷款折扣率；三是对经长沙市商业银行评估，信用等级在 A 级以上的企业，发放一定额度的信用贷款；四是对部分小型企业，由法人承贷改为业主承贷，或由业主私人财产担保申请贷款；五是试行联保互助制度；六是与担保公司合作，解决部分企业贷款担保难的问题；七是明确规定五年内将拿出 20 亿元信贷资金用于支持中小民营高新技术企业；八是提供中介和综合理财服务。"八项举措"为中小企业融资打开了方便之门。

还是来看一组数据。长沙市商业银行自放开对中小企业的贷款以来，中小企业贷款投放量逐年增加，占贷款总额比基本维持在 50% 左右，累计投放达 141 亿元（见表 1），为近几年来的飞速发展奠定了坚实的客户基础。截至 2006 年底，长沙市商业银行对长沙地区 2 643 户中小企业和个体工商户发放的各类授信贷款余额为 61.36 亿元；授信贷款户数占对公授信贷款总户数（3 280 户）的 81%；授信余额占授信余额总数（141.69 亿元）的 43.3%。其中，对贸易流通行业的支持占全行授信新增额的 32.16%，对制造业的支持占从全行授信新增额的 14.46%，对房地产项目的支持占全行授信新增额的 8.8%。

表1　　　　　　　　　长沙市商业银行中小企业贷款基本情况一览表

项目＼年份	2002	2003	2004	2005	2006
贷款余额（亿元）	29.95	33.26	30.09	58.07	61.36
占贷款总额比（%）	45.3	47.2	32.1	53.1	43.3

（三）定位于"市民银行"，提供特色金融服务

长沙市商业银行自成立之日开始，就坚持了"市民银行"的办行宗旨，从机构定位、网点功能、零售业务产品布局、电子交易渠道的优化和完善、客户服务的质量提升和功能完善等几个方面做了大量的工作。

近几年来，长沙市商业银行根据市场的需求变化，相继推出了"绿钥匙汽车消费贷款""壹平方住房金融中心""个人工程机械消费贷款""一本利商户金融套餐""万事顺公务员金融套餐""第一站创业贷款中心""金邦得债券中心""芙蓉卡刷卡消费送保险""二手房按揭贷款"等 9 项个性化的业务。这种特色化、个性化的产品和业务赢得了市民的普遍欢迎。

目前，长沙市商业银行汽车消费贷款、二手房按揭贷款和个人工程机械

按揭贷款的市场占有率保持在 40% 以上。特别是针对下岗人员，以扶持创业精神，关注弱势群体为主旨的"第一站创业贷款中心"首开全国先例，截至 2006 年末，长沙市商业银行发放的小额创业贷款 1 100 笔，贷款余额为 3 704.48 万元。同时，作为长沙市城镇职工基本医疗保险的唯一代理行，2006 年末，长沙市商业银行医保卡刷卡 430 万笔，金额达 2.64 亿元，覆盖了长沙市五区四县的城市居民。长沙市商业银行还积极配合长沙市劳动和社会保障局推行灵活就业人员的医疗体制改革，进一步加强了双方的合作，成为灵活就业人员医疗保险业务代理行。

在依托传统拳头产品形成的品牌基础上，2006 年长沙市商业银行又陆续推出了一系列基于电子银行、个人理财和增值服务的富有个性化的金融产品。

三、长沙市商业银行可持续发展的战略思考

成长的路上，一路风雨一路歌。经过十年的辛勤耕耘，我们取得了丰硕的成果。成绩属于过去，站在商行第一个十年峥嵘的句点和第二个十年征程的起点，中部崛起已经突显，长株潭经济一体化正在加快推进，泛珠三角地区经济金融合作也进一步加强，这为长沙市商业银行在一个更大的地域空间范围内发挥地方商业银行的特殊功能提供了条件。境遇无常，时不我待，锐意进取的长沙城商行人一定会乘中部崛起和长株潭一体化的东风，扬帆驶向更广阔的海域。

在新形势下，长沙市商业银行生存和发展的理论基点应是有意识地、主动地和有战略眼光地发挥经济增长极的金融支撑作用。因此其区域发展战略目标可以定位于：立足长株潭经济核心增长极，着力辐射湖南省，放眼泛珠三角地区。

（一）为长株潭核心增长极的资源聚集提供金融支撑

增长极首先是优势产业在某些大城市或发达地区聚集而产生的，因此优势产业的形成和聚集是增长极建立的基础。据资料表明，长株潭三市位居前列的工业产业主要集中于机电、化工、冶金、纺织和食品等行业。由于行业分工的重复，三市各行业企业各自为政，封闭经营，从全国范围来看，三市的产业优势并不明显。因此，对三市的产业结构进行调整，合三市之力，打造出一批具有全国优势的产业是长株潭经济增长极建立的首要任务。在产业结构调整的过程中，金融支持的作用是相当大的。因此，长沙市商业银行应注重三市各自的产业优势特点，给予合理的信贷支持。如长沙作为省会城市，就得继续保持其政治中心、科技教育中心、区域信息中心、商贸中心的地位，

突出其商新技术、食品加工及第三产业的发展；株洲是新型的工业城市和交通枢纽，交通设备制造、有色冶金和化工产业优势突出，应加强其冶金、化工、电气、车辆等产业的发展；湘潭作为新中国建设的第一批工业基地，机电、建材、纺织、军工等企业在全国小有名气，应用科技改造这些传统产业，继续保持它们在全国的领先地位。同时长沙市商业银行应根据三市有高速公路、铁路和水运联通，其经济联系紧密的特点，大力支持三市范围内具有较强前向和后向联系效应的产业，通过连锁反应而带动其他产业的发展，提高三市产业结构的关联性，使三市支柱产业互补，优势产品各有侧重，技术、资源和市场关联性强，为长株潭经济增长极的建立打下基础。

在推进长株潭经济增长极建立的过程中，科技进步和科技创新将扮演重要角色。科技进步和创新增加产品的科技附加值，加速产业升级，它将成为推动长株潭经济发展的强大动力。而将高新技术产业化，提高科技成果的转换率，这无疑将成为经济创收的热点。长沙市商业银行也应突出支持长株潭区域内高新技术产业的发展：在长沙，主要依托岳麓区三所国家重点大学的科研人才资源优势，积极扶持岳麓山大学科技园的建设，并与"一区四园三基地"相呼应，支持岳麓科技城的建立；在株洲，主要支持一区（株洲高新技术开发区）的建设，以支持三园（高新技术示范园、制造业工业园、新材料工业园）和两个基地（新材料基地、轻轨基地）的形成；对于湘潭则主要致力于支持湘潭大学科技园和湘潭高新技术开发区的建设。同时，还应注重三市科技园和高新技术开发区的联结，加速技术、劳动力、资金的合理流动，培育三市的高新技术"龙头"企业。

增长极的极化效应，其实质是对周边地区的资金、技术、人才和产业等的吸引。这要求增长极必须有良好的、有利于经济发展的环境，即良好的投资、生产和生活环境。而功能完善的基础设施是增长极具有吸引力的主要因素。因此，长沙市商业银行应适应长株潭经济一体化基础设施建设的需要，主要侧重于以下项目的选择：一是构筑长株潭经济一体化的交通网络项目；二是电力网络改造项目；三是构筑三市信息共享的网络项目。

（二）金融服务网络逐步辐射湖南省

在初步达到一类行标准的基础上，长沙市商业银行应把握银监会对城市商行分类监管的政策机遇，从三个层面实现跨区经营的设想。一是实现业务发展区域化，重点是强化与周边金融机构的往来，形成辐射全省中小金融机构的资金融通网络，同时实现省内城商行战略联盟。二是实现电子渠道区域化，建立省内统一的数据平台，联合省内其他城商行共同开发网上银行，进一步推动电子化网络的跨区域发展。三是物理网点区域化，在省内各市州设立分支机构，成为辐射全省的区域性银行。

（三）金融创新放眼泛珠三角地区

泛珠三角地区整体经济实力和金融实力比较强大，在全国占有十分突出的重要地位。截至 2004 年末，泛珠三角地区内地九省国内生产总值总量为 46 397.5 亿元，占全国经济总量的 33.9%。湖南省在泛珠三角地区无论是经济层面还是金融层面都处于中等偏上水平，起到了重要的承上启下的作用。目前，泛珠三角地区经济金融合作已经卓有成效，各个体事项的合作不断深化，但还存在很大的合作空间。就我省金融合作而言，长沙市商业银行将战略定位放眼于泛珠三角地区主要有以下几个要点。一是加强与港澳地区和其他省份金融机构的合作，重点要依托商行在全国货币市场所取得的资格与地位，以及所拥有的客户资源，强化与泛珠三角地区金融机构的往来，积极开展银行间代理业务、票据业务、拆借业务等。比如与香港澳门的国际性金融机构密切合作，采取信用证、保付代理等短期融资方式和出口信贷、福费廷等长期贸易融资方式，提高湘企的贸易融资力度，增加湖南的进出口贸易和国内贸易。二是商行可以积极引入港澳战略投资者，鼓励港澳资本参股我行，以进一步改善我行资本结构，提升风险管理能力。三是商行在省内设立分支机构的同时，尽可能争取在深圳、广州设立分支机构。

本文发表于长沙市商业银行（现已改名为长沙银行）行庆十周年纪念文集——《行者无疆》（湖南科技出版社 2007 年 5 月出版）。

普惠金融研究

我国地方中小金融租赁机构发展研究

一、地方中小金融租赁机构：弱化二元经济结构的加速器

（一）各国经济的发展离不开金融租赁功能的发挥

金融租赁从 20 世纪 50 年代产生以来，在世界范围内获得迅速发展，现已成为资本市场上仅次于银行贷款的第二大融资方式。从表 1 不难看出，经济越发达，金融租赁市场越发达，租赁交易额规模越大，租赁渗透率（即租赁交易额与社会设备投资总额之百分比）越高。美国是全球租赁市场最发达的国家，其租赁渗透率连续 10 多年高达饱和水平（30%）。日本在过去 10 多年中一直保持着世界第二大租赁市场的地位，其上报的租赁渗透率数据不高于 10%，是由于计算时采用了扩大了的分母即用社会投资总额替代设备投资总额的缘故。长期位于全球前 10 名的国家主要是欧美发达国家。我国金融租赁起步于 20 世纪 80 年代初期，发展并不顺利，无论交易规模还是渗透率都与发达国家存在差距，2005 年全球排名降至第 50 位。

各国对金融租赁日益重视，是因为金融租赁在国民经济发展中具有独特的功能即融资功能、产品促销功能、投资功能及资产管理功能[1]。由于"麦克米伦"缺口的存在，使各国中小企业融资遭遇困境，金融租赁融资又融物的特性天然适应中小企业的发展。当各国经济总量饱和时，金融租赁能大大促进设备产品的销售，同时还能减轻承租人的资产维护与管理压力。

表 1　　　　　　2001 年部分国家租赁交易额及其租赁渗透率简况

全球排名	国家	年租赁交易额（亿美元）	租赁渗透率（%）	租赁交易额/GDP（%）
1	美国	2 420	31. 0	2. 29
2	日本	589. 5	9. 2	1. 23
3	德国	344. 5	13. 5	1. 73
4	英国	203. 1	14. 4	1. 38
5	法国	194. 9	13. 7	1. 43

全球排名	国家	年租赁交易额（亿美元）	租赁渗透率（%）	租赁交易额/GDP（%）
6	意大利	175.8	10.4	1.57
7	加拿大	109.5	22.0	1.51
8	西班牙	74.4	5.2	1.26
9	瑞士	50.9	19.6	2.01
10	瑞典	50.1	20.0	2.05
22	中国	21	1.5	0.18

资料来源：World Leasing Yearbook 2002，Euromoney Publication Ltd.

（二）发展地方中小金融租赁机构有利于弱化我国的二元经济结构

二元经济结构是大多数发展中国家面临的突出问题。我国在经济快速发展的过程中，"二元经济结构"特征典型：一是存在部门二元经济结构，即现代部门（如工业）和传统部门（如农业）并存；二是存在地区二元经济结构，即发达地区和不发达地区并存[2]。我国经济要持续发展，必须弱化二元经济结构，特别关注传统农业和不发达地区经济发展问题，促使传统农业向现代农业转变，增进不发达地区经济发展活力，大力发展中小企业，按照全国"一盘棋"的思想协同发展。不少学者研究表明，地方中小金融机构相对大型金融机构而言，具有信息成本、谈判成本、实施监督成本等方面的优势，对地方经济的发展具有更直接的促进作用[3]。我国的金融租赁体系中还没有真正面向农业和广大中小企业服务的地方中小金融租赁机构，业已存续的12家金融租赁机构有半数难以正常经营，能存活的金融租赁机构大多缺乏明确的市场定位。

金融租赁是我国健全的金融体系中不可或缺的重要组成部分。发展地方中小金融租赁机构，不仅能丰富我国的金融体系，完善金融功能，而且能成为促进农业机械化和扶持中小企业发展的有效途径。农业机械化是农业现代化的重要基础，在世界农业现代化进程中，发达国家一般是在农业机械化的基础上向现代化过渡的。我国作为农业大国，农业机械化发展仍处于初级阶段，不仅综合农业机械化水平整体较低，农业机械化区域发展不平衡，而且农机服务组织化程度相当低，不能适应农机服务产业化发展的要求。在我国农村，农业劳动生产率较低，农民收入水平不高，大部分农民尽管对农业机械有现实需求，但因这方面的购买力低下而难以达成心愿，或小部分农民即便买得起小型农机设备，但因农业生产的季节性使农民面临农机购买成本高、实际使用时间短且维护管理缺技术等问题，也不太乐意购买。当农机租赁有效运行时，金融租赁机构要么将农机设备出租给农机大户或农业生产组织，通过他们为农民提供农机作业服务，要么成立业务部门直接向农户提供作业服务。据专家估算，在农业生产中使用租赁设备相对利用贷款买设备要多收益10.6%、用自己的资金买设备要多收益14.0%。

同时，金融租赁机构能促使企业使用先进设备并缓解广大中小企业的融资困难。就企业设备而言，金融租赁给企业家带来新的理念：效益源于设备的使用而非拥有。传统的企业家偏好自身购买设备使用，虽拥有产权，但需支付全额款项，且面临设备闲置和技术淘汰的风险。金融租赁带给企业家同样使用设备的效果，但开始只需要付出部分租金，这对有市场前景但又遭遇融资瓶颈的中小企业来说是天赐良机。金融租赁具有灵活性，承租人可以根据自己的情况及市场行情决定退租、续租或留购。如果市场上出现更先进的设备，本企业可以选择退租来提升竞争力；否则，选择续租或留购，以维持正常生产经营需要。

二、发展地方中小金融租赁机构：条件分析

（一）宏观政策与法律条件分析

2003年以来，中国新一届中央政府高度重视"三农"问题。农业机械化既是农业现代化的基础，也是我国社会主义新农村建设的重要内容。为了鼓励、扶持农民和农业生产经营组织使用先进适用的农业机械，改善农业生产经营条件，不断提高农业的生产技术水平和经济效益、生态效益，我国于2004年通过并开始施行《中华人民共和国农业机械化促进法》。该法倡导对农业机械的科研开发、推广使用，支持农机社会化服务，并制定相关的扶持政策。当前，国家对农业机械推广的扶持政策可以归纳为以下几个方面：第一，财政专项资金补贴；第二，国家税收优惠政策；第三，金融扶持政策。为了调动农民购买和使用农业机械的积极性，中央财政安排专项资金，实施农机购置补贴政策（中央财政补贴率不超过机具价格的30%）。同时，国家根据农业和农村经济发展的需要，对农业机械的农业生产作业用燃油安排财政补贴。在税收政策方面，一方面，国家对农业机械的科研开发和制造实施税收优惠政策；另一方面，对跨区作业的联合收割机和运送联合收割机（包括插秧机）的车辆免收道路通行费。在金融扶持方面，主要是提倡金融机构采用贴息方式向农民和农业生产经营组织购买先进适用的农业机械提供贷款。同时，我国从2003年开始施行《中小企业促进法》，强调对符合我国产业政策要求的中小企业给予资金支持、创业扶持、技术创新、市场开拓和社会服

务等方面的扶持，不断改善中小企业的发展环境。可见，我国目前非常重视对农业机械化和中小企业的发展。服务于农业和中小企业的地方中小金融租赁机构能够有效解决农业机械化和中小企业发展过程中的资金不足、技术不高和信息不灵的问题，成立和发展这样的地方金融租赁机构符合我国的宏观政策和法律规定。

（二）金融租赁制度条件分析

我国从1981年7月组建第一家金融租赁公司——中国租赁有限公司以来，逐步建立、健全租赁的法律、会计、税收和监管制度。1999年全国人大通过的《中华人民共和国合同法》专设第十四章"融资租赁合同"，以正式法律的形式规定了融资租赁合同的内容及融资租赁当事人的各自权利和义务，与1994年开始生效的《国际融资租赁公约》（*Unidroit Convention on International Financial Leasing*）基本接轨。2001年财政部制定专门的《企业会计准则——租赁》，与1992年开始生效的《国际租赁会计准则》（*Statement of Financial Accounting Standard No.13*：*Accounting for Lease*，FAS13）趋同。我国金融租赁监管制度不断调整和完善，经历了放松监管到严格监管的变迁，现在开始确立适度监管的理念。银监会2007年颁布新的《金融租赁公司管理办法》，将过去规定最低注册资本5亿元调整为1亿元，金融租赁公司出资人拓宽为经营管理好的租赁公司、具有独立法人资格的商业银行及主营业务为制造适合融资租赁交易产品的大型企业。我国的租赁税收制度方面暂没有专门的租赁税法，有关租赁行业的营业税、增值税及所得税政策散见于相关税法条款和通知中，税收的优惠政策主要体现在营业额的扣除上，即规定营业税计税依据为：向承租人收取的全部价款和价外费用减去出租方承担的出租货物的实际成本后的余额。总之，我国目前金融租赁的法律、会计、税收和监管制度业已形成，成立地方金融租赁机构有基本的租赁制度保障。

（三）资金来源条件分析

我国从2003年开始出现流动性过剩问题，表现为贷款增长过快、投资增长过快、外汇流入比较多，国内银行间资金充裕。同时，民间融资客观存在并快速扩张，2003年全国民间融资的规模在7 400亿～8 300亿元之间，全国20个被调查省（市）的民间融资规模与正规金融规模之比接近1:3[4]。大规模的民间融资行为缓解了农村和中小企业的融资困难，但对国家宏观调控带来冲击，对社会稳定带来负面影响。若将部分民间资金引导进入地方金融租赁机构，则能扬长避短。从国际金融公司（IFC）在几十个发展中国家的租赁投资效果来看，其租赁资本收益率平均在20%以上[5]，可见，经营管理好的租赁公司不仅有良好的社会效益，而且有不错的经济效益。我国由于种种原因，金融租赁公司的盈利能力仍不理想，2006年6家持续经营的金融租赁公司的资本收益率为4.3%。但是，金融执照存在"特许经营权价值"，中国工商银行、中国民生银行、交通银行、国家开发银行等已向银监会递交了设立金融租赁公司的申请，它们的成立预计既能扩大各银行的业务范围，也会产生一定的示范效应。从新的《金融租赁公司管理办法》的规定来看，金融租赁公司的资金来源不仅包括资本金和租赁保证金，还包括吸收股东定期存款、发行金融债券、同业拆借及向金融机构借款等。因此，在流动性过剩的前提下，资金追逐特许经营权价值，使地方金融租赁机构的资金来源有了可能。

（四）公司运行机制条件分析

2006年我国开始实行新的《公司法》，强调有限责任公司和股份有限公司是公司可以采用的两种组织形式。有限责任公司具有责任的有限性、股东人数的有限性、设立程序及组织结构的简单性。股份有限公司是更为高级而成熟的公司组织形式，它对股东人数、注册资本金要求、组织结构等方面有更高的要求，尤其创设股东大会、董事会、监事会分别行使决策权、经营控制权、监督权，形成"三权分立—制衡"的法人治理结构。许多国家重视租赁的功能，根据产业结构的发展规划给予租赁机构相应的资金支持或税收优惠，既优化了资源配置，扶持了弱势产业，发挥出政府政策的传导效应，也有利于调动租赁机构经营的积极性，取得不错的经济效益。哈萨克斯坦的农村居民占总人口的43%，农业装备水平相当落后，政府成立农业金融租赁有限责任公司并实行商业贷款利息贴补的优惠政策，使主要农机设备的市场占有率大大提高，如该公司在拖拉机租赁市场上占有71%的份额，在粮食收割机租赁市场上占有80%的份额[6]。我国拟组建的地方金融租赁机构，不妨先按有限责任公司机制运作，待其发展壮大时再考虑组建股份有限责任公司。

三、发展地方中小金融租赁机构的制约因素考察

（一）缺乏对金融租赁的高度认识

我国改革开放后为引进外资和先进设备才兴办金融租赁，机构数量非常有限（12家），业务范围不广，市场定位不明。不仅普通百姓对此缺乏了解，理论研究者观察和思考不多，而且政府部门也是被动监管。经济发达国家政府很看重金融租赁对支持中小企业发展中的适应性和贡献度，通过制定税收、

信贷、保险等相关优惠政策来促进金融租赁发展[7]。我国曾在加入世界贸易组织谈判中为美国和欧盟国家提出开放我国租赁市场作为要价而震惊，因为我们的金融租赁机构经营不景气，决策高层并没有制定有关战略规划。发展地方中小金融租赁机构不仅需要理论研究，更需要全社会对金融租赁的深入了解。

（二）缺乏懂得金融租赁管理的高级人才

人才因素决定企业管理的成败。我国现存的金融租赁公司管理水平不高，习惯靠短期的资金滚动维持长期的融资租赁项目，多以开展租赁项下的流动资金贷款等传统的银行业务为主，习惯于"融通资金，投放资金，回收租金，赚取利差"的低水平经营方式，难免处于竞争劣势。据统计，目前中国许多租赁公司没有企业内局域网，已批准的12家金融租赁公司中，仅9家有自己的网站，其中大多数没有及时更新，甚至有的公司网站3年前的内容迄今没有刷新，信息化成了某些企业的摆设。由于缺乏信息化手段，租赁行业中传统的手工操作、"拍脑袋"决策司空见惯。要发展地方中小金融租赁机构，必须要有一批既掌握现代科学技术，又懂经营管理的市场开拓性人才。

（三）金融租赁依存的信用环境有待改善

金融租赁的持续发展依赖健全的信用制度。金融租赁关系中一般会涉及出租人、承租人及设备厂家三方当事人，它们之间存在租赁信用关系。在租赁合约有效期内，出租人让渡给承租人的只是租赁设备的使用权和收益权，而始终保持对租赁设备的占有权和处分权，承租人必须按约支付租金和保养设备。如果经常发生欠租和借改制之名非法处分设备，出租人的利益受损，则经营难以为继。因此，市场经济条件下的信用意识是金融租赁发展的基础，地方中小金融租赁机构的发展离不开社会信用环境的改善。

（四）投资金融租赁的回报尚存不确定性

尽管国外投资金融租赁的回报率相当可观，但我国还未显现。我国金融租赁公司在相当长时期内由于主业不突出、重复银行业务、资金成本高，1997—2000年，几家破产倒闭，大部分经营亏损。2001年全行业开始有税后利润10 190万元，当年出现盈利，其资产收益率是0.27%，资本收益率是2.13%，但利息回收率只有45.38%，人均利润（9.09万元）低于人均费用（43.73万元）[8]。根据银监会披露的情况，到2006年底，我国12家金融租赁公司账面资产合计142亿元，负债11亿元，所有者权益30亿元，当年共实现税后净利润1.3亿元。不难推算出：资本收益率和资产收益率分别为4.3%与0.92%。发展地方中小金融租赁机构有着明显的社会正效应，但在达到规模效益之前需要政府的扶持政策以降低经营成本，获取正常利润，否则，难以引导投资者涉足这一新的领域。

四、我国地方中小金融租赁机构发展的政策建议

我国地方经济的发展需要地方中小金融租赁机构添砖加瓦。我们需要提高全社会对金融租赁的认识，培育专业管理人才，不断优化信用环境，制定切实可行的优惠政策，壮大金融租赁在国民经济中的地位。

（一）发展面向"三农"服务的农机金融租赁公司

成立面向"三农"服务的农机金融租赁公司的政策依据有2004年颁布并开始施行的《中华人民共和国农业机械化促进法》及2007年3月开始施行的《金融租赁公司管理办法》。新的《金融租赁公司管理办法》将金融租赁公司的注册资本调整为1亿元人民币或等值自由兑换货币，规定主要出资人可以是具有独立法人资格的商业银行、租赁公司或大型设备制造厂家。我国组建地方金融租赁机构不仅有法律保障，而且有现实基础。在推进社会主义新农村建设的过程中，农机社会化服务组织形式不断创新，涌现出了农机大户、农机作业合作社、农机专业协会、股份（合作）制农机公司、农机经纪人等新型社会化服务组织，县、乡（镇）、村农机站积极进行经营机制转换和股份制、合作制改造，农机社会化服务组织形式呈现多样化发展格局。因此，我国可以考虑由大型农业机械设备厂家或农村金融机构（如农村商业银行、农村合作银行等）组建农机金融租赁公司，这样，就能保障设备的适应性、资金的充足性、业务的规模性和经营的稳定性。

我国拟组建的农机金融租赁公司模式可考虑以下两种：由农机产品的设备厂家组建（见图1）和由农村银行类金融机构组建（见图2）。前种模式下

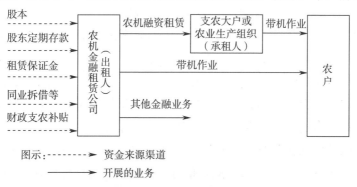

图1　农机产品的设备厂家组建农机金融租赁公司

技术优势明显，有利于开展农机制造、销售、租赁、转租赁、农机信息服务等一条龙服务，其产业链条很长。当前可先试点此种模式。后种模式下资金优势明显，可考虑加入现有的熟悉农机市场行情的小型农机公司，稳妥地发展农机融资业务。

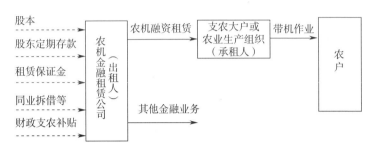

图2 农村银行类金融机构组建农机金融租赁公司

（二）制定优惠政策引导金融租赁机构为中小企业服务

中小企业发展对就业、税收、国民经济结构升级和经济可持续发展具有特别重要的作用。金融租赁能使广大中小企业具有融资的可得性、操作的简单性、租金支付的灵活性、技术设备的先进性等特征。但租赁作用的发挥往往需要配套政策的支持，优惠的税收政策是促进金融租赁发展的最有效工具。因此，我国政府可考虑制定金融租赁行业领域的统一税收政策，改变目前经营同样的融资租赁业务但分别缴纳不同比率的营业税和增值税致使纳税人实际税负不同的局面。同时，积极发挥税收政策的导向作用，对支持符合产业发展规划的中小企业其业务量达到相当比例时实行税收减免，以降低出租人的成本，从而激励它们愿为广大中小企业服务。

（三）建立租赁信用保险制度以降低租赁风险

农业是深受自然条件限制的存在较高风险的行业，广大中小企业面临融资困境，地方金融租赁机构面向农业和中小企业服务，必须建立风险分担机制。租赁保险是有效防范风险的不可或缺的金融工具。我国在金融租赁的发展过程中应建立租赁信用保险制度。政府应承担地方金融租赁机构的超额风险，建议由政府有关部门牵头成立一笔租赁信用保险基金，对地方金融租赁机构支持农业机械化和符合产业要求的中小企业技术设备改造中的风险项目给予相当比例（如50%左右）的补偿。这种制度安排的科学性体现如下：第一，政府投入适量资金，政策引导目标明确；第二，政府信用与市场化手段相结合，能有效降低地方金融租赁机构的道德风险与租赁信用风险。

参考文献

［1］乔海曙等. 金融信托与租赁［M］. 北京：中国金融出版社，2006.

［2］彭建刚，周行健. 弱化二元经济结构的加速器：地方中小金融机构［J］. 当代财经，2005（10）：30－33.

［3］周鸿卫，李思维，冯湘勇. 论我国西部地区金融的发展［J］. 财经理论与实践，2007（2）：36－39.

［4］李建军. 中国地下金融调查［M］. 北京：中国金融出版社，2006.

［5］IFC. Leasing in emerging markets［R］. The World Bank and International Finance Corporation，July，1996.

［6］农业部农业机械化管理司. 国外农机社会化服务［M］. 北京：中国农业科学技术出版社，2006（9）：24－26.

［7］周英章，金戈. 国外金融租赁的政策扶持及启示［J］. 金融与经济，2002（2）：36－38.

［8］程东跃. 融资租赁风险管理［M］. 北京：中国金融出版社，2006.

本文刊登于《财经理论与实践》2008 年第 2 期。合作者为周再清。

我国地方中小金融租赁机构发展研究

论民间金融与地方中小金融机构的对接

一、民间金融与地方中小金融机构的联系

民间金融是游离于依法批准设立的金融机构之外,基本没有被纳入国家金融管理机构常规金融监督管理系统内的资金借贷活动。地方中小金融机构是指在一定区域范围内经营、为地方经济发展服务的中小型正规金融机构。两者之间的联系既体现在金融制度的变迁规律上,也表现为两者之间某些特征上的类似。

民间金融的产生发展是典型的需求诱致性制度变迁过程。制度经济学将制度变迁过程分为强制性制度变迁和诱致性制度变迁。诱致性制度变迁是由个人或一群人在响应获利机会时自发倡导、组织和实施。与此相反,强制性制度变迁则由政府命令和法律引入和实行。根据制度经济学中的"漏斗效应",再完美的制度也只不过规制了一部分或很大一部分的经济活动,总会遗漏一些没有被规制的经济活动,这就是那些活跃在正规制度之外的民间力量。制度的演化往往从非正式约束的"边际"演变开始,从不受制度保护的民间力量开始。市场上资金赤字主体对资金的强大需求在正规金融机构得不到满足,因此产生了民间金融的生存基础。从民间金融的各种不同形式中不难发现其发展规律。随着融资规模的扩大,传统的简单形式不足以满足人们的需要,民间金融自然开始向高级形式发展。比如,从个人之间的自由借贷开始,当资金需求逐渐增大到仅凭少数个人的盈余资金无法满足、少数个人的风险承受能力无法承担时,通过多人集合形成"合会"这种可以筹集到更大规模资金的互助合作金融组织形式也就应运而生。随着经济的发展,合会的基本发展趋势又表现为从轮转模式转变为非轮转模式,从只存不贷转变为存贷结合,从定期运营到每日运营,从短期金融组织逐步转变为永久性金融机构。由于民间金融的信息不对称优势是建立在小范围、小规模的人群之间特殊关系上的,一旦超出了一定规模,业务经营超出了一定人际圈子,这种优势也就不复存在,若不变更引进现代正规金融机构的贷款技术和组织形式以降低

成本，最终会难堪重负。事实上，正规金融的出现正是从非正规的行列中逐渐演化形成的。美国商业银行的早期形式，就是由在殖民地时期从事海外贸易的成功商人自发形成的，向他们的顾客提供信贷。日本的无尽会社转变为相互银行、中国台湾的合会转变为地区性民营银行等非正规金融向正规金融演变的事实都表明，金融制度作为中介制度，其存在是需求诱致性的，其发展应该是由小到大，由非正式到正式。

多样化的金融服务需求要求有不同的金融形式的存在，金融体系应该向多层次、多元化发展。组织形式上，既有无组织或组织松散的民间金融，比如个人借贷，又有组织化程度中等的合作金融形式，还有更加组织严密规范的股份制的现代金融机构。规模上，既需要大型全国性金融机构，也有小规模不跨区域经营的地方金融机构。经营业务上，是由银行等存款类中介、风险投资等信托类中介、防范风险的担保类、保险类中介等多种类型的金融中介共同构成的金融服务市场。这其中，地方中小金融机构能较充分地利用地方的信息存量，更容易低成本地了解到地方的居民信用状况和企业的经营状况、项目前景和信用水平，更容易克服信息不对称和节约交易成本。而民间金融通常将借贷对象限定于亲戚朋友、街坊邻居、工作伙伴或是业务往来单位，双方相互知根知底，有效地解决了融资中信息不对称问题，因而多具有典型区域性，主要满足当地经济的需要。民间金融与地方中小金融机构之间的相似特点决定了两者对接的必然性和可能性。

二、民间金融与地方中小金融机构对接的必要性

（一）对接符合我国经济发展战略的需要

为了解决我国当前区域经济发展不平衡、城乡差距大的二元经济结构问题，我国当前的经济发展的战略是实施非均衡协同发展战略。非均衡发展表现在建立和培育经济发展极，而协同发展的思想体现在同时建立和培育不同层次的经济发展极。多层次的经济发展极需要充分的金融支持，只有达到一定的资本积累和生产力发展水平才能形成有极化作用的发展极或增长点。而发展地方中小金融机构是其中的关键手段，这是促进地方经济加快发展、提高生产力，从而形成发展极的重要保证。地方中小金融机构与全国性金融机构相比，对支持地方经济的发展有着特别重要的意义。全国性金融机构在全国范围内进行资金配置，从落后地区汲取的金融资源会不可避免地流向发达地区。而地方中小金融机构的资金配置主要集中在所在区域之内，对落后地区起到了保护本地金融资源、支持本地区经济发展的作用，因而能很好地保

证落后地区内的增长极培育所需的金融支持。所以，我们要大力发展地方中小金融机构，以充分有效地利用本地区的金融剩余，保证地方经济发展可以获得足够的金融支持，培育多层次的发展极。

我国民间金融对发展壮大个体私营经济、促进农村经济和民营经济发展起到了积极作用，为促进地方经济作出了一定贡献。同时，民间融资与正规金融机构之间的竞争也促进正规金融改革，有利于提高金融效率。民间金融虽然起到了一定的积极作用，但是在缺乏规范化途径引导的情况下，无序的发展并不能充分发挥其自身特有的一些优势，反而给金融和社会稳定等方面带来了一定的不安全因素。前面分析的民间金融与地方金融机构的联系为我们提供了将两者对接的思路，不过诱致性的民间金融一旦产生，容易锁定在"非正式、不规范"的状态中，当制度成本过高，收益不足以进行制度创新并建立起规范化的融资制度，就会造成民间金融没有创新试验的激励。因此，在没有外部强有力的制度冲击和国家制度供给的情况下，民间金融由于制度成本高昂是难以自发走出这一状况的。政府应该提供一个制度选择空间，即通过建立、健全与民间金融相关的法律法规，为民间资金进入正规金融机构提供必备的制度环境，促进制度创新。如果政府能明确立法，为民间借贷构筑合法的活动平台，促进正当的民间金融活动摆脱地下金融身份，向地方中小金融机构发展，一定能更好地发挥民间资金和地方中小金融机构的积极作用。

（二）对接是充分利用民间资金的有效途径

民间金融中资金供给大部分来自于充裕的民间资金。改革开放以来，城乡居民收入水平逐渐提高，历年的累积使民间资本供应充裕。由于我国金融市场上的投资渠道较为缺乏，居民可供选择的投资品种不多。而民间金融除了友情借贷、合会等少数互助型融资形式外，往往都是以高利率来提高吸引力，很容易吸收到社会闲散资金。随着人们收入的不断增加，人们对资产的收益也越来越关注。为了提高收益率，民间资本投向了盈利性集资、私募基金等非正式金融领域。其风险相对于银行存款、国债等投资产品虽然较高，但收益一般也高于银行存款。

一方面，充裕的民间资金需要寻找投资途径追求利润；另一方面，地方中小金融机构的发展需要进一步扩大资金来源，以更好地满足地方经济发展的需要。但一直以来，我国的正规金融有着严格的准入限制，限制了大量民间资金的进入，也部分导致渴望取得合法身份的规模较大的民间金融机构被拒之门外，不得不借助于"地下"形式。引导民间金融向正规化发展，可以为充裕的民间资金提供新的投资渠道，满足资金逐利的要求。此外，民间资金还具有便利性和互助性的特点，正是这些特点使得民间金融除了以高收益吸收到逐利资金外，还能获得其他资金来源。比如，温州等地的某些地下钱庄与当地商贸市场联系紧密，营业时间根据商户需要而延长，存取款十分方便，比正规金融机构更受欢迎，吸收资金更有优势。在民间自由借贷中，不少贷出者是出于"人情"。在合会中，人们最初是出于互助互利而形成资金的联合，并不以逐利为目的。因为生活在一定地域的人们，形成了稳定的人际关系网，彼此之间相互调节资金的余缺也是自发的加强合作和互助的一种形式。

吸引更多的民间资金进入地方中小金融机构，扩大资金来源渠道，还可以在保留民间金融中的低成本和信息优势的同时，促使地方中小金融机构产权多元化。在为其提供充足资金的同时有利于避免股权过于集中的"一股独大"，通过利用民间资本与地方经济的紧密联系，防止股权过于分散带来的"所有者缺位"。因此，民间资本与地方中小金融机构的融合成为必然趋势。针对市场主体对金融服务的多样化需求，结合民间资金供给的特点，有效地利用充裕的民间资金，因势利导民间资金进入多层次多样化的地方中小金融机构，充分发挥地方金融机构在信息不对称下的比较优势，才能更好地满足多样化的金融服务需求。当然，为了保证民间资金进入的积极性，在初期可能需要政府更多的引导、鼓励和提供更好的优惠政策来扶持地方中小金融机构发展。

三、民间资金进入地方中小金融机构的途径探讨

民间资金进入地方中小金融机构中大致可分为三种途径：一是加大现有银行业对内开放的力度，积极吸纳当地民间资本进入已有的正规金融机构，促进其改革重组；二是可以通过降低金融准入门槛，推进民间金融"阳光化"，培育新型的草根性社区金融；三是推进其他非银行金融机构改革，引导民间资金进入诸如信托、典当、保险、担保、租赁等地方性非银行中小金融机构。其中，第一种途径在国有银行产权制度的改革、城市商业银行和农村信用社的增资扩股、重组等方面已有较多的讨论，而其他两种途径探讨增量创新和非银行金融机构发展，对这方面的讨论较少。近期监管部门进一步明确了小额贷款组织、村镇银行等对民间资本的开放和准入门槛、运作规则，下文就其他较少受到关注的可能途径展开讨论。

（一）引导民间资金发展民间合作组织

对于经济相对欠发达的地区，尤其是我国广大的农村地区而言，小农经济的特点使得现代金融制度下股份制、盈利性的金融形式反而不适应农村经济环境，而合作金融制度可能才是比较适合的选择。这种类型的民间金融不以盈利为目的，充分体现民间资金的互助性和便利性。

1. 合会向资金互助合作社的转化

在我国广泛存在的合会（抬会、摇会等），有典型的合作、互助、互利的特点，如果对这部分资金加以引导，允许农民改造合会后按照一定的法律程序登记注册成为真正意义上的合作金融组织，既可以保留民间金融组织的信用平台优势，又可以将之纳入政府金融监管的范围中来，通过严格的监督管理，发挥其互助合作的积极作用。安徽省"兴旺农民资金互助合作社"的前身就是几户农民自发形成的合会类组织，2006 年 3 月在民政部门依法登记注册。入社村民以自有资金入股作为互助保证金，不吸收公众存款，按照低于银行贷款利息的标准对资金需求户收取服务费，但所有收费只能作为办公等营运支出，不以盈利为目的[1]。类似的例子在其他地区也有，但这类资金互助社多在民政部门登记，由民政部门负责对其监管，这本身是不利于其发展的。资金合作组织需要且应该得到金融监管部门的监督和指导。2006 年底，银监会发布的《中国银行业监督管理委员会关于调整放宽农村地区银行业金融机构准入政策更好支持社会主义新农村建设的若干意见》明确了要按照"低门槛、严监管"原则，引导各类资本到农村地区投资设立村镇银行、贷款公司和农村资金互助社等新型农村金融机构。2007 年 1 月，又发布了《农村资金互助社管理暂行规定》《农村资金互助社组建审批工作指引》，规范农村资金互助社的设立、经营与退出。截至 2007 年 10 月，银监会在吉林、内蒙古等 6 个试点省（区）共核准了 23 家新型农村金融机构开业。其中，农村资金互助社 8 家，村镇银行 11 家，贷款公司 4 家。虽然资金互助社的金融许可牌已经明确，但考虑到目前各地的资金互助合作社大多只有十余位社员、几万元的总股金，仍然达不到村一级信用合作组织 10 万元的注册资本要求①，尤其是在资金极度匮乏的贫困地区。如何科学设置信用合作社的准入门槛、具体的许可要求以及如何有效对其加以引导和监管，仍是今后发展合作金融

---

① 2007 年 1 月银监会发布的《农村资金互助社管理暂行规定》中明确了资金互助社的注册资本要求："在乡（镇）设立的，注册资本不低于 30 万元人民币，在行政村设立的，注册资本不低于 10 万元人民币，注册资本应为实缴资本。"

的关键。

2. 保持资金互助合作社的小规模性和社区性

已有的资金互助合作社在当地都形成了良好的口碑，吸引了更多的农户希望加入合作社，但是简单地扩大合作规模并不符合其发展的需要。虽然合作社需要有更多社员入股集合更多资金，才能更多满足社员资金需求和增强抗风险能力，但单个资金互助合作社的社员也不宜过多，否则同样会丧失社员间相互熟悉的信息优势。为了在合作中依旧能保持在交易成本上的优势，将合作金融限定在一定的信任半径内，也就是局限在某一个地域或社区内的人群是非常必要的。可以采取发展多个较小规模的资金互助合作社，而不是一个超大规模的合作社来服务更多的社员。而在资金补充的来源方面，财政或政策银行可以给予一定支持。比如，财政或政策银行向农民资金互助合作社提供转贷款支持，按资金互助合作社股本金 5 倍杠杆率，在股金 2 万元基础上提供政策银行转贷款支持 10 万元，合作社可更好地满足成员需求，并有结余资金，未入社农户由于看到贷款的有效供给和方便，就会主动发起设立更多的合作社。

3. 在资金互助的基础上发展综合性合作组织

专业化合作在西欧、北美等人少地多的国家和地区非常多见，而在人多地少的小农社会条件下，农户经营规模普遍偏小，专业化程度普遍偏低，纯粹的专业合作缺乏基础。韩国和日本都是成立农协这种以社区为基础的综合性合作组织来服务农村，在农业生产、流通等多领域实现合作。在我国的现实条件下，建立类似韩国、日本农协的社区综合性合作组织是比较合适的选择。金融合作可以作为综合性合作体系的一个子系统，合作金融的目的不是从融资行为中获得利息收入或各种收费，而是以合作的形式实现互惠互利，相互支持生产等其他业务。参与的经济主体能够从中得到其他主业上的便利或利益，不违背资金互助或是逐利的特点，这才构成了合作的基础。①

（二）引导民间资金发展信托业

1. 信托业的改造吸引更多民间资本进入

2007 年 2 月，中国银监会发布了新修订的《信托公司管理办法》《信托

---

① 2006 年 3 月 25 日，浙江瑞安在当地政府的支持下率先组建了我国第一家集农村金融、农产品生产和流通为一体的综合性农村合作组织——瑞安农村合作协会。安徽的"小井庄社区发展合作社"也是类似的合作组织，由香港一慈善组织首期捐助 15 万元，并由 23 户农民自愿入股 7.2 万元共同建立。合作社除了金融功能，解决社区内的融资问题外，还具备公共管理功能，提供社区内公共产品的功能和生产经营上的互助合作功能，通过合作社把大家联合起来，相互帮扶。

公司集合资金信托计划管理办法》，并于 3 月 1 日开始实施。新法规将过去的
"信托投资公司"改为"信托公司"，突出强调了"信托"主业，要求信托公
司尽快实现根本性的业务转型和功能再造。新办法将推动信托业的重组与并
购浪潮，具有实力的信托公司将能够在新政策下更好地发挥业务创新与拓展
能力，而一些不具备资本实力和管理能力的信托公司股东将无法在新政策下
转型，只能寻求退出，这也为一些看好信托业的金融机构、大型产业集团、
其他民间资本提供了难得的进入机会，同时注册资本 3 亿元最低限额也需要
更多的民间资本补充资本。

　　2. 信托为民间资金提供更多投资渠道

　　信托可以吸收民间充裕的盈余资金，为投资者提供更多可选择的投资工
具。比如针对高收入阶层的集合资金信托业务，对委托人的准入门槛相对较
高，要求委托人要具有一定的资金实力，能自担风险。如英国规定，拥有 10
万英镑的年收入或拥有 25 万英镑净资产的个人有资格参加此类业务。美国规
定，拥有 500 万美元资产的个人或机构有资格参加。集合资金信托就好比是
一个富人俱乐部，为高端客户从事资产管理。新规定的出台通过合格投资人
措施加强了对投资者利益的保护，增强了对民间私募基金通过信托方式合法
化的吸引力。多年来，私募机构一直没有渠道来获得公开、合法地位。比起
普通私募基金来说，信托管理规范，资金安全性相对较好，信托权益可以转
让，也可以到期赎回，还可以到异地发售。信托新规定出台后，信托渠道的
吸引力更是增大，信托公司将成为疏导民间资金、引导私募基金合法化重要
渠道。

　　3. 信托产品创新有效促进地方经济发展

　　信托产品的优势在于可以无限创新，极具针对性。由于我国农村土地流
转制度的制约，我国部分农村地区出现大批的农民外出务工以致出现良田闲
置、土地抛荒的现象。如果信托公司在农村地区发展农村土地信托，推动土
地的流转，可以有效缓解土地抛荒现象，促进土地的集约化经营。比如，不
能或不愿耕种土地的农民可以将土地承包经营权在一定期限内委托信托公司
管理经营该土地，信托公司接受委托，可以采取出租、以土地使用权作为出
资入股投资等方式管理运用土地，既能够有效地保证农民的利益，避免土地
闲置和低效率的使用，又可以将土地集中到规模经营者的手中，形成规模效
益，达到降低农业经营成本、提高生产效率的目的[2]。除了土地信托之外，
包括像农村医疗保险资金信托、农村购销合作信托、村镇建设规划信托等，
都可以作为公益信托产品发展、发挥信托公司规模化、专家化的优势，与农

民进行长期合作，在新农村建设中发挥重要作用。2007 年 7 月，北京国际信托投资公司推出了公益性信托产品，将捐赠资金指定运用于北京地区民工子弟学校。通过商业化信托模式募集资金，在以收益性为目标的前提下实现公益性，可以吸引更多社会大众以共赢的模式参与到公益事业中来，有利于扩大公益事业资金来源和影响力。

信托公司还可以开发私人股权投资信托产品，促进当地中小企业发展壮大。私人股权投资基金是指定向募集、投资于未公开上市公司股权、为有高成长预期的公司提供股权资本并为其提供经营管理和咨询服务、在被投资企业发展壮大后通过股权投资获取中长期资本增值收益的投资基金。目前，在我国利用信托公司发起设立私人股权投资信托基金是没有法律障碍的，也应大力提倡鼓励。资本追逐利益的特性保证了私人股权投资信托可以成为一支创业投资的新生力量。集合资金进行投资，资金量大，风险承受能力也比较强；而且，由信托公司的专家去运作，投资分析能力比较强，有利于发现企业的价值，为当地中小企业的发展壮大提供支持。

（三）典当业与民间资金的对接

引导民间资金进入典当业是一种切实可行的民间金融规范化、正规化途径。典当行，从合法性的角度来看，本身属于合法合规的机构。2005 年，商务部和公安部联合发布的《典当管理办法》对其进行规范管理。在典当已经得到合法化认可的情况下，相比其他地下民间金融形式，典当业对于民间逐利的资金可能更具有吸引力，毕竟合法地位的确立最大限度地减少了典当行的不确定性。

从注册资本上看，典当行的最低门槛比试点中的小额信贷公司的门槛（四川 1 000 万元，山西 1 500 万元）还要低。[①] 较高的典当当金利率、不高的准入门槛，加上融资市场的巨大潜力，典当行业迅速吸引了民间资本的热情涌入。据商务部公布的数据，2005 年全国共有典当企业 2 052 户，分支机构 81 个，行业注册资本已经达到了 170 多亿元。2006 年，典当行总量继续增加，规模扩大。截至 2006 年底，全国共有典当行 2 494 家，累计注册资本 246 亿元。

作为承担了金融功能的一种机构，典当行却并没有被纳入我国金融监管

---

① 现有规定要求典当行注册资本最低限额为 300 万元，从事房地产抵押典当业务的注册资本最低限额为 500 万元，从事财产权利质押典当业务的注册资本最低限额为 1 000 万元。小额信贷公司注册资本限额四川为 1 000 万元，山西为 1 500 万元。

的范畴，只能被视为半正规金融机构。缺乏金融监管，本身对其发展就是一大弊端。另外，目前的社会认识对典当依然存在一定偏见，将其看做是高利盘剥的代表，而不是一种正规的融资形式。如果能够正确认识典当业的金融属性，将典当行纳入我国的金融监管体系，同时重建民众对典当行业的认识和信心，典当会是民间金融规范途径之中的一个重要选择，能有效地满足部分应急性融资需求。典当申请周期短，办理速度快，能满足紧急的资金需求。手续便利对于典当的高利率起到了一定的弥补作用，也使典当成为个体居民和中小企业缓解融资难的重要辅助手段。

虽然《典当管理办法》允许跨省设立分支机构，但主管部门实行总量控制，对分支机构的设立审批相当严格，注册资本金需达到1 500万元，对分支机构拨付营运资金不少于500万元，提交的申报材料和审批程序与新设立一家典当行相比几乎完全一样。同时《典当管理办法》对典当企业的负债渠道作了明确规定，限制了其外部资金的筹集，单纯依靠自有资金是难以达到设立分支机构的雄厚资金基础的，因而典当行仍是以地方性为主。实际上，一味扩大地域范围、增设分支机构，不利于其有效利用本地信息优势、减少交易成本。因此，立足于本地经济，挖掘本地客户资源，不断培植本行的优良客户群和高端客户群，建立稳定的业务关系，加强与当地银行等其他金融业、行政管理等部门的联系，提高业务运行效能，才是典当行稳步发展的基础。

（四）民间资本与担保等其他机构的融合

担保行业在我国发展还不成熟，目前以政策性的担保体系为主。但仅靠有限的财政资金是不够的，政策性的担保体系也可以扩大吸收民间资金，由政府和民营企业共同出资组建担保公司。另外，全部由民间资金出资组建的商业性担保公司在提供了一个民间金融发展途径的同时，本身对于金融市场的完善也是一种推进。不过在目前我国的市场环境下，担保公司的盈利状况并不理想，商业性的担保公司对民间逐利资金的吸引力是不够的，而企业间自发的担保互助合作同样作为一种类似民间金融的典型形式，可能更具有现实推广意义。

山东滨州的农村企业在彼此熟知或长期供货合作的基础上组成"民企联保小组"，每个企业成员缴纳1万元，工商户成员交纳5 000元，由镇农村信用社建立担保基金账户专户管理。天津在商户较为集中和固定的商城、批发市场、物流中心等，由天津合作银行推动，以商会、促进会等组织为载体，由其从入会企业中选出经营与资信良好、资本金充足、具有一定规模的多家骨干企业建立担保互助合作基金，为被评定为信用商户的中小企业和商户提供担保。

利用民间信用的平台，民间资金自主成立担保合作组织，既能够有效解决融资担保难的问题，又能够为民间资金提供新的出路。在这种合作组织中，民间资金聚集的目的不是从担保业务中营利，而是提供担保为合作组织的成员，包括自己，带来融资的便利。这种担保形式利用的一样是民间资金互助合作的性质，应该限定在一个较小的区域如专业市场、社区中，利用相互熟悉了解的信息优势结成联盟，相互为成员单位的贷款提供担保。担保是一种信用中介服务，本质上属于金融服务的范畴，它具有信用增级和信用放大功能，对社会信用秩序和信用环境具有较大的影响，是社会信用体系的重要组成部分。为了保证互助担保组织的市场主体资格得到认可，应该给予类似于资金互助合作组织一样的合法金融主体身份，通过注册登记，将其纳入金融监管体系。

由于合作组织与农村经济的天然联系，除资金互助合作、担保互助合作在农村地区具有适应性外，农业租赁和农业保险都可以通过发展合作制的形式引进民间资金。我国是一个自然灾害多发的国家，小农经济下抗风险能力弱，政策性保险会出现资金难以为继的情况，商业性保险没有盈利空间而难有积极性。引导民间资金开展互助合作，利用合作组织不以营利为目的的性质为成员服务，同时政府提供政策性的资金支持，保证其正常运作。类似日本、韩国的综合农协，保险、租赁等都可以是农协中的子系统，以互助合作的方式吸引民间资本，通过互助提高竞争力，通过合作来发展生产力。

参考文献

［1］计容. 民间金融的规范之路——安徽省"兴旺农民资金互助合作社"个案研究［DB/OL］. www. beeb. com. cn.

［2］陈玉鹏. 建设新农村，信托公司大有可为［N］. 金融时报，2007 - 04 - 02.

［3］李建军. 中国地下金融调查［M］. 上海：上海人民出版社，2006.

［4］彭建刚，李关政. 我国金融发展与二元经济结构内在关系实证分析［J］. 金融研究，2006（4）.

［5］中国人民银行阜阳市中心支行课题组. 转型中的融资便利：非正规金融的比较优势及经济效应［J］. 金融研究，2005（12）.

［6］丁俊峰等. 民间融资市场与金融制度［J］. 金融研究，2005（12）.

［7］苏士儒等. 农村非正规金融发展与金融体系建设［J］. 金融研究，2006（5）.

［8］张建华，卓凯. 非正规金融、制度变迁与经济增长：一个文献综述［J］. 财政金融，2004（3）.

[9] 曾康霖，等．我国典当业的性质及可持续性研究 [J]．金融研究，2005（12）．

[10] 陆磊，丁俊峰．中国农村合作金融转型的理论分析 [J]．金融研究，2006（6）．

本文刊登于《内蒙古社会科学》2008 年第 2 期。人大复印报刊资料《金融与保险》2008 年第 9 期全文转载。本文的合作者为何婧。

引导民间资本进入新型农村金融机构

一、引言

本课题组在前期研究中已得出结论：我国二元经济结构的改变根本在于农村经济的发展，而农村经济的发展离不开金融体系的支持；我国农村金融体系仍相当薄弱；地方中小金融机构相对于立足于全国的大中型金融机构而言，在满足地方金融需求、消除或降低信息不对称、减少交易成本以及服务地方经济发展的功能定位等方面具有比较优势；因此，着力发展农村金融机构、改善农村金融体系服务的数量和质量是实现我国经济可持续发展的战略选择。2006 年 12 月 20 日，银监会发布《中国银行业监督管理委员会关于调整放宽农村地区银行业金融机构准入政策更好支持社会主义新农村建设的若干意见》（以下简称《意见》），在六省市进行试点，新设了三类新型农村金融机构即小额贷款组织、村镇银行和农村资金互助社。2007 年 10 月 12 日，银监会又发布通告决定扩大调整放宽农村地区银行业金融机构准入政策试点范围，将试点省份从现在的 6 个省（区）扩大到全部 31 个省市区。[1]

实行的结果表明，无论是村镇银行、资金互助社还是银行专营贷款业务的全资子公司，在现实运作中都遭遇到自身资金来源不足问题。[2]一方面，由于涉农领域历来被认为具有风险大、收益低的特点，现有金融机构投资农村金融市场动力不足；另一方面，庞大的民间资本苦于寻找投资出路无门，而在灰黑地带游走。[3]我们认为，应该考虑让非政府非国有的民间资本大举进入新型农村金融机构，充分利用民间资本的"地缘性"优势，为农村金融市场提供充分的服务。基于此，本文探讨引导民间资本进入新型农村金融机构以促进我国二元经济结构的加快转换。

二、引导民间资本参与小额贷款组织

小额贷款组织是我国农村金融体系的重要组成部分，2006 年和 2007 年中央一号文件均强调要大力发展小额贷款组织，增加对"三农"的信贷投放。

像我国这样一个农业大国，以家庭联产承包经营为主的生产方式决定了农户交易频率高、额度小、风险大，传统的商业性金融不容易在这样的金融市场上获取利润；而以"圈层结构"为基础，充分利用地缘、人缘优势的小额贷款则成为满足农户金融服务需求的生力军。当前，我国新型的商业性小额贷款组织有两种形式，一种是2005年底由人民银行推动在5省试点的"只贷不存"小额贷款公司（简称小额贷款公司）；一种是2006年底银监会批准在6省试点由商业银行和农村合作银行投资的专营贷款业务的全资子公司（简称贷款子公司）。这两种金融组织发放小额贷款的资金来源存在严重不足。我们认为，民间资本是小额贷款组织的主要资金来源，应该大力促进民间资本参与小额贷款组织的建设。作为商业性的贷款组织，商业利益的保证是其基本要求，民间资本参与小额贷款组织的动力也在于此。因此，引导民间资本积极参与小额贷款组织需要有相应的政策优惠与支持，需要政府和社会对农村金融有一定的前期投入。总之，如何鼓励民间资本积极参与到小额贷款组织中来，同时如何充分保障其权益，大力支持其发展，这是值得我们深思的。

（一）降低民间资本参与小额贷款的准入门槛

准入门槛的降低应该体现在广度和深度两个方面；从广度上讲，应该扩大小额贷款公司和贷款子公司试点的范围；从深度上讲，应该对小额贷款公司发放"金融许可证"，降低小额贷款公司的注册资本金要求，降低商业银行或农村合作银行必须为其贷款子公司全额出资的要求。目前，在5省试点的小额贷款公司是由人民银行参与、当地政府组建的领导协调小组承担一定的监管职能，并由人民银行制定工作框架，尚不持有"金融许可证"、也不在银监会的监管范围之内。经营贷款业务却无金融许可证，这种不明确的法律地位无疑会成为民间资本投资的障碍，因此，应该对符合要求的小额贷款公司发放"金融许可证"，为民间资本的注入扫除障碍；另外，在注册资本金方面，2005年以来有关部门批准的小额贷款公司，如四川广元、贵州江口、内蒙古东胜小额贷款公司的注册资本金最低要求均是1 000万元人民币，山西平遥的要求是1 500万元人民币，[3]相对于村镇银行最低资本金要求300万元而言，门槛仍然不低。在资金匮乏地区，门槛还可以适当降低。而对商业银行"贷款子公司"而言，要求商业银行全额出资则是其发展的一大障碍，因为大的商业银行一般不具备农村金融市场竞争的比较优势，[4]应该鼓励当地的民间资本参股，充分结合民间资本地缘性之长与商业银行专业优势之利。

（二）保证商业性小额贷款组织资金来源的可持续性

尽管已有的小额贷款组织注册资本数额不小，民间资本家们投入的资金由于其来源渠道的有限性，会导致小额贷款组织资金来源短缺。为此，可以考虑小额贷款组织股东结构多元化，采取多种形式扩大资金来源。

首先，放开小额贷款公司和商业银行贷款子公司现行规定中对于股东的限制。一方面，放开对贷款子公司必须由商业银行或农村合作银行"全额出资"的限制，积极引入民间资本，增加民间股东。另一方面，有条件地放开经济落后地区"只贷不存"小额贷款公司的股东人数的限制，增强小额贷款公司的贷款能力。现行的规定对所有试点地区小额贷款公司的股东人数都进行了限制，[5]目前成立的小额贷款公司股东人数都在 5 个以内，这一点是有待商榷的。

由于小额贷款公司被要求必须以股东合法的自有资金发放贷款，且不能以任何形式吸收存款，所以从某一方面来说，限制股东的人数就相当于限制了小额贷款公司的资金来源，削弱了其服务当地的能力，尤其是在经济相对落后的地区。因此，小额贷款公司可在试点并稳健发展的基础上，视当地金融生态环境，适当增加股东人数；为了避免"变相揽存"现象的发生，需要通过对民间投资者资格的审察，把拥有资本的民间投资者与民间存款"散户"区别开来。

其次，多渠道扩大小额贷款公司的资金来源。在有条件的情况下，允许小额贷款公司和贷款子公司接受社会各界的捐赠资金、吸收国外机构的资金；另外政府支农扶持资金及人民银行的支农再贷款也可以考虑进入小额贷款组织；同时，允许小额贷款组织从其他金融机构批发资金，探讨国家开发银行、农业发展银行、国有控股商业银行甚至是保险资金管理者等成为商业性小额贷款组织资金批发商的可能性。

（三）为"草根性"小额贷款组织提供必要的政策优惠与配套设施

民间资本所打造的"草根性"小额贷款组织扎根当地，为当地经济体提供金融服务，但"草根性"小额贷款组织由于其规模和地域的限制，会面临一些制约发展的因素；一切商业性资本的进入是以能够实现财务和商业上的可持续发展为前提的，而在较多贫困地区如果没有政策优惠这一要求是难以实现的。这就需要地方政府和监管部门积极支持。（1）出台贷款利率、税收等方面的优惠政策，通过立法或其他形式保障民间投资家的合理利润。贷款利率是小额贷款组织的唯一的利润来源，针对农村金融市场的特殊性，小额贷款公司的贷款利率适当上浮是必要的，现在允许小额贷款公司贷款利率上浮到中央银行基准利率的 4 倍，贷款子公司的贷款利率也可以依照此规定执行；税收方面，在试点初期，政府应该在所得税、增值税、资本税、利息税等方面进行减免或优惠，同时适当优惠小额贷款组织在运营过程中涉及的费用（比如小额质押抵押贷款时的评估费用及公证费用等），为小额贷款组织的良好发展提供空间。（2）避免政府的不当干预，尊重并维护民间资本家的合理权益。由于农村金融市场的特殊性，政府提供必要的财政支持，鼓励小额贷款组织积极创新，但同时，应尊重小额贷款组织的商业性及独立性，避免不当干预，支持小额贷款组织按照自身的需要调整经营策略，实现可持续发展。（3）地方政府和监管部门应该发挥资源整合优势，构建小额贷款组织发展的良好平台。可以由政府牵头，促进企业、中介机构等与小额贷款组织的密切交流；并且应该帮助建立行业协会，促进行业内部的信息交流、经验传播及行业的监督与自律。

（四）防范因民间资金注入小额贷款组织所带来的风险

民间资金积极参与开办小额贷款公司益处良多，但民间资金追求利润最大化存在一定的脆弱性，在农村金融这样一个特殊的市场上，可能会引致大量风险，从而影响小额贷款公司和社会的稳定。

在运作机制上，虽然小额贷款机构设计了一定的风险防范机制，如防止大额贷款，设置了不良贷款警戒线（不良贷款超过一定比例，如10%时，停止办理委托贷款业务），实施抵押担保，提取风险准备金等措施，同时还设立了风险担保基金，以发起人自有资金的10%、委托贷款人委托资金的6%作为风险担保基金，用于委托资金和其他负债资金的担保。但是，在具体运营的过程中是否能够落实到位有赖于金融监管部门及其他相关管理部门的严格监管。已有的小额贷款机构业务发展的经验表明，在贷款发放的操作过程中，违规趋利的冲动难以完全避免。因此，加强小额贷款组织的内控机制建设势在必行。因农户和中小企业自身防范风险的能力较弱，抵御自然风险和市场风险实力不足，为了降低小额贷款的风险，"草根性"小额贷款公司加强与保险、抵押担保等机构的合作十分重要。

三、引导民间资本参与村镇银行

作为农村金融市场上的新型银行类金融机构，村镇银行是民间资本合规化投资的可行路径。村镇银行是指为当地农户或企业提供服务的银行机构，属一级法人机构，区别于商业银行的分支机构；它完全根据经济发展的需要和利润最大化的原则调整经营策略，突出自身的比较优势。村镇银行强调金融服务范围和服务对象，它们对于客户的了解程度可以具体到客户家住何处、家里有几口人、有何亲戚朋友、各有什么爱好，充分了解每一个客户的信用状况，从而控制贷款风险。村镇银行正是充分地吸收了民间金融"交易半径小，信息成本低"的特点，立足于县域和乡村，服务于当地，村镇银行一方面突出了其在乡镇提供金融服务的社区性质，与其他商业银行在不同层次上运作，形成较强的互补性；另一方面改变了民营资本投资的隐性壁垒，激发了民间资本所有者的投资积极性，使资本这一稀缺资源得到优化配置，促进社会经济效益的提高。

（一）民间资本入股村镇银行的障碍及其对策

根据农村地区金融服务规模及业务复杂程度，监管部门确定了新设银行业金融机构的注册资本。在县（市）设立的村镇银行，其注册资本不得低于人民币300万元；在乡（镇）设立的村镇银行，其注册资本不得低于人民币100万元。根据规定，必须由现有的商业银行作为发起人，且控股20%以上，自然人要入股村镇银行或农村合作金融机构，持股比例规定不得超过股本金的10%。此举的初衷固然是想由现有商业银行控股来保证村镇银行的专业性，且防止村镇银行股权的过分集中、一股独大。这涉及两方面的问题：其一，商业银行发起建立村镇银行的积极性；其二，民间资本投资参与村镇银行的积极性。对于商业银行而言，真的要参与农村金融，是否可以选择直接开分支行，如果对在当地农村金融的盈利估计不乐观，是否又愿意在设立村镇银行时投入20%甚至更多，商业银行投入的机制又是什么；如果按现在规定的股权结构成立了村镇银行，商业银行的"大股东"地位是否会使村镇银行成为另一个"商业银行分支机构"。即使有了商业银行作为发起人，民间资本又是否愿意只入股10%。针对这两个方面的问题，在考虑村镇银行的股权结构时，不应"一刀切"，而应根据各试点地区在经济发达程度上的差异，因地制宜。对于发展相对落后的地区，在商业银行参股村镇银行的机制方面，可以适当放开商业银行必须以资金入股的硬性规定，改由其他形式的入股（比如设备入股、技术入股等），调动商业银行发起建立村镇银行的积极性；同时通过各种优惠政策吸引民间资本参股村镇银行，自然人的持股比例不能高于10%的限度可以相应放开，适当增加民间资本投资者的持股份额，激发民间资本投资者的入股热情。只要对村镇银行成立以后的贷款投向予以规定，保证"本地"的投放比率，就能维持村镇银行独特的"草根性"，更好地服务于当地。

（二）村镇银行可持续发展的障碍及对策

作为新型金融机构，在进入农村金融市场初期，村镇银行"公信力"不足、吸收存款能力差，成为其可持续发展的瓶颈。作为一家银行类金融机构，可以吸收存款是村镇银行相对于其他新型农村金融机构的最大优势。而在我国存款保险制度缺位的背景下，村镇银行作为一家新型的农村金融机构，与农村信用社、邮政储蓄银行等金融机构相比，在吸收存款市场处于竞争劣势。对私人存款业务而言，试点地区的经济多数不太发达，当地农民作为最需要资金的群体，存款非常有限；所以在试点初期，要促进村镇银行存款业务开展的关键在于发展对公业务，而发展对公业务的首要条件是拥有中央银行大额支付系统的行号，使村镇银行纳入到中央银行的资金结算体系当中，同时与中央银行的大额支付系统对接还需要开发软件系统，这笔价格不菲的系统开发和电脑设备购置费用也成为存款业务发展的制约瓶颈，解决这方面的问题，还有赖于资金和政府政策等多方面的努力。把村镇银行纳入到中央银行的资金结算体系的配套系统，可以考虑允许其他金融机构通过拆借方式向村镇银行发放贷款以解决其短期资金不足问题；而县（乡）政府在选择对公业务的服务银行时，应该优先考虑符合条件的村镇银行，扶持新型农村金融机构的发展。

（三）政府对民间资本入股村镇银行的引导

村镇银行设立后，农民通过村镇银行可以方便地取得贷款，加快增收致富的步伐。但是，虽然赋予了村镇银行服务农村的责任，它是否能肩负起发展农村经济的重任，这还需要各级政府的积极支持和引导。针对农村金融需求的特点，政府可以通过经济或法律的手段来对村镇银行提供的金融服务进行指导。激发村镇银行不断创新和丰富支农金融产品，从而加快构建功能完善、分工合理、产权明晰、监管有力、适应农业和农村经济发展需要的农村金融体系。特别是需加强村镇银行注册资本的管理，严格审批制度。尽管注册资本不能代表一家银行的经营能力，但注册资本高却意味着银行的抗风险能力强；而且银行本身的注册资本金也是可贷资金，短期内，在村镇银行尚未建立稳定的存款业务来源时，注册资本高的村镇银行才拥有发放农户贷款的能力。此外，政府还应加大对村镇银行的宣传力度，增加村镇银行的公信力，给村镇银行发展提供一个良好的外部环境，从而实现银行和农村的"双赢"。

四、引导民间资本参与资金互助合作组织

合作制是典型的内生于经济发展的民间自发组织形式，世界各地都存在各式的合作组织形式。[6] 组建合作组织是民间资金自然选择的结果，也是支撑农村经济发展必不可少的金融组织，因此发展合作组织是我们讨论民间资本

与地方中小金融机构对接不可缺少的途径之一。虽然目前农村信用社的改革取得了一定的阶段性成果，但其法人治理结构、经营机制转换和支农服务效果等关键问题还没有完全理顺，还不能全面发挥合作金融的作用。除了可以引导民间资金进入现有的信用合作社之外，在政府支持和引导下，农民自办金融的合作金融创新之路已经在部分地区得到了很好的试验，2006年12月中国银监会《意见》中已经明确了资金互助合作社合法的金融组织市场主体身份，虽然各种细节还有待完善。就目前的情况看，各地现有的资金互助合作社大多只有十余位社员、几万元的总股金，仍然达不到村一级信用合作组织10万元的注册资本要求；尤其是在资金极度匮乏的贫困地区，如何科学设置互助合作社的准入门槛、具体的许可要求、注册登记手续以及如何有效引导和监管，是今后发展合作金融的关键。

（一）保障资金互助合作组织的良性运作

综合各地资金互助组织运营中的情况，其具体运作都有类似的特点，[7]要保障资金互助社的良性运作，初期应该坚持以下几点：（1）在自愿的条件下组建资金互助合作社。农民、非农民社会组织都可以出资入股成为合作社的社员。资金互助合作社实行民主决策、民主管理和民主监督，由理事会管理，由监事会监督，由社员大会或代表大会审议。（2）坚持资金互助服务只面向社员的原则。互助资金借款应坚持在社员内部进行，农户有资金需求，要先向合作社提出入社申请，依据章程交纳资格股，经过批准后成为社员才能借款。农民需求资金在其出资股金额度内实行信用借款制度，超过股金的借款需要有合作社社员担保。（3）资金互助合作社实行财务公开。合作社应该对社员实行财务公开制度，同时对社员进行财务知识培训，保证社员及时了解资金动向，保证财务公开的实际意义。（4）维持资金互助合作社的小规模性和社区性。资金互助合作社弱化信息不对称的比较优势是基于特定领域和特定的对象之上的，超出特定范围则优势也不复存在。应该将合作金融限定在一定的信任半径内，也就是局限在某一个地域或社区内的人群，通过发展多个较小规模的资金互助合作社，而不是通过一个超大规模的合作社来服务更多的社员。

（二）保证资金互助合作社的资金补充

内部自发集合的互助资金来源是形成资金互助组织的基础，但要进一步发展需要外部资金的补充，也就是说发展农户资金互助组织，需要财政或政策银行给予一定支持。农户的股金是借贷款的互助资金，也是承担经营风险的资本金。资金互助合作社由于不吸收社会存款，是成员间的内部信用，不是社会信用，因此具有对内是金融组织对外是经济组织特性，因此，所缺资金需要外部贷款解决。银监会《意见》中明确规定"其他银行业金融机构可根据其实际需要予以融资支持"，但由于缺少抵押物与担保，资金互助合作社恐怕仍难以获得商业贷款。世界各国通行的做法是国家承担扶持合作社发展的责任，财政或政策银行向农民资金互助合作社提供转贷款支持，比如按资金互助合作社股本金5倍杠杆率进行，在股金20 000元的基础上提供政策银行转贷款支持10万元（1:5杠杆率），合作社可更好地满足成员需求，并有结余资金；未入社农户由于看到贷款的有效供给和方便，就会主动申请加入合作社，合作社股金就会增多，抗风险能力和自我余缺调节能力就会增强。这样就起到了帮助农民分担制度成本和满足需求、增强资金自聚和融合、促进组织壮大等功能，建立起国家引导农村经济、联系农民和扶持农业机制和体制。国家政策银行通过资金互助组织实现转贷款来直接帮助农民和支持农业，资金互助合作社逐渐健康发展起来后，商业银行会更主动与农民资金互助合作社开展合作，将贷款批发给资金互助合作社，解决商业银行面对一家一户带来的交易成本高和信息不对称对农村金融供给的制约，这样才能形成以农户资金互助合作金融为基础、商业金融为主体的既分工合作又竞争提高效率的完善的农村金融组织体制。

（三）以资金互助为基础，发展综合性合作组织

发展资金互助社一方面要满足农户家庭经营的生产和生活资金需求，促进经济和福利的增长；发展资金互助社另一方面的作用，是依靠该组织的资金把农户的劳动力、土地和市场总合起来，形成共同销售、购买和消费，联合组织生产，把先进科学技术应用到农业产业中去，不断通过合作的生产关系促进农村生产力的发展和结构调整与升级。虽然北美等人少地多的国家和地区多以专业化合作为主，但是在人多地少的条件下，农户经营规模普遍偏小，专业化程度普遍偏低，纯粹的专业合作缺乏基础，难成气候，在农业生产、流通领域的方方面面就需要合作来帮助解决，韩国和日本都是成立农协这种以社区为基础的综合性合作组织来服务农村。

我国的现实条件下，以农村的地缘为基础，建立类似韩国、日本农协的社区综合性合作组织是比较合适的选择。一家一户的农民在市场中缺乏竞争力，在竞争中、在自然灾害中随时有破产的可能；只有联合起来，通过互助来提高市场竞争力，通过联合来抵抗自然灾害，通过合作来发展生产力。在全国范围内建立广泛的基层综合性农业合作组织，作为一个民间群众团体，为农民谋利益，为农民服务，可以充分发挥其民间自主互助合作的特点。如

果我国政府能够大力倡导和扶持这种综合性农村合作组织，从立法的保护、政策和税收的优惠、技术的支持等方面落实，合作组织就可能在提高农业生产力，提高农民经济、社会地位，推动国民经济均衡发展的过程中发挥重大的作用。

要发展综合性的合作组织，应该以资金互助合作社为基础。只有通过资金的联合才能使这种经济关系产生利益共享和风险共担机制，也只有资金互助合作才能更好地推动生产和购销的联合与合作。金融合作可以作为综合性合作体系的一个子系统，合作融资的目的不是从融资行为中获得利息收入或各种收费，而是以合作的形式实现互惠互利，相互支持生产等其他业务。合作融资本身不以盈利为目的，但参与的经济主体能够从中得到其他主业上的便利或利益，不违背资金互助或是逐利的特点，这才构成了合作的基础。

五、建议

为了对民间资本敞开大门，我们建议从以下三个方面完善民间资本进入新型农村金融机构的路径。

（一）进一步加大农村金融机构对内开放的力度

在规范和引导民间资本时，积极创新金融组织形式。民间资本不仅可以进入银行类金融机构，也可以因地制宜，积极参与到其他地方非银行金融机构中来。逐步加大地方中小金融机构对内开放的力度，欢迎各种形式的资金融入到地方中小金融机构，为地方经济服务。是否颁发金融业许可证，监管机构只从资本金标准、管理标准及新设机构所在地区是否有市场空间三个方面进行考察。只要符合要求的，可以适当降低资本金的门槛，积极引导民间资本参与各类地方中小金融机构以填补当地金融服务的空白，从而更好地发挥对当地经济的金融支撑作用。

（二）开辟审批新型农村金融机构的"绿色通道"

各地的金融监管部门和工商部门对新型农村金融机构的申办手续尽量简化，费用尽量降低；对民间资本入股新型农村金融机构的程序做到公开化、规范化。

注重对民间资本投资者权益的保护，尤其在农村金融这样一个不可避免会受政策性因素影响的市场。民间资本所有者作为新型农村金融机构的投资者，应该享有股东应用的权益。新型农村金融机构每年的净利润在用于补充资本金、满足借贷和谨慎管理的需要后，给予股东合理公平的回报。只有充分保障了民间资本的权益，才能激发民间资本参与新型农村金融机构的积极性。

（三）进一步改善农村金融的生态环境

商业利益的保证是金融机构提供农村金融服务的内在动因，民间资本融合到地方中小金融机构，其行为仍是商业性的；商业利益在农村金融市场上的实现有赖于农村金融生态环境的改善，只有在一个良性的金融生态环境中，金融市场的参与者才能获得商业的可持续性。一方面，政府应该积极促进新型农村金融机构与原有金融机构及企业之间的交流、合作，加强对农村金融机构 IT 设施、支付清算体系、征信体系等的建设或指导；另一方面，建立农业保险公司，在农村地区普遍开展农业保险，为农产品生产、经营、加工等提供保险服务，从而降低农村地区信贷风险，对鼓励和促进新型金融机构参与农村金融市场发挥积极作用。

参考文献

[1] 中国银行业监督委员会. 银监会新型农村金融机构试点工作全面推开. http：//www. cbrc. gov. cn, 2007 – 10 – 12.

[2] 彭建刚. 交易成本与地方中小金融机构发展的内在关联性 [J]. 财经理论与实践, 2005（6）.

[3] 何婧. 民间金融的规范与发展：基于二元经济结构的视角 [J]. 海南金融, 2006（9）：50 – 53.

[4] 彭建刚, 向实. 基于关系型信贷的中小金融机构与中小企业选择一致的理论诠释 [J]. 金融研究（实务版）, 2007（6）：9 – 17.

[5] 何广文. "只贷不存" 机构运作机制的特征与创新 [J]. 银行家, 2006（8）：118 – 121.

[6] Baneriee. A. V，Bealey. T，Guinnane. T. W. The Neighbor's Keeper：The Design of a Credit Cooperative with Theory and a Test [J]. Quaterly Journal of Economics, 1994（109）：17 – 22.

[7] 计容, 民间金融的规范之路——安徽省 "兴旺农民资金互助合作社" 个案研究, http：//www. beeb. com. cn, 2006 – 12 – 05.

本文刊登于《湖南大学学报社会科学版》2008 年第 3 期。合作者为王惠、何婧。

保险机制介入中小企业融资的探讨

在双重二元经济结构下，非均衡协同发展战略是最合理的经济发展战略，这种战略要求在欠发达地区培育多层次的发展极，而极点的培育需要发展大批中小企业，以构建较强的经济基础。中小企业的发展离不开金融的支持，融资难已成为制约我国中小企业发展和地方发展极形成的"瓶颈"。随着保险业的深入发展，保险已不仅仅是一个简单的事后补偿工具，其金融职能日益突出，保险业务对经济组织和经济活动的渗透能力越来越强，存在保险介入中小企业融资过程的可能性。本文探讨保险机构通过创新介入中小企业融资，以提升中小企业融资的信用等级，为解决中小企业融资难问题提供可行的方案。

一、引入保险机制是解决融资瓶颈的现实途径

1. 中小企业融资难现象仍十分突出

随着市场经济的不断深化，我国中小企业的整体素质和对国民经济的贡献率不断提高。据国家发改委中小企业司提供的资料，截至 2006 年 10 月，我国中小企业数已达到 4 200 多万户，占全国企业总数的 99.8%，创造的最终产品和服务的价值占国内生产总值的 58%，上缴税收约占 50.2%，出口总额占 68%，提供了大约 75% 的城镇就业机会，起到了一个社会稳定器的作用。[①]

我国中小企业面临着严重的融资困难：一是企业内源融资匮乏，自有资金不足；二是由于我国的资本市场还处于起步阶段，准入条件高，向银行贷款成为中小企业外部融资的主要渠道。但是中小企业从金融机构贷款的可获得性较低。据调查，我国中小企业外部融资金额近 99% 依赖于金融机构贷款。中小企业由于资信较差，信贷需求难以得到满足，平均每家中小企业获得的

---

① 《经济参考报》，2007 年 4 月 16 日。

贷款金额大约是大型企业的 1/180。[1] 德国 IFO 经济研究所、国务院经济发展研究中心和中小企业发展研究中心等机构联合开展的"中国中小企业经营状况联合专题调查项目"的数据表明，在中小企业最需要的短期流动资金贷款方面，感到满足的中小企业仅占 19.06%。[2]

2. 引入保险机制解决融资瓶颈的必要性

中小企业融资难的本质是企业信用不足。一方面中小企业在市场竞争中处于弱势地位，经营风险大，表现为企业的资产信用不足，即企业缺乏偿债能力；另一方面中小企业的信息透明度低，银企间信息不对称问题较严重，存在较高的道德风险，表现为企业的道德信用不足，即企业缺乏偿债意愿。因此，解决融资难的关键是要努力提升中小企业的信用能力。

（1）引入保险机制有利于中小企业的信用增级。由于中小企业经营时间短、规模小、财务管理制度不规范，造成信息不透明，加之其信息中定量的、易于编码传递的硬信息短缺，造成银企间严重的信息不对称，使商业银行难以有效地判断企业的潜在风险。一方面，银行在贷款前难以全面了解企业的生产经营、财务、信用状况，容易形成逆向选择；另一方面，在贷款发放后，银行对企业经营行为的监督控制能力也十分有限，从而引发部分企业的道德风险，如改变贷款用途等。信息不对称增加了银行甄别企业经营风险和道德风险的难度和成本，难以防范企业贷款前的逆向选择和贷款后的失信行为，更易引发信贷风险。因此，银行对中小企业贷款一般存在一定的歧视。

在金融市场交易活动中，当融资方为实现特定的经济目的而出现信用不足时，客观上需要通过信用增级以减少授信方的风险，确保在信用不能清偿时授信方能获得补偿。因此，在借贷中，当借款企业有信用评级降低等信用减损的可能性时，需要一种能维持其原有信用评级、保障授信方资金安全的机制，以确保金融交易双方的利益，使得金融交易能够顺利进行。保险这一金融工具具有信用增级的功能，为解决中小企业信用不足的问题，有必要在我国中小企业融资过程中引入保险机制。

（2）保险与担保有机结合能增强中小企业融资能力。中小企业信用担保机构作为专业化的信用资源经营机构，以自身资信和资产为中小企业提供担保，可以在一定程度上对这些企业进行"信用提升"，缓解其融资困境（孙厚

---

① 新华网财经新闻，2007 年 5 月 28 日。

② Juliet McKee, Prof Kimball Dietrich. Financing Small and Medium Enterprises: Challenges and Options [R]. HuaHin, Thailand: PECC Finance Forum, July 2003.

军，2003）。我国担保机构的数量逐年上升，2005 年全国中小企业信用担保机构已经达到 2 914 家，累计实现担保收入 57.66 亿元。[①] 但从现实运行情况来看，目前多数担保基金规模小，担保放大倍数低，担保能力有限，保值增值能力较差。因而采取增加接受担保企业的数量、增加担保品种、控制单个担保债务比例等风险内部分散机制难以实施（张黎华、张文国，2003）。此外，全国或地区性的再担保机构尚未建立，担保机构的经营风险没有得到有效分散和化解，风险过于集中限制了担保机构的代偿能力，也限制了其解决中小企业融资难的作用发挥。然而，保险与担保有机结合可以分散和化解信用担保机构的风险，从而使中小企业贷款风险真正分散和化解在各交易主体承受的范围内，大大提高担保放大倍数，增强担保机构发展后劲，降低广大中小企业获得贷款担保的难度，进而增强中小企业的融资能力。

3. 引入保险机制解决融资瓶颈的可行性

（1）中小企业的融资信用风险具有可保性。首先，企业融资信用损失的概率和损失量是可以计量的。经营过程中的风险导致企业有发生信用损失的可能，这种风险损失可以用企业为维持其现有的信用等级所需要的支付来计量，因此，是可以用货币来度量的。其次，中小企业占全部企业数的 99%，各个企业都有发生风险的可能，因此保险标的是大量的，且企业之间风险的发生也是相互独立的。第三，绝大多数中小企业所有者的主观愿望是为了企业能够生存和发展下去，信用危机在企业的经营活动过程中并非必然出现，一般具有偶然性。第四，信用风险带来的损失往往较大，它可能造成银行信贷和相关企业的较大损失，但并非保险公司不能承受的巨灾风险。第五，大多数情况下，企业不履行债务导致信用能力下降，给未来发展带来的损失大于不履行债务获得的经济利益，因而是纯粹风险，具有可保性。这就为保险机制介入中小企业融资的可行性提供了最基本的保障。

（2）保险公司在促进中小企业融资方面具有相对优势。一是风险管理方面的优势。从风险管理的角度看，保险是一种风险转移的金融机制（王建伟、彭建刚，2005）。保险公司有很强的风险管理意识、完备的风险管理制度和措施，以及优秀的风险管理人才，其经营过程就是集合和分散风险的过程。此外，保险公司通过住房抵押贷款保险、出口信用保险等业务的

---

① 国家发改委中小企业司融资担保处：《中国中小企业信用担保行业发展报告》，第七届中小企业信用担保机构负责人联席会议（2006 年 6 月 20—21 日），http：//www.smecg.org/chn/zy_modo.htm.

运营，在融资保险方面积累了许多经验，这将有助于保险机制介入中小企业融资。二是资金规模方面的优势。当前我国贷款担保公司的可运用资金规模不大，而保险业已发展到相当规模（见表1），相比贷款担保公司而言，保险公司在资本实力上具有很大的优势。三是银保合作方面的优势。保险公司与银行的合作由来已久，随着经济、法律环境的优化和风险控制、监管能力的提高，许多银行和保险公司的合作正从一般的代理关系向股权合作发展，由松散型发展到紧密合作型，形成双方业务渗透、优势互补、共同发展的新格局。而将保险机制植入中小企业融资，既促进了金融创新，又开辟了银保合作的新领域。

表1		我国保险业可运用资金余额		单位：万元	
年份	2002	2003	2004	2005	2006
资金余额	5 799	8 739	11 249.8	14 315.8	17 883.3

资料来源：2002—2006 年《中国保险业行业年度报告》，中国经济信息网站：http://www.cei.gov.cn.

（3）能够得到政府监管部门的大力支持。政府的经济职能是"发展经济，促进就业，稳定物价与有效提供公共产品"；而中小企业在促进经济发展、吸纳劳动力等方面起着举足轻重的作用，其发展具有明显的正外部效应。如果中小企业因融资约束得不到充分发展，会给地方经济带来负面影响，造成外部不经济。政府对保险机制介入中小企业融资的支持是与政府的基本职能相吻合的，应当采取鼓励和支持的态度，给予税收、财政等方面的扶持；监管机构也会对该新险种进行一定的规范化和标准化。而政府和监管机构的扶持会大大促进保险机制介入中小企业融资的发展。

二、保险机制解决中小企业融资瓶颈的机理

1. 提升中小企业资信，增强融资能力

一方面，保险公司通过提供风险管理咨询服务可以提高中小企业的风险管理能力，使其经营业务状况得到改善，提高利润增长能力及其利用保留盈余进行再投资的可能，从而提升企业自身的造血能力，即内源性融资能力。另一方面，保险作为中小企业信用要素集的主要构成要素之一（见图1），投保企业由于有保险作保障，信用等级比没有投保的企业高。同时，市场竞争力的提升使得资金以更快的速度回流企业，现金流得到保障，信用能力指数增大，从而通过企业信用综合评定系统评定的信用得到提升，使得商业银行和其他企业向中小企业授信的可能性增加。此外，保险公司可以通过业务创

新与拓展，向商业银行、担保公司、租赁公司等金融机构提供融资保险，植入中小企业融资，进一步降低它们向中小企业授信的风险，从而直接增强中小企业的外源性融资能力。

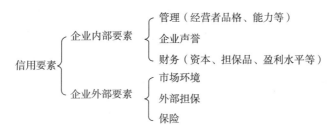

图1　中小企业的主要信用要素

2. 增大金融机构资金的安全系数，改善融资环境

信贷、担保、租赁等金融机构的资金风险大小与融资企业的信用度成反比关系，即融资企业信用度越高，这些金融机构资金的风险度越低，保险的介入能大大降低这些金融机构资金的风险度。首先，保险公司作为第三方的导入，可以更加有效地弱化信贷、担保、租赁等金融机构与企业间的信息不对称程度，防范并化解由此引起的信用风险。其次，按照受益与责任、权利与义务相对称的原则，保险公司在收取保险费用后，承担替代性还款的责任，就得参与融资项目论证和资金使用监督，以保障资金的效率免于为其代偿，从而加大了对融资企业的监督，使信贷、担保、租赁等金融机构多了一个风险承担者，相对降低了它们的管理成本，增大了资金安全系数。因此，保险公司的参与，可以增强信贷、担保、租赁等金融机构的信心，使得它们扩大对中小企业的融资规模，中小企业的融资环境随之得以改善。

三、保险机制介入中小企业融资的模式探讨

我们认为，根据中小企业融资来源的不同，保险机制可以有四种介入的模式。

1. 抵押贷款保险模式

抵押担保是当前最主要的放款形式之一，也是金融机构目前普遍采用的风险防范控制措施。但由于政策法规上的不配套以及其他环节的限制，抵押担保制度的作用大打折扣。抵押贷款保险是在风险防范与分担的情况下，对一般抵押贷款的补充和深化。该模式的基本思路是：银行向中小企业发放贷款的同时，就此笔贷款向保险公司购买贷款风险保险，或者以某个时期所发

放的贷款本息为标的购买贷款风险保险，由银行和保险公司共同承担信贷风险，以保证信贷资产的安全，风险的转移成本为保费。保险公司在借款企业不能按期偿还本息时负责向被保险人赔偿，并有权向借款企业追偿代还金额。在该模式的运行中，涉及到 3 个重要当事人，即银行、保险公司和借款企业（见图 2）；2 个合同：借贷合同和保险合同，其中，后者包括抵押物保险和贷款风险保险。

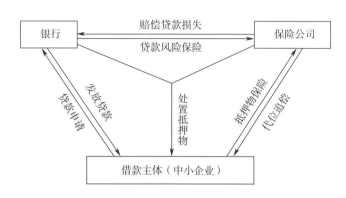

图 2　中小企业抵押贷款保险运行机制

该模式的操作过程为：发放抵押贷款时，先按正常程序对抵押物进行评估，然后银行、保险公司、中小企业三方就抵押物的评估值确定一个合适的三方认可的抵押率，同时办理抵押物保险，并且保险单交由贷款人保管，保险单的全部权益应让渡给贷款人。在抵押期间内，抵押人不得以任何理由中断保险或撤销保险，如果中断保险，贷款人有权代为投保，一切费用由借款人承担。抵押登记后，银行发放抵押贷款，同时为防范无法预期的信用风险，以发放的抵押贷款的金额向保险公司购买贷款风险保险，保险费率可依照企业的信用状况、经济实力等综合因素区别对待，采取差别费率制（莫凡，2002），保险期限应约定至贷款本息全部还清时终止。当贷款到期，企业不能按时还贷时，如果银行、保险公司一致同意企业的展期申请，则银行重新购买贷款风险保险，保险公司承担应负责任；但是若银行、保险公司不同意展期，此时两方应一起处理借款人为取得贷款而事先向被保险人抵押的抵押物，如果经过对抵押物的处理仍不能完全补偿贷款损失，保险人负责赔偿贷款损失，并进行欠款追偿。

2. 担保机构保险模式

该模式的引入主要基于中小企业担保机构是高风险行业，而内部分散机制对信用担保机构的资金规模要求较高。但是我国多数担保基金规模较小，担保能力及保值增值能力较差，内部消化风险的能力有限，风险始终滞留在担保机构内部，限制了担保机构的代偿能力（陈冬梅、徐文虎，2004）。

担保机构保险作为中小企业担保机构信用风险的外部分散机制，是对中小企业融资担保的补充和深化。该模式涉及四方重要的当事人：银行、担保机构、保险公司和借款企业；三个相关合同：借贷合同、担保合同和保险合同。其基本思路是在中小企业信用担保制度之上添加信用保险制度来降低担保机构的风险，提高担保能力，从而扩大担保数量，降低中小企业获得贷款担保的难度，支持中小企业融资。为了实现这一目的，保险机构可以对担保机构提供贷款和保险两种业务。对信用担保机构的贷款业务，要求是长期且低息的，可以分为普通贷款和特殊贷款两种，前者用来增强担保机构提供担保的能力，后者用来促进有特定政策目标的特殊担保，例如，无抵押物担保、新事物发展担保等。而保险业务可以区分为不同的类别，并规定每一投保对象的资金用途、前提条件以及投保限额等，保险费率根据行业类别及企业经营情况而定。

该模式的运作程序为：（1）中小企业申请贷款，并与担保机构签订贷款担保协议后，由担保机构与贷款保险机构签订信用保险协议，保险机构对贷款承担保险义务，而担保机构按照规定缴纳保险费。（2）贷款到期，如果中小企业无力还款，贷款担保公司代其偿还，并按保险合同就该替代性还款向贷款保险公司申请赔偿。后者收到申请后，经过审查，如果符合贷款保险赔偿条款，则可将替代性还款的70%～80%偿还给贷款担保公司，称之为保险赔偿，剩余的20%～30%的损失由贷款担保公司承担。（3）贷款担保公司获得代位求偿权，尽最大努力向中小企业追回代偿款，如果款项收回，则将保险赔偿（可扣除必要费用）归还给中小企业贷款保险公司（见图3）。

图3　中小企业担保机构保险运作机理

3. 租赁信用保险模式

该模式的引入主要基于如下两个方面：其一是融资租赁的租金分期支付，

可以减轻企业资金周转压力，而且对承租人的资产负债历史要求不高，主要考察其使用租赁设备产生的现金流量是否足够支付租金，这正好可以解决中小企业财务信息不规范的弊端，使其较易获得融资机会，是最适合中小企业的融资新途径；其二是我国融资租赁业的市场渗透率仅为 1%～3%，尚处于初级发展阶段，融资租赁的金融杠杆作用基本没有得到发挥。

　　租赁信用保险相对于传统的信用险来说，是一种新兴的险种，指投保人向保险人交纳保险费，保险人在承租人拒绝或不能支付租金时向出租人负责赔偿一定损失的保险。在该模式的运行中，涉及三方当事人（中小企业、租赁公司、保险公司），需要签订租赁物的买卖合同、租赁合同和保险合同。租赁合同是租赁物买卖合同的前提，同时也是保险合同的依据，这三个合同是相互联系的（见图4）。该模式的基本思路是：通过保险与租赁融合，促进租赁业发展，为中小企业在资金短缺的情况下引进设备、加快技术改造创造有利条件。当承租企业无力支付租金时，保险公司负责补偿损失，可降低租赁公司承担的风险。因租赁公司资金来源主要是银行贷款，如果融入的资金价格过高，则会导致租赁价格居高不下，限制租赁业务低成本优势的发挥。租赁信用保险的引入，能够使租赁公司在向银行贷款时享有优惠的贷款利率，从而可以推动中小企业租赁业务的开展。

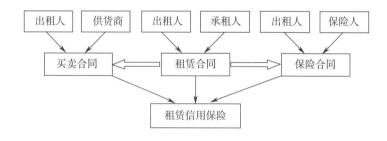

图4　租赁信用保险涉及的合同

　　该模式的操作设想如下：（1）遵循"择优扶强"的原则选择符合条件的租赁公司，对其面向中小企业的租赁业务提供租赁信用保险服务。（2）根据国家产业政策，公布允许享受租赁信用保险的租赁设备清单，每年调整一次，原则上都是先进的国产设备。目的在于引导承租企业购买国家推荐的先进设备，促进企业技术进步和产品升级，优化经济结构。（3）从租赁双方达成共识签订租赁合同，到出租人根据承租人的需要购买租赁物签订买卖合同，再到出租人与保险人签订保险合同的整个过程中，保险人应始终作为关系人参与其中，既为租赁双方提供合作的保障，同时也通过收集信息了解情况，预防和降低自身将要承担的风险。

4. 出口信用保险模式

该模式的引入主要基于以下两点：其一是我国99%以上的出口企业为中小企业，对外贸易总额的68%是由中小企业创造的。贸易融资具有高流动性、短期性和重复性的特点，恰能满足中小企业金额小、次数多、周转速度快等融资要求。其二是中小企业经营规模普遍偏小，抗风险能力较差，在对外贸易方面缺乏经验，贸易融资难已经成为制约中小企业外贸业务发展的重大障碍。

出口信用保险项下的贸易融资不同于传统的抵押、质押和担保贷款，而是引入了"信用贷款"的概念，出口商一般不需提供抵押、质押或担保，可以节约融资成本。该模式的基本思路是：出口商投保出口信用保险，并将赔款权益转让给银行，银行通过对出口商应收账款的全面分析，针对出口企业的真实出口业绩和国外应收账款提供信用贷款。其中保险机构可以由中国出口信用保险公司这一政策性保险公司主导，同时引入资信度高、运作规范的商业保险公司，将传统的"点对点"的银企关系转型到"点对群"的银信贸的三方合作关系，再加上政府的公信力和扶持力，整合财税扶持、贷款贴息等政策手段，形成中小出口企业的融资新架构。

在该模式下，支持中小企业融资的方式有两种：赔款权益转让（保单融资）方式和出口票据保险方式（乔红，2006）。前者是指出口企业投保短期出口信用保险后，凭取得的保单、买方信用限额审批单、银企保三方签订的赔款转让协议和短期出口信用保险承保情况通知书，在货物出运后，将保单项下的赔款权益转让给商业银行，向商业银行申请发放有效限额内的出口贸易融资款项（简要流程见图5）。后者是指银行将其为出口企业提供的出口票据

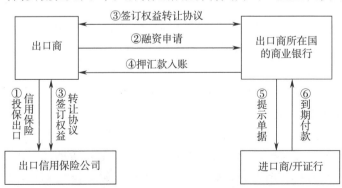

图5 出口信用保险项下贸易融资的业务流程

融资业务的收汇风险投保出口票据保险，出口信用保险公司则在对付款人进行调查的基础上，承保国外付款人的信用风险和付款人所在国的政治风险，帮助银行规避出口票据融资项下的收汇损失，促进出口票据融资功能的发挥，帮助出口企业特别是中小企业获得出口票据项下的资金支持。

四、关于保险机制介入中小企业融资的若干建议

1. 组建为中小企业融资提供保险的地方保险机构

我们认为，结构精简的地方性保险机构在为中小企业融资提供保险服务方面存在比较优势，主要是地域优势和软信息优势。地方保险机构立足于地方，能充分利用当地的信息存量，低成本了解当地中小企业的相关情况及经营动态，在一定条件下最大限度地提升企业信用等级，并尽可能降低金融机构的融资风险。因此，可以提倡和鼓励现有资金实力雄厚的全国性保险机构来经营中小企业融资保险，同时也要鼓励地方政府建立地方中小保险机构，使中小企业融资保险的经营主体多元化。考虑到这类保险公司营运的可持续性和盈利的可能性，一般应在省一级范围内组建，经济条件好的也可在地（市）一级范围内组建，从而保证这类保险公司具有足够的赔付能力。保险机制介入中小企业融资的业务风险较大，可建立为中小企业融资保险提供政策性服务的国家级再保险机构，通过再保险方式在较大的时间和空间上分散风险，构建完整的支持中小企业融资的保险链条。

2. 采用商业化运作和政府扶持相结合的经营模式

我国是发展中国家，完全由国家出资设立专门的保险机构承办信贷保险业务，虽然有利于国家强化金融风险的监管职能，但会加重财政负担，加剧中小企业的道德风险，而且国家不可能有足够的财力从事这项业务。中小企业融资保险是一个高风险行业，我国的商业保险尚处于初级阶段，不具备独立从事中小企业融资保险的能力。可考虑采取政策性保险资金（含地方性的）和商业性保险资金相结合的形式，由商业性公司以市场模式运作，比如说，可以按照一定的赔付比例由政府补贴，或者政府提供财政资金参股经营。

3. 处理好各参与方的关系

一是理顺政府与保险公司的关系。为保证保险公司的市场化运作，政府的支持应体现在政策性指导与风险补偿方面，而不是直接的行政干预上。二是协调保险公司与其他金融机构的关系。企业对融入的资金投保，增强了信贷机构的信心；信贷机构作为资金的所有人，又是被保险人、受益人，容易在利益驱动下，放松对企业的资信调查、贷款审查与审批，不履行融资保险

关系中的相关义务与责任，可能给保险公司带来很大风险。因此，保险公司应采取比例而非全额保险，确定一个适当的贷款承保额度，强化激励约束机制，在信贷机构和保险机构之间合理分担风险，使双方在相互约束的基础上获得双赢。承保额度的确定应以能有效地防范道德风险和促进信贷机构向中小企业放款为原则。

4. 发挥政策组合效应，完善外部信用环境约束

保险机制介入中小企业融资必须有多方面的政策相配套。要加快信用保险的立法工作，完善企业征信体系，加大失信行为的惩治力度，提高违约成本，使企业能理性地处理其与银行、租赁公司、保险公司等之间的关系。只有充分发挥政策的组合效应，创造良好的外部环境，才能保证保险机构在支持中小企业融资中发挥实质性的作用。

参考文献

［1］孙厚军. 中小企业信用担保［M］. 杭州：浙江大学出版社. 2003.

［2］张黎华，张文国. 中小企业担保机构信用保险制度探析［J］. 上海金融，2003（11）.

［3］王建伟，彭建刚. 保险在商业银行操作风险管理中的应用研究［J］. 金融研究，2005（2）.

［4］姜涛. 论保险公司在中小企业融资中的作用［J］. 中国市场，2005（11）.

［5］莫凡. 对现行抵押贷款引入保险机制的设想［J］. 金融与保险，2002（2）.

［6］陈冬梅，徐文虎. 发展贷款信用保险支持中小企业发展［J］. 保险研究，2004（12）.

［7］乔红. 两种方式实现出口信保对融资支持［J］. 时代经贸，2006（4）.

本文刊登于《现代经济探讨》2008 年第 5 期。合作者为曾小丽。

大力发展银保合作　破解农村融资难题

一、农村银保合作是一个三方共赢的举措

2007 年以来，受国家宏观经济调控等各种因素的影响，农村地区信贷资金供求矛盾逐步加大，支农资金不足，农民申请贷款满足率不足三成。产生上述问题的根源是农村融资风险过大，农村金融体系缺乏风险分散机制。发展农村银保合作是一个三方共赢、多方受益的举措。

农村银保合作可以降低信贷机构的经营风险。通过银保合作，农村信贷机构可以将自身的部分贷款风险转移给保险机构，从而最大限度地降低农村融资风险。

银保合作可以提高农村资金需求者的信用等级。在农村发展银保合作，农户及农村经济组织通过购买融资保险，可以提高信用等级，从而增加资金的可获得性。

银保合作可以降低保险、信贷机构的交易成本。保险机构依托农村信贷机构进入农村后在很大程度上可以降低由信息不对称引发的道德风险和逆向选择。同时，保险机构日趋专业化的发展，也会降低信息加工成本，农村信贷机构通过保险机构可以直接获得此类信息，使得资金投放较为安全。两者在业务经营上相互弥补、互相合作，可以将各自的交易成本尽量降到最小。

二、农村银保合作的基本思路

2008 年 1 月 16 日，中国银监会、中国保监会正式签署《中国银监会与中国保监会关于加强银保深层次合作和跨业监管合作谅解备忘录》，为银保合作朝纵深发展奠定基础。目前，农村银保合作在合作模式、产品开发、资源共享等方面存在诸多不足。因此，我们应针对目前农村银保合作存在的问题，结合农村经济发展中的实际需求（特别是融资需求），从多方面来推进农村银保合作。

1. 鼓励保险机构积极开拓农村保险市场

充分利用农村现有金融资源，拓展保险业务。目前，信贷机构网点基本覆盖了广大农村地区。政策性银行、商业银行（主要是中国农业银行和农村商业银行）、农村信用社作为传统的农村金融供给渠道在改革中不断探索有效的支农方案，小额贷款组织、村镇银行及各类资金互助合作组织等新型金融组织也在试点推广中，这些机构可以作为融资保险产品的主要销售渠道。此外，农机站、农药化肥等农业用品销售网点可以代理一些小额融资保险，通过现有的农产品行业协会、专业合作社、农业龙头企业等农村合作组织代理相关种养殖业融资保险产品。这些都为保险机构开拓农村市场提供了便利条件。现有保险机构如中国人寿、太平洋保险等规模较大的保险公司相对于那些中小型保险公司具有资金实力相对雄厚、涉农保险及银保业务起步较早、业务范围较大及网点较多等比较优势，因此我们要大力提倡大的保险公司积极参与农村银保合作；鼓励现有中小保险公司发展农村保险业务，营造良性竞争环境。

开发创新与农村经济发展水平相适应的保险产品，特别是融资保险产品。一直以来，我国涉农保险业务主要由中国人保等大的保险公司经营，险种主要是医疗保险、养老保险、子女教育保险及意外伤害险等。今年1月以来，①保监会鼓励和推动保险公司开发适合低收入人群的小额保险产品，由于这类保险产品具有低保额、低保费、期限短的特点，获得了较好的社会反响。在此基础上，应提倡大保险公司和有实力的中小保险公司结合农村不同的融资方式进一步开发相关保险产品。

2. 创建专门为农村融资提供服务的中小保险机构

地方中小金融机构相对于立足全国的大中型金融机构而言，在满足地方金融需求、消除或降低信息不对称、减少交易成本以及服务地方经济发展的功能定位等方面具有比较优势。据此可以建立一些专门服务农村的中小保险机构，各级政府应当积极鼓励这类中小保险机构的设立，给予它们一定的财政补贴及政策支持。

在经济发展较快、信用环境相对较好的农村地区，可以考虑设立农村互助保险机构。目前，我国已开展的互助保险形式主要有职工互助保险、农村合作医疗互助保险、渔业等行业组织互助保险。互助保险机构的设立所需要的条件相对宽松，且能够综合和协调保险经营中各个利益集团（产权所有者、

大力发展银保合作　破解农村融资难题

---

① "今年"指文章写作的 2008 年——编辑注。

经营者和客户）的利益、目标和动机，由此形成了一系列的组织优点和比较优势。其资金来源渠道多样，如政府财政支持（扶贫性资金、上级拨款等）、当地慈善捐款以及参保人员或组织的集资等。

为了保证上述保险组织的可持续发展性，我们还可以考虑引导当地非政府非国有的民间资本（如农业产业化龙头企业）入股保险组织，充分利用民间资本的"地缘性"优势，增强保险组织的经营能力。

3. 开发与农村融资相关联的融资保险产品

结合农村现有的融资方式（抵押贷款、质押贷款及信用贷款等），开发不同的融资保险产品。对于不同的融资保险产品，农村信贷机构与保险机构的合作模式也应有所不同。比如保险机构可以设计保单质押贷款保险、抵押贷款保险、担保融资保险等产品。农村借款方和信贷机构在签订贷款合同的同时由一方购买融资保险，将部分风险转移；保险机构承诺在借款方无力偿还贷款时，赔偿信贷机构的部分损失，并取得代位追偿权；当借款方有偿还能力之后，保险机构追回贷款，扣除支付的保险赔偿，并将余下款项归还给信贷机构。前两类融资要求有一定的质押或抵押物，而担保融资则是纯信用融资。由于我国农村保险市场尚处于起步阶段，且农村融资额度相对较低，在前两类保险中，对质押保单和抵押物的要求要切合实际。信贷机构可适当放松保单条件及抵押物种类，比如可以将农户或农村经济组织的某些寿险保单或仓单作为质押物，或将农机器具及大型农业机械设备作为抵押物向农村银行类金融机构申请贷款。对于无力提供此类物品的农村资金需求者，可以考虑寻求农村担保机构的帮助。

保险费率制定还要有一定技巧。无论是抵押、质押还是担保融资，保险费用的厘定都非常重要。既要尽量不增加农村借款人的融资成本，又要能够维持保险机构的正常运作，还要达到最大限度降低农村信贷机构经营风险的目的。因此，农村信贷机构或担保机构向保险机构购买保险的额度需共同商议，采取在某一固定额度、费率（可以参照一些原始记录等）的基础上上下浮动，以便于对风险的控制。同时，名义保费缴纳人最好是农村信贷或担保机构，尽管该费用最终将以利率的方式间接转嫁给农户等借款人，但这将会降低农村借款方的心理成本（如他们认为成本高或者手续烦琐等）。具体的费率厘定，我们可以借鉴日本模式或根据风险与收益匹配的原则在信贷机构、担保机构和保险机构之间进行风险定价，改变当前很多保险机构或担保机构风险与收益不配比的状况。信贷机构不能完全将贷款风险转移给保险机构，各个地区可以根据当地农村信贷机构的发展状况确定分担比例。如信贷机构发展较好的地区，为促进地方担保机构和保险机构的快速发展，可适当增加信贷机构的自担风险，将担保比例确定为贷款额的50%~60%，而在金融机构发展相对落后的地区可以适当提高担保比例。

4. 提高农村业务员整体素质，加强监督管理

保险机构要转变以前不重视诚信、追求短期利益、对保险资源实行破坏性开发的做法，注重自身及保险行业的可持续发展，合理有效开发保险资源，为"三农"提供诚信、优质的保险服务。在发展农村融资保险业务的时候，业务员是联系信贷、保险和客户的纽带，因此对农村业务员的素质也有更高的要求。各信贷机构、保险机构在人力资源的开发与储备方面要做好筹备工作，积极开展各类培训，从中选拔出一批业务能力强、有高度责任感和积极性的业务员进驻农村开展业务，做好融资保险的售后服务和信用跟踪记录，逐步建立起农村资金需求方的信用档案，为今后的长期业务往来奠定基础。

建立农村内部监督机制和外部监管制度。建立信用记录，间接监督农户还款行为。注重协调农村信贷机构、担保机构与保险机构之间的风险承担以及利益分配。同时，国家对农村信贷机构、担保机构以及保险机构的监管也必不可少。

5. 建立再保险体系和分保机制

参与农村银保合作的保险机构尤其是中小保险机构承担风险相对很大，其自身承受风险的能力毕竟有限，需通过层层分保将风险损失降低到最小。大金融机构的服务对象通常是大企业、大客户，相比之下，农村资金需求者通常属于小客户，因此主要应当由中小金融机构来满足其需求。我们在大力发展地方中小保险机构、担保机构的同时，更要注重建立全国性再保险体系，将地区风险在较大的空间上分散，这样有利于农村保险、担保机构的可持续发展以及银保合作的深入。

三、推进农村银保合作的相关政策建议

1. 加快相关立法工作

当前我国金融业是分业经营、分业管理体制，银保合作在产品开发、合作模式以及行业监管等方面还有很多具体问题需要解决。尽管2006年以来，银行业和保险业的合作日趋深入，但是缺少法律保护，在业务处理上存在纠纷；由于分属两类不同的监管体系，监管存在一定的缺陷和漏洞，使银保合作积聚了一些金融风险。因此，要尽快出台法规政策，从法律的高度去保证涉农保险的开展，从银保合作的各个层面去规范、引导，使银保合作特别是

农村银保合作有法可依，依法办事。

2. 降低农村保险组织的准入门槛

专门服务农村的保险组织大多由地方政府支持，因此可以适当地考虑降低其市场准入条件。一方面，降低这类保险组织的注册资本金要求，同时在一定范围内引入民间资本，使股权多元化，从而加强对其外部监督；另一方面，在最初阶段要严格限制此类保险组织的经营范围和业务品种，防止有些保险组织打着服务"三农"的旗号谋取其他利益。

3. 加大政府政策优惠补贴力度

对经营融资保险（或涉农保险）的各类保险机构给予保费、税收等方面的优惠政策。各级地方政府特别是农业大省，要将国家财政支农资金落实到位、专款专用，同时还要积极号召省内各级政府对当地经营涉农保险的组织给予适当的补贴。税收方面，在试点初期，政府应该在所得税、增值税、利息税等方面进行减免或优惠。

本文刊登于《中国金融》2008 年第 18 期。人大复印报刊资料《金融与保险》2009 年第 2 期全文转载。合作者为崔杰。

地方中小金融机构与发展极

我国是一个快速发展中的大国，目前呈现典型的二元经济结构特征，改变二元经济结构是我国发展的重要任务。在这一转变过程中，有必要在幅员辽阔的国土上建立不同层次的发展极。发展极可以是大中城市，也可以是星星点点散布于全国各地的小城市和县域内的新兴产业中心。通过这些发展极的聚集效应达到极化的效果，成为当地发展的"火车头"。当发展极壮大后，通过扩散效应带动周边地区，进而达到促进整个国家的经济协调发展的目的。在现代经济社会中，金融具有很强的资源配置功能，对区域经济发展起着有力的推动作用。地方中小金融机构作为国家金融体系不可缺少的组成部分，在未来的发展中，把握其功能定位，具有十分重要的战略意义。

一、重要的功能定位：地方发展极的金融支撑

区域经济的极化首先表现为资金和技术的极化，发展极应能吸引大量的资金、技术、人才用于经济发展。在现代市场经济运行中，伴随着投资活动，原材料、在产品、产成品的流动，以及劳动的付出和居民的消费，都有资金的运动，物资流和资金流是同一事物的两个方面，就像硬币的正反两面一样，须臾不可分离，归于价值运动。发展极的极化和扩散效应的强弱，就在于其核心竞争力的强弱；而这一核心竞争力实质上是一种把当地和周边地区各类有形和无形资源组织起来，使其达到特定的经济目标的整合能力，也是难以被模仿的可保持可持续性竞争优势的能力。金融是形成这一整合能力的激活剂和黏合剂。金融作为现代经济的核心，将发展极及其周围的各种生产要素激活并有机地联合起来，产生十分明显的范围经济效应，使发展极得以形成并产生强烈的辐射作用。

在推行致力于改变二元经济结构的非均衡协同发展战略过程中，地方中小金融机构能专心致志地为当地发展极提供具有可持续性的金融支撑。一般来说，大金融机构规模庞大，分支机构多，跨区经营，资金按市场化原则追逐利润，多流向经济较发达的地区。相对大金融机构来说，地方中小金融机

构虽规模偏小、资金有限，但其经营方式灵活，具有较强的地方适应能力，在交易成本和信息不对称等诸方面具有比较优势。我们应主张绝大多数地方中小金融机构在当地经营，服务于地方经济发展，这有利于孕育和壮大地方的发展极，有利于促进落后地区经济的发展，从而弱化和消除二元经济结构。地方中小金融机构在当地经营并不是排斥市场的行为，从长远看，恰恰是遵循市场规律的行为；中小金融机构利用自己的比较优势，在地方开展业务，并且在区域经济发展中发展自己。因此，为地方发展极提供金融支撑是历史赋予地方中小金融机构的战略使命和重要的功能定位之一。特别是对众多中低层次的地方发展极而言，大型金融机构很难重点光顾这些区域，全力提供金融支撑的机遇和责任就落在了地方中小金融机构的肩上。

二、大力支持地方发展极优先发展的产业

在社会资金既定的条件下，对所有产业部门平均投放资金以期实现均衡增长，事实证明是不经济的。只有具有区位优势并能以低成本获得的产品才有较强的市场竞争力。在一个地方发展极选择优先发展的产业部门，必须充分考虑到区域资源禀赋的特点，要有较为理想的投入—产出比。投入—产出比是地方中小金融机构选择重点服务的产业部门的重要依据。当然，所要求的投入—产出比，不是就短期而言的，而是从长期而言的。可以说，有利于当地发展极形成的产业，有利于开发本地资源的产业，都应是区域内优先发展的产业，将有较为理想的投入—产出比。我们认为，支持本区域内的主导产业和紧密相关的产业链、支持地方基础设施建设、支持发展极所需要的第三产业，是地方中小金融机构在当地发展极的重点服务领域。

选择区域内优先发展的主导产业及相关产业链作为重点支持的对象，可以更好地发挥地方中小金融机构在改变二元经济结构中的功能。在发展极的建设初期，需要根据各地的资源禀赋优势选定主导产业，这是已经被经济发展实践所证明的。在发展极的形成和壮大过程中，与主导产业相联系，需要形成一个产业链，进而形成产业集群。地方中小金融机构选择主导产业和与主导产业联系很紧的产业重点支持，对发展极的形成和壮大是最有效率的。大金融机构参与地方经济建设时，通常将其投放的资金主要集中于当地主导产业中，它们的资金供给相对于当地产业链旺盛的资金需求而言会显得不足，这部分差额的资金需求需要地方中小金融机构来提供。满足那些与地方主导产业相关的产业部门的资金需求，会使这些产业部门加快发展，这些产业部门的壮大会进一步产生连锁反应，进而加快发展极的形成和壮大，也会加快

发展极产生扩散效应的进程。

被确定为发展极的区域需要相应的基础设施作支撑。如果发展极所在区域交通、电力、通信、市政等基础设施落后,处在发展极的企业就难以发展,发展极无从壮大。发展极的周围地区也需要进行基础设施的建设。当发挥扩散效应时,基础设施相对完善的地区才更有可能受发展极的辐射影响。这些基础设施投资项目往往具有规模经济性和收益长期性的特点。大金融机构往往难以均衡地支持各个地区的发展,与地方政府的联系也不如当地中小金融机构密切。地方中小金融机构有条件也有义务为地方基础设施建设提供金融支撑。对于地方中小金融机构来说,需要寻找一些有稳定收益且风险相对较低的项目来优化其信贷组合,而地方政府的基础设施建设项目正好符合这一特点。

实践表明,一个地区的经济越发达,第三产业占 GDP 的比重就越大。地方发展极的形成离不开第三产业的支撑。第三产业具有发展空间大、资金投入小、回报周期短等特点,其发展能有效促进中小企业和创新型企业的成长。第三产业的发展还有利于缓解就业压力,使得该地区的生活质量得以改善,从而对企业和人力资源更加具有吸引力,大大提高发展极的经济效率。对县域内的发展极而言,第三产业是实现农村城镇化的重要基础,推进城镇化的关键是实现农业产业化和农民非农化,第三产业可以直接做到这一点。地方中小金融机构经营灵活,具有市民银行或社区银行的特点,应积极为地方发展极的第三产业提供必要的资金支持。

本文刊登于《光明日报》2008 年 6 月 10 日"理论周刊"栏目。合作者为张希慧。

新农村建设中我国农村中小银行机构发展研究

自 2003 年 8 月开始的新一轮改革以来，农村金融体系改革取得了较为显著的成果。农村中小银行机构（主要指农村信用社、农村商业银行、农村合作银行，加上最近几年出现的村镇银行和农村资金互助社等）是我国农村金融体系的主体，也是支持"三农"的金融主力军。在社会主义新农村建设中，农村中小银行机构体系如何发展是我国农村金融体制改革的重要内容。

一、从战略高度来认识社会主义新农村建设

（一）我国经济发展战略与战略重点

当前我国经济发展的战略任务是在继续推进工业化进程的同时，重点解决二元经济结构加剧问题，实施非均衡协同发展战略是我国初等发达时期经济发展战略的必然选择。[1]建立和培育经济发展极是非均衡发展，而建立和培育不同层次的经济发展极体系则体现着协同发展的思想。因此建立和发展多层次发展极是我国非均衡协同发展的战略重点之一。农村是指县城及以下地区，在我国多层次发展极体系中，作用于地方经济空间的县城、县域开发区、乡镇或行政村的产业集中地等县域发展极都位于农村，是我国多层次发展极体系中最基层的发展极。

长期非均衡发展战略形成的工农失调、城乡失衡是我国二元经济结构的主要表现，在工业化过程中没有得到根本改观，有些方面还在加剧。目前进行新农村建设是适时的、必要的，也是可行的。因此，推进社会主义新农村建设也是我国非均衡发展的战略重点之一。与以前任何一次解决"三农"措施的根本区别在于新农村建设是要为解决"三农"问题提供长效的保障机制，即主要通过提高农村的生产力水平来解决"三农"问题。

（二）县域内发展极与新农村建设的内在关系

县城、县域开发区、乡镇或行政村的产业集中地等县域发展极尽管是最基层的发展极，但是该层次发展极也必须在一定经济发展水平上才能培育和

发展，如果县域经济发展水平低，资本积累少或无资本积累，导致产业生产力水平低下，县域内就很难形成发展极，主要是因为在生产力发展水平低的县域内没有极化的经济基础。社会主义新农村建设过程中，免除农业"三税"，对粮食进行直补、增加国家财政支农力度等措施，将不仅提高农村的生产力水平，而且直接使农民收入得到较大的提高，有利于提高县域内资本的积累，为县域内发展极的建立和发展提供了重要的保障。另一方面，"三农"问题的根本性解决，并不是仅仅依靠增加支农资金、税费减免等财政措施就能完成，而是一个较长时期内逐步解决的问题。城镇化是我国解决"三农"问题的根本途径之一。城镇化同时也是在县域内建立和培育发展极的过程，而发展极常常是围绕本区域优势产业建立起来的，随着优势产业的建立和发展，县域内发展极不仅可以吸收本地区的农村人口，而且县域内的产业常常是与农业有关，这样优势产业可以依托发展极，使产业向传统农业延伸，促进农业产业化，农业产业化又会促使农民专业化。因此，农民专业化、农业产业化、农村城镇化是解决"三农"问题的有效途径，而县域内发展极的培育和发展是该过程中的核心工作。

二、重新认识农村中小银行机构在新农村建设中的作用

新农村建设的关键是提高农村的生产力水平。农村中小银行机构可从两个方面努力以促进农村生产力水平的提高：一是提供资金支持，以增加农村的资本积累；二是促进农村资源的有效配置。这主要涉及到农村中小银行机构资金投向的合理性。

（一）重新认识农村中小银行机构对新农村建设的资金支持

新农村建设要坚持以发展农村经济为中心，通过提高农村生产力水平，使农民生活水平有较大的改善。因此凡是有利于农村生产力水平的提高、有利于农村产业发展、有利于农村居民生活水平改善的资金支持，都应是对新农村建设的资金支持。我们认为农村中小银行机构向新农村建设提供资金支持应包括三层含义。第一是如何从新农村建设的角度看待对农村的资金支持。只要银行业机构的资金留在了农村，无论是投向农业，还是非农企业，都应该认为是对新农村建设提供了资金，都属于支农资金。因为资金留在农村有利于农村资本的积累，农村资本积累的速度和总量是影响农村生产力水平的主要因素。第二是如何从新农村建设的角度看待对农业的资金支持。只要资金是投向了农村的产业，无论是第一产业（主要是传统的农业），还是与传统农业相关的，或与农村资源相关的第二、第三产业，都可以认为是支农资金。

农村生产力的提高必须依靠产业的发展和提升，由于我国农业生产的组织形式主要是以家庭为基本生产单位，因此，依靠传统农业发展来提高农村生产力是不可能的，必须发展以农业产业化为核心的，并围绕农业产业化和农村自然资源建立的其他产业的现代化大农业。毕竟传统的农业只是整个产业链条上的一部分，如果将农村产业发展只固定在传统农业的发展，不利于农村生产力的提高，也不利于农村经济的发展。所以新农村建设同以往单纯地依靠发展传统农业来促进"三农"问题解决有根本的区别。第三是如何从新农村建设的角度看待对"农民"的资金支持。只要对农村的居民提供了资金，都可以认为是对"农民"提供资金。以现代的观点来看，"农民"不应该是职业的含义，应该是地域的含义，指居住在农村的居民。从城乡的地域划分来看，农村包括县城和中心镇，居住在县城和中心镇的居民大多不直接从事传统的农业生产，从事经商办厂等个体经营，他们从大型商业银行获得资金支持的可能性较小，但他们的边际生产力一般都高于从事传统农业生产的农民，农村中小银行机构不向他们提供资金，也会制约他们的发展。另外，一些有着农民身份的人口已经在城市定居，已经不是农民，如再向他们提供资金，很可能使农村资金流入城市，其实目前许多农村中小银行机构发放了较多这样的"农民"贷款。

（二）农村中小银行机构在资金配置中的公平与效率

农村生产力的提高，不仅依赖于资本的不断积累，也依赖于资源的配置效率。金融体系的一种重要功能是把资金配置到资本边际产品最高的项目中去。一般来说，资本边际产品越高的项目，收益高，风险大，金融体系承担的风险也越大，应该取得相应的回报。这种通过金融资源来配置实物资源的方式主要应通过市场配置，进行商业化运作来实现。由于农村中小银行机构的地方性，这种资源配置是受地域空间限制的。

农业是国民经济的基础产业，也是绝大多数农民的主产业。农业是弱势产业，风险高、收益不高，不完全符合高风险高收益的投资定律，而且农民收入水平较低，生产方式落后，主要为家庭个体经营方式从事农业生产，抗风险能力弱。因此对农业和农民的金融支撑应充分发挥政策性金融、合作金融的作用。所以，不少人认为我国农村，特别是经济欠发达地区农村，应大力发展政策性金融和合作金融。合作金融强调互助性，主要功能是分配资金，这种配置资金方式较好地考虑了公平性，而不是效率，因而效率不高，但有助改善农民的生活水平。而商业化金融有助于资源配置效率的提高，从而提高农村生产力水平。如果金融资源一定，农村中小银行机构在发挥金融支撑作用时，将面临资金再分配过程中的公平与效率问题。

根据内生金融发展理论，实际部门增长与金融体系发展之间存在着相互促进的关系。经济增长会影响实体经济所能承担得起的金融中介体系的类型。当经济发展水平较低，此时人均国民收入很低，经济体系会选择"简单"的金融中介形式，而随着经济的发展，一部分人的收入提高使得经济体能够发展更"复杂"的金融中介形式（Levine，1993；Rajan，Zingales，1998）。[2—3] 因此金融发展和经济发展之间存在着多重的均衡，即低经济发展水平（对应低收入水平）与"简单"的金融中介形式形成均衡；较高经济发展水平（对应高收入水平）与较"复杂"的金融中介形式形成均衡。而且多重均衡有可能同时存在（G. Saimt－Paul，1992）。[4] 在我国农村，多重均衡现象表现得更为复杂，不仅在区域间同时存在多重均衡，即经济发达地区农村经济与金融的均衡，中等发达地区农村与金融的均衡，欠发达地区农村经济与金融的均衡。而且在同一地区也同时存在多重均衡，一部分农村居民收入低，选择简单技术，以家庭承包的组织形式从事简单的农业再生产。由于选择较低的生产技术，对资金需求是小额短期的，在一定时期内，这类资金需求的总量是有限的，选择金融中介是为了增加家庭的流动性，以资金的可获性为目的，资本积累较低，这样会选择较"简单"的金融中介形式，这种金融中介体实际只起着分配资金的作用，更多的是体现资源配置的公平性，由于资金运用不以逐利为目的，这些金融中介体的资金来源也不应是逐利资金，体现为政策性资金、互助性资金和合作资金。政策性资金起着扶贫作用，互助资金和合作资金主要用来满足成员间资金的流动性需求。

但是农村也同时存在一些现代化的农业及相关产业和从事专业化生产的农户，他们能够选择较复杂技术从事扩大再生产，效率较高。对资金需求是大额的、期限长，这类资金需求的总量基本上是无限的。由于一定时期内某一地区农村资金总量是有限的，因此，该类资金需求只能以竞争性价格到金融市场竞争，体现为市场化、商业化。但是市场是不完全的，既有资本边际产出高的项目，也有资本边际产出较低的项目，这要求提供该类资金的金融中介机构能够收集信息，并能甄别信息，对各种供选择的项目进行有效评估，以筛选出生产效率高适于放贷的借款人，而这类业务只能由较"复杂"的金融中介来完成，金融中介在从事该类业务的过程中也完成了对资源的优化配置，起着真正的资源配置的作用。由于资源运用具有逐利性，其资金来源也是商业性的。

因此，目前我国农村金融体系存在的政策金融、合作金融和商业金融主要是农村经济发展内生的，不完全是人为安排的。农村多重均衡的存在要求农村金融中介体系在资金配置中具有公平和效率兼顾的功能。所以，我国农村中小银行机构应发展为一个功能定位清晰、具有地方特色的、能提供商业性和合作性金融业务的多层次的银行机构体系。

三、我国农村中小银行机构体系的发展走向与对策

我国农村存在的多重均衡性要求农村中小银行机构发展为一个能提供商业性和合作性金融业务的多层次的银行机构体系。目前该体系的构建急需解决以下三个问题：一是如何建立有效的、区域性的农村合作金融体系；二是农村信用社发展方向与改革重点；三是各类农村中小银行机构的分工问题。

（一）通过省联社的转型整合省级行政区内的农村合作金融体系

省联社是我国新一轮农村金融改革的产物，目前从省联社的性质和职能来看，身份比较特殊，它既是农村合作金融发起设立，受农村合作金融委托对其实施行业管理的联合体，又是受省级政府委托对农村合作金融实施管理，带有一定行政色彩的管理机构，还是一家可以提供部分金融业务的金融企业法人。这同市场经济条件下微观主体的基本运行规则相违背。因此，省联社体制或模式只是特定历史条件下的产物，或是一种过渡性的制度安排。省联社如何转型，目前的讨论主要有四种模式：省级农村商业银行、地方金融监管机构、单一的行业管理机构和金融服务公司。我们认为省联社发展模式的选择应有利于农村信用社改革的多样性，有利于整合我国农村合作金融机构，有利于实现建立全国性的或区域性的有中国特色的农村合作银行体系。因此前四种模式都存在缺陷。省联社的发展走向应该是行业管理和金融服务公司有机结合的发展模式，成为不以盈利为目标的区域性合作银行机构（周鸿卫、彭建刚，2008）。[5] 但其具有两个基本特征：其一是业务定位，只对下层入股金融机构提供金融服务和进行行业管理，不直接对外营业；其二是产权结构，自下而上持股方式，而且股东只能是辖内的信用合作组织，全部为资格股。这样既能使各级农村信用社保持相对独立，又能自上而下服务，使不同层次农村合作金融机构之间在业务上保持战略联盟，还能行使行业管理职能。

（二）农村信用社的发展方向与改革重点

农村信用社如何发展是农村银行机构体系构建的重点之一。从目前银监部门的态度和改革实践来看，基本上确定农村信用社改革走向是市场化和商业化经营，或在部分坚持合作制基础上走市场化和商业化道路。但如何在向市场化、商业化方向发展的同时坚持服务"三农"值得思考。由于农村地区

多重均衡的长期存在，农村信用社演变为今天的状况，既有制度上的原因，更多的是农村经济发展内生的原因。一方面农业投入期限长、回报低的特点客观上要求能以合作制方式得到低成本的信贷支持；弱势群体的农民需要以合作制方式扩大贷款覆盖面（穆争社、蓝虹，2007）。[6]另一方面，一部分已产业化的现代农业，农村的相关产业，已经专业化、收入较高的农户或农民，需要扩大再生产，对以市场化、商业化运作的较"复杂"的金融服务有需求（刘民权、徐忠、俞建拖，2005）。[7]这样，客观上要求农村金融体系能同时提供两类金融服务。由于民间金融一直受到抑制，原来的专业银行全部改制为商业化银行，实行商业化经营逐步淡出农村金融市场。大部分农村地区只有农村信用社是正规的金融机构，而1996年开始的农村金融改革一直要求按合作制来规范农村信用社，由于农村信用社内部治理存在问题，在利益的驱动下，借合作金融之名，行商业金融之实，实际上同时从事两类金融业务，用来满足两类金融需求，当不能两全时，只能牺牲合作金融服务。所以，目前农村信用社的经营现状实际上是在农村经济内生需求和政府制度设计博弈过程中寻求妥协的产物。

从目前农村信用社改革实践来看，已经承认了农村信用社可同时提供两类金融服务，即采取所谓股份合作制，但农村信用社能否同时经营合作性金融业务和商业性金融业务，不是取决于外部因素，内生取决于内部因素。金融中介体的一个基本职能是在经济体运行中对资金进行再分配。合作性金融业务不能以盈利为目标，而以资金的可获性为目标，体现资金再分配的公平性，要保证资金再分配的公平性必须实行民主管理。商业性金融业务以盈利为目标，体现资金再分配的效率性，体现资源配置的职能，这要求金融中介体有一套相对完善的信贷机制，其具有两个基本能力：一是使金融中介体能够分析各种信息甄别项目；二是风险控制。但金融中介体是从事合作金融业务，还是从事商业性金融业务，取决于不同组织形式下的内在动力，内在动力主要来源于股权设立和治理结构，如果股本是追求盈利，就有商业化经营动力，股份制的产权模式最合适；如果一部分股本追求资金的可获性，另一部分股本追求盈利性，如农村信用和农村合作银行的资格股和投资股，这样产生的所谓股份合作制产权模式与合作制和股份制两种产权模式相比，这种产权模式中产权关系比较模糊，合作性金融与商业性金融常发生冲突，这就需要更完善的治理结构来规范。只有产权和治理结构比较完善，才有动力去构建一套比较完善的信贷机制和相应的制度。由于农村信用社的运作机制一直是按合作制来设计和规范，要在合作制的基础上逐渐转向市场化经营，在产权模式和治理结构上必须有相应的改变，所以这轮农村信用社改革集中在农村信用社内部产权模式和公司治理结构改革是合理的。如果在这两方面进展顺利，加上外部监管及合适的行业管理，农村信用社和农村合作银行能够同时经营这两项业务。

从产权设置来看，目前的农村信用社和农村合作银行几乎没有区别，都有资格权和投资权。原来的主要区别在于注册资本金，农村信用社不低于100万元，农村合作银行不低于2 000万元，但2006年12月20日银监会新的规定出台后，农村合作银行的注册资本限额降为1 000万元，这样大部分统一法人的县联社注册资本都会达到此标准。从国际合作金融组织的发展趋势来看，在具备管理规范、服务高效、民主管理、公司治理和内控制度健全、外部法律和监管体系完善等基础上，合作金融组织正在从社区互助性，主要为社员服务，走向开放性、商业化的合作银行（祝晓平，2005）。[8] 对我国来说，农村合作银行比农村信用社具有更大的品牌优势。结合我国省联社的发展走向，我们认为农村信用社的发展走向是向农村合作银行转变，以形成一个比较完善的省（市、区）行政区域性农村合作金融体系。当然也不排除部分农村信用社组建为农村商业银行，目前的关键在产权的明晰和公司治理是否做到实处。

（三）农村中小银行机构经营的相互影响与发展定位

2003年农村金融改革以来，农村中小银行机构的模式已出现多样化，包括农村商业银行、农村合作银行、农村信用社等，既能提供合作性金融服务，又能提供商业性金融服务。从全国来说，这是一个比较完整的农村金融服务体系。但从单一地区农村来看，当农村信用社部分商业化经营，或重组为农村合作银行（或者农村商业银行）后，农村金融体系面临两个问题：一是农村的合作性金融需求如何得到有效满足。尽管农村信用社和农村合作银行在制度约束下必须有部分合作性金融业务，① 但能够成为其股东的农民毕竟有限，而且农村合作银行自然人股东资格股的起点金额为1 000元，对相当部分农民来说太高；二是商业化经营必须在适度竞争的环境中进行，不然就导致垄断，不利于农村生产力水平的提高和农民生活水平的改善。同时也会导致农村信用社改革或转制不充分，即使是产权最清晰的农村股份制商业银行，也没有解决农村信用社在经营过程中存在的多元目标的冲突问题。由金融发

---

① 《农村信用合作社管理暂行规定》中规定，对本社社员的贷款不得低于贷款总额的50%；《农村合作银行管理暂行规定》规定股东可获农村合作银行优先、优惠服务。

展理论可知，如果一个地区农村的金融需求全部靠某一金融中介机构来满足，无论该金融中介机构叫商业银行还是合作银行，或是信用社，都无法有效地解决多元目标的冲突。由于农村中小银行机构业务定位于提供多层次、多方位的合作性、商业性金融服务。所以，允许在农村乡（镇）、村设立农村资金互助社，有利于弥补农村信用社或农村合作银行在合作性金融业务的不足，或填补农村信用社组建为农村商业银行后合作性金融服务留下的空白；允许在农村县（市）、乡（镇）设立村镇银行，弥补农村信用社、农村合作银行、农村商业银行在小额支农贷款方面的不足，并在此细分层与之适度竞争。村镇银行，农村资金互助社的出现，进一步完善了农村银行类业务的服务体系，增强了农村中小银行类金融机构作为新农村建设金融支撑主力军的力量。

村镇银行、农村资金互助社出现后，都将不可避免地对当地的农村信用社，或农村合作银行或农村商业银行的经营产生影响，并将当地农村金融需求进一步细分。由于村镇银行、农村资金互助社是新生的金融组织，要具体评价其对农村其他银行类金融机构的影响还为时过早。但可以从两类机构的制度设计来分析对其他农村中小银行机构的影响。

目前由于农村商业银行、农村合作银行、农村信用社不在同一地域上经营，① 竞争主要将发生在村镇银行、农村资金互助社与农村商业银行或农村合作银行或农村信用社之间。村镇银行和农村资金互助社对当地农村商业银行的影响为：一方面村镇银行和农村资金互助社填补了当地小额信贷业务和合作互助性金融，使农村商业银行更集中于实现商业化的经营目标；另一方面，由于在小额信贷业务上农村商业银行与村镇银行有一定的竞争，农村商业银行有可能降低支持"三农"的贷款比例，特别是对农民和农业的贷款，向农村的中高端客户转移，再者，由于农业银行的定位是重点满足农业产业化龙头企业、农业科技园区、农村基础设施建设和县域工商企业的资金需求，因此农村商业银行将在此领域面临与农业银行的竞争，为取得一定的竞争优势，必将突破县域，在县域以上区域兼并重组。

村镇银行和农村资金互助社对当地的农村信用社或农村合作银行的影响为：（1）村镇银行将在小额信贷业务方面与农村合作银行或农村信用社竞争，农村资金互助社将在合作互助性金融业务上对农村合作银行或农村信用社产生影响，这样农村信用社将加速重组为农村合作银行，并加大商业化经营的

---

① 目前由于某一地区的农村合作银行或农村商业银行是由该区域农村信用社组建而成，因此，在某一农村地区只有农村信用社，或者农村合作银行，或者农村商业银行。

力度；（2）农村合作银行经营也将突破县域，而县联社即使不能改组为农村合作银行，也将追求组建统一法人的市级联社，并且会收缩一些乡（镇）的分支机构。

如果说上述农村中小银行机构在贷款市场还有各自具有相对比较优势的细分市场，激烈的竞争将会出现在对当地农村存款资源的争夺上。对吸收存款，除了农村资金互助社外，四种银行机构都没有被限制，在这方面，农村商业银行、农村合作银行和农村信用社将在信誉和网络上具有较大的优势，对村镇银行来说必将是一大挑战，如何在已有的蛋糕上能抢得一块，是其开展经营的主要任务。

村镇银行将直接与农村信用社进行全面竞争，由于大部分农村信用社机制欠灵活、历史包袱重、亏损较大，将会影响其可持续发展。从跨区经营股份制商业银行与四大国有商业银行和交通银行在经营地域重叠的演变过程来看，先是将跨区经营股份制商业银行的经营限定在某些特定的城市，使其在这些城市与五家全国性商业银行竞争，然后逐步扩大相互竞争的区域，从而使国有商业银行的竞争力逐步提高。因此我们认为，村镇银行与农村信用社（或农村合作银行）的经营区域不应完全重叠，只能部分重叠，使两者保持适度竞争。① 这样有两种选择：一是在县（市）设立村镇银行，但允许县联社（或农村合作银行）跨区经营；二是只在县域内一个或几个乡（镇）设立村镇银行。

由于农村资金互助社是一种能满足合作金融基本经济特征的规范信用合作组织，能弥补或填补农村合作金融服务领域（谢平，2001）。[9] 我们认为对于这种信用合作组织应能在全国推广。同时，由于我国农村已成立了一定规模的农民专业合作经济组织，农村资金互助社可依托这些农业专业合作经济组织，使农民参与的农村经济合作组织与农村信用合作组织共生，以催生出新型的农村合作金融。

参考文献

［1］彭建刚，周行健. 双重二元经济结构视角下的经济发展战略：非均衡协同发展战略［J］. 内蒙古社会科学，2005（6）：108 – 11.

［2］Ross Levine. Financial Structures and Economic Development［J］. Revista de Análisis

---

① 尽管在制度设计上，两者在经营业务上有差别，但在我国，只要在同一区域，竞争必将是全面的，因为制度常常被规避。

Económico, 1993, 8（1）：113 - 129.

［3］Raghuran G. Rajan, Luigi Zingales. Financial Dependence and Growth［J］. the American of Economic Review, 1998, 88（June）：559 - 586.

［4］Saint - Paul G. Technological Choice, Financial Markets and Economic Development［J］. European Economic Review, 1992（36）：763 - 781.

［5］周鸿卫，彭建刚. 我国农村信用社省联社发展模式的终极选择［J］. 上海金融，2008（2）：22 - 25.

［6］穆争社，蓝虹. 论农村信用社法人治理结构的特征［J］. 金融研究，2007（1）：12 - 27.

［7］刘民权，徐忠，俞建拖. 农村信用社市场化改革探索［J］. 金融研究，2005（4）：99 - 113.

［8］晓平. 论省联社行业管理下的农信社法人治理［J］. 金融研究，2005（10）：178 - 184.

［9］谢平. 中国农村信用合作社改革的争论［J］. 金融研究，2001（1）.

本文刊登于《江西财经大学学报》2009 年第 3 期。合作者为周鸿卫。

新农村建设中我国农村中小银行机构发展研究

我国农村金融机构
"支农"的协调性研究

2003年以来，党中央和国务院高度重视"三农"问题。农村金融改革围绕"三农"逐步深入，农业银行改革重拾农村金融服务领域，广大农村信用社固守农村金融阵地，农业发展银行确保粮、棉、油收购资金，新成立的邮政储蓄银行立志面向"三农"，其他金融机构也将触角伸向"三农"领域。上述农村金融机构在支农的目标取向上一致，但支农举措是否协调值得研究。

一、农村金融相关比率：农村金融与农村经济协调发展的前提

Goldsmith（1969）创造性地提出了金融相关比率（FIR），即用某一时点上现存金融资产总额与国民财富的比例来衡量一个国家或地区的经济金融化程度。根据这一原理计算农村金融相关比率（RFIR）时，鉴于研究背景及数据的可得性，主要有以下不同做法：一是徐笑波和邓英淘（1994）提出的方法，即用农业银行及农村信用社的存款与农村国民收入之比；二是李明贤和李学文（2007）等提出的方法，即用农村存款与农村贷款之和除以农村国民收入；三是季凯文和武鹏（2008）提出的计算式中分子包括农户现金、农户储蓄存款及农业存款。笔者认为，农村金融是否适应农村经济的发展，宏观上不妨从分析农村全部金融资产与农村国民收入之关系入手。鉴于农村全部金融资产既包括非金融机构资产如农村居民储蓄存款、现金资产等，又包括农村金融机构资产如贷款资产，而这些资产中作为农村金融机构的贷款资产对农村国民收入增长的影响最直接，因此，本文主要考察农村金融机构贷款与农村国民收入之关系系数，通过与全国金融机构贷款及国内生产总值的关系系数对比，从宏观上作出农村金融机构与外部系统的适应性评价。

表1中农村国民收入（RGDP）即农林牧渔业增加值，数据源于《中国农村统计年鉴》；农村贷款包括农业贷款及乡镇企业贷款，依据各年《中国金融年鉴》数据；国内生产总值（GDP）根据各年的《中国统计年鉴》数据。不难发现，RL/RGDP与L/GDP呈现过程虽有波动，但整体态势不断走高而且

前者长期低于后者的特点，表明农村贷款对农村国民收入增长的作用程度远低于全国各金融机构贷款对国民收入总额的影响，也说明农村金融机构从整体上来看并没有完全适应经济发展的要求。

表1 　　　　　　　　　　　贷款与国民收入相关系数表 　　　　　　单位：万元

年份	农村贷款（RL）（亿元）	农村国民收入（RGDP）（亿元）	金融机构贷款（L）（亿元）	国民收入（GDP）（亿元）	RL/RGDP	L/GDP
1985	782.90	2 564.40	6 271.6	9 016.0	0.305	0.696
1986	1 096.10	2 788.70	8 116.5	10 275.2	0.393	0.790
1987	1 419.60	3 233.00	9 766.3	12 058.6	0.439	0.810
1988	1 687.90	3 865.40	11 425	15 042.8	0.437	0.759
1989	1 955.20	4 265.90	13 469.5	16 992.3	0.458	0.793
1990	2 412.80	5 062.00	17 680.7	18 667.8	0.477	0.947
1991	2 976.00	5 342.20	21 337.8	21 781.5	0.557	0.980
1992	3 868.50	5 866.60	26 322.9	26 923.5	0.659	0.978
1993	4 839.10	6 963.80	32 943.1	35 333.9	0.695	0.932
1994	4 644.50	9 572.70	41 810.1	48 197.9	0.485	0.867
1995	4 059.70	12 135.80	50 538	60 793.7	0.335	0.831
1996	4 741.00	14 015.40	61 152.8	71 176.6	0.338	0.859
1997	8 350.40	14 441.90	74 914.1	78 973.0	0.578	0.949
1998	10 024.20	14 817.60	86 524.1	84 402.3	0.677	1.025
1999	10 953.70	14 770.00	93 734.3	89 677.1	0.742	1.045
2000	10 949.80	14 944.70	99 371.1	99 214.6	0.733	1.002
2001	12 124.50	15 781.30	112 314.7	109 655.2	0.768	1.024
2002	13 696.84	16 537.00	131 293.3	120 332.7	0.828	1.091
2003	16 072.88	17 381.70	158 996.2	135 822.8	0.925	1.171
2004	17 912.33	21 412.70	178 197.8	159 878.3	0.837	1.115
2005	19 431.66	23 070.40	194 690.4	183 867.9	0.842	1.059
2006	19 430.19	24 737.00	225 347.2	210 871.0	0.785	1.069
2007	22 541.95	28 095.00	261 690.90	249 529.9	0.802	1.049
2008	25 083.00	34 000.00	320 049.00	300 670.0	0.738	1.064

二、农村金融服务覆盖率：供需协调的评价内容

关于农村金融服务覆盖率这一指标，本文从提供金融服务种类、分支机构数量、获得金融服务人口比例等方面来衡量农村金融服务水平，相应选取支农金融机构分布密度、基本农村金融服务种类、获得贷款的农户比率几个指标来考察。

1. 支农金融机构分布密度

《中国银行业农村金融服务分布图集》（以下简称《图集》）显示，2008年底，我国农村银行业金融机构有所增加，平均每万名农民拥有 1.5 个银行业金融机构网点，略低于上年的 1.54 个，零金融机构乡镇数为 2 751 个，比上年减少 117 个，占全国乡镇总数的 9.03%。同时，在农村的金融服务人员有所增加，平均每万名农民拥有金融服务人员 16.7 人，比上年增加 0.81 人。但农村金融机构网点分布不均匀，市场竞争不充分。全国平均每个乡镇拥有金融机构网点 3.51 个，零金融机构乡镇数为 2 751 个，只有 1 家银行业金融机构网点的乡镇数为 9 134 个，两者合计为全国乡镇总数的 2/5。

2. 基本农村金融服务种类

农村金融机构面向广大农村开展存款业务、贷款业务及汇兑结算业务等金融服务。中国农业银行作为商业银行，回归"三农"，实行"一行两制"城乡联动经营模式，以县域支行为平台，对农业产业化龙头企业、农村城镇化建设、县域特色资源开发等重点领域提供贷款和结算服务。中国农业发展银行作为政策性银行，主要提供粮棉油收购贷款服务并开始试点农业小企业贷款业务。广大农村信用社及其组建的农村合作银行、农村商业银行在农村金融市场提供综合金融服务。邮政储蓄银行将设立专门的农村金融服务部门，抓紧开办针对农户的小额信贷、微小企业贷款等业务。可见，农村金融机构提供的服务门类比较齐全，尤其是农户的储蓄存款服务需求基本得到满足，汇兑结算服务在不断改善之中。各地将邮政绿卡及信用社汇款纳入中央银行小额支付系统，农民工或农户能享受安全、方便、优惠的结算服务。但农村金融服务的深度有待拓展，如农村基础设施建设需要的信贷配套服务，富裕农户的投资理财服务、网银服务，维持型农户的信贷服务还难以满足需求。

3. 获得贷款的农户比率

获得贷款的农户比率能够直接反映农村金融机构服务农民这一特定目标客户的程度。截至 2008 年底，7 046 万多户农民获得正规金融机构贷款支持，获贷农户比率达 28%。但存在贷款申请难、贷款额度低、贷款资金来源渠道

非常集中等现象。农业的脆弱性、生产的季节性和大部分农民的贫困落后性使一部分农户难以向正规金融机构递交贷款申请。其次，农户贷款提供者十分集中，从农村合作金融机构和农业银行获得贷款的农户数占全国的98.7%。再者，获贷农户平均额度低，县及县以下农村地区的人均贷款额只有7 700元左右，而城市的人均贷款额为35 000元。

三、农村信贷贡献率：农村金融支农的试金石

我国是拥有7.3亿乡村人口的农业大国，劳动力资源密集，农村金融资源稀缺，农村金融机构对"三农"支持的关键就是要增加农村信贷投入，通过改善资源配置、调整农业结构来增加农业产出。我们不妨先考察各农村金融机构在农村信贷投放中农业贷款及农户贷款方面的贡献率。

1. 主要金融机构农业贷款贡献率

从银监会发布的《图集》来看，各种类型的金融机构或多或少地发放了农业贷款，2008年全国35 055亿元农业贷款中，各级农村信用合作社提供的农业贷款最多，占比高达39.21%，若加上农村合作银行的7.9%，表明农村合作金融机构提供全国47.11%的农业贷款，贡献最大。农业发展银行提供了26.38%的农业贷款，位居其次，若加上其他政策性银行发放的农业贷款2.81%，两者合计近29.19%。农业银行、农村商业银行、邮政储蓄银行等商业银行提供了23.7%的农业贷款，其中，农业银行占比高达11.1%，新成立的邮政储蓄银行在2008年提供的农业贷款最少。因此，就农业贷款的贡献而言，合作金融机构最大，政策性金融机构居中，商业性金融机构居后。

2. 农村金融机构农户贷款贡献率

从银监会发布的《图集》来看，不同类型的金融机构涉足农户贷款，2008年全国13 711亿元农户贷款中，各级农村信用合作社提供的农户贷款最多，占比高达72.89%，若加上农村合作银行的13.83%，表明农村合作金融机构提供全国86.72%的农户贷款，贡献最大。政策性银行（包含农业发展银行）仅提供了0.12%的农户贷款。农业银行、农村商业银行、邮政储蓄银行等商业银行提供了13.16%的农户贷款，其中，农业银行占比高达5.77%。因此，对农户贷款的贡献而言，合作金融机构最大，商业性金融机构居中，政策性金融机构居后。

若将各金融机构提供的农业贷款及农户贷款汇总（参见表2），我们发现农村信贷总额中，合作金融机构占比高达58.26%，贡献最大；政策性金融机构与各商业性金融机构提供的农村信贷总额相当，但政策性金融机构主要提

供农业贷款，而商业性金融机构提供农户贷款的同时也注重农业贷款。

表2 农村信贷汇总表 单位：万元

机构	农业贷款	农户贷款	农村信贷数量	农村信贷占比
合作金融机构	165 212 691	118 911 666	284 124 357	58.26%
政策性金融机构	102 027 825	162 944	102 190 769	20.96%
商业性金融机构	83 315 530	18 035 833	101 351 363	20.78%
合计	350 556 046	137 110 443	487 666 489	100%

四、农村保险渗透率：协调发展的重要保障

我国农村面临着自然灾害和市场化变革双重风险，农业的脆弱性、高风险性和农民财产及收入的低保障性，呼唤具有分散风险、经济补偿和融通资金等功能的农村保险制度的建立和完善。只有健全农村保险制度，才能帮助投保农民规避天灾人祸带来的风险，走出"因灾返贫""因病返贫"的困境。同时，农村保险事业的发展，又可以分散银行类金融机构的信贷风险，使农村金融机构能在风险控制范围内持续地开展"三农"服务。

然而，我国农村保险的发展现状与需求很不协调。目前，农村保险主要包括作为财险的农业保险及作为寿险的人寿保险、健康保险、意外伤害保险、新型农村合作医疗保险及养老保险等品种。除农村合作医疗保险以低廉的保费和政府支持的配套资金吸引了广大农民投保（2007年农村合作医疗参与人数达到农村人口总数的24%）外，其他农村保险品种差强人意。近年的农村社会保障覆盖率只有3%，城乡社会保障覆盖率比例为22:1，城乡人均社会保障费比例为24:1①，因此，我国农村社会养老保险制度发展很不健全。

我国农业保险命途多舛，经历了试办、停办、恢复试办、探索多种办理模式的过程。从1996年开始，农业保险由商业性保险公司——中保财产保险公司经营，开办了小麦、棉花和烟叶等种植业保险及耕牛、奶牛、猪、羊等养殖业保险共30多个险种。农业保险的非盈利性与商业保险的经营目标存在矛盾，致使农业保险业务不断萎缩，中国人民保险公司农业保险保费收入从1993年的8.3亿元下降到2003年的2.3亿元。商业保险公司难以对付农业保险的高赔付率，势必减少农业保险供给。1982—2004年，全国农业保险平均

---

① 刘昌平．中国新型农村社会养老保险制度研究［J］．保险研究，2008（10）．

赔付率高达 87.24%[①]，若加上经营管理费用，农业保险的综合赔付率超过 120%，大大高于一般财产保险赔付率 53.15% 的平均水平，也超出了保险界公认的 70% 盈亏平衡点。我国尽管是农业大国，但收入低的农民买不起商业保险，投保意识不高的农民对农业保险兴趣不大，农业保险费收入只占到财产保险收入总额的 0.57%。

通常衡量保险发展水平的两个基本指标是保险密度与保险深度。根据中国保监会提供的最新资料，截至 2009 年 9 月，我国保费收入跃居世界第六位，保险密度即人均保费为 105 美元，保险深度即保费占 GDP 比例为 3.3%。但我国作为新兴保险市场，城乡保险业务大相径庭。县及县以下农村人均保费收入只有 176 元，保险密度非常低，与城市人均保费收入 940 元相距甚远；县域保费收入与农村 GDP 占比只有 1.7%，与城市的保险深度指标还有差距。可见，我国农村保险与农村经济发展还很不适应，农村保险市场的政策性保险与商业性保险之间存在诸多矛盾，农村保险机构及服务的低水平严重制约"三农"问题的改善。

五、结语

综上所述，从农村金融相关比率指标来看，我国农村金融机构从整体上来看还没有完全适应农村经济发展的需要。从农村金融服务覆盖率指标来看，支农机构网点密度有所加大，农村金融服务业务种类比较齐全，但服务目标客户方面仍存不足。从农村信贷贡献率指标来看，三种类型的金融机构都在提供农业贷款及农户贷款，在农村信贷总额中，合作金融机构贡献率高达 58%，政策性金融机构与各商业性金融机构提供农村信贷总量旗鼓相当，但结构不同。从农村保险渗透率的指标来看，我国农村保险严重滞后，农业保险的商业经营模式无法适应"三农"的需要，低水平的农村保险也制约了农村信贷的正常发展。总之，农村地区金融机构的协调发展是一个长期的动态的发展过程，各金融机构既要加大农村金融服务力度，以适应农业现代化、农民增收及农村环境改善的综合金融需求，又要相互依存、相互协作，以优化金融资源配置，提高金融支农效率。

参考文献

[1] 孔祥毅. 金融协调理论：认识金融发展的新视角 [N]. 金融时报，2001 - 02 - 10.

---

① 刘宁. 当前我国农业保险发展中存在的问题与对策 [J]. 保险研究，2008（9）.

［2］孔祥毅. 金融协调的若干理论问题［J］. 经济学动态，2003（10）.

［3］白钦先，王伟. 政策性金融可持续发展必须实现的"六大协调均衡"［J］. 金融研究，2004（7）.

［4］王伟著. 中国政策性金融与商业性金融协调发展研究［M］. 北京：中国金融出版社，2006.

［5］李明贤，李学文. 对我国农村金融服务覆盖面的现实考量与分析［J］. 调研世界，2008（3）.

［6］周再清，吴俊杰. 基于DEA模型的金融支农效率研究［J］. 求索，2009（9）.

本文刊登于《现代经济探讨》2010年第4期。合作者为周再清。

普惠金融研究

论我国农村小额信贷的跃迁式发展

小额信贷作为一种扶贫手段出现，旨在反贫困，实现全人类的协同发展。近些年，小额信贷在贫困人口众多的亚洲、非洲、拉丁美洲得到了不同程度的发展。我国的小额信贷发展缓慢，尚没有形成较大的小额信贷整体规模。近几年来，我国才逐步重视发展小额信贷业务。在连续几年的中央"一号文件"中强调致力于发展农村金融，因此，农村小额信贷作为金融支持农村经济发展的重要手段，有了较好的发展空间。但是，我国仍处于小额信贷发展的初级阶段，农民融资难的问题依然存在，甚至仍存在金融机构空白乡镇。为了实现我国经济的均衡发展，开发"三农"经济发展的巨大潜力，我国应充分利用未来农村经济的各种有利条件，实现我国农村小额信贷的跃迁式发展。

一、农村小额信贷及其跃迁式发展的基本内涵

国务院扶贫办小额信贷调研小组（1995）将小额信贷描述为，通过特定的小额信贷机构为具有一定潜在负债能力的穷人提供信贷服务以帮助他们摆脱贫困的特殊信贷方式。在 Morduch（1997）[1] 的研究中，小额信贷被认为是一种向贫困农户直接提供较高利率的无资产担保的小额贷款并能保持高还贷率的扶贫到户方式。乔安娜·雷格伍德（2000）[2] 认为小额信贷是一种经济发展途径，意在使低收入人群受益。它包括向低收入客户或个体经营者提供金融服务，通常包括储蓄和信贷。CGAP（Consulta tive Group to Assist The Poor）（2004）认为小额信贷是一种与贫困作斗争的有利工具，它能够帮助穷人提高收入、增加资产并增加抵御外部冲击的能力。程恩江[3] 认为，小额信贷是扶贫，是发展和改善对农村和城市低收入人群和微型企业的金融服务及发展低端金融市场的重要手段。从上述国内外学者对小额信贷内涵的研究看，在不同的发展阶段其侧重点也可以不同。随着经济的发展，小额信贷已不仅是最初的只为最贫困的穷人提供信贷服务的工具，而具有更广泛的内涵。

针对我国经济发展特征，本文将小额信贷定义为以改善贫困和促进城乡

经济协同发展为基本宗旨，向城市和农村的中低收入群体（主要包括城市的下岗职工、微型企业、个体户；农村的农户、涉农中小企业）提供适应其需求的小额度贷款服务。金融机构通过小额信贷可以把金融服务延伸到贫困的社会群体。农村信用社开展的涉农贷款、中国农业银行发放的"惠农卡"、中国邮政储蓄银行在城镇针对个体户发放的小额信用贷款和在农村发放的小额存单质押贷款等都属于小额信贷的范畴。本文重点分析农村小额信贷的跃迁式发展。

所谓农村小额信贷的跃迁式发展是指在借鉴国外小额信贷管理经验的基础上，充分利用我国加快新农村建设的有利条件，跨越若干个历史阶段，在较短的时间内在广阔的农村实现小额信贷量和质的飞跃发展。实现农村小额信贷跃迁式发展的目的是使农村小额信贷在全国农村范围内得以大规模地整体推进，进一步拓宽农村金融供给深度，以足够的金融支撑推进农村整体的现代化进程，消除城乡二元经济结构，实现城乡经济的统筹、协调和可持续发展。

二、近些年我国农村小额信贷机构的重要演变

1993 年，中国社科院将孟加拉的尤努斯模式引进我国，成立了"扶贫经济合作社"，在 6 个县进行试验。1999 年底，农村信用社在国家政策的指导下，开始通过中国人民银行的支农再贷款发展小额信贷业务，发放形式主要有农户小额信用贷款和农户联保贷款。同年，中国农业银行在国家政策要求下，提供了面对贫困户的"小额信贷"扶贫方式，它是农业银行向贫困农户提供小额有偿扶贫资金而无须农户出具财产抵押的一种扶贫贷款方式，具有小额短期、贷户联保、整贷零还的特点。2002 年至 2005 年期间，中国农业银行逐渐在农村地区撤离网点、缩减业务，这使得农业银行的涉农贷款占全部贷款的比重由 2001 年的 50% 降至 2002—2005 年期间的 20% 左右。之后，由于国家支持"三农"政策的出台，农业银行又开始加大"三农"服务力度，使得其 2006 年以来的涉农贷款比重大幅提高，其中农业小额信贷业务逐年发展。

2005 年 10 月中国人民银行开始在山西等五省的县（区）进行了第一批小额贷款公司试点。第一家小额贷款公司于 2005 年 12 月在晋商故里、票号发祥地——山西省平遥县揭牌成立。四川省广元县、贵州省江口县、陕西省户县、内蒙古自治区东胜区相继进行了小额贷款公司试点工作。根据中国银监会 2008 年发布的《关于小额贷款公司试点的指导意见》可知，小额贷款公

司是主要为当地"三农"服务的"只贷不存"的商业性企业,小额信贷利率可以相对放开,但是不得超过法定利率的四倍。近两年来,各地的小额贷款公司呈快速增长趋势,目前我国的小额贷款公司已达1 000多家。

2006年12月,中国银监会发布了《中国银行业监督管理委员会关于放宽农村地区银行业金融机构准入政策,更好支持社会主义新农村建设的若干意见》,提出了组建"村镇银行"的政策。村镇银行是指经银监会批准,由境内外金融机构、境内非金融机构企业法人或境内自然人出资,设立在农村地区的主要为当地"三农"经济发展提供金融服务的银行业金融机构。2007年3月1日,中国首家村镇银行在四川省仪陇县金城镇挂牌开业。在中国银监会的相关政策引导下,农村资金互助社近年也浮出水面。农村资金互助社是通过农民共同出资的方式所形成的信用合作组织,该组织成员可在有资金需求时向其提出贷款申请。2007年3月9日,我国第一家农民注册的农村资金互助社——吉林梨树百信农民资金互助社正式成立。村镇银行和农村资金互助社是在农村金融改革的大背景下所产生的创新形式,发放农村小额贷款应是村镇银行与农村资金互助社的题中之义。截至2009年11月末,全国正式营业的村镇银行118家,农村资金互助社12家(蒋定之,2009)。从其整体的资金运营情况来看,面对农户或中小企业的贷款占很大比重。截至2009年11月末,贷款余额151亿元,累计发放农户贷款98亿元,累计发放中小企业贷款141亿元。

2007年3月20日,中国邮政储蓄银行正式成立。中共中央与国务院联合出台的2007年中央"一号文件",明确要求"引导邮政储蓄资金返还农村,大力发展农村小额贷款",即政府明确要求中国邮政储蓄银行开展"农村小额信贷"。因此,中国邮政储蓄银行各分支机构纷纷开展了小额存单质押贷款业务,在近两年取得了快速发展,尤其是河南、山东等地的邮储银行分支机构的农村小额信贷业务开展良好。

三、我国农村小额信贷实现跃迁式发展的必要性

虽然我国开展农村小额信贷业务的金融机构在近些年里逐步增加,尤其是新型农村金融机构得到了大幅增加,但是这些金融机构所发放的小额贷款相比起农村金融需求而言仍然非常有限。尽管新型农村金融机构所发放的小额贷款占其发放的总贷款比重较大,但其总量与全国的各类贷款总额相比却微乎其微,而中国农业银行、中国邮政储蓄银行也由于为农村地区提供小额信贷服务具有成本高、信贷风险(主要指自然灾害风险)大的特点,仍没有

将农村小额信贷业务作为其发展战略的重点。

当前，农民"贷款难、难贷款"的问题未能得到根本解决，农村金融服务仍是薄弱的环节。我国小额信贷处于发展的初级阶段，在农村地区试点的时间短，所辐射的范围有限，还存在诸多问题。主要有：（1）小额信贷存在发展不平衡的特点。一是表现为大量的金融机构空白乡镇的存在。我国目前有 2 836 个乡镇没有设立专门的金融机构服务网点，其中有 405 个乡镇完全缺乏金融服务（蒋定之，2009）。二是表现为金融服务供给存在地区不平衡性。以湖南省为例，如图 1 所示。根据作者参与的湖南省 2008 年度金融生态环境评估的相关调研数据，以反映地方经济发展水平高低的"经济基础"得分为参照，"经济基础"得分越高的地区，农村合作金融机构新增的"三农"贷款额也越高。这说明贷款资金大都流入经济较发达的地区，而较少流入急需资金供给的欠发达地区。（2）农村小企业获得小额信贷服务难。大部分的涉农小企业所拥有的资产规模较小，产品比较单一，市场竞争力不强，导致其向银行贷款的资质条件不够。再加上这些小企业数量众多，所从事的行业跨度大等原因也增加了银行的贷款成本。（3）小额信贷服务的创新能力不足，产品比较单一。就目前处于改革过程中的农村信用社而言，大部分的农村信用社在业务上还不能适应形势变化与客户需求的变化，它并没根据客户的金融服务需求变化而相应地改变其服务方式。比如，贷款多要求有效抵押和担保，贷款期限设置单一，未根据农业生产的周期具体设计贷款期限；贷款手

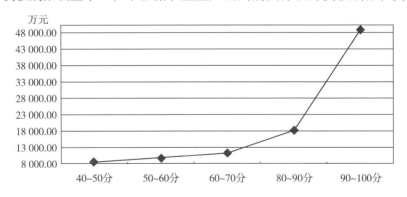

注：图中横坐标表示"经济基础"得分，纵坐标表示农村合作金融机构新增"三农贷款额"的平均值。

资料来源：中国人民银行长沙中心支行。

图1　2008 年度湖南省"县域经济发展水平"

与农村合作金融机构新增"三农贷款额"平均值的关系

续及手续费用计算方式比较单一，农户贷款无论额度大小，贷款手续及手续费用大都是一样的。

农村小额信贷在其初级发展阶段所存在的问题，使得农村小额信贷作为重要的农村金融供给手段跟不上农村金融需求的步伐，严重制约了它在促进农村经济发展、消除城乡二元经济结构过程中的作用。为了更好更快地发挥农村金融对农村经济的第一推动力作用，实现农村小额信贷的跃迁式发展是必由之路。金融机构应在政府的支持下，通过各种创新手段加大开展小额信贷业务的力度，实现农村小额信贷的跃迁式发展。

四、实现我国农村小额信贷跃迁式发展的可行性

农村小额信贷的跃迁式发展需要在一定的条件下才能实现，实现农村小额信贷的跃迁式发展既需要有内部条件的支持，也需要有外部条件的支持。从目前的经济、社会发展状况来看，我国已经具备了实现农村小额信贷跃迁式发展的条件。

（一）农村经济的快速发展为农村小额信贷的跃迁式发展奠定了基础

我国正处于农业产业化的初级阶段，农业产业化企业和农村合作经济组织等发展迅速。从需求角度来看，这需要大量的支农资金，即需要大批量的小额信贷服务；从供给角度来看，这既给金融机构提供了充足的金融服务空间，也可以使金融机构适当地降低农村小额信贷的风险、增加盈利空间。我国农业产业化的发展趋势为我国农村小额信贷业务的跃迁式发展奠定了经济基础。具体体现在：

1. 农民专业合作社的快速发展。农民专业合作社为金融机构在农村地区发放小额信贷提供了良好的合作对象，从而为农村小额信贷业务的发展提供了有利条件。农民专业合作社最初成立时，主要是发挥技术互助、信息传播等比较简单的作用，而目前它已发展成致力于资金、技术、劳务等多方面合作的机构。随着业务范围的扩大，其机构数也迅速增加，在2009年底，我国农民专业合作社的数量已达20多万家，与2008年同比增长了90%左右。

2. 农业产业化企业已初具规模。农业产业化将农产品的生产、加工、流通等多个环节结合起来，全面促进农业从粗放型向集约型转变。农业产业化企业具有点多面广的特点，其在现阶段主要分布在县（区）、乡镇、村庄，行业上囊括了农林牧渔业，业务范围上涉及了种植业、养殖业、加工业、物流业，在农村经济发展中呈现出越来越强的辐射和带动作用，逐步构成了我国农村经济的重要部分。农业产业化企业在原料供应和互补品方面存在巨大的

市场需求，能吸纳大量的农村剩余劳动力，能带动相关的以农户生产为主的农业的发展。这正好为农村小额信贷的跃迁式发展提供了空间。

3. 农村休闲观光业发展潜力大。农村休闲观光业有利于农村小额信贷业务的发展。农村休闲观光农业是非物质经济、服务经济、体验经济的重要组成部分，它主要是利用天然生态资源与农村剩余劳动力资源来为长时间远离自然的都市人提供服务。这既满足了都市人节日旅游和平时休闲的需要，同时也拉动了地方的消费及相关产业的发展。农村休闲观光业具有很大的发展空间，而该产业在发展初期需要一定的资金投入，需要金融机构提供有力的金融支持。因此，金融机构可以针对这一金融需求量身定做小额信贷产品，进行小额信贷产品与技术的创新。

（二）国家的相关政策对农村小额信贷的跃迁式发展具有重要的推动作用

农村小额信贷既具有商业性质也具有扶贫性质，需要国家与各金融机构的全面合作才能得到更好的发展。国家对农业的政策支持有利于农村资源的优化配置和农业产业结构的优化升级。国家对农村小额信贷的政策支持有利于推动农村小额信贷的跃迁式发展。

2004 年以来，连续几年的中央"一号文件"都聚焦于"三农"的发展，其中提出要通过发展农村金融、大力培育和发展小额信贷组织来促进农村经济发展。2010 年的中央"一号文件"更是明确提出要通过积极推广农村小额信贷、加快新型农村金融机构的发展来提高农村金融服务水平。作为贯彻落实部门的中国银监会也出台了具体的小额信贷支持政策。银监会于 2008 年发布的《中国银监会关于银行业金融机构大力发展农村小额贷款业务的指导意见》拓宽了小额信贷的贷款主体、借款主体、贷款用途与贷款额度的范围，并且提出对农村小额信贷业务开展好的银行业金融机构将在多方面给予鼓励与支持。国家的这些政策能有效地引导各金融机构更积极地、更好地开展农村小额信贷业务。

近些年我国正在逐步加大对个人征信体系和金融生态环境的建设力度，并且逐步深入至县域及乡镇。不少乡镇开始对农户的信用进行存档与评级，创建"信用镇""信用村""信用户"，这有利于改善信用环境，提高农民的信用意识，降低金融机构在小额信贷发放过程中由于信息不对称所导致的信用风险，从而推动小额信贷业务更好地开展。

（三）农民注重信用的传统有利于农村小额信贷的开展

在农村小额信贷中，主要的风险有：农牧畜产品因自然灾害的发生遭受损失不能如期还款的自然灾害风险、农牧畜产品价格波动大所导致的价格波动风险、借款农户因遭受意外伤害导致无能力还款的人身安全风险、因信息不对称所导致的道德风险。自然灾害风险、价格波动风险、人身安全风险都是由于外部客观的不可抗力因素造成的，不会因为人的主观意志而消失，但可以通过有效的信贷模式在各类金融机构中实现风险的转移或分散；道德风险则主要是与借款农户的信用直接相对应的，跟借款农户的主观意愿有很大关系。因此，对于农村小额信贷来说，农户的信用程度是吸引金融机构发放小额贷款的关键因素。

尽管"穷人是否具有信用"这一命题一直存在争议，但是国内外一些比较成功的小额信贷实践和农村的传统证明了农民在一定的条件下是守信用的，关键是农民是否具备供金融机构进行小额信贷产品和经营模式设计以保证农民信用的条件。

对于我国农村小额信贷发放对象的农民来说，基本上是具备上述条件的，这些条件可概括为：（1）相对于其他种类的贷款，农村小额信贷的债务人一般在当地经营，通过贷款获得的资金在债权人所在地从事农业生产，债权人与债务人的信息不对称程度较低，便于贷后监督。（2）农村小额信贷的资金用途一般比较透明，农村的种植业和养殖业具有直观可视性，这在相当程度上降低了债务人的道德风险。（3）农村地区具有传统的社会舆论监督机制。农村社区呈现人与人之间直接交往的特征，邻里之间相互走动，往来频繁，故农户贷款的用途能得到社会的监督，且因绝大多数农户"好面子"，不会轻易违约，这一社会特征也为小额信贷的"联保"提供了好的条件。从我国的农村小额信贷实践来看，由道德风险导致的不良贷款占比很小；在我国一些成功的小额信贷模式中，贷款的到期还款率达到98%左右。

综上所述，农民比较注重信用的传统以及农村小额信贷所具有的某些特性使得借款农户具有较强的信用意识与信用道德规范，这可以有效地减少道德风险的发生，降低小额信贷过程中的整体风险，这是促使我国农村小额信贷跃迁式发展的重要条件之一。

（四）国内外的有益经验为我国农村小额信贷的跃迁式发展提供了借鉴

国外存在两种最典型的农村小额信贷发展模式：（1）由点及面的扩大规模型。这一模式以始于1976年的孟加拉国的尤努斯模式（GB模式）为代表。它主要是针对农村贫困人口发放小额信贷业务，其还款率一般都能达到98%左右。目前，格莱珉银行拥有1 277个分行，辐射范围达到46 620个村庄，已面向近四百万农户累计发放小额信贷44.6亿美元，效果不错。（2）由面及点的降低规模型。这一模式以始于1970年的印尼人民银行的村营业所为代表。目前 BRI 小额金融系统在印尼全境运营，有省级分行 13 个，海外分行 2 个，联网的地区分行 325 个，联网的二级分行 126 个，村级信贷部 4 057 个，其运营模式一直是大型商业银行在小额信贷领域的典范。

我国的部分区域也通过借鉴国外的小额信贷经验并且结合自身的条件形成了比较成功的小额信贷模式。最典型的是海南的琼中模式。海南省农信社和琼中县县政府针对农村资本短缺制约农村经济发展这一瓶颈问题，于 2007 年在借鉴尤努斯模式并结合自身特点的基础上创造了小额信贷"琼中模式"。这一支农模式培育了一批专业户和专业村，有效增加了农民收入。截至 2009 年 11 月底，琼中县农信社共发放小额信贷 4 539 万元，惠及农户 3 763 户，全县农民通过小额贷款获得的收入已经占到家庭总收入的 40% 以上。这一农村小额信贷成功经验可以在更大范围内进行推广。

通过学习和借鉴国内外成功的农村小额信贷模式，同时也吸取其中失败的经验教训，再结合我国各地区的区域特征与各金融机构的自身优势来整体推动我国小额信贷的跃迁式发展，这样可缩短我国小额信贷快速发展至规模化、可持续化的时间。

五、实现我国农村小额信贷跃迁式发展的相关对策

（一）明确经营农村小额信贷业务机构的战略定位

现有的服务"三农"的金融机构（主要是农村信用社、中国农业银行、中国邮政储蓄银行、村镇银行等）要在目前良好的农村经济发展背景下树立长远的目光，加强小额信贷业务的开展以在农村市场尽早站稳脚跟，并且要根据各自的资源优势进行小额信贷业务发展的战略定位。

目前，全国存在 3 万多家农信社。农信社在农村金融服务中占相当大的比例。但是农信社的金融服务效率普遍低下，并且在全国范围内也未形成一个有机的整体。因此，农信社作为当前农村金融服务的重要力量，要根据我国国情和农村金融服务的多样化需求进一步深化改革和加强制度创新，着力开展农村金融组织与金融产品创新，建立起一个多元化的功能和机构布局，大力发展农村小额信贷业务，切实改进农村金融服务，这既有利于农村信用社的稳定健康发展，也有利于促进"三农"发展。

中国农业银行作为大型的国有商业银行具有强大的资金优势，其网点横跨城乡两大领域，是农村金融体系的重要组成部分。因此，农业银行应该在目前农村经济快速增长而城市金融市场竞争激烈的外部环境下充分利用其网点布局的独特性重新进入县域市场，在县域、农村市场进行战略布局，大力

开展面向"三农"的小额信贷业务，开辟一条区别于其他三大国有商业银行的发展之路。

中国邮政储蓄银行应该利用其城乡网络覆盖广的优势大力发展小额信贷业务，为促进经济的协同发展作出贡献。邮政储蓄银行应该站在支持社会主义新农村建设和构建农村和谐社会的战略高度，从统筹城乡发展和城乡一体化建设的全局出发，借鉴国外经验（如 BRI 模式），积极推进小额贷款事业部制改革，改进和完善成本管理，建立独立的核算机制和独立的利润结算中心，积极、稳健地扩大小额贷款业务规模，培育出一批具有旺盛生命力和可持续发展能力的涉农产业。

要进一步加大新型农村金融机构的建设力度。新型农村金融机构主要包括村镇银行、小额贷款公司、农村资金合作社等。这些新型农村金融机构应重点布局于农业占比较高的县域和金融机构网点覆盖率低的经济欠发达地区，旨在促进我国经济的协同发展。

（二）以村镇发展极的建设为动力，推动农村小额信贷业务的发展

村镇发展极可以是一个产业概念，即主导产业在村镇范围内某特定空间的集中布局。通过村镇发展极的集聚效应，可以有效地整合当地和周边地区的各类资源，能够有效地带动当地农村经济的发展，促进农业向规模化、集约化发展。因此，村镇发展极的建设与形成是解决我国现阶段面临的城乡二元经济结构问题的重要途径，以村镇发展极的建设为动力推动农村小额信贷业务的发展有利于实现小额信贷跃迁式发展的最终目的。

村镇发展极的建设是使某个适应当地资源禀赋优势的产业得到集中式发展，它能够产生十分明显的范围经济效应，具有强烈的辐射作用，且某个地区的产业集中发展能够形成更好的技术互助和信息共享机制，有利于提高农业的投入产出比。但这种乡村产业集中式发展模式的生产可能是分散的，或者是集中生产与分散生产相结合。这些分散性的生产主要由农户和微型企业承担，需要金融机构提供小额信贷业务。金融机构应该发挥农村小额信贷的资源配置功能，为村镇发展极的建设提供有力的金融支撑，使经济比较落后的村加快培育出主导产业，使具有主导产业的村将产业规模做得更大、产业链条拉得更长、发展得更具竞争力，从而弱化和消除二元经济结构。

因此，农村信用社、中国农业银行、中国邮政储蓄银行、村镇银行等小额信贷经营机构应该把促进村镇发展极的建设作为重点服务领域，为村镇发展极的建设提供小额信贷业务，在为村镇发展极提供金融支撑的同时促使其自身较快地发展。

（三）健全农村金融风险保障体系

贷款风险大仍是制约农村小额信贷业务发展的主要因素。要实现农村小额信贷业务的跃迁式发展，就应建立有效的风险分担补偿机制，形成"利益共享、风险共担"机制，健全农村金融风险保障体系，转移与分散农村金融服务过程中的信用风险。

为了更好地满足农村经济对金融的有效需求，需要建立与农村小额信贷业务经营机构有着功能互补关系的农村金融风险保障体系。应加快建立和完善专业性强、富有地方特色的农村中小保险公司且逐步加强其保险力度，应加快建立和完善服务于农村地区的中小信用担保机构和中小信托公司。通过一个完整的风险保障体系，使由自然灾害和违约带来的损失在尽可能大的空间与时间范围内进行分散。（1）要建立与健全农村银保合作体系。银行业机构与保险业机构之间应建立完善的"'小额信贷'＋'小额保险'"机制。（2）要建立与健全银行业机构与担保机构间的合作体系。（3）要建立与健全各类金融机构与政策性银行间的合作体系。（4）要健全各类金融机构与政府之间的合作体系。国家应该政策上重视与支持农村社会保障体系的建立。地方政府也应该通过一些鼓励性措施，与农村小额信贷业务经营机构共同搭建起农村小额信贷风险保障体系。

参考文献

［1］Morduch：the Microfinance Schism ［R］. World Development，1997.

［2］乔安娜·雷格伍德. 小额金融信贷手册 ［M］. 北京：中华工商联合出版社. 2000.

［3］程恩江. 中国非政府小额信贷和农村金融 ［M］. 杭州：浙江大学出版社. 2007.

本文刊登于《求索》2010 年第 5 期。合作者为吴玉梅。

论中国邮政储蓄银行的核心竞争力

中国邮政储蓄银行（本文简称为"邮储银行"）于 2007 年 3 月 20 日正式成立。邮储银行在改革成立的初级阶段，虽然具有起步晚的劣势，但是其与生俱来的贴近农民，为"三农"服务的优势，使得它在服务"三农"与促进中西部发展的宏观经济背景下具有核心竞争力优势。因此，邮储银行首先要明确自身的核心竞争力，充分利用自身现有的优势条件以及政策支持等外部条件来发展壮大自己以促进银政企农的共同协调发展。

一、商业银行核心竞争力的内涵

核心竞争力理论是企业战略理论在 20 世纪中期的最新发展，是经济学和管理学相融合的理论成果，也是知识理论和创新理论的最新发展趋势。1959 年 Panrose[1]首次提出企业核心竞争力（Core Competence）这一概念，他在书中指出："企业能更有效利用自身拥有的资源和能力，是企业区别于竞争对手的核心所在。"1990 年美国密歇根大学的普拉哈拉德（C. K. Prahalad）和伦敦商学院的哈默（Gary Hamel）[2]在《企业核心竞争力》中把核心竞争力定义为"企业组织中的集合性知识（Collective Learning），特别是关于怎样协调各种生产技能和整合各种技术、资源的学识。"近年来的研究普遍认为，核心竞争力是企业在其长期发展过程中逐渐形成的、区别于竞争对手所独有的、难以在短期内模仿与替代的以支持和维系企业持续性竞争优势的核心能力，是能为顾客创造更多的消费者剩余、为企业带来持续超额利润回报的独特能力与资源优势的整合。

商业银行作为特殊的企业，其核心竞争力既具有一般意义上的核心竞争力的本质和特点，又有着自己的特殊性。商业银行的核心竞争力是指不同的商业银行主体在同样的宏观环境背景下与激烈的市场竞争中，能够运用各自有限的资源创造出比竞争对手更多财富和价值的能力，是银行在特定的经营环境中竞争能力和竞争优势的集中体现。现代商业银行的核心竞争力作为银行竞争系统中最重要的功能性要素，是商业银行能够获得长期超额利润的最基本的、能保持长期稳定的一种竞争能力。商业银行核心竞争力具有动态性，并且其有多种构成要素，一般包括企业文化、资源禀赋、创新能力和资源整合能力[3]。

一家银行或多或少都具有一定的竞争优势，拥有核心能力。邮储银行作为一个大型国有商业银行，也同样具有其他银行难以复制的核心竞争力，它的核心竞争力是指其独有的、其他银行短时间内难以复制的核心能力，是一种整合资源的能力。邮储银行核心竞争力的特征主要包括范围经济性与外部适应性等方面，体现了它的核心信仰，而核心信仰也可以进一步巩固其核心竞争力。核心信仰用以规定企业的基本价值观，是构成企业愿景的重要组成部分，是企业长期不变的信条与聚合剂。核心信仰必须能被组织成员共享，它的形成是企业自我认识的过程，包括核心价值观与核心使命。其中核心价值观是一个企业最基本和持久的信仰，是组织内成员的共识；而邮储银行的核心使命主要是：在当前各级政府大力提倡支持"三农"与中西部落后地区发展以及消除二元经济结构的背景下，邮储银行充分利用其核心竞争力优势在实现其自身可持续发展的同时，为"三农"及中西部落后地区服务，促进我国二元经济结构的转换。

二、中国邮储银行发展的核心竞争力现状

1. 邮储银行的发展背景

2007 年 3 月 20 日，中国邮政储蓄银行总行在北京正式挂牌成立。二元经济结构是我国经济发展过程中呈现的典型特征，改变二元经济结构是我国社会经济发展的主要任务。邮储银行正是在这样的宏观经济背景下成立的。

二元经济结构是指由于部门间生产函数与劳动生产率差异或者区域间经济发展不平衡导致的经济性两极分化。目前发展中国家普遍存在着二元经济结构问题，我国也不例外。2008 年的有关统计数据表明，工业产值占 GDP 的比重为 42.9%，工业对 GDP 的贡献率为 46.1%；农业产值占 GDP 比重为 11.3%，农业对 GDP 的贡献率为 6.5%，并且全部工业企业利润也远远高于农业企业利润总额，但是农村人口比重为 54.32%，城镇人口比重为 45.68%。此外，城乡居民人均收入水平差异显著，城市的人均消费水平远远高于农村。2008 年，城镇居民人均收入是农村居民的 3.32 倍，城镇居民消费水平是农村居民的 3.6 倍，并且这种城乡对比系数毫无明显下降的趋势。党的十七大报告以及中央一号文件都明确指出"我国城乡二元经济结构还没有改变，地区差距扩大的趋势尚未扭转，贫困人口还为数不少"。所以二元经济结构转换是

我国目前深化改革、全面建设小康社会所要解决的重要课题。而金融是现代经济的核心，农村地区的经济发展落后问题与农村金融抑制密不可分，因而加强农村地区的金融体系建设，完善金融服务经济的功能，是我国转变二元经济结构的必经之路。

1986 年在严重通货膨胀的形势下，邮政储蓄作为回笼货币的一个手段予以恢复，其功能定位于"积聚资金、增加货币回笼和稳定金融"，其业务主要局限于储蓄存款与汇兑业务，资金运作模式单一，全额上划央行，这对当时缓解通胀，稳定经济起到了积极作用。但是，当时的邮政储蓄只是回笼货币的媒介，其近三分之二的网点和 42% 的储蓄余额来源于农村地区，故只相当于一个"抽水机"，只是吸取农村本不宽裕的资源，而并没有把吸取的资金及时地回流到农村，不能有效地为农村的经济发展提供有效的金融支撑。这不符合我国二元经济结构现状下金融服务企业与农村地区的长远发展利益，邮政储蓄的改革势在必行。邮储银行应在改革过程中充分利用覆盖城乡的网点优势等核心竞争力来大力发展农村金融服务，为农村经济发展提供金融支撑，改善二元经济结构，从而达到以金融促进经济协调发展，以经济协调发展带动金融的良好运行机制。

正是在这样的宏观经济背景下，邮政储蓄及时进行了反应性变革，分离为邮政部门与邮储银行，邮储银行是一个全功能的大型国有商业银行。

2. 邮储银行的核心竞争力

我国邮储银行的核心竞争力是指其他银行难以复制或替代的核心能力，是一种整合资源的能力。商业银行的核心竞争力是一个动态的概念，商业银行在不同的发展时期，所拥有的核心竞争力也是不一样的。邮储银行在成立的初期阶段，主要拥有的核心竞争力是其几十年积累下来的庞大的网络优势和客户资源优势等。

核心竞争力一："高覆盖、低成本"的硬资源优势。邮储银行是在邮政储蓄的基础上发展而来的，其"高覆盖、低成本"的优势主要源于邮政储蓄的长期发展，并且该优势具有持久性，在短期内难以被其他银行所复制。邮政储蓄自 1986 年开办以来的几十年发展过程中，其网点遍布全国大小城乡，而且邮递员每天穿梭于各城镇和乡村间，兼任储蓄代办员，为城乡居民提供了便捷的服务，网点的优势与储户的优势使邮政储蓄在社会经济生活中的地位极为稳固。

自邮储银行于 2007 年正式成立以来，采用的是"自营 + 代理"二元体制。"自营 + 代理"二元体制是指邮储银行采用自营网点和代理网点相结合进行的整体管理营销模式，其中代理网点主要是直接从邮政储蓄分离出来的邮政部门以及二类支行。"自营＋代理"的二元体制进一步完善了邮银协调机制，形成了"邮银合作，共谋发展"的良好局面。这使邮储银行可以利用邮政储蓄几十年来积累下来的网点与客户资源优势，加强与邮政企业在网络建设、业务发展、客户服务、资金安全等方面的沟通，从而形成邮储银行"高覆盖、低成本"的优势局面。

邮储银行拥有3.6万个网点和近4亿客户，是网点数最多的金融机构，并且拥有强大的农村市场根基。在一些偏远农村地区，邮政储蓄是当地居民唯一可以获得金融服务的机构。在各家商业银行重组收缩网点之时，邮政储蓄银行不但没有收缩网点，还在继续增设，网点资源更为丰富，深入城市居民聚居区和农村各乡镇，为邮储银行开发横跨城乡的金融服务奠定了深厚的基础。邮政部门在专业化经营过程中组建了专业营销队伍，并且在每条邮路上不停行走的投递员是收集客户信息和维系客户关系的生力军，可以更好地消除信心不对称所带来的道德风险。这样，邮储银行便形成了触角广、软信息获取能力强、其他银行难以复制的强大网络优势。

另外，与其他商业银行直接在各网点设立分支机构的模式相比，我国邮储银行的"一元"邮政代理网点具有运营成本（网点租赁费、设备折旧费）低、工资成本低、信息获取成本低等特征。其低成本可以促成其高利润率，通过代理网点成本粗略测算，可知其代理网点的直接收入利润率高于平均水平。

邮储银行在城乡地区的高覆盖以及其相对较低的邮政代理成本，是其他金融机构短时间内难以复制的，是我国邮储银行的核心竞争力，这将成为邮储银行在我国二元经济结构现状下取得长远发展的可靠保障。

核心竞争力二：网点布局优势。邮储银行的网点布局具有一定的特征。从城乡网点分布来看，只有28.1%的网点位于城市，而县及县以下的网点占比为72.9%。从东中西部网点分布来看，邮储银行有三分之二的网点分布在中西部，只有三分之一的网点分布在东部。邮储银行的这种网点布局与我国目前所采取的协同发展战略相契合。我国目前重点实行支持"三农"发展、中部崛起、西部大开发的发展战略，以消除经济与金融的二元性，实现经济的协同发展。这些欠发达地区实现产业化的发展离不开金融的支撑，需要资本这一必不可少的要素流入到资金要素短缺的区域以实现金融促进经济增长的资源配置功能。因此在国家政策倾斜的宏观背景下，邮储银行网点布局具有得天独厚的优势，其网点主要分布在中西部与农村地区，并且网点具有东中西、城乡纵横交错的特征，这刚好为我国实现经济的协同发展提供了条件，也为邮储银行自身的长远发展提供了机遇，为邮储银行拓展农村金融业务，获取政府支持奠定了坚实的基础。邮储银行可以更好地发挥其对中西部地区以及农村地区的产业发展极的金融支撑作用，对典型的微观发展模式"一村一品"提供信贷支持，支持当地的主导产业，使经济优势不明显的村加快培育出主导产业，使拥有主导产业的村将产业规模做得更大、产业链条拉得更长、发展得更具竞争力。邮储银行可以在为乡村发展极提供金融支撑的同时促使自身获得较快的发展。

从邮储银行 2009 年 1 月至 11 月的贷款业务特征来看，其资金运用于"三农"的比例具有这样的特征：西部地区的涉农贷款占比与贷存比均要高于东部地区的涉农贷款占比，如图 1 所示。这说明邮储银行在西部地区的"三农"服务力度明显高于东部地区的"三农"服务力度，体现了邮储银行在促进西部"三农"的发展过程中可以起到更加突出的作用。并且邮储银行于西部地区的贷存比高于东部地区的贷存比说明邮储银行在西部地区所吸收的资金于运用的占比多于东部地区，这些都体现了邮储银行对促进中西部发展有很大的优势。这些都体现了核心竞争力的外部适应性特征，因此，在目前的经济发展阶段，邮储银行的这一网点布局也是其核心竞争力的构成要素之一。

267

论中国邮政储蓄银行的核心竞争力

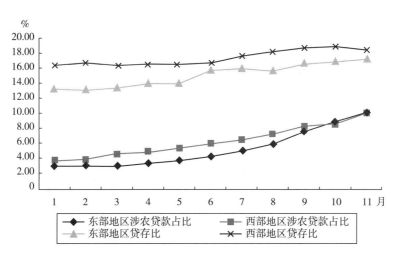

资料来源：根据中国邮政储蓄银行统计报表数据整理所得。

图 1　邮储银行东、西部地区涉农贷款占比及贷存比

核心竞争力三：城乡贯通的网络优势。现阶段，服务农村地区的金融机构主要有农业发展银行、国有商业银行、农信社、邮储银行四类，其他类型的金融机构诸如股份制银行和城市商业银行的网点，即使存在也大多设在经济条件较好的县城，在农村地区设点的极少。以湖南省为例，截至 2009 年 6 月末，农村地区农村信用社机构网点 3 352 家，占全省农村金融服务机构总数的 55.9%；邮储银行网点 1 318 家，占全省农村金融服务机构总数的 22.0%；农业银行网点 618 家，占全省农村金融服务机构总数的 10.3%；另外，农信社、邮储银行在乡镇的网点占比合计达 76%。而三家机构中，农业银行较之其他两家，网点多偏重于城市，只有 30% 左右的网点布局在乡镇；农信社的网点主要集中在乡镇；邮储银行在城市与县城的网点数约占其全部网点的 35.7%，在乡镇的网点数约占 64.3%。可见，与其他金融机构的网点覆盖现状相比，邮储银行的网点具有横贯城乡，并且主要分布于乡镇的特征。

邮储银行这一城乡贯通并偏重于乡镇的网络使得其有着与众不同的服务基础。邮储银行既是农村地区金融机构的生力军，同时又是连贯城乡的主力。在农村地区，特别是在自然资源匮乏的农村地区，大部分的农民都需要依靠外出打工赚取收入，2009 年第二季度末，农村外出务工人数达 14 916 万人，约占农村总人口的 20%，约占全国人口的 11%，针对外出务工人员的金融服务将具有很大的市场，比如，外出务工农民收入的相当部分都需要通过金融机构汇到农村，而邮储银行由于其横贯城乡的网络优势使得它具备了满足外出打工农民的金融需求的条件。

核心竞争力四：范围经济性。邮储银行是一个具有全功能牌照的大型国有商业银行，是分布于各个地区的分支社区银行的有机整体，具有范围经济性。一方面可以将其逐步深入人心的品牌形象通过不同的分支社区银行有区别的复制得以延伸，另一方面可以通过不同分支社区银行之间通过相互帮助，相互扶持达到邮储银行整体的效益最大化。比如，邮储银行可以把我国视为一个区域共同体，利用其分支社区银行的软信息优势与网点跨度广的优势，为区域共同体内异地交易的买方与卖方提供相当于国际结算业务中的买方信贷与卖方信贷业务，为各地的产业专业化发展提供相应的金融支持，进而形成一个多边的联动机制。这既有利于风险的控制，也有利于促进国内物流及贸易的顺利进行，从而促进交易双方所处两地都形成适合于当地特色的产业发展极，最终促进我国这个区域共同体的协同发展。因此，邮储银行这一触及到各个乡镇的范围经济性是其他银行短时间内难以复制的核心能力，是邮储银行核心竞争力的构成要素之一。

核心竞争力五：资金优势。邮储银行的前身是只存不贷的金融机构，长期以来依赖中央银行的利差生存，没有坏账损失和不良资产，并且邮政储蓄在经营的二十多年里，各项存款余额达到 2.8 万亿元，在我国商业银行中排名第四，这造就了未来邮储银行可以在没有历史包袱和坏账负担的情况下轻装上阵。因此，邮储银行在未来的发展过程中具有后发优势，这也将是邮储银行的核心竞争力之一。

三、进一步提升中国邮储银行核心竞争力的途径

1. 中国邮储银行发展过程中所存在的问题

邮政储蓄长期以来都是依赖央行利差吃饭，造成由邮政储蓄发展而来的邮储银行在银行业务管理上欠缺经验，缺乏风险管理意识、风险控制能力和市场竞争能力。另外，邮储银行缺乏专业的人才。邮政储蓄多年来单一的经营模式使金融人才严重匮乏，这将在一定程度上阻碍邮储银行的快速发展。

另外，在邮储银行的近两年发展过程中，其东部的业务发展状况明显要好于中西部，如图 2 所示。邮储银行尽管在东、中、西部的网点各占三分之一，但是东部地区的储蓄余额与贷款余额都要明显高于中部、西部。这说明邮储银行的业务发展目前主要集中于发达地区，在发达地区的金融供给比较充分；邮储银行存款增速缓慢，在 2009 年前三季度，邮储银行新增存款余额 2 444 亿元，仅占全国总量的 6.46%，特别是在 9 月份全国新增 7 217 亿元的情况下，邮储银行仅新增了 46.21 亿元，这与邮储银行的网点布局状况很不匹配。

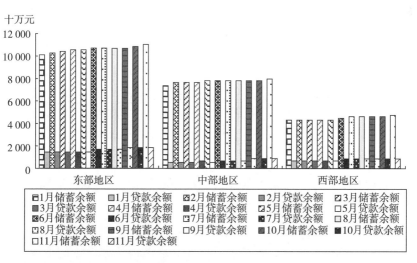

资料来源：根据中国邮政储蓄银行统计报表数据整理所得。

图 2　邮储银行东、中、西部存贷款规模的比较

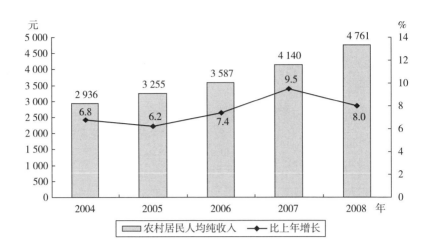

图3　农村居民的人均纯收入与纯收入增长率

2. 进一步提升邮储银行核心竞争力的途径

邮储银行由于起步晚、起点低、人力资源积累薄弱、抗风险能力弱等特点，在未来的发展过程中应该明确自身的核心竞争力优势，以及客观地认识自身的劣势，正确地给自己定位，并且要进一步提升其自身的核心竞争力，以在激烈的竞争中求得生存和可持续性发展。

（1）为地方产业发展提供金融支撑，大力拓展农村金融服务

如图3所示，农村居民收入在近些年来一直处于快速增长的阶段，2007年农村居民家庭的恩格尔系数由1978年的67.7%降至43.1%，恩格尔系数的下降说明农户通过向银行借款所获得资金的主要用途不再是满足生活的基本需求，而主要是用于农业生产与投资，这为邮储银行在农村提供金融服务提供了快速发展的可能。因此，邮储银行应该利用其现有的核心竞争力优势来大力发展农村服务，为地方产业发展极提供金融支撑[4]，以进一步提升邮储银行的综合能力。

在非均衡协同发展战略下的经济发展极建设初期，需根据各地资源禀赋优势选定主导产业。在发展极形成和壮大过程中，与主导产业相联系，需要形成一个产业链，进而形成产业集群。从长期看，有利于当地发展极形成的产业，有利于开发本地资源的产业，大多是区域内优先发展的主导产业，一般具有较为理想的投入—产出比，应是金融机构在当地发展极的重点服务领域。

邮储银行作为一个兼具大型国有商业银行整体规模与社区银行业务特征、能填补农村金融空白、服务地方经济发展的新型银行，拥有 3.6 万个网点，其中近 72% 的网点覆盖在农村及县域，拥有强大的农村金融根基。因此，邮储银行应该且有能力为地方产业发展极提供必要的金融支撑。

邮储银行可以根据其网点分布特征，在县域及中西部欠发达地区大力提供金融支持，有重点地培育或者发展当地的优势产业，形成产业链，促进当地产业发展极的形成与扩大，进而促进欠发达地区经济发展极的形成与扩大，为区域经济的协同发展、消除二元经济结构做出贡献。同时，地方产业发展极的扩大会刺激金融需求，进而使邮储银行的核心竞争力得到进一步提升。

（2）进一步优化网点布局

邮储银行目前的网点布局具有外部适应性，正好适合我国目前的经济发展状况，能够为中西部发展及县域发展做出贡献。但是，目前邮储银行在网点布局上也存在不尽完美的地方，比如，某些网点主要集中在某一区域，而并没有真正惠及到某些偏远山村。因此，邮储银行应该进一步优化网点布局，在区域上要将经济发达地区、具有经济增长潜力的地区（如中部崛起地区、西部开发地区）、经济欠发达地区等不同省份、不同区域区分开来，形成有利于全行竞争力提升的区域战略布局，确立与不同区域相匹配的经营发展战略和业务增长方式。

邮储银行在网点布局规划上应加大投入，紧密结合城市的发展状况和农村的资源特征进行规划，通过撤并、搬迁、新设等方式，进一步优化各区域的网点布局，提升网点辐射能力，实现网点资源与目标客户的协调分布，为填补农村金融空白做出贡献。另外邮储银行应该加强打造电子银行，优化电子商务金融渠道建设，针对目前我国庞大的、逐步深入农村的手机用户群体，开辟手机服务新渠道，给手机用户提供方便的金融服务，这将为其更深入地进入农村市场、提供农村金融服务创造更好的条件。

（3）进一步加强金融业务的创新，提供以客户为中心的个性化服务

邮储银行要想进一步提升其核心竞争能力，则必须加强对金融业务的创新，提供以客户为中心的个性化服务。邮储银行应加强具有区域特色的产品创新，应根据其主要服务于地方经济的特点，紧紧围绕区域特色，针对不同地区的资源优势提供个性化的金融服务，不能只对客户提供简单、统一、机械化的服务。

基层行是邮储银行的对外窗口，是邮储银行体系的重要层面。因此，不同地区的基层行应根据当地的产业发展特色，在制度允许范围内为客户提供

差异化的服务，通过产品组合创新和服务创新，确保其满足不同区域、不同客户的个性化需求，进而提高客户的满意度和忠诚度。比如在经济欠发达、农民创业意愿不强的地区，邮储银行可以通过与当地政府、龙头企业及担保公司的合作，为农户提供一条龙服务，或者提供以租代售的金融服务，这样既顾及到了农户的风险承受能力，同时也可以促使邮储银行在此基础上更好地发展其自身。

（4）以人为本，整合提升人力资源能力

邮储银行在发展的初期阶段，人才很匮乏。银行间的竞争最终都要归结于人才的竞争，特别是在未来知识化、信息化的社会里，人才的竞争力强弱将最终决定商业银行竞争力的强弱。因此，邮储银行应该以人为本，提升人力资源能力。首先是在邮储银行人才积累比较薄弱的状况下要把好新员工招聘这一关，这就要求人力资源管理部门的老员工始终抱着认真负责的态度来完善选人用人机制。其次要加大员工培训力度，对于一些偏远地区网点的员工要进行培训，让其熟悉银行的文化与使命，塑造出一批精明能干的营销队伍，为邮储银行的品牌形象更好地深入每一个角落做好准备。再次是要搭建公平竞争平台：运用平衡记分卡绩效管理方式，构建科学的员工岗位业绩评价体系与员工岗位职级晋升体系；通过合理有效的激励机制促使员工自觉提升自身的工作能力，引导员工不断提升个人综合素质和岗位工作能力。最后要从精神文化建设的角度来提升员工对邮储银行的归属感与认同感：加强具有邮储银行特色的企业文化建设，增强凝聚力，营造和谐的工作氛围；加强员工对邮储银行核心信仰与使命的认识，增强其为邮储银行发展的伟大事业不懈奋斗的内在动力。

参考文献

［1］Panrose E T. The Theory of the Growth of the Firm ［M］. John Wiley, New York, 1959.

［2］CK Prahalad, Gary Hamel. The Core Competence of the Corporation ［M］. 1990.

［3］谢少雄, 李鉴清, 刘飞舟. 商业银行网点核心竞争力研究 ［J］. 金融论坛, 2008（8）：27 – 32.

［4］彭建刚, 周鸿卫. 发展极的金融支撑：我国城市商业银行可持续发展的战略选择［J］. 财经理论与实践, 2003（2）.

本文刊登于《软科学》2010 年第 9 期。合作者为周颖辉。

美国放松银行业地域管制与
中小企业贷款

一、引言

2009 年 4 月，中国银监会发布了《关于中小商业银行分支机构市场准入政策的调整意见（试行）》，不再对股份制商业银行、城市商业银行设立分行和支行设定统一的营运资金要求，越来越多的城商行走上了跨区域经营的扩张之路。农村金融机构方面，2008 年 3 月，银监会发布了《农村中小金融机构行政许可事项实施办法》，允许农村商业银行、农村合作银行跨区域经营；《2009 年农村中小金融机构监管工作意见》中，银监会又进一步明确了允许优质农村合作金融机构控股、参股其他金融机构，支持地（市）级及以上城市的城区农村合作金融机构实施兼并重组的态度。目前，农村中小金融机构跨区域发展基本不存在政策障碍，不少农村银行或通过异地入股其他机构，或组织新建村镇银行，或是筹备异地分支，积极探索跨区域的战略扩张途径。由此可见，我国放松中小银行（包括银行业机构，下同）地域管制的速度正在逐步加快。

关于银行业放松地域管制后的效应，国内外已有不少研究对此现象进行了分析探讨，有从金融发展和金融开放角度研究的，有从银行经营效率和风险管理角度讨论的。但发展中小银行的主要目的之一是解决中小企业融资问题，由于中小企业存在信息不透明、缺乏抵押品等缺陷，难以在证券市场通过直接融资工具获得资金支持，因此银行关系型贷款通常是中小企业主要的外部融资来源。大量学术研究也证明了中小银行在中小企业关系型贷款上存在信息优势（Berger, et al., 2002；殷孟波等，2007；李江，2009）。伴随着地域管制放松后银行扩大经营区域的趋势，银行规模将随之进一步扩大，这种银行经营地域与规模的扩张会否对中小企业贷款造成冲击值得研究。

美国银行业的发展轨迹与经验对我国有特别的启示作用：一是因为美国在放开银行经营地域管制前后均存在大量的中小银行，放松管制后银行并购不断，银行数量不断减少，但中小银行数量始终占总数的 90% 以上；第二，在银行跨区域经营方面，美国银行业也经历了从严格管制，到逐步放开的改革。所以，通过分析美国放松银行业地域管制后银行跨区域经营对中小企业贷款的影响，可以为我国放松中小银行地域管制对中小企业贷款影响的评估及解决提供借鉴。

二、美国放松银行业地域管制的过程

长期以来，美国银行业对分支机构的设立和经营地域限制严格，不允许银行跨州经营和自由开设分支机构，甚至有的银行在本州或本城内也不允许有其他分支机构，直到 20 世纪 70 年代末，仅有 12 个州对本州银行在州内开设分支机构没有限制。银行跨州经营的限制始于 1864 年的 *National Bank Act*，虽然该法案没有明确规定禁止国民银行开设分支机构，但货币监理署（国民银行的主管机构）基于法案没有明确就此说明，将法案解读为不允许国民银行跨州开设分支机构。1927 年，*McFadden Act* 明确规定不允许国民银行跨州设立分支机构，联邦储备委员会将跨州的禁令也应用于州立银行，因此，美国的银行业都被禁止跨州经营，银行的发展被限定在一定的区域范围内，因而也形成了美国的银行系统主要由大量的中小银行组成的特点。

为了绕过法律的限制，银行采用银行控股公司间接达到跨州经营的目的。银行控股公司通过一家持股公司对两家或两家以上独立的公司组织形式的异地银行拥有控股权，实际上就是银行集团。因为在法律上，银行控股公司持有的是"公司"，而非"银行"，从而绕开了银行的地域限制。但 *Douglas Amendment of the* 1956 *Bank Holding Company Act* 有效遏制了通过银行控股公司形式绕开法律规定的现象，该法案让各州有权禁止其他州的银行控股公司进入本州银行市场，至 1978 年时，只有缅因州允许其他州的银行控股公司购买本州的银行。不过，通过银行控股公司在州内达到扩张分支机构的目的还是较少受到限制的。1972 年，美国有 36 个州允许州内的银行控股公司进行无限制扩张。截至 1974 年末，共有 276 家银行控股公司控制了大约 2 122 家公司制的银行，拥有分支机构 8 887 处（Strahan，2003）。

20 世纪 80 年代，跨州经营的限制又有了放松，各州之间可以通过签订协议，互惠互利，相互开放银行市场，如果允许州外的银行控股公司进入本州市场，相应可获得其他州也对本州银行控股公司实行开放。到了 1992 年，除了阿肯色州、爱荷华州和明尼苏达州之外，其余的州都允许银行在本州内直接设立分支行；除了夏威夷州，其他州都允许州外的银行控股公司进入本州。

虽然通过银行控股公司可以跨州经营，但与直接拥有分支银行相比，银行持股公司需要多个董事会，而且每个分支银行都要有自己独立的资本，具有较高的运营成本。

1994 年，*Riegale – Neal Interstate Banking and Branching Efficiency Act*（IB-BEA）的通过正式允许银行跨州经营，这才是真正放松银行业地域管制的开始。法案允许银行跨州经营，可以并购其他州的银行或是在其他州设立分支机构，包括外资银行也可以跨州设立分支机构。Riegale – Neal IBBEA 法案允许各州选择是否执行该法案，即在 1997 年 6 月 1 日之前各州可通过法律禁止跨州分行，那么不论州立银行或国立银行，一律不许进入或跨出该州设立分支机构。当时，全美只有得克萨斯州和蒙大拿州选择不执行该法案，但也都在 1999 年改为执行。至此，美国银行业真正解除了长期以来严格的地域管制。跨州分支机构迅速发展，1994 年全美只有分布于少数州的 62 家跨州分支机构，到了 2005 年，跨州分支机构达到 24 728 家，占国内分支机构数量的 37.28%（Johnson，et al.，2008）。

三、美国放松银行业地域管制后中小企业贷款的状况

由上可知，美国银行业放松地域管制的重要标志是 1994 年颁布的 Riegale – Neal IBBEA 法案，因此我们以 1994 年为起始时点，考察自 1994 年以来美国中小企业贷款情况，分析在此过程中美国中小企业贷款的变动特征。美国小企业管理局（US Small Business Administration，SBA）提供 1994—2008 年历年的小企业贷款数据，如表 1 所示。1994—2008 年，微小贷款（10 万美元以下）余额共增长了 75%，年平均增长率为 4.09%；小额贷款（100 万美元以下）余额增长了 142%，年平均增长率为 13.78%。从贷款笔数看更都有 4 倍多的增长。可见，小企业贷款的余额与笔数均呈持续上升的趋势。

从 SBA 统计的小企业贷款占比数据来看，小企业贷款占企业贷款比重从 1995 年的 39.2% 到 2007 年的 31.3%，虽然比重下降，但降幅很小，在 2001—2004 年还呈上升趋势；小企业贷款占银行资产的比重，1995—2002 年间略有减少，维持在 8.9% ~ 8.2%，2003 年开始降至 6.8%，但至 2007 年依然保持在 6.3%。虽然银行小企业贷款的比重略有下降，但考虑到银行贷款总额与资产的大幅增长，且小额贷款的划分标准始终是固定的名义金额 100 万美元，比重的小幅下降并不意味着小企业贷款市场的萎缩，这一点从小企业贷款绝对数额的大幅增长也可以看出来。因此，美国小企业贷款市场并未像人们担忧的那样受到银行业放松地域管制的冲击。

表1

表1 美国小企业贷款历年统计数据 单位：万元

年份	小于10万美元贷款			小于100万美元贷款		
	贷款余额（$ billion）	贷款笔数	贷款余额增长比例（%）	贷款余额（$ billion）	贷款笔数	贷款余额增长比例（%）
2008	170.5	25 000 000	6.76	711.3	27 300 000	15.72
2007	159.71	21 604 027	9.37	683.6	24 488 826	13.58
2006	146.03	19 020 849	5.48	633.97	21 257 144	0.01
2005	138.44	19 019 222	1.88	600.77	21 001 994	24.78
2004	135.88	15 242 063	−0.51	577.15	17 130 251	−11.06
2003	136.57	17 137 715	5.96	548.09	18 908 327	9.50
2002	128.89	15 651 289	1.66	483.99	17 241 556	44.99
2001	126.78	10 794 555	4.40	460.42	12 250 124	10.12
2000	121.44	9 802 330	6.67	436.98	11 169 911	26.86
1999	113.85	7 726 928	2.47	398.45	8 997 645	10.10
1998	111.11	7 018 226	2.68	370.46	8 212 466	4.35
1997	108.21	6 725 646	2.87	348.71	7 901 185	26.58
1996	105.19	5 313 182	4.80	333.04	6 396 477	8.76
1995	100.37	4 885 066	2.75	315.91	5 900 371	8.65
1994	97.68	4 496 327		294.42	5 410 032	

数据来源：www. sba. gov/advocacy。

四、美国银行业放松地域管制对中小企业贷款的影响

银行中介向中小企业的贷款技术可分为财务报表型贷款（Financial Statement Lending）、资产保证型贷款（Asset – Based lending）、信用评分型贷款（Credit Scoring Lending）和关系型贷款（Relationship Lending）四种方式（Berger，et al.，2002）。前三种技术总称为交易型贷款（Transactions – Based Lending）。大银行运用交易型贷款技术具有比较优势，中小银行在关系型贷款中具有比较优势，因此大银行倾向于采用交易型贷款技术对中小企业贷款，而中小银行倾向于采用关系型贷款技术向中小企业贷款。交易型贷款主要基于财务数据等客观"硬信息"或抵押担保，关系型贷款主要基于"软信息"作出贷款决策，而这些"软信息"常常由基层信贷经理所拥有。根据控制权激励理论，需赋予基层信贷经理较大的贷款决策权，而为解决由此带来的代理问题，需要银行具有地理优势（接近中小企业）、简单和尽可能少的管理层

次等特征，而中小银行常常具有这些特征。由此可见，影响中小企业贷款的主要因素是银行对中小企业信息的收集和处理技术。如果能获取可靠的中小企业相关的信息，交易型贷款技术的运用将起主要作用；如果不能或者获取成本较高，则关系型贷款技术将起主要作用。由于中小银行依靠地理优势，中小银行数量成为关键。因此，分析美国银行业放松地域管制对中小企业融资的影响，应主要分析在放松地域管制过程中，中小银行数量、贷款技术和政策等方面变化对中小企业贷款的影响。

（一）放松地域管制导致银行业并购及其对中小企业贷款的影响

由于在放开银行业地域管制的步骤上，各州普遍采用先允许州外银行兼并收购本地机构进入本地市场，后允许直接在本地设立分支机构，因此伴随着逐步放开地域管制的过程，催生了大规模的银行并购浪潮。即使是直接设立分支的跨州经营彻底放开后，仍有大量银行的跨州经营通过并购其他银行而实现。1994—2003 年，共有约 3 500 多起并购发生在商业银行和储蓄机构之间。以银行并购的资产占银行总资产的比率来看，解除跨州经营管制后，这一比率明显上升（Strahan，2003）。

当银行跨州并购行为发生或者增设了新的异地分支机构之后，跨州的分支机构与总部之间的地理距离加大，提高了银行组织内部的信息沟通难度，增加了传递成本，尤其是"软信息"更难以在银行各层级之间传递核实，总部难以利用这些信息作出关系型贷款决策。而如果关系型贷款决策权下放到掌握这些"软信息"的基层经理手上，又可能产生委托—代理问题，增加监管难度。监督约束不力的话，基层经理可能利用贷款决策权寻租；监管过度而激励不足的话，基层经理为避免麻烦，会倾向于使用易于传递和证实、全行统一的"硬信息"，放弃不易沟通核实的"软信息"和关系型贷款（DeYoung，et al.，2004）。

同时，银行跨区域的扩张使银行层级关系更复杂，更大更复杂却可能带来了更低效，经营效率与总部至经营场所的平均距离负相关，规模小、结构简单的小银行所面临的代理问题相对较轻，层级结构复杂的大银行由于代理链条长，解决代理问题的成本更高（Berger，et al.，2002）。Berger 等（2007）通过对 7 000 家银行的实证研究发现，全国性银行兼并地方小银行的成本可能极高，主要原因在于经营或监管以关系型业务为主的地方性银行会出现规模不经济，随着距离的增加和层级的复杂，银行越有可能采用基于硬信息的交易型贷款。实证研究发现，所有分支机构在同一社区的银行在扩张到其外围地域时，并不会带来更多的地域分散化的好处，地域多元化反而倾向于提高中小银行的资产风险水平，增加其经营成本（邱兆祥等，2009）。通过对 National Federation of Independent Business（NFIB）成员的问卷调查，Frame 等（2003）发现，在小企业的合作银行经历了并购后，小企业普遍反映对新银行服务和额外费用的不满。由此可见，放松地域管制导致大规模银行业并购对中小企业贷款产生了一些不利影响。

（二）大量中小银行的存在保证了中小企业关系型贷款的可得性

尽管放松地域管制导致美国银行业的大规模并购浪潮，但放松地域管制后的银行业扩张浪潮并没有导致金融力量的过度集中，美国中小银行的数量始终占据银行总数的 90% 以上，这些社区银行整体保持良好的盈利能力，不断吸引新的进入者。1994—2008 年，尽管平均每年因并购和经营失败而减少的银行为 426 家[1]，但是平均每年新增加的银行达到 168 家，尤其是 1995 年核准的新银行执照数量从前一年的 50 家翻番到 101 家，1996 年核准的新执照进一步增加到 147 家，并在此后维持平均每年新增银行执照 150 多家[2]，这些增加的银行基本都是中小银行。虽然银行总量在不断减少，但始终不断地有新的银行加入银行体系，补充新鲜血液。因此，在放松银行业地域限制的过程中，美国中小企业贷款未受到较大影响的一个关键原因在于美国银行业始终存在大量的与中小企业联系紧密的中小银行，整个中小企业信贷市场保持着高度的竞争性（DeYoung, et al., 2004）。

美国金融市场较为宽松的市场准入条件保障了市场的供给和竞争性，只要小企业贷款是有利可图的，市场就会有足够的提供者。Kolari（2003）证明了小企业贷款的盈利性，所以即使大银行退出关系型贷款市场，也会有其他的金融机构逐利补充市场空当。DeYoung 等（2004）发现，除了有当地原有的小银行填补大银行退出所形成的空当，还有新的专注于小企业信贷市场的银行进入市场，增加了市场供给。正是大量存在的中小银行，始终利用其关系型贷款的优势发展小额贷款业务。表 2 是不同资产规模的银行小企业贷款占全部企业贷款的比重统计，不难发现，资产规模越小的银行，其小企业贷款占全部企业贷款的比重越大，越专注于小企业贷款市场。1996—2007 年，虽然中小银行（资产规模 10 亿美元以下）的小企业贷款占全部企业贷款的比重有所下降，但降幅并不大，始终保持 50% 以上，尤其是资产 1 亿美元以下的小银行，其小企业贷款占比高达 90% 左右。

---

① 指存款保险公司保险的银行。

② 数据来源：http://www.fdic.gov/。

表 2   不同规模银行的小企业贷款占全部企业贷款的比重

年份	资产小于 1 亿美元的银行		资产 1 亿 ~5 亿美元的银行		资产 5 亿 ~10 亿美元的银行		资产 10 亿 ~100 亿美元的银行		资产大于 100 亿美元的银行	
	10 万美元以下贷款	100 万美元以下贷款	10 万美元以下贷款	100 万美元以下贷款	10 万美元以下贷款	100 万美元以下贷款	10 万美元以下贷款	100 万美元以下贷款	10 万美元以下贷款	100 万美元以下贷款
1996	0.541	0.949	0.276	0.784	0.168	0.618	0.09	0.386	0.044	0.199
1997	0.538	0.944	0.268	0.78	0.166	0.618	0.085	0.374	0.051	0.214
1998	0.524	0.939	0.264	0.783	0.151	0.601	0.091	0.392	0.045	0.197
1999	0.485	0.928	0.245	0.769	0.134	0.59	0.084	0.396	0.048	0.199
2000	0.461	0.929	0.224	0.758	0.125	0.563	0.084	0.396	0.042	0.19
2001	0.432	0.924	0.213	0.74	0.134	0.576	0.085	0.386	0.055	0.214
2002	0.393	0.91	0.189	0.716	0.118	0.562	0.095	0.404	0.062	0.239
2003	0.373	0.904	0.17	0.707	0.105	0.531	0.092	0.408	0.063	0.247
2004	0.337	0.882	0.153	0.678	0.096	0.512	0.079	0.396	0.066	0.263
2005	0.37	0.902	0.166	0.708	0.104	0.534	0.085	0.4	0.065	0.251
2006	0.332	0.879	0.15	0.68	0.091	0.516	0.075	0.391	0.067	0.264
2007	0.32	0.869	0.139	0.671	0.088	0.519	0.074	0.381	0.061	0.239

数据来源：www. sba. gov/advocacy。

（三）贷款技术的革新促进大银行增加对中小企业贷款

在放松银行业地域管制的过程中，大量的中小银行通过并购成为大银行，这些大银行虽然在对中小企业关系型贷款方面具有相对劣势，但并不意味着大银行就此退出了中小企业贷款市场。大银行通过不断开发新技术和统计模型以低成本地利用定量数据和财务记录等硬信息，主要发展以硬信息为基础、标准统一、风险更可测的信用卡、网络银行等交易型贷款业务，同时发展更多高附加值的多样化服务，一样活跃在小企业贷款市场。Berger 等（2005）实证发现，并购后的银行或其他银行运用小企业信用评分技术（Small Business Credit Scoring，SBCS）能够在一定程度上抵消美国银行业并购导致的对小企业贷款减少的影响。从表 2 可知，在放松银行业地域管制的过程中，大银行的小企业贷款占全部企业贷款比重没有下降，资产规模 100 亿美元以上的超大银行更是表现出波动上升趋势，尤其 10 万美元以下微小贷款的投入明显上升。有数据表明，大部分 10 万美元以下小企业贷款的增长来自于大银行信用卡的推广，以 2000—2001 年微小贷款的增长为例，其贷款余额增长

4.4%，贷款笔数增长10.1%，而其中非信用卡贷款余额只增长了2.3%，贷款笔数仅有不到1%的增长。

并购浪潮使得大银行的市场份额不断增加，2008年资产规模100亿美元以上的超大银行共100家，其占全部企业贷款市场的份额达到了66%，总资产规模的占比达到了76.5%。从美国小企业贷款市场的市场份额分布来看，超大银行所占市场份额明显上升，其100万美元以下贷款的市场份额从1996年的24.95%增长到2008年的47.97%，10万美元以下贷款的市场份额更是从17.57%大幅增长到60.9%。资产规模10亿~100亿美元的大银行，其在100万美元以下贷款市场的份额大致在20%左右波动，占10万美元以下贷款的市场份额也始终保持在14%以上。由此可见，大银行并没有因为其没有关系型贷款优势而退出小企业贷款市场，整体而言，其在小企业贷款市场的份额逐步上升，占据半壁江山。

五、对我国的启示

美国中小企业贷款市场在银行业大规模跨区域扩张过程中并未受到明显冲击，依然保持了稳步发展态势，其成功经验值得借鉴，从中我们可以得到以下启示：

1. 放松银行业地域管制的同时应完善新设银行准入标准

美国银行业放松地域管制后，银行并购不断，银行数量进一步减少，引发的是关于造成银行市场过于集中、减少中小企业信贷市场竞争性的担忧与讨论，但在其宽松的市场准入条件下不断有新的中小银行出现，保证了市场的高度竞争。而我国银行市场与美国银行机构数量众多的高度竞争局面完全不同，长期以来，我国银行业市场准入政策严格，金融机构数量较少，市场供给不足，尤其是欠发达地区和农村金融服务不足问题突出。地域管制的放松是对于中小银行地域约束的松绑，可促进中小银行自身的发展，推动其进入新的市场，因此对于促进金融市场竞争、完善市场是有积极意义的。有条件的银行可以扩展到更大更广泛的市场，可以进入金融服务不足甚至空白的乡镇，有效增加金融服务的覆盖面。

但是，在放松银行业地域管制的同时，还应该放松新设银行的准入标准，发展更多的银行机构，增加市场竞争。当前我国农村合作金融机构的改革问题备受关注，有人提出可通过合并重组省内各级农村信用社，统一成立省农村商业银行。但是，金融市场的发展完善需要充足的市场供给，需要有足够的金融机构数量维持竞争，在我国目前金融机构数量较少的前提下，将各级农村信用社合并为省农村商业银行的做法是不可取的，这将进一步减少金融机构数量，减少竞争。村镇银行等新型金融机构准入政策的出台，意味着我国银行业机构新设标准的放松，目前全国已有多家农村商业银行在异地发起设立村镇银行，这种发起设立新型金融机构的跨区域发展模式更有利于我国金融市场结构的完善。银行地域管制的放松，加上市场准入条件的调整，发展更多村镇银行等新型中小金融机构，可以增加金融机构数量，扩大我国金融服务覆盖面，有效增加金融市场竞争。当然，在准入政策放松、引入新鲜血液的同时，也应该考虑建立存款保险机制，逐步完善退出机制，引导经营失败银行顺利退出，只有这样才能保证金融市场的优胜劣汰和正常竞争状态。

2. 小银行应立足于当地并积极发展对中小企业的关系型贷款

小银行在中小企业的关系型贷款上有其自身的优势，而优势是建立在其稳固的当地人脉联系、客户信息资源基础上的，是与其相对小而简单的组织规模和决策体系相关的。如果一味地冒进做大，跨区域的结果并不能带来规模经济或资产多元化的风险分散，反而因委托—代理问题带来管理的困难和成本的增加；贸然进入新的区域去开拓新的市场，不仅面临市场开发失败的风险，而且可能丢失自己原本积累的在本地市场的优势。

美国的富国银行是以小企业贷款而著称的银行，长期定位于"为本土的个人和小企业客户服务"，有效控制经营地域。尽管美国的社区再投资法规定银行必须要将一定的资金运用于本地区、本城市、本社区的居民，但富国银行已远远超过了此规定的要求，完全是自主选择该类业务。类似富国银行这样选择集中本地优势发展的，还有大量的社区小银行，从而使之能在2008年金融危机中免受致命伤害。对于区域性的中小银行而言，专注于本地市场、集中本地资源，能发挥其自身优势且是有可为的，正所谓"小也有可为"。

因此，虽然目前中小金融机构可以选择跨区域扩张，但除部分优质、规模较大的城市商业银行、农村商业银行外，大部分的中小金融机构还是应该专注于本地市场，充分利用其当地信息优势，发展关系型贷款，尤其是县域金融机构应坚持立足县域、服务县域经济。

3. 大银行可通过降低对中小企业交易型贷款成本来发展中小企业贷款

美国的发展经验表明，大银行虽然没有关系型贷款优势，但完全可以通过贷款技术革新，以交易型贷款技术优势开展中小企业贷款业务。虽然其对小企业贷款的投入比重低于中小银行，但从贷款余额和笔数的绝对数值来看，大银行绝对是中小企业贷款的主力。尤其随着信用卡的大量推广，美国的大银行在中小企业微小贷款领域更是占据绝对的主导地位。随着征信体系建设的逐步完善和银行信用评分技术的日益成熟，我国跨区域发展的大银行同样可以利用其先进的技术和硬信息处理优势，在中小企业信贷市场大展拳脚。目前，全国性的大型银行已日益重视对中小企业的贷款，纷纷成立中小企业贷款部，中小企业贷款完全可能成为大型银行新的利润增长点。某国有商业银行浙江省分行开办的网络电子商务信贷业务，以无抵押物的、通过阿里巴巴销售货物的小型企业和个体工商户为目标客户，就是利用网络银行发展中小企业贷款业务的有益探索。三年的实践证明，网络银行业务的回报率和风险度在各类客户贷款中处于中间范围值，管理的跟进使之逐步成为该银行新的利润增长点（杨均伟等，2010）。大银行拥有雄厚的实力，如果能积极发展中小企业交易型贷款技术，重视和认真开拓中小企业贷款业务，也将更有利于帮助众多的中小企业解决融资困难。

另外，我国可借鉴美国的《社区再投资法案》，对于大银行对当地和中小企业的信贷支持作出一定约束，要求大银行定期公布其中小企业信贷数据，或是将该数据与对银行考核指标相结合，甚至与银行税收优惠相联系，推动大银行提高发展中小企业信贷业务的积极性。

参考文献

[1] 李江. 中小企业关系型融资研究新进展 [J]. 经济学动态，2009（8）：103 - 106.

[2] 邱兆祥，范香梅. 中小银行地域多元化问题研究述评 [J]. 经济学动态，2009（6）：120 - 125.

[3] 殷孟波，翁舟杰. 关系型贷款和小银行优势论述评 [J]. 财贸经济，2007（6）：34 - 38.

[4] 杨均伟，徐正君，赵君等. 三种小额贷款模式的比较及启示 [J]. 上海金融，2010（9）：81 - 89.

[5] BERGER A. N. , UDELL G. F. Small Business Credit Availability and Relationship Lending: the Importance of Bank Organisational Structure [J]. Economic Journal, 2002, 112（477）: F32 - F53.

[6] BERGER A. N. , FRAME W. S. , MILLER N. H. Credit Scoring and the Availability, Price, and Risk of Small Business Credit [J]. Journal of Money, Banking, and Credit, 2005, 37（2）: 191 - 222.

[7] BERGER A. N. , ROSEN R. J. , UDELL G. F. Does Market Size Structure Affect Competition? The Case of Small Business Lending [J]. Journal of Banking and Finance, 2007, 31（1）: 11 - 33.

［8］DEYOUNG R. , HUNTER W. C. , UDELL G. F. The Past, Present and Probable Future for Community Banks ［J］. Journal of Financial Services Research, 2004, 25 (2 - 3):
85 - 133.

［9］JOHNSON C. A. , RICE T. Assessing a Decade of Interstate Bank Branching ［J］.
Washington and Lee Law Review, 2008, 65 (March): 73 - 127.

［10］KOLARI J. E. Assessing the Profitability and Riskiness of Small Business Lenders in the
Banking Industry ［J］. Proceedings, Federal Reserve Bank of Chicago, 2003, (May): 184 - 199.

［11］OU C. 2005. Banking Consolidation and Small Business Lending: a Review of Recent
Research, a Voice for Small Business ［EB /OL］. http: //www. sba. gov /advo /research /
wkp05ou. pdf.

［12］SCOTT J. A. , DUNKELBERG W. C. Bank Mergers and Small Firm Financing ［J］.
Journal of Money, Credit, and Banking, 2003, 35 (6): 999 - 1017.

［13］STRAHAN P. E. The Real Effects of US Banking Deregulation ［J］. The Federal
Reserve Bank of St. Louis Review, 2003, (July /August): 111 - 128.

本文刊登于《财贸研究》2011 年第 2 期。人大复印报刊资料《金融与保险》2011 年第 8 期全文转载。合作者为何婧、周鸿卫。

美国放松银行业地域管制与中小企业贷款

农村中小金融机构监管
有效性评价指标体系的构建

一、引言

2003 年以来，随着以明晰产权和完善管理体制为核心的农村信用社改革的推进。国家加快了农村金融市场改革的步伐，我国农村金融市场进入发展的快车道。随着改革的推进，我国出现了多种形式的农村中小金融机构。截至 2010 年 12 月末，我国共有 85 家农村商业银行、223 家农村合作银行、349 家村镇银行、9 家贷款公司和 37 家农村资金互助社相继获准开业；组建了 25 家省级联社。重组设立了县级统一法人信用社 1 979 家，占全部县级信用社 2 034家的 97.3%。农村中小金融机构的多样化及其快速发展在为农村经济注入了生机和活力的同时，也对金融监管工作提出了新的要求。在当前我国农村金融市场迅速发展，金融机构日益多元化的形势下，如何实现对农村中小金融机构持续有效的监管是一个摆在我们面前的现实问题，亟待解决。

目前，尽管学术界和金融实践部门对监管有效性的问题一直没有形成完整、统一的认识，但是对建立监管有效性评价指标体系的重要性达成了共识，即监管有效性评价指标体系对于提高监管的有效性具有重要作用[1]。一些学者在监管有效性评价指标构建方面进行了研究，概括起来，主要是从监管体制安排和收益成本比较分析这两方面进行构建的，前者大多使用定性指标[2]，而后者则从量化的角度来考察[3]。本文基于农村中小金融机构监管有效性的基本内涵，并根据我国农村金融市场以及监管的实际情况，提出了一套评价我国农村中小金融机构监管有效性的指标体系，以此为标准持续分析、评判这类机构监管中存在的问题和不足，从而提高农村中小金融机构监管的有效性。

二、监管有效性评价指标体系的构建

监管有效性评价指标体系构建的依据就是我国农村中小金融机构监管有

效的内涵。就监管有效性的一般内涵而言，农村中小金融机构的监管同样强调应以较少的成本在较短的时间内较好地实现监管目标。因此，我国农村中小金融机构监管有效性内涵的核心是监管的目标。根据农村中小金融机构的特殊性，我们认为农村中小金融机构监管目标是：一是农村中小金融机构能持续、稳定地为县域经济提供服务；二是保证农村中小金融机构的安全性；三是防范农村金融市场产生系统性风险；四是在农村金融市场合理地引入竞争机制和公司治理结构；五是以最小的成本实现上述目标[4]。其中，目标一和目标三同属于农村中小金融机构监管部门风险监管的主要目标；目标一是农村中小金融机构监管部门导向监管的主要目标；目标四是农村中小金融机构监管部门体制监管的主要目标；目标五贯穿于农村中小金融机构实现前面四个目标的过程中，是农村中小金融机构监管有效性评价的成本指标，考察的是监管的效率性。

基于农村中小金融机构监管目标，其有效性程度取决于以下两个方面：一是效果，即监管目标的实现程度；二是效率，即实现监管目标所花费的成本和所耗费的时间[5]。这样，农村中小金融机构监管有效性评价的指标体系主要体现为效果指标和效率指标（本文旨在构建某时间段内监管部门对农村中小金融机构监管有效性的指标体系，因此，对时间效率指标暂不予以考虑）。效果型指标主要考察前四个目标的实现程度，设计导向监管、风险监管和机制监管三类指标；对于第五个目标则通过成本管理等效率型指标进行考察。指标体系如表1所示。为尽可能提高对农村中小金融机构监管有效性评价的客观性和准确性，在构建指标体系时，本文全部选取了定量指标。同时，考虑到农村金融市场相对薄弱，农村中小金融机构的现存问题较多，文章还采用了一定的增量指标来反映被监管对象工作效率和监管工作的有效性，从而能真实地反映监管的激励和约束效应，并能产生积极的效果。

1. 效果型指标设计

（1）导向监管指标。导向监管是为了推动农村中小金融机构全力为县域经济发展提供服务。良好的监管既要对监管对象进行约束，也要对其给予足够的激励。目前我国县域经济尤其是农村经济处在发展初级阶段，对农村中小金融机构监管导向性，强调着力引导农村中小金融机构立足县域，面向"三农"，全心全意为建设社会主义新农村服务[6]。因此，导向监管的有效性应反映在对"三农"和县域的支持程度上，以及为当地服务的质量这三个方面。本文借鉴中国银监会的相关规定，结合农村中小金融机构的监管实践，设立下列导向监管类指标：对"三农"支持程度，包括涉农贷款余额、涉农贷款增加额、涉农贷款增长率、涉农贷款比例、农户贷款比例等具体指标；对县域支持程度，包括本地贷款占比、金融支持度、空白服务乡镇数，其中金融支持度用本县农村中小金融机构贷款余额与本县 GDP 之比来表示；对当地服务质量，包括每万人网点数、每万人持卡数、产品种类和服务方式数量，该指标主要考察了当地居民享受农村中小金融机构提供服务的便利程度及多样性情况。

（2）风险监管指标。风险监管是为了促进农村中小金融机构稳健经营，确保其安全性。农村中小金融机构安全性包括两层内涵：一是单体农村中小金融机构在其运营过程中的风险较小，抵御风险能力较强；二是当地农村金融市场上农村中小金融机构整体的系统性风险较小。因此，对于农村中小金融机构风险监管的有效性要从单体农村中小金融机构的风险大小及农村中小金融机构整体的系统性风险大小两方面来进行考虑。

一般的单体银行业机构在运营过程中面临的主要风险有信用风险、市场风险、流动性风险和操作风险。单体农村中小金融机构作为银行业机构的一类，在运营过程中面临的主要风险也不例外。因此，为衡量单体农村中小金融机构安全性，选取上述四类主要风险进行指标设计。同时增加风险抵补相关指标。此外，考虑到目前我国农村金融市场尤其是利率市场的开放程度较低，农村中小金融机构面临的利率风险较小，故在研究市场风险指标时，暂不将利率风险敏感度等指标纳入其中。

农村中小金融机构整体的系统性风险由以下两个方面反映：农村中小金融机构系统性危机的发生情况、农村中小金融机构的相互关联度。为此，本文选取了突发事件数量来考察农村中小金融机构系统性危机的发生情况，运用同业资产比例、同业负债比例两个指标来衡量某一地区农村中小金融机构的相互关联度。其中同业资产比例用当地农村中小金融机构同业存放、同业拆出、信贷资产买入返售、票据转入之和与当地农村中小金融机构资产总额之比表示；同业负债比例则用当地农村中小金融机构同业存放、同业拆入、信贷资产卖出回购、票据转出之和与当地农村中小金融机构负债总额之比表示。

（3）机制监管指标。机制监管是为了增强农村中小金融机构的活力和服务效率，其重心有两个，一是建立和完善县域金融市场的竞争机制，二是完善农村中小金融机构公司治理机制。完善的竞争机制和完善的公司治理机制有利于提高农村中小金融机构的核心竞争力。目前我国农村金融市场上普遍缺乏竞争，因此，监管部门要建立完善的竞争机制。当务之急是增强辖区内农村中小金融机构的竞争程度，为此，衡量机制监管有效性的一个重要方面就是竞争程度指标，包括农村中小金融机构数、其他银行业机构数以及银行业集中度指数。这里需要强调的是，银行业集中度指数运用了赫尔芬达尔—赫希曼指数（HHI 指数，即 Herfindahl – Hirschman Index），其计算公式为：$HHI = \sum_{i=1}^{N} (X_i/X)^2 = \sum_{i=1}^{N} S_i^2$，其中：$X$ 为银行业总资产规模，X_i 为 i 银行的资产规模，$S_i = X_i/X$ 为第 i 个银行的市场占有率，N 为该市场内的银行数。一般而言，HHI 值应介于 0 与 1 之间。当市场上有许多银行且规模都相同时，$HHI = 1/N$，N 趋向无穷大，HHI 就趋向 0；当市场处于完全垄断时，$HHI = 1$。因此，HHI 值越大，市场集中度越高。

衡量机制监管有效性的另一个重要方面则是公司治理指标，包括当地股本比重、非金融机构及其关联方持股比例、法人股比重、投资股比重、独立董事数量和人员从业水平。其中，人员从业水平量化为持有国家主管部门认可的大专以上学历证书以及经济、会计、法律、英语、计算机等专业资格证书的人员数量与从业人员总数之比。此外，通过设立发展性指标和盈利性指标以进一步反映监管部门建立的竞争机制和公司治理机制的实际效果。

2. 效率型指标设计

效率指标主要是用成本管理指标来体现，也就是以此衡量监管部门对农村中小金融机构实施监管花费成本的大小。需要指出的是，这里所指的成本主要是监管部门对农村中小金融机构实施监管花费的行政成本。之所以这样考虑，是基于以下原因：首先，本文构建的指标体系的考察对象主要是监管机构，行政成本之外的执行成本和扭曲成本主要影响的是被监管对象的表现[3]。其次，被监管对象的表现在本指标体系内已经通过效果指标进行了考察，也就是在效果指标中已经考虑到了其承受的执行成本和扭曲成本。最后，执行成本和扭曲成本难以量化，将其考虑进来会影响本指标体系的准确性。为此本文选取下列指标来反映监管成本的大小：

（1）资金成本指标。该指标反映了考察期内，对农村中小金融机构实施监管所花费的除人力成本外的成本的大小，包括年监管预算总额、年稽查办案费、年监管成本耗费比。

（2）人力成本指标。该指标反映了考察期内，对农村中小金融机构实施监管所花费的人力成本的大小，主要用每千万资产监管人员数这一指标表示。

表1 农村中小金融机构监管有效性评价指标体系

一级指标	二级指标	原始指标	指标标准或参考阈值
导向监管指标	对"三农"支持程度指标	涉农贷款增加额	高于上年度增加额
		涉农贷款增长率	≥15%
		涉农贷款比例	≥70%
		农户贷款比例	≥50%
	对县域支持程度指标	本地贷款占比	≥80%
		金融支持度	≥60%
		空白服务乡镇数	0
	对当地服务质量指标	每万人网点数	>1 张
		每万人持卡数	>1 张
		金融产品种类和服务方式数量	≥10 种
风险监管指标	信用风险指标	不良贷款率	≤5%
		不良贷款下降额	>0
		单一客户贷款集中度	≤10%
		全部关联度	≤50%
	操作风险指标	操作风险损失率	0
		员工交流轮岗率	100%
		报表差错率	0
		案件数量	低于上年度数量
		涉案金额	低于上年度金额
	市场风险指标	累计外汇敞口头寸比例	≤20%
		投资潜在损失率	≤2%
	流动性风险指标	存贷比	≤75%
		流动性比例	≥25%
		流动性覆盖率	≥100%
		净稳定融资比例	≥100%
	风险抵补指标	贷款损失准备充足率	≥100%
		拨备覆盖率	≥150%
		资本充足率	≥8%
		杠杆率	≥4%
		核心资本充足率	≥4%
	系统性风险指标	突发事件数量	0
		同业资产比例	≤15%
		同业负债比例	≤15%

一级指标	二级指标	原始指标	指标标准或参考阈值
机制监管指标	竞争程度指标	农村中小金融机构数	>1 个
		其他银行业机构数	>1 个
		银行业集中度	≤1
	公司治理指标	当地股本比重	≥80%
		非金融机构及其关联方持股比例	<10%
		法人股比重	≥51%
		投资股比重	100%
		独立董事数量	1～2 人
		人员从业水平	≥90%
	发展性指标	存款增长率	≤25%
		贷款增长率	≤20%
		中间业务增长率	≥40%
		市场占有率	≥20%
	盈利性指标	资产利润率	≥0.6%
		资本利润率	≥11%
		成本收入比	≤35%
		本年利润	>0
		历史亏损挂账减少额	>0
成本管理指标	资金成本指标	年监管预算总额	低于年监管收费
		年稽查办案费用比	>70%
		年监管成本耗费比	100%
	人力成本指标	每千万资产监管人员数	>0.01 人

三、监管有效性量化评价方法

本文采用层次分析法对农村中小金融机构监管有效性进行量化评估。有效性综合评价指数由下式给出：

$$E = \sum_{i=1}^{3} M_i \sum_{i=1}^{m} \left[M_{ij} \sum_{k=1}^{m} \left(M_{ijk} C_{ijk} \right) \right]$$

其中：M_i 为指标体系中第 i 个一级指标的权重；M_{ij} 为指标体系中第 i 个一级指标层中第 j 个二级指标在该层中的权重；M_{ijk} 为指标体系中第 j 个二级指标层中第 k 个三级指标在该层中的权重；C_{ijk} 为指标体系中第 j 个二级指标层中

第 k 个三级指标的标准化取值。

其中：$\sum\limits_{i=1}^{3} M_i = 1$；$\sum\limits_{i=1}^{m} M_{ij} = 1$；$\sum\limits_{k=1}^{m} M_{ijk} = 1$。

1. 各层次指标权重的确定

确定各级指标权重的方法如下表所示：

一级指标（M_i）	二级指标（M_{ij}）	三级指标（M_{ijk}）
层次分析法	层次分析法	简单平均归一法

各级指标权重计算方法如下：

（1）三级指标权重的确定

简单平均归一法较为简单，此时三级指标权重仅与其上属二级指标所包含三级指标的个数有关，即为该个数的倒数。

（2）二级指标和一级指标权重的确定

本文采用 T. L. Saaty 提出的比较标度法。

2. 原始数据的标准化

原始数据收集完毕后，需解决原始数值在量纲上不统一及存在着部分逆向指标的问题。对于原始数值在量纲上不统一的问题，本文采用正态标准化法和累计概率分布方法对各指标予以统一处理，将各指标原始数据转化为无量纲的 0～100 分的数值。对于逆向指标，则在正态标准化和累计概率分布处理的基础上，对其数据进行正向化处理。最后将经过这两步处理后得到的数据当做标准化取值用于有效性评估。

四、监管有效性评价指标体系的应用

本文所构建的指标体系为从不同角度考察农村中小金融机构监管有效性提供了一个切实可行的蓝本。从纵向来看，运用该指标体系以及相关的分析研究方法，各级别监管部门可在某时段对辖区内所有农村中小金融机构、某类农村中小金融机构或某个农村中小金融机构的效果指标变化程度进行考察，从而比较分析农村中小金融机构在一个时间序列的监管效果，结合监管成本可再进一步判别监管部门在该时间段内的监管有效性进步度。

从横向来看，运用监管有效性评价指标体系及其量化评价方法，可以对全国、一省或者一市州的农村中小金融机构监管有效性按一定区域范围进行排序，从高到低大致衡量出监管有效性的程度。根据排名结果，上级监管部门可以采取相应的激励约束措施，督促下属监管部门进一步更新监管理念，改进监管方法和手段，提升监管能力和水平，从而切实增强监管有效性。例如可以对一个省内所有市州的农村中小金融机构监管有效性进行排名比较，对排在前20%的市州监管机构可以给予适当的激励，鼓励其充分发挥优良监管作用，进一步提高辖区内农村中小金融机构监管的有效性；对排在后20%的监管机构，则可根据实际情况予以问责和处分，以此督促其分析差距，查找原因，采取切实可行措施改进。

在横向评判过程中，由于我国农村中小金融机构种类多样，且不同种类之间的经营模式、管理水平和风险状况差异较大，可能使得某区域监管部门相对其他区域监管部门而言，尽管所采取的监管措施相当甚至更为有效，但所监管的农村中小金融机构状况较差，这样一来，就不能充分反映区域内整体农村中小金融机构的监管有效性。因此，在对不同区域整体农村中小金融机构监管有效性进行比较的同时，还应分类比较不同区域内某类农村中小金融机构监管有效性情况。这样一来就可以更为全面地对不同区域农村中小金融机构监管有效性水平进行评价。

综上所述，运用本指标体系评价一定时间段某区域监管部门对农村中小金融机构监管的有效性时，既可将不同区域间农村中小金融机构监管的有效性进行横向比较，还可纵向地分析该区域监管部门在这段时间内的监管有效性进步度，从而对该区域监管部门的表现做出更加客观准确的评价。

参考文献

［1］刘晓平．银行监管有效性体系的建构［J］．西安工程大学学报，2010（10）．

［2］阎庆民．中国银行业监管效率分析［J］．金融研究，2002（8）．

［3］孟艳．我国银行监管的有效性问题研究［M］．北京：经济科学出版社，2007.

［4］黄向阳．论农村中小金融机构监管的有效性［J］．求索，2011（2）．

［5］刘晓勇．银行监管有效性研究［M］．北京：社会科学文献出版社，2007.

［6］彭建刚，等．中国地方中小金融机构发展研究［M］．北京：中国金融出版社，2010.

本文刊登于《湘潭大学学报（哲学社会科学版）》2011年第4期。合作者为黄向阳。

我国农村中小金融机构
监管目标实现途径研究

一、引言

  金融在建设社会主义新农村的历史进程中，起着举足轻重的作用。要解决"三农"问题，加快农业经济发展，提高农民收入，积极推进社会主义新农村建设，离不开金融的有力支持。为向农村经济发展提供更好的金融支持，党中央高度重视农村金融体系的建设，从 2004 年到 2011 年党中央一号文件都鼓励农村金融改革，并取得了突出的成果。通过农村信用社的改革和新型农村金融机构的培育，我国开始出现了多样化的农村中小金融机构，农村金融生态得到了改善，支持了新农村建设和现代农业的发展。农村中小金融机构的发展变化对金融监管部门提出了新的要求。我国的农村金融监管历来是我国金融监管体系中的薄弱环节。面对农村中小金融机构的发展，现行农村金融监管制度在促进市场竞争、纠正市场失灵、优化资源配置等方面显得力不从心，因而需要创新监管途径，提高对农村中小金融机构监管的有效性。

  近年来，随着我国农村金融改革的逐步推进，对农村中小金融机构监管的研究也逐渐引起重视。但是，国内相关监管文献一般没有直接涉及农村中小金融机构监管的有效性及其提升路径，基本上是借鉴国外的监管经验，对提高我国银行业监管有效性阐明了一些改进意见，也有少数监管实践者就如何提高农村中小金融机构监管有效性提出了一些工作措施，总体上缺乏专门的系统的论证。笔者曾在综述国内外银行业监管有效性研究文献的基础上，结合分析农村中小金融机构特殊性，从降低信息不对称的程度、对"三农"和县域经济的支持程度、自身稳定运营程度、监管的激励和约束效应、监管机构实现监管目标的成本水平等五个方面提出了农村中小金融机构监管有效性。[1]而对于提高农村中小金融机构监管有效性途径，首先是巴塞尔银行监管委员会在 1997 年发布并于 2006 年修改的《有效银行监管核心原则》，在总结各国监管经验的基础上，强调从市场准入到退出全过程对银行业实施有效监管，对照该原则及其评价方法进行自我评估，已成为各国发现和解决本国银行监管缺陷、提高银行监管有效性的重要途径。其次是国内一些研究者就如何提高银行业监管有效性进行了有益探索。唐秀琴、齐中英（2007）从改进监管环境、建立监管体系、加强监管合作、完善监管运作机制、建设监管队伍等五个方面，黄润中（2005）从差别资本要求方面，高冬民（2004）从金融监管当局的监管治理和内部控制制度的角度，刘晓勇（2001）从公司治理的角度，彭志坚（2007）从合规监管、风险监管、提高银行竞争力、金融服务充分性建设、监管能力建设等方面，提出加强银行业监管有效性的路径。此外，一些监管实践者提出了提高农村中小金融机构监管的具体措施。蒋定之（2009）在探讨如何不断加强和改进农村中小金融机构监管工作时，强调要坚持风险监管底数，灵活把握监管尺度，切实增强有效监管的科学性和灵活性。肖志民（2009）提出加强日常运营的风险性非现场监管，提高农村合作金融机构量化监管的有效性。武毅（2010）就农村中小金融机构内部控制建设有效性提出相关建议与思考。姜丽明（2011）指出，提高农村中小金融机构监管有效性，要进一步更新监管理念，优化监管政策，完善监管方式，加快引领农村中小金融机构科学转型。周南（2011）针对农村中小银行监管方式存在的不足，提出强化监管功能，进一步提高非现场监管和现场检查的监管效能。

二、我国农村中小金融机构监管现状

（一）农村中小金融机构监管目标不鲜明

由于农村金融市场相对薄弱，农村中小金融机构存在诸多问题，因此，对现有农村中小金融机构监管目标基本沿袭了《中华人民共和国银行业监督管理法》关于银行业监管目标的规定，即促进其依法、稳健运行。围绕这一主要目标，监管机构着手开展了大量工作，并对被监管对象大多采用增量指标进行考核。尽管在相关规章或者规范性文件中规定该类机构"三性"经营原则的同时，明确其主要任务是为当地农民、农业和农村经济发展提供金融服务，但并没有旗帜鲜明地将"三农"服务目标法定为监管目标。事实上，农村中小金融机构应当立足于县域经济，其功能应定位于服务县域内的经济发展极，定位于服务区域内优先发展的产业，定位于服务中小规模的"三农"资金需求者。[2]因此，农村中小金融机构是否且富有成效地为县域经济尤其是"三农"服务应成为监管的重要目标。

（二）部分农村中小金融机构风险监管指标未能得到根本改善

2003 年启动新一轮农村信用社改革和 2007 年试点新型农村中小金融机构以来，农村中小金融机构系统性风险总体得到缓解，初步进入良性发展轨道，但由于现有大多数农村中小金融机构是在经历了 50 多年发展历程的农村信用社基础上改制而成，其人员素质低下、经营管理落后、营销成本过高、外部环境欠优，加上承担了"行社分家"、农村"两会"处置以及城市信用社并入等事件的变革成本，这些因素使得有些地区、部分机构形成了大量的历史包袱，主要风险监管指标还相当滞后。分地区比较，截至 2010 年末，全国 35 个省（自治区、直辖市、计划单列市）的农村中小金融机构中，有 14 个省份的资本充足率没有达到基本监管标准，均在 8% 以下；有 8 个省份不良贷款率超过 10%；有 17 个省份存在历年亏损挂账且额度较大；有 11 个省份存在贷款损失专项准备缺口，12 个省份贷款损失专项准备充足率不足 100%，26 个省份拨备覆盖率不足 150%。从机构来看，截至 2010 年末，全国 2 056 家农村信用社中，有 51.41% 的机构资本充足率低于 8%，有 17.9% 的机构为负数；有 66.5% 的机构不良贷款率超过 5%，有 8.6% 的机构超过 25%；有 26.07% 的机构存在历史亏损挂账。此外，农村商业银行和农村合作银行有 19.1% 的机构单一客户贷款集中度超比例。事实上，我国部分农村中小金融机构的资本充足率、不良贷款率、贷款损失专项准备缺口、贷款损失专项准备充足率、贷款集中度等主要风险监管指标离监管要求差距还很大。

（三）农村中小金融机构监管方式方法有待改进

我国农村中小金融机构监管的方式方法主要有市场准入、非现场监管、现场检查和行政处理措施等四种，但各类监管方式方法都不同程度地存在一些亟待改进的问题。在市场准入上，机构准入未能很好地针对农村金融需求现状来合理布局，截至 2010 年末，全国还有 21 个省份 2 312 个金融机构空白乡镇，新设 349 家村镇银行全部设在县城或市州内且 40.69% 集中在东部，农村信用社管理体制和产权制度改革也还有一些问题需要解决；业务准入未能有效地推进农村金融产品和金融服务方式的本土化、多样化；高管人员核准基本注重任职资格审查而忽视从业行为监管。在非现场监管上，银监部门自 2007 年以来实施了非现场监管信息系统，对农村中小金融机构逐步建立完善了 27 张基础报表和 13 张特色报表，但由于大多数农村中小金融机构经营管理水平较差、IT 系统落后、人员素质不高，且内部存在会计、统计及信贷等多种不完全对应的数据口径，加上人民银行和银监部门数据要求口径不尽一致，导致农村中小金融机构的报表数据不能及时、一致、准确地得到反映，进而使得各级监管部门计算出的监管指标结果存在着差异性或者偏离真实的风险状况，很难持续有效地识别、评估、预警、控制和处置风险，不利于监管当局的监管决策。在现场检查上，现场检查工作所涉及的项目和投入的时间、人力、财力较大，发现的违规机构和违规金额的比重居高不下，但跟踪整改合格率低，同质同类问题屡查不止。在行政处理上，出于对农村中小金融机构的容忍，行政处理力度明显不够。

（四）农村中小金融机构监管缺乏有效的成本管理

对农村中小金融机构的监管既要保证足够的工作经费和人力资源，又要讲究经费的节约和人员的合理配置，但目前我国尚未建立专门的农村中小金融机构监管成本管理制度。一方面，在经费筹措和使用上基本是吃"大锅饭"。从2004年以来，我国开始对银行业实行监管收费，尽管对农村中小金融机构实行一定的减免政策，但表明其监管成本已列入了国家财政统一预算。过于笼统的监管预算管理，使得有些监管工作缺乏经费保障，有些监管工作存在资金浪费的现象。同时，我国现行的银行业监管经费是按照中国银监会系统内部不同层次的监管机构行政划拨，实行"一刀切"管理，没有充分考虑到各省市的县域经济发展程度以及辖区内农村中小金融机构发展程度的差异，没有考虑到各地农村中小金融机构监管的难度，导致监管资金分配不当。另一方面，监管人力资源不足。各级监管机构的编制和人员普遍紧缺，县域尤其是农村地区更加分散匮乏。据银监会统计，全国银行业县级监管办事处平均只有2.87人，人均监管机构超过10家，甚至近年来有些省份县级监管办事处还被上收到市州分局。而被监管对象辐射的范围较大，客观上使得监管资源被重点投放到了城市或经济发达地区，一定程度上形成了被监管对象与监管机构相距甚远的格局。监管成本管理的缺失，影响了监管的有效性。[3]

（五）农村中小金融机构监管未能引入合理的市场竞争机制

目前，我国农村中小金融机构大多数是农村信用社，其他种类的农村中小金融机构的数量少，农村金融市场的竞争性不强。需要在县域适当增加农村中小金融机构，合理引入竞争机制，以增强农村金融市场的活力和县域金融机构的工作效率。根据《新型农村金融机构2009—2011年工作安排》，银监会计划在2009—2011年期间在全国35个省（市、自治区）、计划单列市共设立1294家新型农村金融机构，其中村镇银行1027家，贷款公司106家，农村资金互助社161家。截至2011年7月末，我国只设立了548家新型农村金融机构，其中包含496家村镇银行、9家贷款公司和43家农村资金互助社。新增新型农村金融机构数量尚只有计划的42.35%，远远没有达到要求。

三、实现农村中小金融机构监管目标的有效途径

从监管角度看，农村中小金融机构数量较多，差异较大；发展过程复杂，包袱较重；服务对象特殊，社会责任重大；经营成本高，金融风险大。就监管有效性的一般内涵而言，农村中小金融机构的监管同样应强调以较少的成本在较短的时间内较好地实现监管目标。农村中小金融机构的特殊性决定了对其监管的有效性有其特定的内涵。这特定的内涵又决定于农村中小金融机构与金融监管机构之间的信息不对称和农村中小金融机构的监管目标。农村中小金融机构监管目标应当是：农村中小金融机构能持续、稳定地为县域经济提供服务；保证农村中小金融机构的安全性；防范农村金融市场产生系统性风险；在农村金融市场合理地引入竞争机制和公司治理结构；以最小的成本实现上述目标。因此，农村中小金融机构监管的有效性体现在以较少的成本在较短的时间内较好地实现上述监管目标。为了实现农村中小金融机构监管目标，针对我国农村中小金融机构监管存在的现实问题，有必要对监管方式、体制和方法进行创新。

（一）实行导向监管，推动农村中小金融机构全力为县域经济发展服务

对于处在发展初级阶段的县域经济尤其是农村经济来说，我国农村中小金融机构的监管更要强调监管的导向性，通过建立有效的激励约束机制，引导农村中小金融机构立足县域，面向"三农"，全心全意为建设社会主义新农村服务。因此，监管部门应协同有关部委通过一定的监管政策和监管措施，在市场经济框架内引导、鼓励和支持农村中小金融机构全力支持"三农"和县域经济。如 2009 年以来，财政部对黑龙江等 6 省区开展县域金融机构涉农贷款增量奖励试点，对 3 类新型农村金融机构和基础金融服务薄弱地区的银行业机构网点实行定向费用补贴等政策，对支持"三农"和县域经济发挥了较好的激励导向作用。在采取激励措施的同时，导向监管理念还要求监管部门制定相应的约束性规定。例如，通过涉农贷款占比及其增长率、农户贷款占比及其增长率、县域贷款占比等指标体系对农村中小金融机构支持"三农"和县域经济的行为予以规制，严加控制农村中小金融机构跨区域经营等。

（二）实行风险监管，确保农村中小金融机构稳健经营

农村中小金融机构的稳健运营是其服务"三农"和县域经济的重要前提。在对农村中小金融机构实行导向监管的同时，应有效防控其各类风险，这是并行不悖的。对农村中小金融机构进行风险监管，既需要对单体机构的风险进行监控，更需要对整个系统的风险进行监控。监管部门应建立合理的风险

监管指标体系，持续有效地识别、评估、预警、控制和处置农村中小金融机构面临的各类风险。监管部门还应引导农村中小金融机构选择合适的风险管理方法和风险内控机制，增强其自身的风险控制能力。对农村中小金融机构进行风险监管，在金融市场愈加活跃的情况下，需要重点防范农村金融市场产生系统性风险。应建立现代农村中小金融机构风险监管制度，包括建立整体性监管制度、市场透明制度、金融生态建设制度、逆周期审慎监管制度和防火墙制度，建立农村金融安全网。[4]地方金融监管部门需通过相关指标和预警系统从监管角度进行压力测试，以防范和控制区域性的系统性金融风险。

（三）实行机制监管，增强农村中小金融机构的活力和服务效率

为了确保农村中小金融机构长期稳定地运营并对"三农"和县域经济发展提供可持续的支持，应通过监管手段推动农村金融市场建设和农村中小金融机构自身内部建设，这就需要实行机制监管，以加强农村中小金融机构的活力和服务效率。[5]在机制监管理念下，监管部门应根据我国国情和经济发展水平，制定一系列农村中小金融机构进入、退出和公司治理的政策文件及操作办法。在推进农村信用社、农村合作银行组建为农村商业银行的同时，遵循"宽准入，严监管"的指导思想，鼓励社会资本组建新型农村中小金融机构，培育新型的草根性农村社区金融。应通过适当降低金融准入门槛，推进县域民间金融阳光化。大力引导社会资金包括民间资金参与农村信用社改制和进入新型农村金融机构，形成多样化的、互补的、资金充足的并具有良性竞争性的农村金融市场。通过适当的监管指标体系和定期的评价促使农村中小金融机构积极探索有效的公司治理机制和内部控制机制。对于公司治理和内部控制落后，不能适应市场竞争或者不能有效地为"三农"和县域经济提供服务的农村中小金融机构应通过兼并、重组、退出等方式加以处理。通过强有力的机制监管办法，尽快改善农村中小金融机构整体面貌和运营机制。

（四）推行农村中小金融机构监管成本管理，产生激励约束效应

为了实现农村中小金融机构的监管目标，必须把监管成本纳入监管框架，争取用尽可能小的成本达到监管目标。为了改变农村中小金融机构监管经费"吃大锅饭"的现象，应尽快在金融监管系统推行农村中小金融机构监管成本的管理。一方面，对农村中小金融机构监管资金实行专项管理。这不仅可以加大对农村中小金融机构监管的资金支持，解决资金不足的问题，而且可以鼓励农村中小金融机构监管单位从实际情况出发，更为灵活地进行资金管理，节约成本。此外，还可以在这个基础上设立农村中小金融机构监管储备，便于监管部门及时有力地应对农村中小金融机构的应急事件。另一方面，贯彻

投入产出理念，监管成本与监管工作绩效相结合。随着成本管理理念从传统的节约、节省观念向现代效益观念转变，监管成本管理也不能一味强调成本节约，应当秉承投入产出的成本控制思想，从"投入"与"产出"的对比分析来看待农村中小金融机构监管成本投入的必要性、合理性，即努力以尽可能少的成本付出，更好地实现农村中小金融机构的监管目标。

（五）创新监管体制，建设县域银行监管队伍

我国农村中小金融机构与银行监管机构之间的信息不对称十分严重，远远强于其他类型的金融机构，这与农村地区基础条件较差有关，也与农村地区幅员辽阔有关。严重的信息不对称影响了农村中小金融机构监管目标的实现。另一方面，我国现有的银行业监管机构主要采取银监会、银监局和银监分局三级工作组织体系，尽管在县这一级设立了监管办事处，但其主要在上级监管机构统一管理和集中调度下履职，缺乏完整的监管功能，并且人员和经费不能很好地得到保证。为此，有必要创新和加强监管体制与队伍建设。创新县域银行监管体制，可考虑从以下几个方面开展工作：将县级监管办事处升格为监管支局，从人财物以及监管职能几个方面充实监管支局；撤销人民银行县级支行，将其监管资源（主要是人员、信息和办公场所）分流到当地的银监支局；按照属地监管原则对所在农村中小金融机构实行主监管员和主查员工作责任制，同时，上级监管机构应加强对下级监管机构工作的督促和指导。

（六）创新监管方法，提高农村中小金融机构监管的工作效率

如何将监管部门良好的监管标准与农村中小金融机构相对落后的经营现状有机结合起来，这就需要创新监管方法。一方面，推行联动监管，即通过银监会、省局、分局、办事处之间上下联动，市场准入、非现场监管、现场检查行之间横向联动，以及银监部门与人民银行、政府相关部门、中介机构等单位之间内外联动，更好地以较小成本实现防范农村金融市场产生系统性风险等监管目标。另一方面，实施分类差别化监管。由于不同种类和不同发展阶段的农村中小金融机构的经营模式、管理水平和风险状况差异较大，加上农村地区间经济发展的差异性和不平衡性，因此，监管部门对农村中小金融机构监管时应充分考虑这些差异性，不搞"一刀切"，在监管过程中充分运用分类监管的思想，根据具体情况采取不同的监管措施。此外，还可以考虑从独立性、问责制、透明度和操守等四个维度加强监管治理，切实提高监管工作效率。

四、结论

提高农村中小金融机构监管的有效性，就要紧紧针对这一监管的目标开展工作。本文提出了实现农村中小金融机构监管目标的有效途径，这六条有效途径中，导向监管解决监管对象为县域经济和"三农"服务的问题，风险监管解决监管对象安全性和区域性系统性风险防范问题，机制监管解决监管对象竞争机制和公司治理结构问题，成本管理解决监管机构自身科学使用经费的问题，监管体制创新和监管方法创新则为上述三种监管以及成本管理提供条件、提高效率。

参考文献

［1］黄向阳. 论农村中小金融机构监管的有效性［J］. 求索，2011（2）：39.

［2］彭建刚，李关政. 我国金融发展与二元经济结构内在关系实证分析［J］. 金融研究，2006（4）：99.

［3］Peng Jiangang et al.. Regional Finance and Regional Disparities in China［J］. Journal of Australian Economic Papers，2010（4）：22.

［4］彭建刚. 基于系统性金融风险防范的银行业监管制度改革的战略思考［J］. 财经理论与实践，2011（1）：5.

［5］金永祥. 从改善监管方式入手提高我国银行监管有效性［J］. 浙江金融，2006（9）：19－20.

本文刊登于《广东社会科学》2012 年第 1 期。人大复印报刊资料《金融与保险》2012 年第 5 期全文转载。合作者为黄向阳。

农村金融协调发展：
理论依据与经验借鉴

一、引言

协调是指一个系统为了达到最佳运行效果而使其子系统各部分机能处于相互合作与有序状态。农村金融的协调发展既包括农村金融对农村经济的适应和促进，又包括农村金融内部的联系和协作，它是适应农村经济发展的功能不尽相同的各类农村金融机构相互依存、面向"三农"、注重支农效果的良性循环过程。我国农村政策性金融机构、合作性金融机构及商业性金融机构齐全，以合作金融机构为主，但农业保险薄弱、农村金融功能发挥不充分，不同类型金融机构之间支农合作欠佳，需要借鉴他国经验。

二、农村金融协调发展的理论依据

（一）系统论成为农村金融协调发展的奠基石

1. 系统论的思想源泉。自 1937 年美籍奥地利理论生物学家贝塔朗菲首次提出系统论的概念以来，系统论的思想不断丰富和完善。系统论又称为系统科学，分为一般系统科学和现代系统科学，前者包括一般系统论、控制论和信息论，后者包括自组织理论中的耗散结构论、协同论、突变论等[1]。一般系统论强调系统是相互联系、相互作用的诸元素的复合体，具有整体性、非加和性、开放性及动态性。系统的整体性强调系统整体的功能。非加和性是因复合体内部各元素相互联系并非彼此独立，其整体特征不能由元素特征累加，常表述为：1＋1＞2 或曰整体大于局部之和。系统的开放性则要求系统内部与外部环境不断进行物质、能量和信息交换而实现新陈代谢。同时，现实系统都存在着发生、发展和消亡的过程，表现出系统随时间变化而变化的动态特性。

2. 我国农村金融系统的特征。我国农村金融机构是金融体系的重要组成部分，自身又构成一个系统。目前服务于"三农"的金融机构成员逐渐增加，包括各级农村信用社、农村合作银行、农村商业银行、中国农业发展银行、中国农业银行、中国邮政储蓄银行、新型农村金融机构及其他金融机构等（如图 1 所示）。

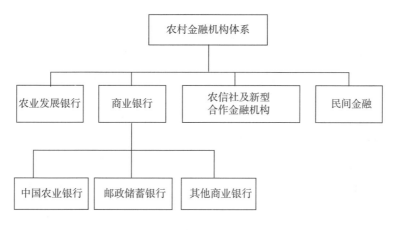

图 1　我国农村金融机构系统图

我国服务于"三农"的金融机构之间或功能互补或业务关联或交叉竞争，它们具备系统的整体性、稳定性、多层性、开放性及动态性特征。一定时期内，农村金融机构系统与外在农村经济环境之间相互联系、相互影响，农村金融相关比率指标能整体地反映农村金融与农村经济发展的适应程度[2]。由于系统的结构决定系统的功能，服务于"三农"的金融机构的功能具有相对稳定性，即围绕"三农"的信贷投放功能、支付结算功能、吸收存款功能及其相关金融服务功能相对稳定。其多层性表现为，农村金融体系内部包括各种类型的农村金融机构子系统，如合作性金融子系统、政策性金融子系统、商业性金融子系统及民间金融子系统等，每一子系统又包括系统要素，如合作性金融子系统涉及全国各地有独立法人地位的 3 万多家农村信用社，不同层级的机构按各自职责进行营运。从较长时期来看，农村金融机构系统依赖的外部经济环境处于不断变化之中，系统内部需要与外部保持信息、物质和能量的交换，故具有开放性和动态性的特征。

3. 农村金融协调发展有利于系统功能的发挥。农村金融系统内部政策性金融机构、合作性金融机构及商业性金融机构只有达到系统有机构成、分工合作，才能提供"三农"真正需要的各项金融服务并聚合成超越各部分金融机构的功能，即 1 + 1 + 1 > 3。若农村金融系统内部构成不完整，竞争无序，则金融系统内部彼此不能相互支持和促进，造成资源的低效配置和浪费，农业企业与农户金融服务的可得性、均衡性及持续性会受到影响，金融服务经济的功能受到限制。

（二）共生理论为农村金融协调发展提供有力支持

1. 共生理论的基本观点。共生理论是生物学家从生物现象中揭示的规律。德国生物学家德贝里早在 1879 年提出了"共生"概念，即不同种属的生物按某种物质联系生活在一起，相互依存，协同进化。后来的学者不断丰富了共生理论。一般而言，共生是指共生单元之间在一定的共生环境中按某种共生模式形成的关系，共生单元、共生模式和共生环境构成共生的三要素。共生单元是指构成共生体或共生关系的基本能量生产和交换单位，是形成共生体的基本物质条件。共生环境是指共生体生存和依赖的客观环境，环境对共生体有积极作用或消极作用。共生模式实为共生关系，反映共生单元之间的物质、信息和能量关系。共生模式不仅反映共生单元之间相互作用的方式，还反映相互作用的程度。共生方式按共生组织或频率可以分为点共生、间隙共生、连续共生和一体化共生。

存在共生的必要条件有三个：共生单元至少有一组质参量兼容；共生单元至少生成一个共生界面，且共生单元同时在共生界面自主活动；共生单元的同质度或关联度不小于某一临界值，共生关系才有可能发生。共生的必要条件为共生奠定了基础，但这些条件并不必然意味着共生的发生。共生的真正实现还须具备以下充分条件：共生单元之间通过共生界面能够顺利地实现信息和利益的交换；共生单元通过共生界面的相互作用所形成的共生体系具有利益函数，而且在给定的条件下存在共生利益；共生单元彼此之间的信息丰度处于最低临界信息丰度之上[3]。

2. 农村金融共生的必要条件和充分条件。20 世纪中叶后，共生理论被广泛引入到生态、社会、经济等领域。我国已有不少学者将共生理论从生物学向社会经济系统研究中拓展。袁纯清（1988）将共生理论引入金融学领域，认为金融共生是指银行与企业之间、银行与银行之间、银行与非银行金融机构之间在一定的共生环境中以一定的共生模式形成的相互依存的关系[3]。

农村金融同样具备共生的三要素即共生单元（U）、共生模式（M）和共生环境（E），农村金融共生单元是基础，农村金融共生环境是外部条件，农村金融共生模式是关键。农村金融的共生问题可以从两个层面讨论，一是农村金融机构之间的共生性；二是农村金融机构与农村经济之间的共生性。在第一个层面上，我国农村金融共生单元主要包括服务"三农"的金融机构如农村合作性金融机构、农村商业性金融机构和农村政策性金融机构，它们都经营货币资金，在同样的农村经济环境界面自主活动，属于同类共生单元，它们的主质参量为农业贷款和农户贷款，存在一定的同质度，因此，第一层面满足共生的必要条件。在第二个层面上，共生单元包括农村金融机构和农村经济单位，前者经营货币资金，后者从事实体经济，在同样的农村经济环境界面自主活动，属于异类共生单元，它们的主质参量为贷款和产出，贷款的增加有利于农业产量的增加，两者之间存在一定的关联度，因此，第二层面也满足共生的必要条件。

我国农村金融共生是否真正实现取决于充分条件是否具备。就农村金融机构之间的共生现状而言，一方面，各种类型的农村金融机构之间在农村金融服务领域缺乏有效的信息沟通机制，难以保证共生单元之间的信息丰度处于最低临界信息丰度之上；另一方面，不同类型的农村金融机构因在农村地域网点机构的多少不一，导致部分政策性金融业务由农村合作金融机构代理的情形，但由于这两类机构利益的"条块"分割，彼此双向交换的动力不够强大，而且农村合作性金融机构与农村商业性金融机构业务交叉竞争，共生阻力明显，因此，目前我国农村金融机构之间共生的充分条件不完全具备。

3. 我国农村金融机构与当前农村经济之间的共生现状分析。自 2003 年以来党中央和国务院高度重视"三农"，农村金融机构加大服务农村经济的力度，由于农村金融与农村经济之间存在相互作用，农村金融机构无论对农户贷款还是对农村企业贷款，必须掌握必要的信息，彼此存在较畅通的信息交流机制，满足信息丰度的基本要求，同时，农村金融机构增加贷款投放有利于扩大农业产出，增加农民收入。可见，农村金融机构与当前农村经济之间满足共生的充分条件，共生可以现实发生。

（三）劳动分工理论为农村金融协调发展提供效率依据

1. 劳动分工理论的核心观点。劳动分工理论源远流长。早在古希腊时期，哲学家柏拉图和色诺芬就讨论了分工。17 世纪末，威廉·配第把分工同生产率增长、成本降低和国际竞争加剧联系起来。亚当·斯密认为分工是国民财富人均产量增长的主导原因，分工和专业化的发展是经济增长的源泉[4]。劳动分工导致生产专业化，而源于交换的专业化分工必然产生地区间的相互贸易，各国生产具有比较优势的产品进行交换能增进彼此福利，这就是亚当·斯密在贸易领域的内生比较优势理论。大卫·李嘉图则提出了外生比较优势理论，认为每个国家都应根据"两利相权取其重，两弊相权取其轻"的原则进行国际贸易。但大卫·李嘉图并没有解释清楚比较成本的差异，而赫克歇尔和俄林的要素禀赋论弥补了其不足。杨格认为分工是规模报酬递增的主要原因。总之，劳动分工理论的核心观点是：劳动生产率与分工有关。

2. 农村金融协调发展是提升支农效率的关键。农村金融体系需要为农户、农业企业及农村公共产品建设提供多方位的金融服务，如果由某一类农村金融机构提供多全方位的农村金融服务，除了受供给能力的限制外，不可避免地产生垄断和效率低下。农村金融体系内部合理分工，既增加了其熟练程度和专业化水平，又能充分地满足经济实体的整体金融需求。尤其是政策性金融、合作性金融、商业金融及农村保险的合理搭配和有序发展能够提高支农效率。

三、农村金融协调发展的国际经验借鉴

（一）美国农村金融体系完善且分工明确

美国经济生活中坚持"以农立国"的指导思想，1826 年颁布的《宅地法》奠定了美国家庭农场的基础，现有 204 万个农场中小型农场的数量超过 90%。美国农业种植专业化使各地能有效发挥区域分工的比较优势，农业产销实现了"从田间到餐桌"的纵向一体化。美国不仅农业高度发达，而且农村金融体系完善，农村商业银行体系、农村合作金融体系、政策性金融体系和农业保险体系相辅相成。

1. 按单元制设立的商业银行经营大量短期农业贷款业务。美国农村金融中的商业银行体系发达。由于美国商业银行组织机构上实行单元制，使得商业银行数量众多，农场抵押贷款风险很小，近 90% 的商业银行经营农业贷款业务，尤其是设在小城镇的 4 000 多家商业银行，农业贷款一般占其贷款总额的 50% 以上。在短期融资方面，商业银行占有明显的优势。自 1999 年以来，美国商业银行对农业的贷款在整个农村信贷市场中的份额从 30% 上升到 2000 年的 45%，再微降到 2009 年的 43.8%（见图 2）。可见，美国发达的农村经济及便利的农场抵押贷款使美国商业银行自愿涉足农业贷款领域。

2. 农村合作性金融提供的贷款比重大幅上升。美国农村合作金融体系由联邦中期信贷银行、合作银行和联邦土地银行组成，统一由联邦政府委托独立机构——农业信贷管理局领导、监督和管理。根据美国农业信贷的法律规定，全美划分为 12 个农业信贷区，每个农贷区设立一个联邦土地银行、联邦中期信贷银行和合作银行，形成遍布全国的信贷网。

联邦土地银行主要面向当地农场、农业生产者及为农业服务的商人办理长期贷款业务，贷款期限 5~10 年为多，有的长达 35 年。联邦中期信贷银行向协会会员提供以动产为抵押品的中短期农业贷款，期限一般为 1 年，最长

不超过 7 年，利率浮动。该行实为农业贷款的批发机构，一般不直接发放给借款人，而是通过生产信贷协会和其他金融机构发放。农村合作银行主要对农业合作社提供贷款和咨询服务，是合作社经营资金的主要提供者，贷款利率浮动。自 1999 年以来，美国合作性金融系统对农村的贷款在整个农村信贷市场中的份额，从 25% 逐渐上升到 2009 年的 40%（见图 2），数量上逼近商业银行的农村信贷份额，而且期限结构全面。

3. 农村政策性金融不与"民"争利。美国根据《农业信贷法》建立了一个分工合理、相互配合、满足农户多种需求的政策性金融体系，成员包括农民家计局、农村电气化管理局、商品信贷公司及小企业管理局等。美国政策性金融机构由联邦政府主导创建，专门为农业发展和农村发展提供融资，其业务经营与商业性金融机构有明确的分工，主要提供商业银行和其他贷款机构因短期收益不理想但具有宏观效益的项目，一旦因政策性金融机构的培育使农村贷款项目对商业性金融机构有吸引力，则政策性金融机构不与"民"争利，鼓励商业性金融机构"涉农"。

美国政策性金融在农村信贷市场中占有一定地位。自 1989 年以来，美国政策性金融对农村的贷款占整个农村信贷市场份额从 15% 依次下降到 1966 年的 6% 和 2009 年的 2.3%（见图 2）。可见，美国政策性金融机构主要是农村金融市场的引导者和培育者，随着市场经济的成熟和农村金融市场的完善，农村政策性金融发展到一定程度后逐渐淡出农村信贷市场。

4. 农作物保险公司实行强制保险与自愿保险相结合。美国农业的发达与农业保险的健全密不可分。1938 年，罗斯福政府通过《联邦农作物保险法》，依法组建了农作物保险公司。美国农业保险在经营机制上，经历了由政府成立机构直接经营农业保险业务的"单轨制"，到政府引进商业保险公司共同经营的"双轨制"，再到趋向于完全由商业性保险公司经营和代理的"单轨制"的发展过程。

美国政府的农作物保险公司、经营农作物保险的私营保险公司及农作物保险协会构成了一个完整的体系。农作物保险险种主要包括多风险农作物保险、收入保险等险种。其中，多风险农作物保险开展时间最长、投保范围最广，包括实行强制保险的巨灾保险和实行自愿保险的扩大保障保险。

美国政府依法对农业保险进行支持，包括补贴、免税及再保险支持等政策措施。补贴包括保费补贴和业务费用补贴，政府对农业巨灾保险补贴全部保费，对多风险农作物保险、收入保险等保费补贴 40%，政府还对私营保险公司提供 20%～25% 的业务费用补贴。依据《联邦农作物保险法》，政府、州及所有地方政府对农业保险免征一切税赋。

美国农作物保险公司在农村信贷市场上发挥着稳健的作用。一方面，美国农业保险长期直接提供部分农村信贷资金，其占比在 5.2%～5.8% 小幅范围波动（见图 2）。另一方面，因为有农作物保险公司的风险分担机制，其他各类金融机构才能在风险可控的前提下加大农村信贷投放。

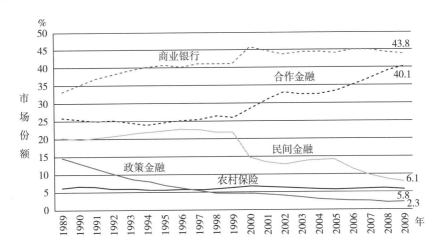

资料来源：USD A，E conomic Research Service，Annual Report（2010）on the F arm C redit Sys-tem[5]。

图 2　美国农村信贷市场份额变化（1989—2009 年）

综上所述，美国的农村金融体系由商业性金融、合作性金融、政策性金融及农村保险多元构成，有法可依，协调有序。政策性金融与合作性金融分工明确，不与商业性金融争夺市场。合作性金融早期得到政府扶持，成长起来后与政府分离，农村信贷份额不断扩大。商业银行遍布全国各地，擅长短期农业融资业务，长期提供大量的农村信贷资金。农业保险法制健全，政策扶持力度很大。

（二）印度绿色革命下的农村金融扶持举措

1. 印度的两次绿色革命。印度是以农业为主的发展中国家，其农业人口占全国人口的 70% 左右，农业产值约占全国 G D P 的 25%，小农经济占绝对优势，贫困人口多达 2.7 亿。印度"一五"计划之后，把战略重点转到重工业和基础工业上来，每年需要进口大量粮食，农、轻、重各部门之间比例失调。从 20 世纪 60 年代末开始，印度开展第一次"绿色革命"，制定了包括推广农业科学技术、增加农业投入和改善配套服务等举措的一揽子计划，解决

普
惠
金
融
研
究

了粮荒问题。但 1991 年以来，国大党政府实行对内自由化和对外开放的政策，农业增长速度下降。2006 年，曼莫汗·辛格总理呼吁科技界启动第二次绿色革命，关注旱地农业及小农户和边缘农户的需要，制定了系列农业振兴计划。

2. 壮大信用合作组织。印度金融体系的二元结构中，一部分是现代化的银行系统，另一部分是类似"钱庄"的"乡土"银行系统。1912 年，印度政府为了打击高利贷而成立中心合作银行和邦合作银行。1920 年，为适应长期信贷需要设立土地开发银行。20 世纪 60 年代"绿色革命"以后，又建立起众多的初级信用社。初级信用社、中心合作银行、邦合作银行及土地开发银行共同构成印度农村的合作性金融体系。印度种植农户信贷来源中，高利贷融资比例从 1951 年的 69.7% 快速下降到 1971 年的 36.1% 和 1981 年的 16.1%（见表 1），而来自正规金融机构的农业贷款占比例不断上升，从 7.3% 依次提高到 18.7%、31.7% 和 63.2%，可见，印度政府打击高利贷取得卓越成效，农户与正规金融机构之间的信贷联系逐步加强。正规金融中合作性金融比重较大，增长迅速。种植农户信贷来源中，绿色革命前的 1961 年，合作性金融仅占 2.6%，绿色革命后的 1971 年，合作性金融提高到 22%，1981 年进一步提高到 29.8%（见表 1）。同时，在农业贷款中合作性金融的比重在 1999 年之前超过 50%，2004 年依然达到 30.9%（见表 2）。

表 1	印度种植农户信贷来源占比表				单位：%	
信贷来源	1951 年	1961 年	1971 年	1981 年	1991 年	2002 年
1. 民间金融	92.7	81.3	68.3	36.8	30.6	38.9
其中：高利贷	69.7	49.2	36.1	16.1	17.5	26.8
2. 正规金融	7.3	18.7	31.3	63.26	66.3	61.7
其中：合作性金融	3.3	2.6	22	29.8	30	30.2
商业银行	0.9	0.6	2.4	28.8	35.2	26.3
	0	0	0	0	3.1	0
合计	100	100	100	100	100	100

资料来源：All India Debt and Investment Surveys[6]。

3. 提升商业银行服务农业的信贷水平。为了配合印度的第一次"绿色革命"，商业银行通过 1969 年和 1976 年的国有化改造之后，推行面向大众尤其是农村和偏僻地区的业务方针，形成了遍布城乡的银行网络，提供了农村迫切需要的资金。印度商业银行农村地区分支机构 1969 年仅为 1 833 家，2005

年达到 32 115 家。印度政府强制商业银行面向农村服务，增加农村金融的供给。商业银行除了向农民提供购买抽水机、拖拉机及其他高价值的农机具等直接贷款外，还向有关农业机构提供间接贷款。在农业贷款中，商业银行提供的贷款比重在 1999 年之前不到 50%，之后超过 50% 并逐步提高到 2004 年的 60.3%（见表 2）。

表 2 农业贷款中不同类型金融机构占比 单位：%

时期	合作性金融	政策性金融（地区农村银行）	商业银行
1970s	76.7	2.3	21.0
1980s	55.9	5.3	38.9
1990s	51.5	6.1	42.3
1999—2000 年	39.5	6.9	53.5
2000—2001 年	39.2	8.0	52.6
2001—2002 年	37.9	7.8	54.1
2002—2003 年	34.0	8.7	57.2
2003—2004 年	30.9	8.7	60.3

资料来源：Handbook of Statistics on India Economy，R B I and data from 1999 – 2000 to 2003 – 04 is from NABARD Annual Report，2004 – 05。

4. 政策性金融机构扶持弱势群体。印度农村政策性金融体系十分庞杂，主要包括地区农村银行、国家农业和农村开发银行、印度工业信贷和投资公司等。1975 年成立的印度地区农村银行，主要为了满足农村地区被忽视的农民和手工业者的专门需要，从而促进落后地区经济发展，缩小与发达地区的差异。地区农村银行设立在农村信贷机构薄弱的地区，贷款对象主要是小农、无地农民和农村小手工业者等贫穷农民，还给农民提供维持生活的消费贷款，贷款利率低于当地合作性金融机构。印度地区农村银行提供的农业信贷逐步增加，从第一次绿色革命时期的 2.3% 上升到 2004 年的 8.7%（参见表 2）。

5. 农业保险与信贷投放挂钩。印度自 1947 年就开始农作物保险探索，几经波折后，农业保险方式开始实行自愿保险与有条件的强制保险相结合的方式，即进行生产性贷款的农户必须参加相关农业保险，其他险种如牲畜保险实行自愿的原则。21 世纪以来，印度农业保险参保率大大提高，承保面扩大到所有农户，经济作物也纳入专项保险计划。印度农业保险逐步成长起来，发挥着分散农业经营风险的重要作用，并且与农户信贷紧密联系，有利于降低农村金融机构发放农户贷款的风险。

可见，印度从"绿色革命"以来，农村金融体系逐步完善，合作性金融

普惠金融研究

力量逐步壮大，商业银行涉农网点增加，政策性金融扶持农村弱势群体，农业保险与信贷密切挂钩，农村金融服务农村经济的协调性在逐步提高。

四、我国农村金融协调发展的战略思考

我国《国民经济和社会发展第十二个五年规划纲要》围绕推进农业现代化、加快社会主义新农村建设作了全面部署。在相当长时期内，"三农"工作是我党工作的重中之重，农村金融要更好地服务"三农"，必须注重以下协调发展战略：

第一，深化农村金融改革，促进农村经济发展。由于我国"二元"经济、金融结构的客观存在，农村金融总体水平既滞后于农村经济的发展需要，也落后于城市金融水平。随着农业现代化建设进展的加速，以社区为纽带的农民家庭经营与农民集体经营相结合的双层经营模式逐步形成，农村规模经济效益显现，农村要素市场发育进程加快，农村金融需求出现了新特点，农村金融只有深入改革，才能提高农村金融供给与需求的匹配性，确保农村金融服务"三农"的持续性。

第二，拓展农村政策性金融的功能，进一步发挥支农作用。我国农村金融体系中，政策性金融、合作性金融及商业性金融基本形成。农村政策性金融机构主要是成立于20世纪90年代的农业发展银行，主营粮棉油收购贷款，但随着逐步放开粮价的流通体制改革，农发行的业务萎缩，便朝开发性金融方向发展，既经营政策性金融业务，也经营商业性业务。鉴于美国和印度政策性金融方面的经验，市场经济初期，发展政策性金融是必要的，农村政策性金融应该走出"粮食储备银行"的阴影，发挥更加广泛的政策性功能，注重农村准公共产品的资金投入，而财政支农更多的是直接的免税、农业补贴及公共产品投入。

第三，夯实农村合作性金融的地位，改善与农户及农业合作组织的融资关系。我国当前的农村合作性金融机构发挥着存款、贷款及结算的基本功能，尤其在各类金融机构涉农贷款（包括农业贷款和农户贷款）中占比最高。但是，与国外农村合作金融机构相比还有差距，我国合作性金融机构对农户贷款需求满足率偏低，对新兴农业合作社的资金扶持作用有待加强。

第四，引导商业性金融在农村设置网点，增加"三农"资金净投入。我国农村商业性金融包括农业银行、邮政储蓄银行、农村商业银行等追逐盈利目标的金融企业。农业银行是各商业银行中提供涉农贷款最多的一家，在股份制改造过程中明确提出"面向三农"，设立"三农"金融事业部，大力开

拓县域蓝海市场。邮政储蓄银行是网点最多的商业银行，2007 年以来定位于支持"三农"、服务城乡居民的零售银行，但与从农村吸收存款的数目相比，投放到农村的小额贷款等涉农贷款相对不足，没有遏制农村资金外流的态势。因此，农村商业性金融机构在农村既要合理覆盖，更要增加对"三农"的净投入。

第五，提高农村保险密度和深度，力争与农户信贷或担保挂钩。我国广大农村深受自然灾害和市场化变革的双重风险，农业的脆弱性、高风险性和农民财产及收入的低保障性，呼唤具有分散风险、经济补偿和融通资金等功能的农村保险制度的建立和完善。目前，保险公司缺乏开展农业保险的积极性，农业保险覆盖面窄，农村保险密度及深度远低于城市，贷款风险集中于银行业金融机构。农村保险的发展需要政策的扶持及制度的优化，实行主要农产品的强制性保险及相关产品的自愿性保险相结合的模式，扩大参保对象的规模，要求贷款农户必须投保或参加担保，以有效分散风险，构筑农村金融协调发展的重要屏障。

参考文献

［1］钱学森．论系统科学［M］．长沙：湖南科技出版社，1988.

［2］周再清，彭建刚．我国农村金融机构"支农"的协调性研究［J］．现代经济探讨，2009（7）：79 - 82.

［3］袁纯清．和谐与共生［M］．北京：社会科学文献出版社，2008.

［4］宁越敏，石菘．从劳动空间分工到大都市区空间组织［M］．北京：科学出版社，2011.

［5］邹新月，孙文锋．美国经济不同时期商业银行经营安全核心指标分析［J］．湖南科技大学学报（社科版），2011（3）：57 - 62.

［6］Annual Report（2010）on the Farm Credit System by the Farm Credit Administration Regulator of the FCS［OL］．Http．//www．fca．gov/reports/annual_ reports．html.

［7］Rakesh Mohan．Agricultural Credit in India Status，Issues and Future Agenda［J］．Economic and Political Weekly，2006（3）：1013 - 1017.

本文刊登于《财经理论与实践》2012 年第 9 期。《高等学校文科学术文摘》2012 年第 6 期摘要收录。合作者为周再清。

吹响金融支持农业供给侧改革的号角

当前，我国的农产品供求总量基本平衡，但供求结构失衡，伴随着农产品价格低、生产成本高、土地收益低、土地撂荒严重等问题。农业发展不应只是解决温饱问题，还需要向高效率和高品质转型，着力加强农业供给侧结构性改革，使得农产品供给既数量充足，品种和质量也契合消费者的需要，真正形成结构合理、保障有力的农产品有效供给。农业供给侧改革的发展方向应当是产业化与高效农业相结合，推动农业向规模化、集约化发展，逐步推进种植养殖向适度规模经营集中、农产品加工向园区集中、农民居住向城镇和社区集中。在以效率与品质为导向的农业供给侧改革中，需要根据各地资源禀赋优势选定主导产业，着力打造具有区域特征的品牌，开发系列产品；以主导产业的龙头企业为核心，形成农业供应链，进而形成农业产业集群。

在农业供给侧改革的过程中，离不开金融支持，尤其是地方中小金融机构的支持。农业融资比较分散，种植养殖和初级加工的资金需求小额、短期的特点还不能从根本上改变；由于信息不对称，大型金融机构对于农业贷款往往存在"惜贷"现象，导致许多具有成长潜力的项目不能及时获得融资；这就为地方中小金融机构特别是地方农村中小金融机构对农业供给侧改革融资助力提供了广阔的空间。在宏观和中观层面，要组织更多的金融资源向农村倾斜。加快构建多层次、广覆盖、可持续的农村金融服务体系，发展农村普惠金融，降低融资成本，全面激活农村金融服务链条。丰富金融服务主体，提升农村金融服务市场的竞争性；在加快农村信用社向农村商业银行转型的同时，积极支持民间资本参与发起设立村镇银行和农村小额贷款公司。需要融入"互联网＋"的理念，引导互联网金融、移动金融在农村规范发展，弥补现有农村金融服务体系的不足。在微观层面，要大力推进金融机构便农、支农和惠农金融服务，进一步改善存取款、支付等基本金融服务；同时要创新农村金融业务，积极发展农业供应链金融和农村社区金融，推出并完善农村承包土地经营权、农村承包土地预期收益权、农民住房财产权和农村林权的抵押贷款。积极开发农业保险品种，将农业保险与农业信贷有机结合作为支持农业供给侧改革的重要手段，解决农民的后顾之忧。

有效发挥金融支持农业供给侧改革的作用，应当重视农村金融消费权益保护工作。金融消费是在一定的金融交易平台、金融管理体制与法制、社会相关条件中发生的。在我国，农村金融消费一直偏弱。为了使广大农民积极投身于农业供给侧改革，有必要扩大农村金融消费并维护金融稳定。金融消费交易流程、金融消费权益保护工作机制、金融消费权益保护法律基础、金融消费可获得性等直接影响到农村金融消费权益的保障程度。我们应从以下六个方面加强农村金融消费权益保护工作：（1）信息披露；（2）交易公平；（3）争端解决；（4）法制保障；（5）普惠金融；（6）机制保障。地方中小金融机构可利用熟悉当地的信息优势，加大农村金融市场的供给力度，将金融机构自身的发展与农业发展相融合，创新农村金融消费模式，全面提升农村金融服务水平，促进农业供给侧改革。

本文刊登于《湖南农信》2016 年第 2 期。

县域不良贷款率与金融生态关系的实证分析

一、引言

自 2014 年"新常态"作为新的执政理念被提出来之后，新常态在给中国带来新的发展机遇的同时，也给中国经济带来了新的挑战。经济新常态下，经济结构调整的不断深化，必然与现有经济结构产生冲突，部分产能过剩企业将加速被淘汰，商业银行信贷资产质量面临更加严峻的挑战，不利于金融稳定。为了适应中国经济发展的"新常态"，推动经济健康平稳发展，"十三五"规划指出，要着力改善金融生态环境。金融生态对一个地区经济的运行有直接影响，良好的金融生态有利于形成区域"洼地效应"，促进金融资源的合理流动和优化配置，能够优化经济结构；金融生态建设在维护金融稳定、防范区域系统性金融风险等方面发挥着重要影响，有利于协调宏观审慎监管与微观审慎监管之间的矛盾。因此，金融生态建设能够在经济新常态下发挥良好的作用。

受产能过剩（如钢贸危机）等问题的影响，截至 2015 年第四季度，银行业不良贷款率已经连续 14 个季度同比上升。受利率市场化的影响，商业银行的存贷利差趋于收窄。为了应对一定程度上的经济下行，保证一定的净息差水平，一些商业银行的风险容忍度上升，从而银行业审慎管理面临较大的压力。

截至 2015 年，湖南省金融生态年度评估已连续开展 8 年。为了考察金融生态对防范区域系统性金融风险的重要作用，我们拟采用本课题组主要成员主持的湖南省 2010—2015 年县域金融生态年度评估的数据（数据区间为2009—2014 年，下同），实证分析金融生态对县域不良贷款率的影响，以期得到宏观审慎框架下加强金融生态建设和信贷风险防控的启示。

二、文献综述

周小川[1]最早将生态的概念引申扩充到金融领域，他对金融生态的见解为我国金融发展提出了新的方向。林永军[2]从系统论的角度对金融生态进行了诠释，他认为一个理想和谐的金融生态圈，应当是一个充满生机活力，生态圈内各子系统联系紧密、和谐共存、良性互动、高效运作，且共同促进经济健康持续科学发展的金融生态系统。苏宁[3]指出"金融生态"是借用生态学概念来比喻金融行业运行的外部大环境，其中包括经济环境、社会环境以及政治环境等。徐诺金[4]借鉴生态学相关理论与方法考察金融问题，金融生态作为金融与金融运行环境以及内部金融组织机构之间相互关系作用的结果，具有某种内部结构特征和一定功能作用的动态平衡系统。

基于不同视角对金融生态内涵的理论研究和实践探索，已使得金融生态的概念逐渐从模糊走向清晰，从抽象变得具体，并结合中国国情被赋予了中国特色，是实践性很强的命题。在区域金融生态评估技术日趋成熟的基础上，在"十三五"金融改革与目前我国经济形势发展"新常态"的大背景下，着力发展普惠金融，推动区域、城乡协调发展，发展特色县域经济，推进新型城镇化等都需要金融生态建设为其提供软环境和硬环境支持。金融生态建设对于实现资源的合理流动和优化配置，维护金融稳定，防范系统性风险具有重要的现实意义。

信贷风险作为银行主要风险之一，围绕其开展的研究较多，包括信贷风险的形成原因、影响因素等，同时，有部分学者结合金融生态分析如何控制信贷风险。谢德仁、陈运森[5]在研究金融生态环境、产权性质与负债的治理效应时指出，在金融生态环境较好地区，金融生态环境能够发挥较好的"治理效应"，银行经营的独立性更强，经营质量也更高，这可能会使信贷市场呈现出"优胜劣汰"的效果。黄国平、刘煜辉[6]在对金融生态环境进行评估时，从金融系统现实表征、金融生态环境以及金融生态系统效率三个层面分析，以资产质量为评估目标评估我国城市信贷风险状况。上官晓文、俞敏[7]在分析我国国有商业银行信贷风险的成因时指出国有商业银行的宏观信贷风险主要表现在政府干预，在政府释放空前利好时金融机构大规模放贷而形成不良贷款，然而先天不足的经济基础缺陷有可能形成信贷风险。殷红[8]从理论层面分析了银行信贷风险特征及原因，认为，经济增速下滑、监管机构放松或忽略风险管理与防范工作等金融环境原因造成了信贷风险。结合金融生态分析的文献有：高雄伟、董银果等[9]通过对一个破产金融机构的资产负债风险、信贷资产风险以及贷款结构风险等进行实证分析，明确指出，金融生态的劣质性导致信贷风险，基于实证分析得出，金融生态的改良是提高信贷效益促进经济金融良性互动的重要手段。黄琦、陶建平、田杰等[10]借鉴金融生态理论，分析得出较差的金融生态环境是金融体系信贷风险增加的主要原因之一，县域机构通过金融生态互动调整机制，可以改善宏观环境，从而降低县域金融信贷风险。施若、何冰[11]结合金融生态理论，分析了中国商业银行危机的现状，进一步基于金融生态理论提出了建议。"新常态"的中国经济是全球经济环境与国内现状双重作用下的必然趋势，新常态下，商业银行将面临更加复杂的经营环境。石玉军、张智鹏[12]在对新常态下中国金融生态问题探析时，指出新常态下的中国经济处于经济增速的换挡期，经济增速放缓必然导致中国金融业的风险增大，发展受阻，金融业也进入换挡期，金融生态必将面临巨大的改变，不良贷款增加以及信贷的增速的放缓都是经济下行情况下银行业金融机构信用风险增加的必然结果。

总体而言，无论是单从对信贷风险还是有关金融生态的研究都已日趋成熟与完善。然而，从金融生态理论及实证的角度来探讨信贷风险及防范的相关问题仍是一个新的研究方向。尤其是在经济新常态下，结构转型有可能导致信贷风险集中爆发，金融生态与信贷风险的相关研究显得十分必要。基于金融生态内涵可以看出，金融生态是联系金融与金融运行环境以及内部金融组织机构的一个动态平衡系统，是经济良好平稳运行的基础，有利于优化金融资源的合理配置，从而促进经济结构转型。信贷风险是我国商业银行面临的最重要的金融风险之一，从金融生态这一视角研究信贷风险，探讨信贷风险的防范措施具有较强的理论意义与现实价值，有助于经济新常态下的经济结构转型；通过金融生态建设增强区域金融稳定，进而提高金融体系的稳定性。

三、理论假设与建模

（一）理论假设

从系统论的角度来看，和谐、高效运作的金融生态环境能够促进经济健康持续科学发展，金融生态环境的优劣影响县域金融机构信贷风险水平（林永军）[2]。黄琦等[10]的研究显示，为有效化解县域金融信贷风险，应优化县域金融生态环境。金融生态理论与方法可以更好地了解金融体系风险的产生与分布，做好风险的防范工作，有利于金融机构规避信贷风险。

良好的金融生态不但能有效地聚集资金，而且能给经济创造有利条件，能有效地增强区域资金吸引力，积聚金融资源，提高金融运行效率，由于经济与金融良性互动，企业部门盈利能力更强，发展前景更好，金融机构面临的信贷风险也就更小；不良的金融生态不但会造成金融资源的流失，而且会大大减弱一个区域的比较优势，进而影响该区域经济竞争力，最终会损害其经济的可持续发展，信贷资产的质量也会受到严重的影响。

金融生态由经济基础、金融运行、司法环境、行政环境、信用环境、金融服务环境六个方面构成。我们可从这六个方面分析县域金融生态对信贷风险的影响。经济基础是现实环境下的物质基础，经济发展越好，企业的资产负债表质量也越好，盈利能力较强，偿债压力较小，信贷风险也越小；金融运行体现了金融机构的运营、盈利、发展情况，良好的金融运行对贷款质量的审核更严，保证了金融风险管控的协调有序；司法环境是经济金融良性运行的重要保证，司法力度的加大和对债权的保护程度的加强，提高了金融案件审理效率，有利于抑制民事案件和金融案件的发生，促进了良好的信贷关系的形成；行政环境体现的是各级政府职能部门对地方经济、金融发展的支持力度，良好的行政环境有利于增强实体经济的盈利，进而有利于降低信贷风险；一个地区的信用环境越好，客户选择违约的概率也越小；金融服务环境对经济发展起到了重要的支撑作用，金融基础设施建设增加了金融服务的便利性，这些都有利于抑制和控制信贷风险的发生。

根据以上分析，我们提出以下假设。

假设一： 县域的金融生态水平的提高有利于降低该地区金融机构的信贷风险。金融生态水平越高，不良贷款率越低。

作为金融生态的重要组成部分，信用环境相对于经济基础、金融运行、司法与行政环境等对信贷风险的影响更为直接，进一步提出假设二。

假设二： 县域信用环境水平的提高有利于降低该地区的信贷风险。信用环境越好，不良贷款率就越低。

（二）模型建立及变量选取

考察金融生态对县域信贷风险的影响，建立的主要面板计量模型如下：

$$npl_{it} = \mu_1 + \mu_2 jrst_{it} + \mu_3 rjgdp_{it} + \mu_4 droa_{it} + \mu_5 ysr_{it} + \mu_6 loanr_{it} + \mu_7 cztx_{it} + \mu_8 scgdp_{it}$$

其中，本文选取不良贷款率 npl 作为县域信贷风险的代理变量，县域金融生态水平用 $jrst$ 表示，主要通过采用湖南省金融生态评估指标体系并运用层次分析法测算得到。为了全面考察金融生态对县域信贷风险的影响，在进一步的建模过程中加入时间效应变量。

考察信用环境对县域信贷风险的影响，建立的面板计量模型如下：

$$npl_{it} = \mu_1 + \mu_2 creditr_{it} + \mu_3 rjgdp_{it} + \mu_4 droa_{it} + \mu_5 ysr_{it} + \mu_6 loanr_{it} + \mu_7 cztx_{it} + \mu_8 scgdp_{it}$$

其中，$creditr$ 表示县域的信用环境状况，作为湖南省金融生态评估中的六个项目层之一，同样按层次分析法测算得到。

信贷风险的影响因素是多方面的[9-10]，结合已有文献研究与数据的可得性，选取的控制变量包括：人均 GDP，用 *rjgdp* 表示；规模以上工业资产利税率，用 *droa* 表示；一般预算收入增长率，用 *ysr* 表示；贷款增长率，用 *loanr* 表示；财政贴息（含风险补偿）占比，用 *cztx* 表示；社会消费品零售额/GDP 用 *scgdp* 表示。

四、数据来源、指标测算与描述性统计

（一）数据来源

我们所使用的数据为 2010—2015 年湖南省金融生态年度评估过程中获得的县域数据。

根据科学性、合理性、可得性、可比性、全面性等原则，本文金融生态得分测算包括 46 个指标。① 统计数据由中国人民银行长沙中心支行和辖内各市州中心支行提供。其中经济基础方面的数据来自湖南省内人民银行各分支机构、统计局等。金融运行方面的数据来自湖南省内人民银行各分支机构、银监局（或银监分局）、保监局等。司法环境方面的数据来自湖南省内各级法院。行政环境方面的数据主要来自湖南省内人民银行各分支机构、财政局、金融创安办等。信用环境方面的数据来自湖南省内人民银行各分支机构、金融创安办、农信社、司法局、财政局、地方金融办。金融服务环境方面的数据来自湖南省内人民银行各分支机构、银监局（或银监分局）、银联、公安局等。控制指标的数据来源具体如下：人均 GDP、规模以上工业资产利税率、一般预算收入增长率、社会消费品零售额与 GDP 之比来源于各县（市）统计局或者根据其数据计算；金融机构资产利润率来源于人民银行；财政贴息（含风险补偿）占比的数据来源于各县（市）财政局。

（二）金融生态得分的测算

采用层次分析法对湖南省所辖 87 县（市）的金融生态进行综合评估。评估的步骤为：原始数据标准化，确定各层次指标权重，逐层计算并汇总得到综合得分。层次分析权重采用湖南省 2015 年度金融生态评估的权重：通过对 20 位经济金融专家填写的问卷进行综合分析计算得出评估权重，项目层 6 个因素权重由高到低分别为：信用环境 27.5%、经济基础 16.4%、金融运行 15.9%、金融服务环境 15.3%、司法环境 12.8%、行政环境 12.2%。对于原

---

① 湖南省金融生态评估指标体系每年约为 60 个指标，由于动态调整，本文选取较为稳定的指标 46 个。

始指标层，分别采用简单平均归一化确定指标的权重。具体见表1。

表1   金融生态评估层次分析所确定的权重

项目层	权重	子项目层	权重	指标层
经济基础	0.164	发展水平	0.475	人均GDP、单位GDP能耗、规模以上工业资产利税率、城镇化率、农村新型合作医疗制度参合率
		投资与消费	0.276	全社会人均固定资产投资额、人均社会消费品零售额
		收入水平	0.249	一般预算收入增长率、城镇居民人均可支配收入、农村居民人均可支配收入
金融运行	0.159	金融发展	0.507	存贷比、贷款增长率、"涉农"贷款增长率、直接融资占比、贷款余额占GDP比重、保险深度
		盈利能力	0.212	金融机构盈利面、金融机构资产利润率、地方法人金融机构资本利润率
		金融意识	0.281	人均个人消费信贷、保险密度
司法环境	0.128	司法力度	0.410	民商事案件结案率、民商事案件调解率、金融案件结案率
		债权保护	0.590	民商事案件执结率、金融案件执结率
行政环境	0.122	行政支持	0.575	财政贴息（含风险补偿）占比
		清欠力度	0.425	行政事业单位拖欠银行贷款清收率、国家公职人员拖欠银行贷款清收率
信用环境	0.275	社会诚信	0.691	行政事业单位拖欠银行贷款占不良贷款比例、信用乡镇和信用社区创建率、农户小额信用贷款信用证发放率
		中介服务	0.309	每万人注册律师数、每万人注册会计师数、每万人融资性担保机构家数、融资性担保机构贷款担保比例
金融服务环境	0.153	金融基础设施	0.429	每万人银行网点数、乡镇银行类机构网点布放率、每万人ATM布放数、每万人POS及电话支付终端布放数、人均个人银行结算账户数、银行卡业务渗透率
		金融风险防范	0.571	不良贷款率、法人金融机构流动性比率、法人金融机构备付金率、每万人人民币现钞处理设备布放数

计算结果显示，2010年度，各县（市）金融生态得分平均值为62.86，2015年度，各县（市）金融生态得分平均值上升至74.52，上升18.55%。2009—2014年，湖南省县域经济取得了稳步发展，经济质量进一步提高，金融运行总体平稳，司法环境整体较好，行政环境不断改善，信用体系建设继续加强，金融服务体系完善进一步加快。县（市）金融生态得分与各因素得分的相关系数均大于0.5，各因素相互支持，金融生态建设水平稳步提升，金融生态环境持续优化。

（三）变量描述性统计

数据的描述性统计如表2所示。不良贷款率最大值为39.21%，最小值为0.21%，不同地区的不良贷款率差异大，自2009年来，县（市）不良贷款率有了较大改善，2009年的简单平均值为14.83%，2014年降至5.93%。当然，受宏观经济下滑影响，其间也有波动，如2013年不良贷款率比上年的6.00%高2.84%。整体来看，县（市）的信贷风险呈下降趋势。金融生态得分最小值为49.72，最大值为92.59，平均得分逐年上升。从平均值看，金融生态与不良贷款率两者的趋势并不完全一致，再看散点图（见图1），金融生态与不良贷款率存在着明显的负相关，相关系数为 -0.56，表明两者存在密切关系。不良贷款率同时也受宏观经济、一般预算收入增长率等因素影响。因此，进一步通过面板回归模型分析信贷风险与金融生态之间的关系。

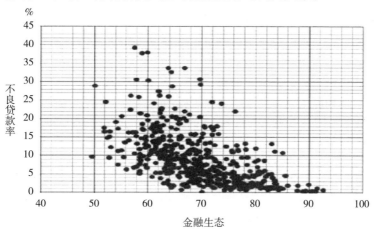

图1 2009—2014年县市不良贷款率与金融生态得分散点图

表2   数据描述性统计

变量	单位	平均值	标准差	最小值	最大值	样本量
不良贷款率	%	9.19	7.02	0.21	39.21	522
金融生态评估得分	—	69.39	8.09	49.72	92.59	522
信用环境评估得分	—	72.15	12.31	40.00	100.00	522
人均GDP	千元	21.28	14.28	5.33	107.56	522
规模以上工业资产利税率	%	19.71	11.60	-3.70	72.30	522
一般预算收入增长率	%	22.83	15.51	-55.00	157.80	522
贷款增长率	%	22.18	12.02	-8.76	107.65	522
财政贴息（含风险补偿）占比	%	0.40	0.64	0.00	4.80	522
社会消费品零售额/GDP	%	30.00	9.07	12.55	64.71	522

五、实证分析

我们使用的数据为短面板数据，通过 STATA12.0 软件进行计算。为了更加全面考察模型，以下同时给出个体固定效应模型与随机效应模型的估计参数。

（一）金融生态与信贷风险的回归分析

回归结果表 3 显示，无论是固定效应模型还是随机效应模型，金融生态得分项均在 1% 的显著性水平下显著，固定效应模型（1）结果显示，金融生态得分项系数为 -0.478，符号与预期相符，表明县域金融生态水平的提高有利于降低地方的信贷风险，金融生态得分每提高 1 分，可使得县（市）的不良贷款率下降 0.478 个百分点。金融生态水平基于整个区域金融与经济整体运行的宏观层面，体现了一个地区的经济基础、金融运行、司法环境、行政环境、信用环境与金融服务环境综合发展情况，一个地区金融生态水平较高，其在经济、金融、司法、行政、信用等方面的综合表现也较好，良好的信用氛围与司法约束有利于遏制实体企业的非法行为，不良贷款率相应较低，尤其是信用环境的改善对不良贷款率下降有明显促进作用。例如，湘潭市的韶山市围绕农村信用工程建设和债务清收等，加快推进金融安全"双百"乡镇创建工作———即不良贷款 100% 清收、信用建设 100% 覆盖乡镇，连续三年金融生态评估排名在湖南省第 1 位，2013 年不良贷款率仅为 0.45%，2014 年也处于较低水平。

表3 信贷风险与金融生态得分回归结果

模型	（1）固定效应模型	（2）随机效应模型	（3）固定效应模型	（4）随机效应模型
金融生态得分	-0.478 *** (0.065)	-0.509 *** (0.046)	-0.318 *** (0.079)	-0.395 *** (0.051)
人均 GDP	-0.104 ** (0.052)	-0.034 (0.023)	0.058 (0.060)	-0.034 (0.022)
规模以上工业资产利税率	0.032 (0.028)	0.034 (0.026)	0.023 (0.029)	0.031 (0.027)
一般预算收入增长率	-0.057 *** (0.018)	-0.053 *** (0.017)	-0.069 *** (0.020)	-0.068 *** (0.019)

模型	(1) 固定效应模型	(2) 随机效应模型	(3) 固定效应模型	(4) 随机效应模型
贷款增长率	0.027 (0.018)	0.026 (0.017)	0.015 (0.017)	0.005 (0.018)
财政贴息（含风险补偿）占比	0.881 ** (0.369)	0.717 *** (0.307)	0.590 (0.360)	0.513 (0.319)
社会消费品零售额/GDP	0.047 * (0.027)	0.053 * (0.028)	0.042 (0.028)	0.049 * (0.028)
时间趋势项			− 1.114 *** (0.316)	− 0.786 *** (0.217)
常数项	42.863 *** (4.208)	43.365 *** (3.273)	33.230 *** (4.997)	38.515 *** (3.179)
城市效应	控制	控制	控制	控制
R^2 值	0.340	0.322	0.357	0.322
F 值	15.45	—	15.68	—

注：（　）内为标准误差，＊、＊＊、＊＊＊分别表示在10%、5%、1%的显著性水平下显著，下同。

控制变量中，人均 GDP、一般预算收入增长率、财政贴息（含风险补偿）占比、社会消费品零售额/GDP 在相应的显著性水平下显著。

人均 GDP 在 5% 的显著性水平显著，系数为 − 0.104，经济越发达的地区，考虑到可持续发展，企业信用十分重要，企业运作也越规范，相应的企业逃废债务的情况较少；另外，经济规模越大，企业经营更为稳定，经营风险相对较低。提高经济发展水平有利于降低县市的不良贷款率，从一方面说明经济发展对区域风险防范与金融稳定的重要性。

一般预算收入增长率在 1% 的显著性水平下显著，系数为 − 0.057。2009 年中国实行经济刺激计划后，县市的一般预算收入增长率大幅度提高，一般预算收入增长有利于地方政府对地方金融机构的不良资产进行剥离，例如，部分地区如永州市的双牌县、祁阳县、江永县和衡阳市的常宁县等成立农商行或改制，地方政府通过一定的财政预算、使用优质土地资产等手段置换农信社不良资产，各县不良贷款下降，2014 年底双牌、江永、祁阳、常宁 4 个县不良贷款率分别为 2.32%、3.55%、1.46%、2.84%，较上年大幅度下降。地方政府在不良贷款率控制方面扮演的角色十分重要，然而，通过这种方式控制信贷风险的成本也是显而易见的。

财政贴息（含风险补偿）占比在 5% 的显著性水平下显著，系数为 0.881，部分落后地区财政贴息与风险补偿的比例较高，而这些地区的不良贷款率也较高，所以该指标符号显示为正。

社会消费品零售额/GDP 在 10% 的显著性水平下显著，系数为 0.047，根据边际消费递减理论，收入越高，边际消费水平越低，该指标越高，投资水平低，相应的地区经济发展水平相对较低，不良贷款率也越高，这种区域差异效应远大于时间趋势上的变化。这里值得进一步研究的是控制区域差异，从时间趋势变化考察社会消费品零售额/GDP 对不良贷款率的影响。

为了考察上述模型的稳健性，进一步在模型中加入时间效应 t，回归结果见模型（3）即双向固定效应模型，可以看出，控制了时间效应与城市效应后，金融生态得分仍然在 1% 的显著性水平下显著，表明金融生态水平对不良贷款率的影响十分稳健。再看其他变量，一般预算收入增长率也在 1% 的显著性水平下显著，表明政府财政预算增长对不良贷款率的影响也十分稳定。而其他变量在控制了时间效应后基本上变得不显著。影响地市不良贷款率的主要因素包括金融生态水平与地方政府一般预算支出增长水平等。为了控制县域的信贷风险与区域性风险，基于宏观审慎管理视角，地方政府应加强金融生态建设，在处理信贷风险中应积极发挥重要作用。基于微观审慎监管视角，金融机构应加强自身风险防范意识，及时甄别信贷资产风险并处理好风险。

同时，为了更加细致地分析金融生态对信贷风险的影响，按照人均 GDP 水平将 87 个县（市）分为三类：经济水平较高的县（市）（2014 年人均 GDP 排名前 30 位）、经济水平一般的县（市）（2014 年人均 GDP 排名 31～57 位）和经济水平较差的县（市）（2014 年人均 GDP 排名后 30 位）。对三类地区分别进行回归，固定效应结果见表 4。

表 4　　　　　　信贷风险与金融生态得分回归结果（子样本）

模型	（5） 前 30 个县	（6） 中间 27 个县	（7） 后 30 个县
金融生态得分	− 0.519 *** （0.131）	− 0.414 *** （0.102）	− 0.316 ** （0.136）
人均 GDP	0.002（0.005）	− 0.037 ** （0.020）	− 0.054 ** （0.021）
规模以上工业资产利税率	− 0.018 （0.064）	0.007 （0.048）	0.110 ** （0.050）

模型	（5） 前 30 个县	（6） 中间 27 个县	（7） 后 30 个县
一般预算收入增长率	-0.001 (0.029)	-0.107 ** (0.040)	-0.049 ** (0.021)
贷款增长率	0.031 (0.025)	0.034 (0.040)	0.001 (0.026)
财政贴息（含风险补偿）占比	0.580 (0.541)	1.128 ** (0.561)	0.331 (0.907)
社会消费品零售额/GDP	0.360 ** (0.170)	0.138 (0.220)	0.183 ** (0.073)
常数项	34.814 *** (9.624)	41.617 *** (10.430)	30.369 *** (7.464)
城市效应	控制	控制	控制
R^2 值	0.337	0.379	0.404
F 值	7.43	9.89	11.15
N	180	156	180

　　回归结果显示，金融生态指标的系数均在1%的显著性水平下显著，经济水平越高的地区，提高金融生态水平对降低不良贷款率的效果就越明显；在经济水平较高的县（市），金融生态得分每提高1分，可使得县（市）的不良贷款率下降0.519个百分点；在经济水平一般的县（市），金融生态得分每提高1分，可使得县（市）的不良贷款率下降0.414个百分点；在经济水平较低的县（市），金融生态得分每提高1分，可使得县（市）的不良贷款率下降0.316个百分点；从平均相对值看，经济水平较高的县（市）金融生态得分每提高1分可使不良贷款率下降6.06%，其他两个地区分别是4.49%与3.23%。地区经济越发达，金融生态水平越高，不良贷款率越低，金融生态改善对不良贷款率的降低效果越明显，体现了金融生态与经济金融之间的良性互动。

　　（二）信用环境与信贷风险的回归分析

　　进一步考察信用环境与县（市）不良贷款率之间的关系。

　　从回归结果表5模型（8）中可以明显看出，信用环境越好，不良贷款率就越低，信用环境可以降低信贷风险。信用环境得分系数为-0.119，在1%的显著性水平下显著。湖南省县（市）的信用环境评估包括行政事业单位拖欠银行贷款占不良贷款比例、信用乡镇和信用社区创建率、每万人注册会计师数、融资性担保机构贷款担保比例、每万人融资性担保机构家数等。当一个地区的行政事业单位有良好的信用行为，就会带动整个地区"诚实守信"，形成良好的信用氛围；信用乡镇与信用社区创建则要求地方在相关的信用指标上达标；融资性担保也使得债务人违约的概率变小。可见，信用环境的好坏对信贷风险的高低有着明显影响。在构建宏观审慎管理框架时，中国人民银行等国家金融管理机构应充分考虑信用环境对区域性风险与系统性风险的影响，与地方政府合作，促进各县域形成良好的信用氛围，完善信用违约处理的保障机制等。

普
惠
金
融
研
究

表 5　　　　　　　　　　信贷风险与信用环境得分回归结果

模型	（8）固定效应模型	（9）随机效应模型
信用环境得分	− 0.119 ***	− 0.152 ***
	（0.043）	（0.032）
人均 GDP	− 0.293 ***	− 0.176 ***
	（0.067）	（0.035）
规模以上工业资产利税率	0.008	0.003
	（0.031）	（0.029）
一般预算收入增长率	− 0.068 ***	− 0.061 ***
	（0.020）	（0.019）
贷款增长率	0.015	0.013
	（0.020）	（0.019）
财政贴息（含风险补偿）占比	0.156	− 0.234
	（0.398）	（0.369）
社会消费品零售额/GDP	0.047 *	0.054 *
	（0.029）	（0.031）
常数项	23.653 ***	23.465 ***
	（3.626）	（2.920）
城市效应	控制	控制
R^2 值	0.216	0.204
F 值	7.07	—

六、结论与建议

本文的主要研究结论如下：县域金融生态建设能够引导经济与金融良性互动，实现县域金融稳定，有利于实现宏观审慎目标，是宏观审慎管理框架的重要组成部分。

第一，金融生态水平的提高有利于降低县域信贷风险。实证显示，金融生态得分每提高1分，可使得县（市）的不良贷款率下降0.478个百分点。金融生态通过经济基础、金融运行、行政司法、信用与金融服务相互作用，有效地控制了信贷风险。要控制信贷风险，防范区域性系统性风险，地方政府应积极加强金融生态建设。分类回归显示，越是经济发达的地区，金融生态水平的提高对降低不良贷款率平均水平的效果越明显，表明金融生态与经济金融之间存在良性互动。

第二，通过双向固定效应模型得出，影响县（市）不良贷款率的主要因素是金融生态水平与一般预算增长率。通过加大财政预算、使用优质土地资产等方式置换地方金融机构不良贷款来降低一个地区不良贷款率的成本过高，不能从根本上解决问题，应通过提高金融生态水平来实现对信贷风险的控制。

第三，信用环境在金融生态中处于重要位置。运用2009—2014年数据进行实证分析，信用环境得分系数为-0.119，信用环境越好，不良贷款率就越低，信用环境可以降低信贷风险。当一个地区的行政事业单位有良好的信用行为，就会带动整个地区"诚实守信"，形成良好的信用氛围；信用乡镇与信用社区创建则要求地方在相关的信用指标上达标；融资性担保也使得债务人违约的概率变小。地方政府在加强金融生态建设控制信贷风险时可以重点抓信用环境建设。

商业银行信贷风险的成因很大程度上取决于金融生态的优劣，地方政府在控制信贷风险与金融生态建设中扮演着重要的角色。

根据实证分析结果，提出以下建议。

国家金融管理部门应对县域金融生态建设的内容和评估、管理制度提出明确的要求，各县级政府应建立金融生态建设工作领导小组促进金融生态建设工作，定期或不定期召开成员单位联系会议，定期通报县域金融生态环境建设情况，完善县域金融生态建设考核评比制度，并纳入县（市）政府年度工作考核目标。

发挥地方各级政府金融工作办公室在县域信贷风险管控中的作用，通过金融生态评估发现信贷风险的薄弱环节，进一步健全系统性和区域性金融风险监测评估和预警体系，完善防范处置措施和应对预案；密切关注金融创新业务及潜在的风险，加强对资产价格变化、民间借贷、交叉性金融工具的风险监测和评估；督促金融机构加强内控和风险管理，加强对地方政府融资平台公司贷款、金融机构表外业务和房地产金融的风险监测与管理。

参考文献

［1］周小川. 完善法律制度，改进金融生态［N］. 金融时报，2004－12－07.

［2］林永军. 金融生态建设：一个基于系统论的分析［J］. 金融研究，2005（8）：44－52.

［3］苏宁. 优化金融环境，改善金融生态［J］. 金融信息参考，2005（10）：5－6.

［4］徐诺金. 论我国金融生态环境问题［J］. 金融研究，2005（11）：35－45.

［5］谢德仁，陈运森. 金融生态环境、产权性质与负债的治理效应［J］. 经济研究，2009（5）：118－129.

［6］黄国平，刘煜辉. 中国金融生态环境评价体系设计与分析［J］. 系统工程理论与实践，2007（6）：7－14.

［7］上官晓文，俞敏. 浅析国有商业银行信贷风险的防范［J］. 经济研究参考，2013（5）：43－45.

［8］殷红. 当前银行信贷风险特征及原因［J］. 银行家，2014（12）：39.

［9］高雄伟，董银果，睢党臣，等. 金融生态建设与信贷风险控制———一个基于破产金融机构信贷风险的实证分析［J］. 生态经济，2007（1）：72－74.

［10］黄琦，陶建平，田杰. 县域金融信贷风险的影响因素———基于全国2069个县（市）的样本分析［J］. 金融论坛，2013（10）：9－15，57.

［11］施若，何冰. 金融生态环境下银行危机对策的探讨［J］. 经济视野，2014（1）：242－243.

［12］石玉军，张智鹏. 新常态下中国金融生态问题探析［J］. 甘肃金融，2015（3）：30－32.

本文刊登于《广州大学学报（社会科学版）》2016年第7期。合作者为滑亚群、邹克。

轻资产业务对农商行支农力度的影响及对策

一、农商行发展与支农现状

近年来农村信用社在金融深化改革中有突出成绩，特别是通过改制组建农村商业银行（简称农商行，下同）符合现代农村金融发展潮流。但是，由于经济增速放缓，市场竞争加剧，给一贯以重资产和利息收入为主的农村金融机构包括农商行带来了经营压力，资本约束也成为农商行面临的挑战。为了应对大中型商业银行的市场和业务扩展的冲击，近期农商行探索转型方式，形成了拓展中间业务、加大非利息收入占比、逐渐向轻资产化经营转型的发展趋势。以湖南省的农商行为例，10 家样本农商行 2012 年平均非利息收入占比约为 25.91%，到 2016 年则为 34.91%，增幅约为 34.7%，从单家农商行来看，除欠发达地区一家农商行非利息输入减少和发达地区一家农商行非利息收入基本稳定以外，其余均有增长。

中间业务的适当拓展能在一定程度上改善农商行面临的大中型商业银行竞争、利差缩小等困境，同时在增加利润增长点、管控风险、鼓励金融创新、发展新业务和提升金融服务水平等方面均有一定促进作用。近几年，国家对"三农"和小微企业等重点领域和薄弱环节越来越重视，指出要"加快农村金融创新，强化激励约束机制"（2017 年中央一号文件），银监会也开展了"三违反"、"三套利"和"四不当"等一系列强监管举措，规范金融业务的开展，引导金融服务实体经济。而中间业务的过度开展则可能导致农商行偏离支农目标，影响传统存贷业务支农力度，另外由于中间业务管理经验不足，也可能导致风险增加等不利于农商行自身发展的状况。因此，对农商行轻资产化运营状况进行分析，研究农商行拓展中间业务对支农目标以及其自身盈利风险状况的利与弊，对农商行中间业务的正确引导与规范具有现实意义。

本文以下部分将这样安排：第二部分综述农村金融机构轻资产化、中间业务开展等方面的研究文献；第三部分分析轻资产业务对农商行支农目标的影响；第四部分实证分析轻资产业务对农商行支农的挤出效应及相关影响；

第五部分对农商行轻资产化提出针对自身发展与支持"三农"方面的建议。

二、轻资产业务与支农情况研究综述

对于农村金融机构业务开展的分析，一些学者认为，主要通过金融机构经营绩效的增长，风险状况的改善，以及对农业农村经济的扶持作用影响来衡量改革的成果。李娟、金麟根（2007）[1]从我国金融业全面开放情况下外资银行进入我国农村金融领域的趋势开始研究，认为只有不断的加深中间业务对农商行业务发展重要性的理解，并不断分析和解决开展中间业务中出现的问题，才能提升农村金融机构的竞争能力，更好地发挥农村金融机构的职能；彭建刚、李关政（2006）[2]考察了我国金融发展与二元经济结构的内在关系，认为金融发展对二元经济结构的转换具有显著影响，因此提出在二元经济结构下，不能只追求金融规模的扩展，还需要注重调整金融财政性功能，并要大力发展非国家以及地方中小金融机构。洪正（2011）[3]从监管情况和监督机制方面，通过建立借款人融资模型对各类新型农村金融机构的监管和支农效率进行分析与比较，认为现有农商行缺乏监督的比较优势，但作为主导农村金融增量改革和支持"三农"发展的金融机构，进一步改革应当充分发挥民营资本和各类新型机构和业务的作用。周月书、韩乔（2016）[4]通过分析2009—2014年江苏51家农商行的信贷和经营绩效情况，认为改革后农商行贷款增速放缓，但支农力度基本稳定，并且在自身经营方面绩效增长趋缓，但更加审慎，同时还对其股权结构等其他因素进行了进一步研究，房启明、罗剑朝（2016）[5]以英国商业性农村金融制度在农业现代化进程中发挥的重要作用和成功经验为例，为我国农村金融机构改革提出制定完备农村金融法律、构建功能明确和分工协作的农村金融组织形式；而农村金融机构自身的效益与风险管理强化，以及可持续发展对于金融机构服务农业农村经济也具有促进作用，对于农村金融机构对农业经济的推动作用。党文（2011）[6]在对我国农村金融机构可持续发展的研究中提出，农村金融机构的稳定和发展有利于增强服务三农的力度，落实金融惠农政策，以及提高农村金融服务水平等，并提出要加快农村金融机构改革，加强政府与农村金融机构的联系等建议。游春、巴曙松（2014）[7]聚焦于社区银行模式的建立，认为随着国家对"三农"的重视，已逐步建立起农商行、村镇银行、小贷公司为主的多元农村金融结构，并在考察了我国农村社区银行建立不成熟的情况之后，提出社区银行模式建设和创新的具体建议措施。咸兵、武晓岛、周婧烨（2016）[8]考察了2007年以来中国新型农村金融机构改革后对农业贷款、农业GDP等变量的显著影响，以此考量农村金融机构社会绩效，认为新型农村金融机构的成立与规范运营对农业增长具有积极促进作用，更好地支持了"三农"发展。

对于金融机构的轻资产化运营及业务开展，赵永清（2016）[9]认为我国存在金融脱媒的加剧与利率市场化的推进等因素，对商业银行的盈利能力构成了严重的挑战，这使得商业银行不得不在业务结构和经营模式上进行调整，由此产生了商业银行轻资产化趋势，之后其阐述了轻资产运营模式的发展趋势和影响因素，探讨了轻资产化的路径与加快商业银行轻资产运营模式发展的对策建议；曹国强（2016）[10]指出经济新常态下经济转型和结构调整加大了信用风险压力，以及利率市场化缩小利差削弱了利息收入，使得凭借高资本消耗、重资产运行的商业银行运营模式无法持续，需要加快轻资产、轻成本的改革转型。佘运九、严力群（2017）[11]从经济体系轻资产趋势、传统和新兴产业发展趋势和商业银行轻资产运营转型等方面的情况分析认为轻资产运营是商业银行适应经济发展新趋势的要求，并以较少资本投入和占用实现较多收入和利润衡量轻资产运营模式，提出降低信贷资产占比，提高非利息收入占比，因此，轻资产运营模式的一大重点在于商业银行中间业务的发展。于恩生、宋巍（2000）[12]认为中间业务的发展是社会经济与商业银行发展的必然结果，需要在我国商业银行中间业务起步阶段着手完善功能、扩大规模和提高效益，并对宏观管理和商业银行自身措施提出了建议。胡章宏（2001）[13]分析了欧洲的商业银行随着利息收入减少而发展中间业务的情况与特点，从非利息收入占比、证券保险资产管理联合合作、产品开发和定价以及机构和人员配置等方面分析欧洲做法并提出加强中间业务发展的建议。在金融机构改革的各种方式中，对商业银行轻资产化改革，即积极开展中间业务，提升非利息收入在利润中的占比，也有一定的研究成果可供借鉴。杨晓、黄儒靖、王昉（2010）[14]则对银保合作类的中间业务的创新和问题进行了分析，并基于商业银行中间业务带来的收益情况，认为实现其创新与突破是十分必要的，在外部法律环境、创新模式和金融环境等方面提出相应建议。张珩、罗剑朝、郝一帆（2017）[15]通过分析2008—2014年陕西农信社普惠金融发展水平，认为地区和产权形式会导致金融服务水平有所差异，分析发现中间业务交易、农户银行卡持有数、利率水平是农村普惠金融的最重要因素。

三、农商行轻资产业务现状及对支农的影响

（一）农商行轻资产业务现状

轻资产化运营主要是通过发展消耗自身资产较少的中间表外业务达到增

加银行营业收入，降低资本金风险的目的，使得信贷等高资产消耗的传统业务收入在总收入中的占比逐步下降。根据商业银行中间业务普遍认为划分为 9 大类，即支付结算，为客户办理债权债务结算的资金支付划拨；银行卡，为存款、取现以及消费和转账等业务提供信用的一种支付手段；代理，为客户代办经济事务，提供金融服务；担保，为客户偿债能力担保，承担违约风险；承诺，约定在一定条件下为客户提供信用；交易，利用金融工具交易资金为客户保值或管理风险；投资银行类，即证券公司、投资银行进行的诸如证券业务、风险投资、兼并重组等业务；基金托管，保管基金管理公司所托管的资产，以供资金运作；咨询顾问，依靠自身收集和整理信息的优势提供客户系统的资料和方案等。

以湖南省为例，自 2012 年湖南省农村信用社逐步改制为农商行以来，其非利息收入在总收入中的比重就在总体上逐年提高，本文在湖南发达地区与欠发达地区各抽取 5 家农商行的样本中，非信贷收入占比变化如图 1 所示。

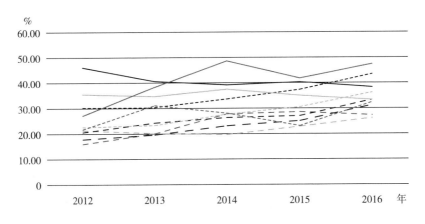

图 1　湖南农商行非信贷收入占比变动图

图 1 中实线所标注的为长株潭等发达地区的样本非利息收入变动情况，虚线则表示欠发达地区农商行的情况，除去某发达地区农商行在近年来非利息收入占比有所下降以外，其他农商行都表现出非利息收入占比逐步提高的状况，由 2012 年最初普遍在 20% ~30% 区间内上升至 2016 年的大多在 30% 以上，也有少部分农商行非利息收入超过 40%。

而在各种非利息收入的构成中，农商行根据县域环境和服务对象特点开展中间业务，主要为投资交易类业务，另外银行卡、支付结算以及代理业务也有一定的占比，另外还包括担保和账户管理等，收取手续费和佣金作为中间业务收入，抽取的湖南省农商行样本中，逐年主要开展的中间业务及其平均比重情况如表1所示。

表1 各项中间业务收入占比情况表 单位：%

年份	银行卡业务	结算业务	代理业务	投资交易
2012	4.95	2.90	3.74	88.42
2013	3.47	1.69	2.62	92.22
2014	3.08	1.43	1.29	94.19
2015	2.82	1.04	0.98	95.17
2016	2.41	0.96	0.96	95.67

由表1可知，农商行的轻资产化趋势在近年来面临大中型商业银行竞争、利率市场化完成以及经济结构调整等局面时，具有轻资产化运营趋势，非利息收入占比和中间业务规模有所提高，但在中间业务开展的结构上，便利农户获得金融服务的银行卡业务和代理业务等占比较小，以及为农业企业提供支付结算平台的占比也较小，反而在证券投资交易和其他相关领域的中间业务有较大的收入占比，一方面确实体现出投资和交易等业务依旧拥有较高的投资回报率，另一方面也表明在轻资产化改革的途中，要做到传统业务支农的同时，也要关注新型中间业务对农业农村的支持力度，而不是单纯地以商业性动机考量。

分别从发达地区和欠发达地区来看，以2016年样本的各项中间业务情况为考察对象，具体情况如表2所示。

表2 2016年按地区分类农商行各项中间业务占比情况表 单位：%

银行	年份	银行卡业务	结算业务	代理业务	投资交易
欠发达地区样本	2012	2.55	0.80	0.40	96.25
	2013	1.95	0.93	0.88	96.24
	2014	1.87	0.61	0.00	97.52
	2015	1.66	0.53	1.86	95.96
	2016	2.86	4.12	0.15	92.87
发达地区样本	2012	4.14	0.95	0.00	94.91
	2013	1.67	0.35	0.13	97.85
	2014	3.11	0.60	0.00	96.29
	2015	5.28	0.80	0.94	92.98
	2016	0.86	0.23	5.14	93.78

根据表2中的数据分析，发现中间业务发展无论是发达地区还是欠发达

地区都存在偏重商业性、支农政策目标则考量不足的问题，且发达地区和欠发达地区农商行的中间业务开展结构没有显著差异，普遍都存在便利企业和农户获得金融服务的业务开展较少、投资交易类业务则较多的问题。

（二）轻资产业务对农商行支农的影响分析

轻资产化运营是目前农商行在盈利空间变窄、不良贷款率上升压力下产生的一种转化趋势，本文从农商行支农目标的角度出发，从传统存贷业务支农、农商行支农可持续性以及农业经济三个方面考量轻资产化运营的好处和不足，其中农商行支农可持续性包含了农商行自身对盈利性的需求以及对信用风险的审慎监管要求；对农业经济的直接影响则包含了监管部门对金融机构中间业务要回归服务实体经济的最新要求。从金融风险管控方面来看，中间业务受到的限制较少，不同于传统的资产业务和负债业务，因此承担的风险也相对较大；并且由于财务报表无法反映发生的中间业务，监管部门无法确切了解中间业务的开展和经营情况，不利于对金融机构实施有效监管；此外，中间业务在直接或间接影响着商业银行业务和财务的诸多方面，这将使商业银行面临的风险扩散到各种业务和各个部门之间，防范风险和明确责任的难度较大。总体而言，目前中国商业银行的中间业务，从法律上看监管不严格，也很难从会计角度出发来估算业务的盈利和亏损情况，还存在信用风险操作等的因素。

轻资产业务的开展对传统存贷业务支农的影响主要体现在两方面。第一，由于轻资产业务以少消耗和不消耗自身资本的中间业务为主，在资本约束条件下对农商行传统的存贷业务影响较小，但是若中间业务过快增长，则可能会挤占部分存贷业务的资源，而会产生或有资产和负债的表外业务则可能导致银行自身资产负债表的变动，资产配置结构和贷款结构发生变化会造成信贷资产配置和涉农贷款比例的波动。第二，部分中间业务的适当开展能够成为扩大存贷规模的一种新兴途径，比如便利农户获得金融服务的银行卡业务拓展，除了能获得手续费和佣金外，能够进一步地开发农村农户存贷业务对象，从而增加农户存款与涉农小额贷款规模；结算与代理业务也可以在符合规章制度的条件下，代为管理结算与代理业务对象的资金，增加诸如保证金存款、结算资金等的规模。

湖南省农商行在具有一定轻资产化运营趋势的情况下，支持农业农村力度和可持续性等情况则表现得较为稳定。首先，湖南省农商行近年来涉农贷款的情况如图2所示。

根据图2（a）、（b）的对比发现，欠发达地区的涉农贷款比例平稳上升，

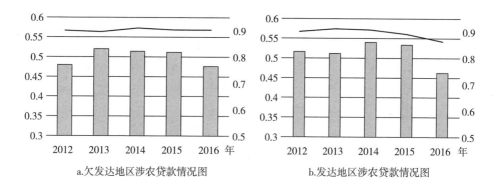

a.欠发达地区涉农贷款情况图　　　　　　b.发达地区涉农贷款情况图

图2　农商行涉农贷款与信贷资产配置变动情况

信贷资产配置比例也基本稳定，而发达地区的农商行近年来涉农贷款占比有
少许下降，降至2016年略低于90%，信贷资产配置也于2016年稍有下降。

　　而对农商行的收益与风险的现状上，选取湖南省的农商行样本的总资产
收益率情况如图3所示，不良贷款率如图4所示。

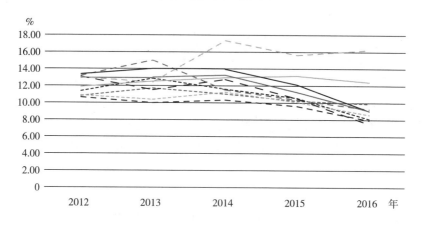

图3　农商行总资产收益率变化图

　　图3、图4中实线表示欠发达地区农商行的情况，虚线表示发达地区农商
行的情况。根据图3、图4所示，近年来农商行的总资产收益率整体上有所下
降，欠发达地区下降更为明显，这可能是因为大中型商业银行扩张以及利率
市场化等因素的冲击导致其盈利空间不足，因此在理论上使得转换运营发展
模式更加迫切；同时在不良贷款率方面，欠发达地区受到经济下行结构转换
等因素影响，整体出现小幅的上升趋势，而发达地区的不良贷款率则保持相
对稳定，波动不大。

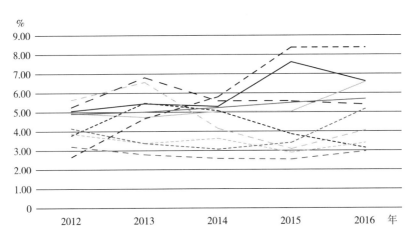

图 4　农商行不良贷款率变化图

四、轻资产业务挤出效应的实证研究

（一）变量说明与模型建立

根据前文对农商行轻资产化运营现状以及轻资产业务对支持"三农"目标影响的理论分析和相关数据的统计描述，本文选取涉农贷款占比作为衡量农商行支农能力的指标，研究湖南省农商行开展的轻资产业务随着非信贷收入占比逐步增加对以上指标产生的影响，并且区分发达地区和欠发达地区农商行发展不同种类的中间业务对支农力度的影响程度，并加入地区经济增长情况和农商行自身情况等控制变量。本文采用表3的指标进行实证分析与检验：

表 3　　　　　　　　　　　　变量符号与变量说明

变量符号	变量名称	变量说明
ARL	涉农贷款占比	涉农贷款占总贷款资产的比例
ROA	总资产收益率	总收益与总资产的比率
NPL	不良贷款率	不良贷款占贷款总额的比例
AGDP	农业 GDP 增长率	农业生产值的对数增长率
NCI	非信贷收入占比	替代中间业务收入占比
X_j	各项中间业务收入占比	包括金融机构往来、银行卡业务、结算业务、代理业务以及投资交易等中间业务类别
LNGDP	GDP 增长率	GDP 的对数增长率
ASS	资产总额	标准化后的资产总额
LR	流动性比率	流动资产与流动负债的比率
CA	信贷资产占比	信贷资产占总资产的比例

提出以下模型对农商行增加非信贷收入以及开展各项轻资产业务和对农业农村领域支持力度等方面假设进行实证分析。

首先考虑农商行轻资产业务增加非信贷收入是否会对传统存贷业务支持"三农"的力度，主要是对涉农贷款造成影响，因此提出：

$$ARL_{it} = \alpha_0 + \alpha_1 LAB_{it} + \alpha_2 ROA_{it} + \alpha_3 LNGDP_t + \alpha_4 ASS_{it} + \alpha_5 CA_{it} + \alpha_6 LR_{it} + \mu_1$$

（1）

其次考虑农商行开展的各项轻资产业务对农商行支农情况分别有怎样的影响以及影响程度如何，主要考虑各项轻资产业务的收入与涉农贷款占比之间的关系，提出：

$$ARL_{it} = \alpha_0 + \sum \alpha_{1j} X_{jit} + \alpha_2 ROA_{it} + \alpha_3 LNGDP_t + \alpha_4 ASS_{it} + \alpha_5 CA_{it} + \alpha_6 LR_{it} + \mu_2$$

（2）

（二）数据描述与结果分析

本文选取了 2012 年至 2016 年间，湖南省 10 家农商行的数据进行实证分析和检验，其中 5 家分布于发达地区，另外 5 家分布于欠发达地区，变量数据描述性统计见表 4。

表 4 　　　　　　　　　　　数据描述性统计表

	平均值	标准差	最小值	最大值	中值
涉农贷款占比	0.8979	0.0618	0.7627	0.9902	0.9100
GDP 增长率	0.1237	0.1093	0.0385	0.5885	0.0984
农业 GDP 增长率	0.0909	0.0281	0.0441	0.1703	0.0841
总资产收益率	0.1164	0.0208	0.0751	0.1734	0.1151
不良贷款率	0.0473	0.0145	0.0254	0.0837	0.0497
非信贷收入占比	0.3028	0.0820	0.1600	0.4864	0.2940
金融机构往来	0.1560	0.0819	0.0270	0.3842	0.1344
银行卡业务	0.0045	0.0017	0.0019	0.0089	0.0042
结算业务	0.0020	0.0014	0.0005	0.0085	0.0018
代理业务	0.0024	0.0041	0.0000	0.0204	0.0010
投资及其他	0.1378	0.0734	0.0016	0.3053	0.1328
资产总额	1.0387	0.8600	0.1930	3.0671	0.5813
流动性比率	0.6604	0.3227	0.1589	1.9209	0.5679
信贷资产占比	0.5066	0.0683	0.3544	0.6260	0.5219

由于农村金融机构体制改革起步较晚且还在逐步推进，因此农商行成立

的时间普遍不长，因此样本的时间跨度和界面都较小，利用 OLS 估计方法对面板数据进行回归估计，根据前文建立的模型，欠发达地区与发达地区农商行轻资产业务对存贷业务支农的挤出效应，即对涉农贷款占比影响的估计结果如表 5。

表 5　　　　　　　　　　轻资产业务对涉农贷款的挤出效应

	欠发达地区		发达地区	
	模型一	模型二	模型三	模型四
C	0.088978	0.016649	0.068405 *	0.079591 *
LAB	− 0.023329		− 0.077321	
X1		− 0.115188 **		− 0.151883 **
X2		8.785488 *		− 4.163312
X3		3.586354 *		0.255356
X4		− 0.918541		0.625613
X5		0.070032 *		− 0.118832 *
ROA	0.089723	0.613251 **	0.70051 ***	0.697325 **
LNGDP	0.022825	− 0.01987	− 0.02187	− 0.014217
ASS	− 0.00102	− 0.007129	0.012876 **	0.022712 ***
CA	− 0.098864	− 0.160432 ***	− 0.242245 ***	− 0.209283 **
LR	0.007647	0.013662 **	0.040728 ***	0.022117
Adjusted R − squared	0.080273	0.74421	0.634993	0.646844
Sum squared resid	0.014425	0.007607	0.007402	0.007281
Durbin − Watson stat	1.172531	2.679302	1.774187	1.988287
F − statistic	1.349118	7.982687	7.958701	5.395863
Prob（F − statistic）	0.287175	0.000311	0.00027	0.002358

模型一与模型二分析了欠发达地区农商行的轻资产业务对传统存贷业务中涉农贷款比重的影响，而模型三与模型四则是发达地区轻资产业务对传统存贷业务中涉农贷款比重的影响。其中模型一与模型三主要描述的是非信贷收入占比与涉农贷款占比变动的关系，模型二与模型四主要反映了样本农商行所开展的各项轻资产业务分别与涉农贷款占比之间的关系。

根据估计结果来看，经调整后的拟合度除了模型一都大于 60%，即所考虑的变量因素在线性拟合下可以解释涉农贷款占比变动的 60% 以上，模型二的解释程度更在 70% 以上；而根据 F 统计量及其 P 值的判定，同样模型二、模型三、模型四都以 99% 的置信度认为模型是可靠的，模型一 P 值 0.28 >

0.1，未通过检验。另外估计结果杜宾统计量都在 2 附近，序列自相关现象不明显。

首先根据模型一和模型三，虽然轻资产业务变量与农商行涉农贷款占比的线性回归关系不显著，未通过 t 检验，但是根据两者系数（欠发达地区农商行为 - 0.023329，发达地区农商行为 - 0.077321）可知，无论是欠发达地区还是发达地区，可以初步判断出农商行开展轻资产业务对传统存贷业务支农力度存在一定的挤出效应，且在发达地区对涉农贷款占比的影响更大。由于欠发达地区农商行的估计模型未通过显著性检验，因此主要分析轻资产业务总体上对发达地区农商行涉农贷款占比的影响，可以看出在发达地区，农商行开展轻资产业务对涉农贷款占比的影响还与农商行自身资产收益、资产规模以及流动性比率、信贷资产占比等因素有关，农商行的盈利能力越强，资产规模越大，信贷资产占比越高，则农商行涉农贷款占比也就越高，但与其流动性比率则呈现负相关。

由于对轻资产业务总体的估计显著性不高，因此对农商行开展的各项轻资产业务分别研究其对信贷业务支农的挤出效应大小及对涉农贷款占比的影响情况。在欠发达地区农商行的轻资产业务中，金融机构往来、银行卡业务、结算业务和投资交易类业务对农商行涉农贷款占比存在显著影响，其中金融机构往来业务对涉农贷款占比存在显著的负效应，对农商行存贷业务支农存在较大的挤出效应，但银行卡业务和结算业务在一定程度上对涉农贷款具有正向影响，即在一定程度上发展银行卡业务和结算业务便利了农村农户和企业获得金融服务，从而增加了涉农贷款占比，有利于农商行的支农目标实现，投资交易类业务也对涉农贷款存在较显著的影响，系数为正但较小，说明在欠发达地区现阶段下投资交易类轻资产业务对涉农贷款占比的影响较小。而发达地区的农商行的轻资产业务中，影响存贷业务支农目标的主要是金融机构往来业务和投资交易类业务，而且两者均为显著的负向关系，即金融机构往来业务和投资交易业务的增加会导致农商行的涉农贷款占比下降，且系数较大，因此这两项轻资产业务对农商行存贷业务支农力度存在显著的挤出效应。

五、研究结论与相关政策建议

根据以上对欠发达地区和发达地区农商行轻资产业务对涉农贷款占比的估计结果的分析，轻资产业务的开展确实对农商行存贷业务支农存在挤出效应，虽然这种效应在整体上显著性不强，但根据对各项轻资产业务影响的分别分析，发现无论是欠发达地区还是发达地区金融机构往来业务都会对农商行涉农贷款占比造成一定的显著负向影响，可能导致金融资金空转而无法服务于农村实体经济，加快金融风险在体系中的传递；而在欠发达地区农商行开展银行卡业务和结算业务则会对在一定程度上增加涉农贷款占比，有利于农商行在欠发达地区普及金融服务，提升服务水平，有助于农商行在欠发达地区开展支农服务，但在发达地区这种影响则不显著；发达地区农商行的投资交易业务也对支农力度存在显著的挤出效应，由于投资交易类业务需要占用农商行的部分资金与资源，影响了其存贷业务的开展和支农目标的实现，但是在欠发达地区投资交易类业务存在较小的正向影响关系，这可能是由于欠发达地区涉农贷款增长空间较大，且投资交易类业务开展规模小等因素导致的，具体情况应当进一步研究。

针对农商行的轻资产化趋势，我们认为在轻资产化改革中应当区分各类中间业务对农商行自身和支农能力的影响，加速发展能促进农商行支持三农的业务，反之对可能影响到农业经济发展的轻资产业务加以限制，因此本文提出政策建议：第一，农商行需要根据自身和农村经济实际情况把握开展轻资产业务的程度，适当开展轻资产业务能够提升竞争力，而过度开展则会导致农商行支农力度的减弱。第二，农商行应当优化轻资产

参考文献

［1］李娟，金麟根．发展我国商业银行中间业务的现实条件分析［J］．商业研究，2007（9）：108－109.

［2］彭建刚，李关政．我国金融发展与二元经济结构内在关系实证分析［J］．金融研究，2006（4）：90－100.

［3］洪正．新型农村金融机构改革可行吗？——基于监督效率视角的分析［J］．经济研究，2011（2）：44－58.

［4］周月书，韩乔．农商行股权结构、信贷行为与经营绩效——以江苏省为例［J］．中国农村观察，2016（1）：51－62.

［5］房启明，罗剑朝．中英农村金融制度比较研究及其经验借鉴［J］．经济体制改革，2016（6）：168－174.

［6］党文．关于我国农村金融机构可持续发展研究［J］．学术论坛，2011，34（11）：142－146.

［7］游春，巴曙松．我国农村建设社区银行的相关问题研究［J］．现代经济探讨，2014（5）：35－39.

［8］咸兵，武晓岛，周婧烨．"轻资产"产业形态发展与金融服务创新研究［J］．经

济体制改革, 2016（4）: 102 – 108.

［9］赵永清. 商业银行向轻资产模式转型的路径研究［J］. 金融纵横, 2016（3）: 65 – 71.

［10］曹国强. 商业银行转型发展战略选择:"轻资本""轻资产""轻成本"［J］. 银行家, 2016（7）: 32 – 33.

［11］佘运九, 严力群. 商业银行轻资产运营研究［J］. 农村金融研究, 2017（4）: 33 – 38.

［12］于恩生, 宋巍. 中间业务: 我国商业银行走向现代化必然而现实的选择［J］. 财经问题研究, 2000（8）: 12 – 14.

［13］胡章宏. 欧洲商业银行中间业务的发展变化及其启示［J］. 国际金融研究, 2001（12）: 39 – 42.

［14］杨晓, 黄儒靖, 王昉. 我国银保合作类业务存在的问题及创新发展研究——基于商业银行中间业务收益［J］. 软科学, 2010, 24（11）: 136 – 141.

［15］张珩, 罗剑朝, 郝一帆. 农村普惠金融发展水平及影响因素分析——基于陕西省107家农村信用社全机构数据的经验考察［J］. 中国农村经济, 2017（1）: 2 – 15.

本文刊登于《银行家》2016年第12期。合作者为黄宇焓。

发达经济体愿景下开发性普惠金融的战略思考

一、引言

　　跨越"中等收入陷阱"，实现进入发达经济体的"中国梦"目标是当前中国经济社会转型升级过程中需要面对的重大课题。改革开放近四十年，中国经济发展取得了巨大成就，但随着中国的人均收入逐步增加，国内的经济结构矛盾日益凸显。以往的人口红利逐渐消失，要素累积式粗放型的经济发展模式已不可持续。中国人均 GDP 已超过 8 000 美元，处于中等收入阶段。中等收入阶段是一个新的发展阶段，跨越低收入陷阱的政策和发展模式，在中等收入阶段已大多不再适用。从拉美、东南亚等落入"中等收入陷阱"的国家来看，没有及时转变发展模式，经济增长波动性大且没有产生新的驱动力，以及收入分配不均衡是落入陷阱的主要原因。保持经济的可持续发展、增强收入分配的合理性，并通过技术创新转换新的动力机制是跨越"中等收入陷阱"的有效路径。普惠金融的发展为跨越"中等收入陷阱"、实现发达经济体目标提供了不可或缺的支撑。

　　普惠金融作为中国金融改革深化的重要内容，对促进金融发展和经济增长起着至关重要的作用。普惠金融也称包容性金融，是小额信贷和微型金融的进一步拓展。2005 年联合国在宣传国际小额信贷年时首次提出要在世界范围内建立统一的普惠金融体系，即可以为社会上所有阶层和所有群体提供全面金融服务的金融体系。2013 年十八届三中全会在《中共中央关于全面深化改革若干重大问题的决定》中正式将"普惠金融"作为党的执政纲领，并提出"发展普惠金融，鼓励金融创新，丰富金融市场层次和产品"。2015 年底，国务院颁布了推进普惠金融发展规划（2016—2020），规划认为大力发展普惠金融是全面建成小康社会的必然要求，也是助推经济转型升级和增进社会公平和谐的应有之义。2016 年 9 月 G20 杭州峰会，中国推动和参与制定了《G20 数字普惠金融高级原则》，这份原则从数字技术的视角规范了未来普惠金融的发展，并提出通过数字普惠金融服务推动包容性经济增长。2017 年 3

月 5 日，李克强总理在《政府工作报告》中指出，鼓励大中型商业银行设立普惠金融事业部，国有大型银行要率先做到，这预示着中国普惠金融事业将迈向新的台阶。未来中国应建立与全面建成小康社会相适应的普惠金融服务体系，在有效提高金融服务可得性的同时保障金融服务质量，使中国的普惠金融发展居于国际领先水平。

在中国，普惠金融不仅具有向社会各阶层提供金融产品和服务的内在本质，更为重要的是，具有为社会各阶层提供共享经济成果的机会和提高劳动生产率的能力。前者可视为普及性普惠金融，仅具有"供血功能"，后者可视为开发性普惠金融，具有"造血功能"。普惠金融不能停留在扶贫和普及层面上，应以创新的理念和方法将普惠金融与中国经济的转型升级有机结合起来，从广度和深度两个方面为社会所有阶层和群体提供新常态下经济发展的金融支持。普惠金融应走分工、交易和社会大协作的创新之路，依靠中国制度的优越性，在奔向发达经济体这一更高的目标上，以基于产业链的分工协作完善普惠金融体系。将普惠金融与基于社会分工的创新、绿色、协调、共享、开放的理念对接，优化设计普惠金融的宏观结构和微观运行机制。

为此，本文基于发达经济体愿景，在供给侧改革背景下，提出完善中国普惠金融体系的基本思路，阐述发展开发性普惠金融的必要性，探索发展开发性普惠金融的基本框架，以期为中国金融管理部门制定中长期发展战略提供理论依据。

二、相关文献综述

发达经济体，也称已开发经济体、工业化经济体，通常指那些人均 GDP 较高并且科技、文化、教育、卫生普遍发达的经济体。发达经济体经济实力较为雄厚，率先使用先进的科学技术水平提高劳动生产率，且产业结构较为先进，第三产业占 GDP 比重一般大于 60%。发达经济体的市场化程度高，经济运行机制也较为成熟，金融市场高度国际化，最为典型的是大多数发达经济体都拥有优质的跨国公司。关于发达经济体的归类，世界上有多个组织和机构通过不同指标进行衡量，比较有代表性的如 IMF（世界货币基金组织）对发达经济体的分类、OECD（经济合作与发展组织）的高收入国家归类和世界银行高收入经济体归类。联合国公认的发达经济体包括美国、德国、澳大利亚、新西兰、日本、韩国等国家。日本、韩国这些东亚国家都曾经历过"中等收入陷阱"，在进入中等收入序列后，放弃了长期依赖出口为导向的低成本优势战略，转向依靠科技进步和人力资源开发，促进中等收入阶层的形成和经济增长动力结构的转变，顺利跨越了"中等收入陷阱"[1]。"中等收入陷阱"本质上是增长陷阱。亚洲国家在 20 世纪中后期都曾经历过高速的经济发展，尤其是中国在改革开放以来，在以廉价资源和大量剩余劳动力背景下，开始了以投资和出口拉动经济增长的跨越式发展。但是随着中国人均收入步入中高收入区间，经济增长开始逐渐放缓，以往的动力机制也在逐渐弱化[2]。蔡昉（2007，2011）认为中国经济已迎来其发展的"刘易斯拐点"，即劳动力无限供给的状态即将消失；未来加强制度创新，提高全要素生产率，扩大人力资本积累和深化经济体制、政府职能的改革是避免落入"中等收入陷阱"的有力措施[3-4]。同时，任何国家长期的经济增长都离不开国家基础能力的提升，制度质量是国家基础能力构建的核心，也是一国跨越"中等收入陷阱"的重要推动力[5]。目前，中国各地的经济发展水平不一，东部许多城市已经迈入了人均高收入水平行列，而中西部城市的经济水平发展还较低。从政策角度看，应实行分类指导，不能搞一刀切。中国跨越"中等收入陷阱"采取的措施存在着地域差别，也相对来说更为复杂，应该因地制宜地制定战略方针[6]。加大对欠发达地区的支持力度是未来中国迈过"中等收入陷阱"的首要战略选择[7]。2017 年中央一号文件《中共中央、国务院关于深入推进农业供给侧结构性改革加快培育农业农村发展新动能的若干意见》提出，要壮大新产业、新业态，拓展农业产业链、价值链。将普惠金融与农业供应链集体化进程联系在一起，使商业化金融机构贷款、政府扶贫资金和政策性优惠贷款等普惠金融资金融入到农业供应链中，既提高了普惠金融渗透率，又降低了金融服务成本[8]。普惠金融与农业供应链金融的有机结合，可以重点支持当地特色产业和项目，使更多的农户、中小微企业进入供应链与高端的绿色产业，从而为中国新常态下的经济转型升级服务[9]。

普惠金融起源于民间金融，从最初的小额信贷逐渐过渡到微型金融，至今金融机构以其可负担的成本有效地为社会所有阶层和群体提供金融服务。关于普惠金融的本质，王颖和曾康霖（2016）从中国经济史的角度思考，认为普惠是普惠金融的伦理基础，普惠具有向弱势群体倾斜的本质以及普惠体现为弱势群体内部的交叉互助[10]。陈颖（2017）利用微观数据研究了儒家文化对中国普通居民由正规金融机构获得贷款产生的影响，结果表明：儒家文化与普惠金融呈负相关关系，表现为差序格局下以"孝"为特征的面向，在一定程度上弱化了经济收入对金融普惠的促进作用[11]。对于普惠金融体系的建设，杜晓山（2006）详细分析了发展中国家小额信贷的不同特征和趋势，认为可以从宏观、中观和微观三个层面构建普惠金融体系[12]。普惠金融体系的建立不仅可以有效解决全人类的贫困问题，还可以帮助更多的国家实施经济起飞，对经济起到调节和促进的作用[13]。同时，发展普惠金融也是实现包容性增长的具体措施和重要动力，在推动中国经济稳定、健康、可持续增长的同时实现包容性发展[14]。Sarma M 和 Paris J（2011）的研究结果也表明，人类的发展水平与普惠金融紧密相关[15]。Sharma D（2016）分析了印度的经济发展与普惠金融之间的关系，结论认为两者存在正相关关系[16]。李涛等人（2016）认为，普惠金融的发展符合边际收益递减规律，且对经济增长的影响存在时间效应[17]。周斌等人（2017）的实证结果也指出，从长期来看，普惠金融对经济增长率和居民消费价格指数驱动的经济增长存在负面冲击[18]。随着国内外学界对普惠金融的密切关注，从普惠金融指标体系的构建[19-20]，到研究金融包容性的影响因素[21]，再到普惠金融的应用与发展[22-24]，其理论体系的构建日臻成熟。

综上所述，"中等收入陷阱"已经纳入到现有的经济增长分析框架中。国内外学者对"中等收入陷阱"的经济理论分析有了较为深入的研究，从发生机理到现状分析以及解决方法有了一个逻辑框架。普惠金融关于收入分配公平性的发展理念与迈过"中等收入陷阱"成为发达经济体的发展理念是一致的。为了进入发达经济体，实现社会主义现代化，中国应调整经济结构和金融结构。作为发展中大国，中国现有的普惠金融体系还不够完善，未来的普惠金融应具有何种特点、应当呈现怎样的结构，在发达经济体愿景下，普惠金融如何有效地支持跨越"中等收入陷阱"，国内外学术界文献还少有涉及，需要结合中国供给侧改革的大背景，运用现代经济发展和金融发展理论，分析现有普惠金融体系，探索出中国未来新的普惠金融发展模式。

三、供给侧改革背景下完善普惠金融体系建设的基本思路

2015 年中央财经领导小组第十一次会议上，习近平总书记提出"在适度扩大总需求的同时，着力加强供给侧结构性改革，着力提高供给体系质量和效率，增强经济持续增长动力"。国务院总理李克强在"十三五"规划纲要编制工作会议上提出"要在供给侧和需求侧两端发力促进产业迈向中高端"。以往中国经济增长主要依靠消费、投资和出口三种方式拉动，通过需求端提升经济增长率。随着中国经济迈入中高等收入阶段，过度追求总量经济、忽视结构失衡的发展模式已不可持续。找准新的经济增长点，调整产业结构，通过技术创新促进经济有效率地增长才是中国经济未来的发展方向。因此，供给侧改革应运而生。供给侧改革的首要目标是化解产能过剩、消化房地产库存、减小企业杠杆、降低企业成本和补强经济短板，即"三去一降一补"政

策。供给侧改革的本质是从供给端着手，优化要素配置，在要素配置合理的条件下实现中长期经济稳定增长，这里的要素既包括劳动力也包括土地、资本和技术创新。优化要素配置的同时，进一步提升全要素生产率，通过企业生产效率和科学技术水平的提高促进中国经济增长。

供给侧改革的内涵与普惠金融是高度一致的，尤其在要素配置方面。以资本要素配置为例，供给侧改革主要体现为降低资本成本，提高资本使用效率。2017年5月许小年在深圳创新发展研究院的演讲上谈到，中国在1990年末期1元人民币的投资大约可以带来0.4~0.5元的新增GDP，但是最近十几年，1元人民币的投资只能带来0.07元的新增GDP，资本的边际收益趋近于0。资本的边际收益下降一方面说明资本使用成本在增加；另一方面，说明资本的使用效率比较低，中小微企业"融资难、融资贵"的问题便是资本使用效率低下的缩影。由于中小微企业自身规模小，经营风险大，在融资市场的竞争中处于劣势地位。在信息不对称状态下，商业银行更愿意把信贷资金贷给大型国有企业，对数量巨大的中小微企业采取限制和防范措施，造成"惜贷""畏贷"现象。国有企业对于大量信贷资源的不合理使用又会造成资金的过度浪费，最终使资本的边际收益趋向于0。解决中小微企业的融资问题是提高资本边际收益的关键，在这里普惠金融发挥着重要作用。作为小额信贷的延伸和发展，普惠金融一直致力于为弱势群体提供金融产品和服务，弱势群体既包括个人，也包括中小微企业。普惠金融通过信用体系建设可以解决商业银行与中小微企业信息不对称问题，鼓励更多金融机构创新金融产品，扩大中小微企业债券的发行规模，最终满足中小微企业的融资需求。

现阶段中国普惠金融体系不够健全，还没有形成一个完整的合理框架，暴露出一些结构性矛盾，为此，我们拟从宏观、中观和微观三个层面探讨现有普惠金融体系建设，为开发性普惠金融的提出提供理论依据。

普惠金融体系的宏观层面可以从以下几个方面进行完善：（1）提高普惠金融政策的有效性。近些年，为了促进普惠金融发展，政府出台了许多相关政策和监管措施。这些政策是否有效，是否起到了应有的作用，这都亟待解决。由于中国地区之间经济发展程度和普惠金融发展水平差别较大，普惠金融政策并不一定完全适用于每个地区，应对普惠金融政策进行客观的评价，并对地区之间政策的适配性进行考察和评估。（2）提高普惠金融的发展效率。普惠金融指数是准确有效地度量普惠金融发展效率的重要工具，构建一个全面、综合的多层次普惠金融指标体系对于评估普惠金融发展效率显得尤为重要。相对于普惠金融的理论阐述，普惠金融的指数研究还处于起步阶段，指标体系没有达到完备和统一。普惠金融指数的构建要求既要能综合概括普惠金融的内涵和特征，又可以进行时空比较和动态分析，在确保数据的可得性、权威性和准确性的同时能科学直观地衡量不同时期、不同地区的普惠金融发展水平。目前国内外对普惠金融指数的编制更多是在人类发展指数的基础上衍生形成，且在权重赋值方面较为简单且主观。由于数据来源所限，造成构建普惠金融指数的纬度较少，没有很好地体现出普惠金融的内涵和特征。未来可以结合《G20 数字普惠高级原则》，构造一个更加全面、准确和合理的多层次普惠金融指标体系，通过指标体系全面测度中国普惠金融发展效率。（3）加强普惠金融的风险管理。普惠金融在发展过程中已暴露出一定的风险问题，由于普惠金融是为更多弱势群体和弱势地区提供金融产品和金融服务，信用风险不容忽视。因此，在满足金融普惠的同时应进行风险控制，防范因过度"普惠"造成大面积金融风险爆发。这就需要建立一个统一有效的、对普惠金融风险保持高度警惕的监管制度，从防范系统性风险出发，维护普惠金融的良性有序发展。

中观层面可以从两个方面对现有普惠金融体系进行完善：（1）重视金融消费者权益保护。2015 年国务院印发了《关于加强金融消费者权益保护工作的指导意见》，把金融消费者权益保护作为未来深化金融体制改革的一项重要战略工作。普惠金融与金融消费者权益保护相辅相成，通过扩大普惠金融覆盖面，提高渗透率，让更多的消费者参与金融活动，获得融资机会，使得金融消费权益得到充分保障。未来应把金融消费者权益保护与普惠金融体系建设有机结合，在为弱势群体提供金融产品和服务的同时保护好金融消费者权益，从信息披露、交易公平、法制保障等方面优化金融生态环境。（2）以数字金融服务为手段推进区域性普惠金融发展。区域性普惠金融发展是普惠金融体系中的重要组成部分，尤其是县域层面的普惠金融建设更是重中之重。县域地区经济较为落后，缺乏金融机构的有效支持，且服务的功能比较单一，缺乏包括小额贷款、养老保险、医疗保险、补贴、福利支付等全方位的金融服务工具，最终导致县域地区普惠金融发展缓慢。发展数字金融服务可以解决县域普惠金融"最后一公里"问题。数字技术能够为无法获得金融服务的群体（妇女在其中占大多数）以可负担的方式提供金融服务，数字金融将互联网及信息技术与传统金融业务相结合，具有运营成本小，支付便利，参与门槛低和服务覆盖群体广泛等先天优势。数字金融既是普惠金融的时代特征，又是实现金融消费者权益保护的便利载体；反过来，数字金融消费者权益保护能够促进县域普惠金融的发展，是一枚硬币的两面。所以，通过数字金融服务引导区域性普惠金融发展，提高金融服务的数量和质量，为向发达经济体过渡提供金融基础。

　　微观层面可以从两个方面进行完善：（1）开展大中型商业银行普惠金融业务发展评估。2017年《政府工作报告》中明确提出，推动大中型商业银行设立普惠金融事业部，从金融供给主体的角度提升对小微企业和"三农"的服务质量和服务力度。普惠金融事业部的成立一方面可以使银行类金融机构更好地为实体经济服务，扭转资金"脱实向虚"的态势；另一方面，促使更多的金融资源投入到普惠金融领域中，保障普惠金融事业的发展，是体制机制上的创新。为了更好地发挥大中型商业银行在普惠金融领域中的主力军作用，应通过不同的评估方式系统性地评价大中型商业银行的普惠金融业务发展情况，提高金融支持实体经济的效率。（2）推动基于产业链创新驱动增长的分工合作。普惠金融的服务主体主要包括中小微企业、农户等弱势群体。弱势群体由于不能得到较好的生产机会和经营平台，导致金融资源不能被充分利用或造成金融资源浪费。解决这个问题可以通过有效引导弱势群体融入到产业链中，给予其配套的中小额信贷支持，以信贷的方式促使其积极参与产业链中的各个环节，有效率地分工合作，通过产业链创新驱动加强弱势群体对金融资源的合理使用，从根本上解决弱势群体的生产发展问题。

　　综上所述，优化中国普惠金融体系的思路如图1所示。

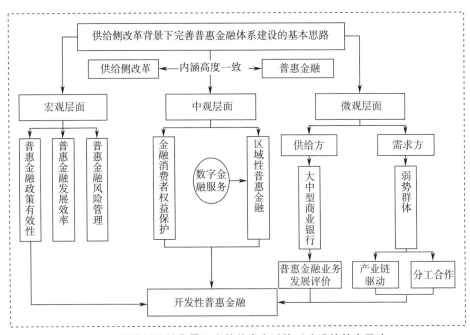

图1　供给侧改革背景下完善普惠金融体系建设的基本思路

四、发达经济体愿景下发展开发性普惠金融的基本框架

现有的普惠金融体系基本上以普及性为特征，具有一定的局限性。这一局限性体现在普及性普惠金融只有"供血功能"，主要立足于向弱势群体提供金融产品和服务。这种发展模式不能满足实现发达经济体愿景的需要，应该通过开发性普惠金融渠道让更多的弱势群体提高生产效率，共享经济增长成果，从而步入中产阶层。

开发性普惠金融是普及性普惠金融的深化与发展，是一种"造血式"的融资方式并提供相关金融服务。从长远看，开发性普惠金融更加注重与经济体制改革相配套，以跨越"中等收入陷阱"、进入发达经济体为目标，从全局出发，始终站在国家战略的高度，把自身未来的发展目标与国家发展战略相结合，为现有经济结构的转型和升级提供重要支撑。相较于普及性普惠金融的福利性质，开发性普惠金融更加注重商业可持续性，更依赖于市场化操作方式，通过市场制度的建设提高自身可持续发展的能力。同时，人力资本的提升也是开发性普惠金融发展的核心。中国已经全面进入人力资本时代，高素质的人才已成为中国经济可持续发展的重要推动力，经济发展方式的转变和经济结构的调整都需要人才，其中金融教育对于人力资本的提升至关重要。目前，不仅在广大农村地区，就是在城镇地区居民的金融素养也较为薄弱。而开发性普惠金融以金融教育作为核心手段，通过扩大金融教育覆盖面，建立金融教育培养的长效机制，将金融教育纳入到国民教育体系中，使金融教育成为提高国民素养的重要环节。同时，建立金融普及教育的评估机制，检验金融教育机制的有效性，合理利用评估方法定量分析金融教育的实施效果。开发性普惠金融以金融教育为手段提升弱势群体的人力资本，最终提高其劳动生产率。

与普及性普惠金融相比，开发性普惠金融更加注重金融基础设施的建设。金融基础设施是国家金融生态的核心之一，对于国家金融产业的发展和稳定具有举足轻重的作用。开发性普惠金融基础设施包括普惠性金融机构基层网点建设及其运行机制和业务创新，还包括开发性普惠金融的法律基础设施和金融风险监管基础设施。现阶段，中国还没有完全形成统一的普惠金融法律体系，普惠金融的风险监管还是一片空白。开发性普惠金融的目标是构建多层次的信用体系，既包括政府信用、市场信用，也包括企业信用和个人信用，尤其是对弱势群体的信用评价。只有对弱势群体的信用状况进行科学、合理的评估，才能防范普惠金融产生的风险，维护整个金融市场的安全和稳定。

开发性普惠金融是基于价值创造力和产业链创新驱动增长的一种新的发展模式，是普惠金融与产业链有机结合的产物。传统的工业和农业发展方式中，高端的深加工产业与低端的初级产品是分离的，只有通过现代产业链、供应链和价值链才可能将高端的深加工产业与低端的初级产品有机联系起来，这中间需要开发性普惠金融对低端初级产品生产的支持。开发性普惠金融通过新的集体生产方式将弱势群体融入到产业的价值链中，从原材料的供应开始，为产业链中不同企业和个体的制造加工、组装、分销等过程提供一条龙金融服务，围绕龙头企业，支持企业上下游的客户尤其是中小微企业进行资金融通，以产业链创新驱动的方式使弱势群体分工合作，提高其对金融资源的使用效率，从而实现整个产业链的价值创造。

鉴于以上考虑，构建开发性普惠金融发展的基本框架见图2。

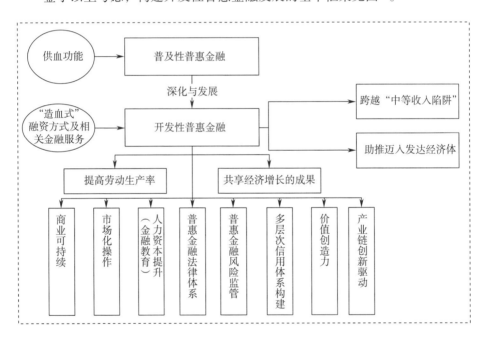

图2 发展开发性普惠金融的基本框架

五、结语

为了减缓经济增长波动，培育经济增长新的动力点，应通过开发性普惠金融提高价值创造力，同时调整社会收入分配结构，从原有的投资驱动增长型向创新驱动转换是实现发达经济体目标的关键。

参考文献

［1］全毅．跨越"中等收入陷阱"：东亚的经验及启示［J］．世界经济研究，2012，(2)：70－75，89.

［2］张德容．"中等收入陷阱"发生机理与中国经济增长的阶段性动力［J］．经济研究，2013(9)：17－29.

［3］蔡昉．中国经济面临的转折及其对发展和改革的挑战［J］．中国社会科学，2007(3)：4－12，203.

［4］蔡昉．"中等收入陷阱"的理论、经验与针对性［J］．经济学动态，2011(12)：4－9.

［5］韩其恒，李俊青，刘鹏飞．要素重新配置型的中国经济增长［J］．管理世界，2016(1)：10－28，187.

［6］中国经济增长前沿课题组．中国经济长期增长路径、效率与潜在增长水平［J］．经济研究，2012(11)：4－17，75.

［7］陈亮，陈霞．迈过"中等收入陷阱"的战略选择——中国经济改革发展论坛(2010)讨论综述［J］．经济学动态，2011(5)：155－156.

［8］彭路．农业供应链金融的定向支持［J］．中国金融，2015(14)：88－89.

［9］彭路．农业供应链金融风险的主要特征与风险防范的基本原则［J］．财经理论与实践，2015(6)：20－24.

［10］王颖，曾康霖．论普惠：普惠金融的经济伦理本质与史学简析［J］．金融研究，2016(2)：37－54.

［11］陈颐．普惠金融的文化语境——来自 CGSS 的经验数据［J］．金融经济学研究，2017(2)：118－128.

［12］杜晓山．小额信贷的发展与普惠金融体系框架［J］．中国农村经济，2006(8)：70－73，78.

［13］Bright Helms. Access for All：Building Inclusive Financial Systems［R］. CGAP, The World Bank，2006.

［14］贝多广，张锐．包容性增长背景下的普惠金融发展战略［J］．经济理论与经济管理，2017(2)：5－12.

［15］Sarma M, Pais J. Financial Inclusion and Development［J］. Journal of International Development, 2011, 23(5)：613－628.

［16］Sharma D. Nexus between financial inclusion and economic growth：Evidence from the emerging Indian economy［J］. Journal of Financial Economic Policy, 2016, 8(1)：13－36.

［17］李涛，徐翔孙，孙硕．普惠金融与经济增长［J］．金融研究，2016(4)：1－16.

［18］周斌，毛德勇，朱桂宾．"互联网＋"、普惠金融与经济增长——基于面板数据

的 PVAR 模型实证检验 [J]．财经理论与实践，2017（2）：9 - 16.

[19] Beck T, Demirguc - Kunt A, Peria M S M. Reaching out：Access to and use of banking services across countries [J]．Journal of Financial Economics, 2007, 85（1）：234 - 266.

[20] Sarma M. Index of financial inclusion [R]．ICRIER Working Paper, No. 215, 2008.

[21] Allen F, Demirguc - Kunt A, Klapper L, et al. The foundations of financial inclusion：Understanding ownership and use of formal accounts [J]．Journal of Financial Intermediation, 2016（27）：1 - 30.

[22] 焦瑾璞．构建普惠金融体系的重要性 [J]．中国金融，2010（10）：12 - 13.

[23] 徐敏，张小林．普惠制金融发展与产业结构调整 [J]．商业研究，2015（4）：79 - 85.

[24] 谢平，邹传伟．互联网金融模式研究 [J]．金融研究，2012（12）：11 - 22.

本文刊登于《财经理论与实践》2017 年第 6 期。合作者为朱宝。

普惠金融研究

作者教学科研活动记事

1985 年

1. 参加国防科技大学政委汪浩教授任课题组长的湖南省常德地区 1986—2000 经济社会系统工程发展规划研究。

1986 年

1. 牵头发起并主持召开湖南省首届研究生经济管理研讨会（1984—1987 年在中南工业大学读研期间，先后担任校研究生会学术部长和副主席）。

1987 年

1. 中南工业大学社会科学系硕士研究生毕业。留校在管理工程系任教，为本科生、研究生讲授"宏观经济学"、"微观经济学"、"管理经济学"、"技术经济与项目评估"和"国际贸易与国际结算"等课程。

1988 年

1. 获评经济学讲师。

2. 在湘粤经济关系研讨会上宣读论文《对湘粤价格关系的思考》。

1989 年

1. 发表论文《加快完善我国的市场机制》和《价格改革和企业体制改革应同步进行》，思考了社会主义市场经济运行机制的有关问题。

1990 年

1. 任中南工业大学管理工程系经济教研室副主任。

1991 年

1. 获评经济学副教授。

2. 获中南工业大学青年科技奖。

1992 年

1. 出版学术著作《工业投资项目管理》（主编，地震出版社）。

2. 获管理工程专业硕导资格，开始招收金融管理方向硕士研究生。

1993 年

1. 任中南工业大学国际经济技术贸易部副主任，分管筹建中南工业大学国际经济贸易学院相关工作。

1994 年

1. 研究报告《我国影子价格的测算原理与实用方法研究》获中国有色金属工业总公司（中南工业大学的主管部门）科技进步四等奖（部级奖）。

1995 年

1. 调入湖南财经学院金融系。讲授"银行信贷管理学"、"国际信贷"、"商业银行管理学"、"管理经济学"和"商业银行管理研究"等课程。

1996 年

1. 获评金融学教授。

2. 被湖南财经学院确定为金融学科跨世纪学术带头人。

3. 参与主编并出版教材《现代商业银行存贷管理》（湖南科学技术出版社）。

1997 年

1. 主持国家社会科学基金项目：我国商业银行资产负债比例管理研究，在国内较早开展商业银行管理理论研究。

2. 在《金融研究》发表《运用金融发展极战略建立我国离岸金融市场》一文，提出了通过建立金融发展极、发展离岸金融市场推动中国国际金融中心形成的思想，较早主张在上海和深圳发展中国内地的国际金融中心。

3. 获国家留学基金委员会选派赴比利时根特大学金融系作访问研究一年。

4. 被湖南财经学院评为"科研标兵"。

5. 出版教材《银行管理经济学》（湖南人民出版社）。

1998 年

1.《商业银行资产负债比例管理绩效综合评价的 AHP 模型研究》获中国金融学会第四届全国优秀金融论文二等奖。

2. 被中共湖南省委组织部、省人事厅确定为"湖南省学术带头人后备人选"。

3. 任湖南财经学院金融系副主任。

1999 年

1. 武汉大学经济学院博士研究生毕业。

2. 组织湖南财经学院金融系部分骨干教师到中国人民大学、中央财经大学、中国金融学院和中国人民银行研究生部等单位调研金融学科建设。

2000 年

1. 获国务院批准，享受"政府特殊津贴"。

2. 湖南财经学院与湖南大学合并组建新的湖南大学，任湖南大学金融学院党总支书记兼副院长。

3. 任湖南大学 10 级学科责任教授（最高级）。

4. 出版专著《我国商业银行资产负债比例管理研究》（湖南省第四届优秀社会科学学术著作出版资助项目，湖南人民出版社）。该书是国家社会科学基金项目最终成果。

2001 年

1. 应对中国加入 WTO，于 2001 年 11 月 10 日在《金融时报》发表文章《我国金融业当前不宜实行混业经营》。

2. 博士学位论文经修改后以《现代商业银行资产负债管理研究》为题由中国金融出版社出版。该书指出边际分析方法和生产要素最优组合原理在商业银行运用的局限性，提出商业银行具有特殊的管理规律，按内在逻辑关系将商业银行的自律与监管统一在资产负债管理理论框架内。

3. 获管理科学与工程专业博导资格，当年招收金融管理方向博士研究生。

4. 任湖南大学金融管理研究中心主任和湖南大学教学指导委员会委员。

5. 为推动金融学科建设，作为主要发起者之一，在湖南大学组织召开"入世后过渡期中国金融业发展对策研讨会"并作大会主题演讲。

6. 应邀参加在西宁召开的全国金融学科建设与发展战略研讨会并作专题发言。

7. 以湖南大学金融学科带头人身份牵头申报湖南省重点学科获得成功。

2002 年

1. 美国休斯顿大学金融系高级访问学者，随后与美国著名金融学家 Bong–Soo Lee 教授开展了十余年中美高校之间的学术交流，并合作在 SSCI 期刊发表了学术论文。

2. 著作《我国商业银行资产负债比例管理研究》获省委省政府批准的湖南省首届社会科学基金研究课题优秀成果一等奖、湖南省第六届社会科学优秀成果三等奖。

2003 年

1. 以学术带头人身份牵头申报湖南大学金融学二级学科博士授权点获批。

2. 获金融学专业博导资格，招收金融学博士研究生。为博士生讲授《金融管理研究》等课程。

3. 中国银监会成立之际，2003 年 4 月 29 日在《金融时报》发表特约文章《有效监管与信息共享》。

4. 被中共湖南省委、省政府授予"湖南省第二届优秀社会科学专家"称号。

5. 被湖南大学评为"科研标兵"。

6. 任湖南大学研究生院副院长。

7. 出版教材《技术经济与投资项目评估》（主编，西南财经大学出版社）。

2004 年

1. 主持国家社会科学基金重点项目：我国地方中小金融机构发展研究。提出非均衡协同发展战略、多层次发展级的金融支撑等发展经济学和金融发展的思想，不主张城市商业银行和农村中小金融机构跨区域经营，在国内较早阐发了普惠金融的发展理念。

2. 著作《现代商业银行资产负债管理研究》获湖南省第七届社会科学优秀成果二等奖。

3. 出版教材《商业银行管理学》（主编），并列入中国金融出版社"21世纪高等学校金融学系列教材"。

4. 任湖南大学学位评定委员会委员。

5. 应邀参加在西南财经大学举行的"中国金融论坛"，报告"我国地方中小金融机构发展研究"课题组的阶段性成果。

6. 任应用经济学博士后合作导师。

7. 湖南大学金融管理研究中心网站开通。

2005 年

1. 被湖南省人民政府聘为院士专家咨询委员会首届委员。

2. 应邀参加在澳大利亚西澳大利亚大学召开的亚太经济发展学术研讨会并宣读论文。后与该校经济系主任 Nicolaas Groenewold 教授建立了长期的学术交流关系，并合作在 SSCI 期刊和其它国外重要学术期刊发表了多篇学术论文。

3.《商业银行管理学》教学课件获湖南省高等学校多媒体教育软件大奖赛二等奖。

2006 年

1. 被湖南大学聘为"985 工程"首席科学家。

2. 任湖南大学研究院副院长。

3. 论文《我国金融发展与二元经济结构内在关系实证分析》获中国金融教育发展基金会科研成果一等奖。

4. 在中国教育部组织下，应邀参加了在华盛顿召开的美国大学研究生院院长年会并考察访问哈佛大学、麻省理工学院、马里兰大学、宾夕法尼亚大学、加州理工学院等高校。

5. 主持完成的《金融学专业硕士研究生培养模式改革探索》获湖南大学教学成果一等奖。

6. 获湖南大学"天语教师奖"。

2007 年

1. 主持国家自然科学基金项目：我国商业银行违约模型与经济资本配置研究，在国内较早系统地研究了商业银行经济资本管理。

2. 主持的大学本科课程"商业银行管理学"被教育部确定为国家精品课程。

3. 入选湖南省新世纪 121 人才工程第一层次。

4. 在湖南大学召开的第四届中国金融学年会作主题演讲：聚合信用风险模型在我国商业银行应用的方法论探讨，提出了构建中国商业银行经济资本计量模型和方法的思想。

2008 年

1. 获评金融学二级教授。

2. 组织研究团队与中国人民银行长沙中心支行合作开展湖南省金融生态年度评估，在全国率先开展县域金融生态评估，并连续发布年度金融生态评估报告，积极推动了地方金融的发展。这项工作一直坚持到 2015 年。

3. 在中国金融工程学年会作特邀演讲：商业银行贷款违约概率的测算方法探讨。

4. 任湖南大学经济学学位评定分委员会主任委员。

2009 年

1. 任湖南大学学术委员会委员、教学委员会委员、经济学部学术委员会副主任（轮值主任）。

主编出版的本科教材《商业银行管理学》（第二版，中国金融出版社）入选教育部普通高等教育"十一五"国家级规划教材。

2. 在中国金融工程学年会作特邀演讲：基于经济资本管理系统的商业银行贷款决策方法研究。

2010 年

1.《我国商业银行违约模型与经济资本配置研究》系列论文获湖南省第十届社会科学优秀成果二等奖。

2. 出版学术专著《中国地方中小金融机构发展研究》（中国金融出版社）。该书是国家社会科学基金重点项目最终成果。

3. 担任首席科学家的《经济开放与现代金融管理》研究团队被湖南大学评为"985 工程"二期优秀研究方向。

4. 在中国金融工程学年会作特邀演讲：基于系统性金融风险防范的银行业监管制度的战略思考，提出建立新的金融监管体系，建议成立国家防范与控制系统性金融风险委员会，建立以一行三会为基本格局的宏观审慎监管体制。

5. 应邀到美国佛罗里达州立大学、佛罗里达国际大学和华盛顿州立大学作高级访问研究，在佛罗里达州立大学作学术讲座：中国金融改革与金融发展。

2011 年

1. 主持国家自然科学基金项目：基于宏观审慎监管的我国银行业压力测试研究，以防范系统性金融风险为目标开展研究。

2. 出版学术专著《商业银行经济资本管理研究》（中国金融出版社）。该书是国家自然科学基金项目前沿性成果。

3. 被评为湖南省"十一五"优秀研究生指导教师和湖南省优秀博士学位论文指导教师。

4. 指导本科生黄彦琳和邓可欣同学完成的论文《基于经济资本模型的银行业信用风险宏观压力测试研究》在第十二届"挑战杯"全国大学生课外学术科技作品竞赛中获三等奖。

2012 年

1. 著作《中国地方中小金融机构发展研究》获湖南省第十一届社会科学优秀成果一等奖。

再次获聘中国金融出版社"21 世纪高等学校金融学系列教材编审委员会"委员。

2. 在湖南大学召开的第七届金融工程与风险管理国际会议作主题演讲：构建中国金融业宏观审慎监管制度的基本框架。

2013 年

1. 著作《中国地方中小金融机构发展研究》获教育部第六届高等学校科学研究优秀成果（人文社会科学）二等奖。

2. 出版教材《商业银行管理学》（第三版，中国金融出版社）。

2014 年

1. 主持国家自然科学基金项目：我国银行业宏观审慎管理与微观审慎管

理协调创新研究，提出通过宏观审慎管理与微观审慎管理有机结合构建新的金融管理理论的思想。

2. 出版学术专著《基于宏观审慎监管的银行业压力测试研究》（中国金融出版社）。该书是国家自然科学基金项目前沿性成果。

3. 出版教材《商业银行管理学》（第四版）并入选中国金融出版社"21世纪本科金融学名家经典教科书系"。

2015 年

1. 主持中国人民银行总行试点项目"湖南省金融消费权益保护环境评估"并与中国人民银行长沙中心支行联合出版学术专著《金融消费权益保护环境评估与建设》，率先在全国开展省域金融消费权益保护环境评估。该项年度评估工作已连续开展到 2017 年。

2. 在湖南省第六届社会科学界学术年会作特邀演讲：金融消费权益保护环境评估的必要性及建设的基本思路，提出了将行为监管纳入宏观审慎管理框架的思想，获年会特等奖。

2016 年

1. 主持的大学本科课程"商业银行管理学"被教育部确定为国家精品资源共享课程。

2. 被湖南大学聘为"岳麓学者"。

2017 年

1. 著作《基于宏观审慎监管的银行业压力测试研究》获湖南省第十三届社会科学优秀成果二等奖。

2. 在湖南大学召开的"新时代金融与统计前沿问题研讨会"上作了题为"关于开发性普惠金融的战略思考"的主题演讲，提出了开发性普惠金融的理念。

3. 作为课题组负责人，与中国人民银行长沙中心支行在《金融时报》联合发表文章：湖南区域金融消费者权益保护环境评估实践与思考，总结了中国人民银行总行该项工作在湖南省的试点成果。

2018 年

1. 出版《彭建刚文集》（共五卷，中国金融出版社）。

后　记

　　经过两年多的文稿收集、整理和文字校对，这套五卷的文集即将付梓了。本文集的出版得到了湖南大学"双一流"建设重大成果培育基金和国家自然科学基金（项目批准号：71373071）的资助。湖南大学金融与统计学院积极支持并推进这套文集的出版，将其纳入到金融学科的建设规划中。中国金融出版社魏革军社长、蒋万进总编辑和查子安副总编辑关心支持本文集的编辑出版工作，本书责任编辑王效端主任和张菊香同志为文稿的整理和编辑处理做了大量的工作，提出了许多颇有价值的建议。在此，表示衷心的感谢。

　　两年多的时间内，我的在读博士研究生和硕士研究生先后参与了文献的网上下载和校对工作，他们是：张昕奕、黄宇焓、谢超颖、高永林、彭婧、李园园、谭鼎、唐甜、史惠莎、宁苇、胡中意、张舒婷、莫艳芳、徐轩、胡钦、林莉珂、李佩、陈琪、彭安、胡月、殷绪螺、朱宝，这里一并表示感谢。

　　国家的发展、社会的进步，需要我们作更多的思考。

彭建刚

2018 年 2 月于长沙麓谷尖山

普惠金融研究